AF525074

Kalachakra

Kālacakra mit Gefährtin Víśvamātā

Foto von Peter Nebel

Kalachakra
Die drei Zyklen der Zeit

Eine Erklärung des Kalachakra-Guru-Yoga in Sechs Übungsphasen

von Gen Lamrimpa

Vorwort von Seiner Heiligkeit dem Dalai Lama

Herausgeberin: Panly B. Fitze

Diamant Verlag
München

ISBN 3-9807572-2-6
1. Auflage 2002

Titel der Originalausgabe: *Transcending Time*
Erschienen bei: Wisdom Publications, Boston

Die Deutsche Bibliothek – CIP-Einheitsaufnahme

Gen Lamrimpa:
Kalachakra: die drei Zyklen der Zeit / von Gen Lamrimpa. Vorw. von Seiner Heiligkeit dem Dalai Lama. (Übers.: Jürgen Manshardt und Kathrin Ronnefeldt). – 1. Aufl.. – München: Diamant-Verl., 2002
ISBN 3-9807572-2-6

Übersetzung: Jürgen Manshardt und Kathrin Ronnefeldt
Lektorat: Claudia Wellnitz

Satz/Layout: Typestudio, Bozen
Druck, Buchbindung: Druckerei Pohland, Augsburg

Inhalt

Vorwort des Dalai Lama IX
Dank des Herausgebers XI
Vorrede des Verfassers XIII
Einführung 1
Huldigung 11

TEIL 1 VORBEREITUNGEN FÜR DIE PRAXIS
1 Wie man über den Pfad reflektiert 15
2 Was es bedeutet, Tantra-Unterweisungen zu erhalten 24
3 Überblick über das Kālacakra-Tantra 29

TEIL 2 DAS KĀLACAKRA GURU-YOGA IN SECHS ÜBUNGSPHASEN
4 Mit der Übung beginnen 41
5 Guru-Yoga 61
6 Rückbesinnung und Praxis 86
7 Die Initation empfangen 100
8 Der siebenfache Selbst-Eintritt eines Kindes 118
9 Die höheren und die noch höheren Initiationen 143
10 Die Läuterung des Todes 157
11 Sich selbst als Kālacakra hervorbringen 175
12 Unser Verständnis vertiefen 190
13 Die Herzen aller Kālacakras heranziehen 202
14 Bindu-Yoga und Subtiles Yoga 209
15 Mantra-Rezitation 214
16 Darbringungen 221
17 Lobpreis und Widmung 226

TEIL 3 DIE ÜBUNGEN DER VOLLENDUNGSSTUFEN
18 Die Natur der Phänomene 233
19 Das Sechs-Phasen-Yoga 241
20 Fragen und Antworten 271

Widmungsgebet	297
Das Sechsfache Kālacakra-Guru-Yoga	299
Übersichtstafeln	311
Glossar	335
Anmerkungen	341
Bibliographie	345

Nur für Leser, die die Kālacakra-Initiation erhalten haben!

ဢ

Hiermit möchte ich meine Dankbarkeit,
Ehrerbietung und Liebe für den Verkünder [der Lehre]
und die spirituellen Lehrer zum Ausdruck bringen,
welche diese kostbaren Weisheiten bewahrt haben;
mögen die empfangenen Segnungen auf alle übergehen,
die dies lesen, und dadurch alle Wesen erreichen.

Dank des Verlegers

Der Verleger bedankt sich für den Beitrag der Studenten von Gen Lamrimpa (Ehrwürdiger Lobsang Jampal Tenzin), die mit Hilfe des *Dharma Friendship Foundation Education Fonds* die Produktion dieses Buches unterstützten.

Vorwort des Dalai Lama

THE DALAI LAMA

Das Kālacakra-Tantra ist eine buddhistische Praxis innerhalb der Höchsten-Yoga-Tantra-Klasse, welche wiederum zu den tiefgründigsten Lehren des Bodhisattva-Fahrzeugs gehört. Laut Überlieferung erschien Buddha Śākyamuni in Südindien als Kālacakra und lehrte dieses Tantra auf Bitten des Königs Sucandra von Śambhala.

König Sucandra verbreitete dann die Kālacakra-Lehren weithin unter den Bewohnern von Śambhala. Die Überlieferung soll in Indien erst wieder kurz vor dem Zeitpunkt aufgetaucht sein, als sie im elften Jahrhundert nach Tibet übermittelt wurde. Von diesem Zeitpunkt an bis hin zu den Umwälzungen im zwanzigsten Jahrhundert entwickelte sie sich nicht nur unter den Tibetern, sondern auch unter deren mongolischen Nachbarn im Norden sowie in Sikkim, Bhutan, Nepal und in den südlichen und westlichen Himalaya-Gebieten.

Wer an der Initiation teilnimmt und eine darauf basierende tägliche Meditationspraxis kultivieren möchte, beginnt gewöhnlich mit der Durchführung einer Methode des Guru-Yoga in sechs Übungsphasen. Das beinhaltet in der Regel einen knappen Überblick über die Hauptpunkte der Yogas der Erzeugungsstufe des Kālacakra-Pfades – eingebunden in den Kontext eines Gebetes an den spirituellen Meister und einer Meditation. Solche Übungen heißen „Yogas in Sechs Übungsphasen", weil man sie drei Mal am Tag und drei Mal in der Nacht rezitieren und sich darin versenken soll.

Wir sollten jedoch unsere Praxis nicht auf diese minimale Bemühung beschränken. Das Guru-Yoga in Sechs Übungsphasen bildet vielmehr die Basis unserer täglichen Meditation, in der wir fortwährend versuchen sollten, uns mit der Kālacakra-Praxis vertrauter zu machen.

Immer mehr Personen, die keinen Zugang zu den tibetischen Originalkommentaren haben, zeigen ein Interesse an dieser Praxis.

Daher ist es definitiv an der Zeit, ein Buch herauszugeben, welches eine Erklärung der Praxis des Kālacakra-Guru-Yoga in Sechs Übungsphasen enthält – und auf der eigenen Erfahrung des Gen Lamrimpa Jampal Tenzin basiert. Ich bete darum, dass es die Leser dazu befähigen möge, ihr Verständnis und ihre Wertschätzung dieser sublimen Lehre des Buddha zu vertiefen.

Tenzin Gyatso, der Vierzehnte Dalai Lama

Dank des Herausgebers

In tiefer Dankbarkeit sind wir Seiner Heiligkeit dem Vierzehnten Dalai Lama verbunden. Voller Sympathie und Verständnis für unsere Bedürfnisse entsprach Er der Bitte von B. Allan Wallace und der *Dharma Friendship Foundation* und spornte den Ehrwürdigen Lobsang Jampal Tenzin, Gen Lamrimpa, dazu an, nach Seattle zu reisen, um dort 1988 eine einjährige Śamatha-Klausur anzuleiten. Gen Lamrimpas zweijähriger Aufenthalt (1987-1989) war eine kostbare Erfahrung für jene Glücklichen, die daran teilnehmen konnten. Neben den Śamatha-Lehren und der Meditationsklausur, die Thema eines anderen Buches mit dem Titel *Calming the Mind* (herausgegeben von Hart Sprager) sind, erhielten wir Belehrungen über viele essentielle Themen, einschließlich des *Kālacakra-Guru-Yoga in Sechs Übungsphasen*, kurz „*das Sechsfache Guru-Yoga*" genannt, das Thema dieses Buches. Mit großer Kenntnis, Geduld und Großzügigkeit vermittelte er uns seinen Schatz an Wissen und Einsicht. Das war nicht nur eine ungeheure Bereicherung für unser Leben, sondern gab uns auch reichlich Material für zukünftige Reflexionen und Meditationen.

Wir haben auch das überaus große Glück, dass uns die exzellenten Übersetzungsfähigkeiten von B. Alan Wallace zur Verfügung stehen. Sein umfassendes Verständnis des Dharma und seine ausgezeichnete Kenntnis des Tibetischen und Englischen machten die Belehrungen zu einer wahrhaft tiefen Erfahrung.

Um den Scharfsinn und die Gelehrsamkeit Gen Lamrimpas ebenso wiederzugeben wie seine tiefen Verwirklichungen, haben wir uns bemüht, die traditionelle tibetische Lehrform, die er benutzt, beizubehalten. Es wurden lediglich einige geringfügige Umstellungen bei den Einführungen zu den einzelnen Kategorien vorgenommen.

Im Text verwendete tibetische Wörter sind so geschrieben, wie sie ausgesprochen werden; die in Klammern nachfolgende Transliteration entspricht dem Wylie-System. Sanskrit-Wörter sind entsprechend dem gängigen Transliterationssystem geschrieben.

Ich möchte den vielen Personen, die zu diesem Projekt beigetragen haben, meinen Dank aussprechen.

Zunächst möchte ich dem Ehrwürdigen Lobsang Jampal Tenzin, Gen Lamrimpa, danken für die vielen Stunden, in denen er 1993 während seines zweiten Aufenthaltes in Seattle mit mir den Text durchging und die mir noch unklar gebliebenen Aspekte erläuterte. Mit Dankbarkeit erinnere ich mich auch an die Freundlichkeit und die Unterstützung von Tenzin Tsultrim.

Mein Dank geht weiterhin an T.G. Dhongthog Rinpoche für die kritische Durchsicht des gesamten Texts und seine Verbesserungsvorschläge. Unendlich dankbar bin ich Thubten Jampa für seine fortwährende Hilfsbereitschaft über die vielen Jahre hin. Besondere dankende Erwähnung verdient auch Ivanka Jakic, die sich unermüdlich für die Kālacakra-Belehrungen eingesetzt und um die Unterweisungen ersucht hat.

Mit großer Freude bekenne ich meine Dankesschuld gegenüber meinen beiden Mitherausgeberinnen: Brenda Loew für die Durchsicht des gesamten Manuskripts und ihre Vorschläge hinsichtlich der Darstellungsweise und Klarheit; Jean Paone ebenfalls für die Überprüfung des gesamten Manuskripts und ihre vielen wertvollen Änderungen – sie verfügt über ein geradezu unheimliches Talent, Schwachstellen zu entdecken und zu verbessern.

Immer wenn ich auf spezielles Computerfachwissen angewiesen war, kamen mir meine Freunde Elisabeth Heath und Thomas V. Ashbrook IV zu Hilfe – ein großes Dankeschön an beide!

Meine Dankbarkeit gegenüber meinem Mann, Werner Fitze, kann ich gar nicht genügend zum Ausdruck bringen. Ohne seine unaufhörliche und unermüdliche Ermutigung und großzügige Unterstützung in vielerlei Hinsicht wäre dieses Projekt nie vollendet worden.

Auf die getreue Wiedergabe der Lehren wurde große Sorgfalt gelegt; jegliche Fehler, die sich eingeschlichen haben mögen, gehen allein auf mich zurück und werden unendlich bedauert. Möge mir gestattet sein, die Worte Gen Lamrimpas zu wiederholen: „Ich hoffe, dass diese Lehren allen von Nutzen sein werden und als Same oder Grundlage für weitere Untersuchungen dienen mögen."

Vorrede des Verfassers

Diese Vorrede stellt zunächst die Aktivitäten der *Dharma Friendship Foundation* dar, einer nicht konfessionsgebundenen Gruppe, deren Mitglieder alle Traditionen anerkennen und deren Sitz sich in Seattle, im Nordwesten der heutigen Weltmacht USA befindet. Der spirituelle Leiter, der amerikanische Gelehrte Allan Wallace (Jampa Kelsang), erbat von Seiner Heiligkeit dem Dalai Lama die Erlaubnis, mich nach Seattle einzuladen. Mit unvergleichlicher Güte gewährte Dieser Seine Einwilligung. Obwohl es mir an Tugenden aus früheren Leben und an Wissen aus diesem Leben mangelt, betrachtete man mich als so wertvoll wie Gold. Ab März 1987 lehrte ich nach bestem Vermögen ein Jahr lang das Dharma. Das Jahr darauf lehrte ich die Meditative Ruhe (skt. *śamatha*)[1] und Einsichtsmeditation (skt. *vipśyanā*), denn nur in der Praxis der Meditativen Ruhe wird der Geist innerlich stabil.

Dann baten mich die *Dharma Friendship Foundation* und deren engagierte Programmleiterin Ivanka Jakic (Jampa Lhamo) inständig darum, das *Kālacakra-Guru-Yoga in Sechs Übungsphasen* zum Zwecke der Praxis und Meditation zu lehren. Dieses Guru-Yoga hatte Seine Heiligkeit der Vierzehnte Dalai Lama von Seinem Senior-Tutor Ling Rinpotsche, dem 97. Thronhalter von Ganden in der Gelug-Tradition, für Seine tägliche Praxis erhalten. Seine Heiligkeit der Dalai Lama war so gütig, die Erlaubnis zu gewähren. Da heilige Gelehrte und Praktizierende in dieser Gegend äußerst rar sind, war ich so eingebildet, mich wie ein stattlicher Mann unter lauter Zwergen zu fühlen, und ich gab fünfzehn Tage lang diese Lehren an fünfzehn Personen weiter, die teilweise auch an der Einjahres-Klausur teilnahmen. Zu Beginn der Belehrungen versuchte ich, die allgemeinen Übungen auf dem Weg hervorzuheben, wie den Geist der Erleuchtung und den Geist der Entsagung, die Rechte Ansicht und so weiter. Nach bestem Vermögen erklärte ich die speziellen Punkte des Kālacakra – einschließlich der Initiation, die

die Reifung bringt; der Erzeugungs- und der Vollendungsstufe, die die Befreiung bringt; der zu reinigenden Basis; der Praxis der Reinigung und der Resultate der Reinigung. Jedoch:

Da ich die Spitze des *Kuśa*-Grashalms meiner kindischen Intelligenz
flüchtig in den tiefen und unermesslichen Ozean der Abhandlungen getaucht habe,
bezeuge ich meine Verehrung gegenüber den barmherzigen und mitfühlenden Wesen
und gestehe meine Irrtümer innerhalb der Natur der Objektlosigkeit.

Nachdem ich inmitten des großen Ozeans angelangt bin,
kann ich zwar nicht seine Tiefe und Weite ermessen –
aber entspricht es der Sitte wortgewandter, gebildeter Menschen,
nicht einmal von diesem Ozean zu sprechen?

Auch wenn die Schwingen eines großen Vogels nicht
die Kraft haben, jenseits des Himmels zu fliegen,
würde doch keine intelligente Person behaupten,
er solle deswegen nicht in den Himmel hinein fliegen.

Seit anfangsloser Zeit bis zur Gegenwart
waren mein Körper, meine Sprache und mein Geist Botschafter des *Saṃsāra.*
Nun habe ich zufällig nach dem Wohl aller Wesen im Universum gestrebt.
Warum nur sollte dies keine gute Sache sein?

Als ich damals lehrte, war ich der englischen Sprache nicht mächtig, so dass meine Belehrungen von Alan Wallace übersetzt wurden, der sowohl fließend Englisch und Umgangstibetisch spricht als auch die Dharma-Terminologie beherrscht, mit nur gelegentlicher Hilfe von dem Tibeter Thubten Jampa. Pauly und Werner Fitze, gebürtige Schweizer, die gegenwärtig auf Vashon Island bei Seattle leben, nahmen die Belehrungen auf Band auf und übernahmen mit großer Uneigennützigkeit, Sorgfalt und unermüdlicher Ausdauer die Verantwortung, die Belehrungen von den Bändern niederzuschreiben und sie dann viele Male zu überarbeiten.

Auf Englisch gibt es nicht viele solcher Schriften über Kālacakra. Die Initiation durch Seine Heiligkeit den Dalai Lama bringt großen Segen, und zahlreiche westliche Menschen sind sehr daran interessiert, mehr über Kālacakra zu erfahren. So hoffe ich, dass diese Belehrung als Basis oder Same für weiteres Studium von Nutzen ist.

Was ihr mit der Praxis erreichen könnt

Auch wenn ihr nicht sehr viel Zeit zum Meditieren habt, so ist doch jegliche Praxis von Kālacakra sehr segensreich. Insbesondere ist die Praxis des Kālacakra-Guru-Yoga in Sechs Übungsphasen ungeheuer hilfreich. Außerdem fasst dieses Sechsfache Guru-Yoga alle wesentlichen Aspekte der Praxis der Sūtras und Tantras zusammen.

Habt ihr die Kālacakra-Initiation erhalten, so wäre es sehr nützlich, euch ein paar Tage lang zu treffen, um gemeinsam diese Praxis zu üben und über die Lehren zu sprechen. Dadurch werdet ihr Erfahrungen mit der Guru-Yoga-Praxis in Sechs Übungsphasen sammeln und auch eine gewisse Vertrautheit mit der Erzeugungs- und der Vollendungsstufe erwerben. Das wäre sehr von Vorteil für euch. Viele von euch fühlen sich speziell zu Kālacakra hingezogen. Wenn ihr dieses Vertrauen in eurer Praxis zum Ausdruck bringt, wird das sehr starke Eindrücke in eurem Geistesstrom hinterlassen. Auf der anderen Seite wird, wenn ihr mit wenig Vertrauen übt, auch nur ein geringer Nutzen daraus erwachsen.

Das Ziel der Praxis besteht hauptsächlich darin, den Geistesplagen entgegenzuwirken; darauf solltet ihr den größten Wert legen. Kurz, wir sollten uns bemühen, die Macht unserer Geistesplagen zu vermindern und heilsame Qualitäten zu kultivieren.

Die Umwandlung des Geistes ist zwar die Hauptsache – wobei es darum geht, die Geistesplagen völlig auszumerzen – doch sollten wir auch ein sehr starkes Augenmerk darauf legen, die schwächenden unheilsamen Tendenzen in den sprachlichen und körperlichen Handlungen zu vermindern. Der Geist ist zwar die Quelle aller drei, doch wenn jemand solche verbalen und physischen Handlungen wie grobe oder beleidigende Rede und andere Untugenden nicht eindämmt, werden dadurch die Geistesplagen weiter angefacht. Es ist sehr schwierig, den Geistesplagen entgegenzuwirken, ohne gleichzeitig die unheilsamen Handlungen von Körper und Rede zu zügeln. Außerdem sind der Körper und die Rede leichter zu zähmen. Macht das zu eurer Basis, um eure Geistesplagen unter Kontrolle zu bekommen.

Im Hinblick auf ein wirklich praktisches Vorgehen auf dem Pfad ist es sehr gut, den Erleuchtungsgeist zu erwecken, den altruistischen Wunsch, den anderen von Nutzen zu sein. Für den Anfang könnt ihr den Schwerpunkt darauf legen, ehrlich zu sein; das ist extrem wichtig. Ohne die Geistesplagen bis zu einem gewissen Maß zu beherrschen, ist es unmöglich, ehrlich zu sein. Wenn ihr euch wirklich daran gewöhnt, euch selbst und anderen gegenüber aufrichtig zu sein, können Qualitäten wie authentische liebende Güte und Mitgefühl viel leichter entstehen. Dies solltet ihr praktizieren.

Allgemeine Bemerkungen zu Tantra-Belehrungen

Mag ich auch die Unterweisungen zu Kālacakra gegeben haben, so habe ich eigentlich das Gefühl, dieses Thema nicht sehr gut lehren zu können. Doch diese Belehrungen wurden von Ivanka Jakic und der *Dharma Friendship Foundation* erbeten und überdies gibt es nur sehr wenige Personen, die die Kālacakra-Praxis lehren. Ehe ich diese Unterweisungen darbrachte, gab ich mir große Mühe, das Material zu studieren und vorzubereiten. Beim Zusammenfügen der Dinge, die ich gelesen und gehört hatte, versuchte ich die Lehren im Einklang mit dem zu geben, was in den maßgebenden Schriften über Kālacakra ausgesagt wird. Ich gab mir alle Mühe – entsprechend meiner Fähigkeit. Würde man meine Ausführungen mit den Belehrungen eines großen Weisen vergleichen, würden sie sicherlich nicht sehr gut abschneiden. In den Erklärungen habe ich ausdrücklich über die Umwandlung sinnlicher Erfahrungen auf dem Pfad gesprochen. Der Grund dafür, hier so besonders explizit und ganz eindeutig zu sein, ist, dass heutzutage viele Leute von sich behaupten, sie würden Tantra praktizieren und Sinneserfahrungen und Sinnesfreuden in den Pfad umwandeln. Wer keine klare Vorstellung davon hat, was eine solche Umwandlung erfordert, macht nichts anderes, als sich und andere zu verwirren. Führt jemand jedoch tatsächlich die rechte, vollständige Vorbereitung durch, die ich ausführlich besprochen habe, und transformiert er oder sie sinnliches Vergnügen dann in den Pfad, so ist das sehr gut.

Ich habe mich sehr klar über diese Punkte geäußert, um die Leute davor zu bewahren, einem Irrweg zu folgen. Als ich diese Belehrungen gab, habe ich nicht irgendetwas dargestellt, was ich mir nur erträumt hätte. Meine Kommentare basierten auf den maßgebenden Schriften, die seit über eintausend Jahren praktiziert werden. Und in der ganzen Geschichte dieser Praxis haben Generationen von Siddhas auf diese Weise authentische Erfahrungen gewonnen.

Wenn Leute, die mit buddhistischen Lehren nicht vertraut sind, hier und da irgendeinen Abschnitt aus seinem Kontext nehmen und den Blick nur darauf richten, könnte das gefährlich werden. Deshalb solltet ihr Sorge tragen, dass diese Lehren nicht in falsche Hände geraten.

Kann man diese Dinge zum rechten Zeitpunkt anderen Menschen klar darlegen, so ist das ein Dienst an der Menschheit, denn es handelt sich hier um sehr wertvolles Wissen. Es scheint, dass im Westen bereits jede Menge Bücher über Tantra geschrieben und übersetzt wurden. Einige davon behaupten vielleicht, dass man die Geistesgifte im Zusammenhang mit Tantra nicht aufgeben sollte. Es wäre gut, diese Fragen zu klären. Wenn sich eine Gelegenheit zu tiefer gehenden Darlegungen ergibt, dann sollten die Menschen, mit denen ihr sprecht, jedoch eine Initiation erhalten haben und starkes, unverrückbares Vertrauen besitzen.

Die Übertragungslinie

Im Hinblick auf die Übertragungslinie, durch welche ich diese Lehren erhalten habe, ist zu sagen, dass ich die eigentliche Kālacakra-Ermächtigung von Seiner Heiligkeit dem Dalai Lama empfing. Ich erhielt von Seiner Heiligkeit auch kurze Anweisungen zur Erzeugungs- und Vollendungsstufe des *Kālacakra-Tantra.* Diese Belehrungen wurden nur an wenige, speziell geladene Personen weitergegeben.

Drei Tibeter waren als Vertreter von großen Regionen Tibets eingeladen. Einer war Kirti Tsenschab Rinpotsche, ein älterer Mönch, der Repräsentant vom Amdo. Ein Zweiter war Chamdo Geshe als Repräsentant vom Kham. Ich war der Dritte, eingeladen als Repräsentant von Süd- und Zentraltibet. Wir vertraten ganz Tibet. Dann waren noch der Abt und drei weitere Mönche vom Namgyal Kloster, dem persönlichen Kloster Seiner Heiligkeit zugegen. Sieben Personen insgesamt erhielten also die mündliche Übertragung der Lehren, die Erklärung und persönliche Anweisungen von Seiner Heiligkeit. Danach bestärkte Seine Heiligkeit uns sieben darin, eine entsprechende Meditationsklausur durchzuführen, was wir auch taten. Das ist eine der Übertragungslinien, die ich empfing.

Später erhielt ich eine weitere Übertragung der mündlichen Überlieferung des Kālacakra-Wurzel-Tantra, des *Vimalaprabhā,* sowie die umfangreichen Anmerkungen und Subkommentare von Butön. Das war ein gewaltiges Unternehmen. Damals gab es außerhalb Tibets unseres Wissens nur einen einzigen Menschen, der diese vollständige mündliche Übertragung erhalten hatte, nämlich Kirti Tsenschab Rinpotsche, der auch zu den vorigen Belehrungen eingeladen worden war. Seine Heiligkeit wies Kirti Tsenschab Rinpotsche an, die mündliche Übertragung an drei Personen weiterzugeben. Einer war Kirti Rinpotsche, ein jüngerer Mönch, der Amdo repräsentierte. Dann waren da Banglang Rinpotsche als Repräsentant von Kham und ich, der wiederum als Vertreter von Zentral- und Südtibet eingeladen war.

Ich weiß wirklich nicht, warum gerade diese Personen als Repräsentanten für die Regionen Tibets ausgewählt wurden. Es gibt viele im Vergleich zu mir höher gestellte Lamas und Geshes aus Zentral- und Südtibet. Ich habe keine speziellen Fähigkeiten, und Seine Heiligkeit weiß das, aber vielleicht wurde ich aufgrund irgendwelcher karmischer Verbindungen aus meinen früheren Leben ausgewählt.

Seitdem vollziehen jedes Jahr einige Mönche aus dem Namgyal-Kloster das Ritual der Selbst-Initiation in Kālacakra, und jedes Mal wurde ich angewiesen zu kommen und die Selbst-Initiation mit ihnen durchzuführen, was ich auch tat.

Ich ermutige euch, das Verdienst eurer Lektüre und eures Engagements in der Praxis nach besten Kräften zu widmen. Da diese besondere tantrische Praxis sehr eng mit Śambhala verbunden ist, ist es sehr nützlich, einen Teil eures Verdienstes eurer Wiedergeburt in Śambhala zu widmen.

Da Seine Heiligkeit der Dalai Lama die Erlaubnis gegeben hat, diese Lehren zu veröffentlichen, haben mich Pauly und Werner Fitze gebeten, eine Einführung zu schreiben. Gemäß der üblichen Tradition habe ich eine Ehrung und eine Vorrede am Anfang und eine Widmung für den Schluss verfasst.

Ich, bekannt als Lobsang Jampal Tenzin, bin ein Mönch aus der Tschusang Einsiedelei (tib. *chu bzang sgrub sde*), im Latö-Shelkar-Distrikt (tib. *la stod shel dkar*) im Westen des Schneelandes Tibet, ein Reich, das von Ārya Avalokiteśvara befriedet wurde. Auch wenn ich mich mit ganzer Kraft dem sublimen Dharma widme, ist mein Dharma-Verhalten doch gekünstelt und gewöhnlich. Mit dem Gedanken, allen Wesen zu nutzen, habe ich dies im Ārya-Land Sikkim, dem geheimen Land des Ācārya Padmasambhava, in Detschen Ling, am fünfzehnten Tage (eingedenk der Darlegung des

Kālacakra-Paramādhibuddha durch den Buddha in Dhānyakaṭaka in Indien) des dritten tibetischen Monats des tibetischen königlichen Jahres 2120 geschrieben.

Lobsang Jampal Tenzin
6. Mai 1993
Mögen sich die Freude und das Gute verbreiten!

Einführung des Übersetzers aus dem Tibetischen

Die Kālacakra-Praxis gehört zur allgemeinen Kategorie buddhistischer Praxis, die als *Vajrayāna* oder buddhistisches Tantra bekannt ist und die sich – ursprünglich aus Indien stammend – die letzen zwölf Jahrhunderte lang in Tibet weiterentwickelte. Nach dem *Samputa*-Tantra gibt es vier buddhistische Tantra-Klassen: Handlung (skt. *kriyā*), Durchführung (skt. *caryā*), Yoga und Höchstes-Yoga (skt. *anuttarayoga*). In den ersten drei Tantra-Klassen erzeugt man zunächst ein grobes Bewusstsein, das wirkungsvolle Mittel und Weisheit kombiniert, und meditiert dann über die Leerheit. Erst in den Höchsten-Yoga-Tantras werden Methoden zur Hervorbringung der subtilen Bewusstseinsebenen gelehrt, die aus der Vereinigung von wirkungsvollen Mitteln und Weisheit entstehen. Will man solch ein subtiles Bewusstsein benutzen, muss man zuerst die groben Ebenen begrifflicher Wahrnehmung überwinden, was entweder dadurch geschieht, dass man die Vitalenergien im Körper in den Zentralkanal hinein lenkt oder eine nichtbegriffliche Meditation – wie in der Dzogtschen-Praxis – durchführt. Die Höchsten-Yoga-Tantras werden wiederum in zwei Kategorien unterteilt, in Vater- und Mutter-Tantras. Erstere betonen die Erzeugung eines Illusionskörpers, welcher sich beim spirituellen Erwachen in den Formkörper (skt. *rūpakāya*) eines Buddha verwandelt. Mutter-Tantras dagegen beziehen sich hauptsächlich auf die Hervorbringung des subtilen Bewusstseins des Klaren Lichts (skt. *prabhāsvara*), das die Leerheit erkennt, und dieses subtile Bewusstsein verwandelt sich letztlich in den Buddha-Geist (skt. *dharmakāya*).

Das *Kālacakra-Tantra* gehört zur Klasse der Mutter-Tantras und beinhaltet, wie auch andere Tantras dieser Klasse, zwei Praxisstufen: Die Erzeugungs- und die Vollendungsstufe. Dieses spezielle

Theorie- und Praxissystem umfasst drei Kālacakras: äußeres Kālacakra, inneres Kālacakra und alternatives oder anderes Kālacakra. Das äußere Kālacakra besteht aus den Elementen der äußeren Umgebung, in der wir leben; das innere Kālacakra beinhaltet die körperlich-geistigen Faktoren, die ein Individuum ausmachen; und das alternative Kālacakra umfasst die Stufen der Erzeugung und der Vollendung, welche die ersten beiden Kālacakras reinigen.

Gemäß der buddhistischen Tradition wurde das *Kālacakra-Mūlatantra* oder *Wurzel-Tantra* (auch bekannt als *Paramādibuddha*) von Buddha Śākyamuni in seiner mystischen Manifestation als Gottheit Kālacakra dem König Sucandra von Śambhala gelehrt, der nach Indien gereist war, um diese Lehren von Buddha zu erbitten. Sucandra gab diese Übertragung weiter durch eine Linie von sieben großen Königen und einundzwanzig Kalkī-Königen von Śambhala, angefangen mit Yaśas Mañjuśrī, dem Autor des *Kālacakra-Laghutantra* beziehungsweise des *Zusammengefassten Tantra*. Sein Sohn Puṇḍarāka verfasste einen großen Kommentar zum Werk seines Vaters mit dem Titel *Vimalaprabhā* oder *Makelloses Licht*, welcher bis zum heutigen Tag der Hauptkommentar zu Kālacakra ist.

Nach der Śambhala-Legende – wie sie auf dem *Kālacakra-Tantra* basiert[2] – werden Śambhala und unsere Welt sich vereinen, wenn Yaśas Mañjuśrī sich als der fünfundzwanzigste Kalkī-König reinkarniert, und es wird eine Zeit großen materiellen und spirituellen Überflusses einsetzen. Damit möglichst viele Menschen die karmischen Eindrücke empfangen können, die mit diesem bedeutsamen Ereignis verbunden sind, wurde die *Kālacakra*-Initiation in Tibet öffentlich erteilt, und Seine Heiligkeit der Vierzehnte Dalai Lama hat in Fortführung dieser Tradition zu vielen Anlässen diese Initiation auf der ganzen Welt öffentlich gewährt. Ob Śambhala sich auf unserem Planeten befindet, aber hier nur von den Wesen wahrgenommen werden kann, deren Geist und karmische Anlagen rein sind, oder ob es sonst irgendwo existiert, ist eine Frage, die unter frommen tibetischen Buddhisten immer noch diskutiert wird. Jedenfalls beten tibetische Buddhisten seit fast einem Jahrtausend dafür, entweder in Śambhala wiedergeboren zu werden oder gerade dann in unserer Welt, wenn der fünfundzwanzigste Kalkī-König erscheint und die goldene Ära von Śambhala beginnt.

Der tibetischen Tradition zufolge hat der indische Buddhist und Yogi Cilupa, der wahrscheinlich im elften Jahrhundert lebte, von der Existenz von Śambhala und dem *Kālacakra-Tantra* erfahren und sich dann auf die Suche nach diesem legendären Land und den

Kālacakra-Lehren gemacht. Auf seinem Weg begegnete er einer Manifestation von Mañjuśrī, die ihm die Initiation, die Tantra-Kommentare und die mündlichen Übertragungen von Kālacakra gab. So weit wir wissen, kam das *Kālacakra-Mūlatantra* – im Gegensatz zum *Kālacakra-Laghutantra* und *Vimalaprabhā*, die später auch in den tibetischen Kanon aufgenommen wurden, – nie von Śambhala nach Indien. So entstand eine indische Übertragungslinie dieser [*Kālacakra-Laghutantra-*]Tradition, die von einem indischen Guru an den nächsten weitergegeben wurde, bis sie schließlich zu dem nepalesischen Paṇḍit Samanta Śrībhadra gelangte. Im zwölften Jahrhundert reiste der tibetische Yogi Ra Tschörab nach Nepal, um bei Samanta Śrībhadra etwas über Kālacakra zu erfahren. Später begleitete dieser ihn nach Tibet zurück, wo sie die wichtigsten Abhandlungen zum Kālacakra ins Tibetische übersetzten. Diese Übertragungslinie setzte sich fort bis hin zu dem großen tibetischen Gelehrten des vierzehnten Jahrhunderts, Butön (tib. *bu ston rin chen grub*), der umfangreiche Kommentare und Anmerkungen zum *Kālacakra-Laghutantra* und *Vimalaprabhā* verfasste. Diese Übertragungslinie hat sich bis in die Gegenwart erhalten, und der Vierzehnte Dalai Lama erhielt die Initiationen und mündlichen Übertragungen der Erzeugungs- und Vollendungsstufe von Seinem Senior-Tutor Vajrācārya Kyabdsche Ling Rinpotsche.

Infolge der Invasion der chinesischen Kommunisten in Tibet und deren völkermörderischen Angriffs auf den tibetischen Buddhismus wurde das Kālacakra-Studium in Tibet ab der zweiten Hälfte des zwanzigsten Jahrhunderts stark eingedämmt, auch wenn es in einigen Klöstern Osttibets (heutzutage die chinesischen Provinzen Qinghai und Sichuan) noch bis zum heutigen Tag aktiv studiert und praktiziert wird. Die komplette mündliche Überlieferungslinie des *Kālacakra-Laghutantra,* des *Vimalaprabhā* sowie der Subkommentare und Anmerkungen des tibetischen Gelehrten Butön zu diesen Abhandlungen gelangte durch Kirti Tsenschab Rinpotsche von Tibet nach Indien; dieser gab sie auf Bitten Seiner Heiligkeit des Dalai Lama an Gen Lamrimpa und einige andere tibetische Mönche in Dharamsala weiter.

In den vergangenen Jahrzehnten zog das *Kālacakra-Tantra* zunehmendes Interesse von Gelehrten und praktizierenden Buddhisten aus der ganzen Welt auf sich – großteils als Folge davon, dass der Dalai Lama diese Initiation viele Male in Asien, Europa und Nordamerika gewährte. Dies führte zur Veröffentlichung einer Reihe populärer und wissenschaftlicher Werke über Theorie und Praxis von Kālacakra in westlichen Sprachen. Als eines der ersten erschien Geshe Ngawang Dhargyeys *Kālacakra-Tantra*, die (von mir übersetzte) Wiedergabe seiner mündlichen Belehrungen zur Theorie und Praxis von Kālacakra. Dieses Werk ist besonders wertvoll aufgrund seiner detaillierten Erörterung der Gelübde und Gelöbnisse, die diese Praxis beinhaltet. *The Wheel of Time: The Kālacakra in Context* von Geshe Lhundub Sopa und anderen bietet eine ausgezeichnete Einführung zur Geschichte, zum Initiationsprozess und zur allgemeinen Kālacakra-Praxis. Das *Kālacakra Tantra: Rite of Initiation* von Tenzin Gyatso dem Vierzehnten Dalai Lama und Jeffrey Hopkins präsentiert den Kontext für die Kālacakra-Praxis und neben einer sehr detaillierten Darstellung aller Initiationsstufen auch die erste englische Übersetzung des Kālacakra-Guru-Yoga in Sechs Übungsphasen, welches vom Vierzehnten Dalai Lama verfasst und von Kyabdsche Ling Rinpotsche in Verse gesetzt wurde. In seinem Buch *The Practice of Kālacakra* liefert Glenn Mullin einen Überblick über Kālacakra im Kontext des gesamten tibetischen Buddhismus sowie die Übersetzungen verschiedener kürzerer tibetischer Abhandlungen, die unterschiedliche Aspekte dieser Tradition abdecken. Barry Bryant bietet mit seinem Buch *The Wheel of Time Sand Mandala: Visual Scripture of Tibetan Buddhism* eine überzeugende Darstellung mit überwältigenden Abbildungen. Etwas jüngeren Datums sind zwei sehr hilfreiche Veröffentlichungen von Alexander Berzin mit den Titeln *Taking the Kālacakra Initiation* und *Kālacakra and Other Six-Session Yoga Texts*, welche eine hervorragende Ergänzung zu den früheren Werken auf diesem Gebiet darstellen. Neuere Werke mehr wissenschaftlicher Natur sind unter anderen Günter Gröbolds *The Yoga of Six Limbs: An Introduction to the History of Ṣaḍaṅgayoga*, aus dem Deutschen übersetzt von Robert L. Hütwohl; John R. Newman's unveröffentlichte Dissertation mit dem Titel *The Outer Wheel of Time: Vajrayāna Cosmology in the* Kālacakra *Tantra* sowie Vesna A. Wallaces unveröffentlichte Dissertation mit dem Titel *The Inner Kālacakratantra: A Buddhist Tantric view of the Inidividual.*

Das vorliegende Werk des tibetischen Mönches und Yogi Gen Lamrimpa (Lobsang Jampal Tenzin) bietet eine bisher unerreichte detaillierte Darlegung des Kālacakra-Guru-Yoga in Sechs Übungsphasen. Das Material wird hier in dieser Form dargelegt, um so die Kālacakra-Praxis ernsthaften Praktizierenden zugänglich zu machen, die die Kālacakra-Initiation zwar erhalten, aber nicht die Zeit oder Möglichkeit für die Praxis des kompletten Kālacakra-

Sādhana beziehungsweise die Mittel zur Praxis der Verwirklichung von Körper, Sprache und Geist von Kālacakra haben, deren Durchführung viele Stunden am Tag dauern kann. Das ursprünglich von Jeffrey Hopkins ins Englische übertragene und hier neu übersetzte Sechsfache Guru-Yoga basiert auf einem kürzeren und allgemeineren Sechsfachen Guru-Yoga, das von dem Ersten Panchen Lama (tib. *blo bzang chos kyi rgyal msthan*, 1567?-1662) verfasst wurde. Diese Art von Yoga soll eine kurze schematische Darstellung der Praktiken des Höchsten-Yoga-Tantra liefern, die sowohl die Erzeugungs- und Vollendungsstufe beinhaltet als auch alle speziellen mit den fünf Buddha-Familien – nämlich Vairocana, Ratnsambhava, Amithāba, Amogasiddhi und Akṣobhya – verbundenen Tantra-Gelübde (skt. *samaya*). Praktiziert man dieses Yoga täglich auf korrekte Weise, werden all diese Gelübde erfüllt. Diese Übungen sind daher – auch wenn heutzutage die verschiedenen Arten von Guru-Yoga-in-Sechs-Übungsphasen besonders mit der Gelug-Tradition in Verbindung gebracht werden – gleichermaßen für alle geeignet, die Initiationen in die Höchsten-Yoga-Tantras (beziehungsweise in das *mahāyoga* und *anuyoga* der Nyingma-Tradition) und die damit einhergehenden Gelübde erhalten haben.

Zu Beginn dieser äußerst praxisbezogenen Darlegung von Kālacakra, die von jahrelangem wissenschaftlichem Studium und jahrzehntelangen Einzel-Klausuren in der Vajrayāna-Praxis inspiriert wurde, betont Gen Lamrimpa, wie wichtig eine von Mitgefühl getragene Motivation für die spirituelle Übung ist. In der Mahāyāna-Praxis im Allgemeinen und in der Vajrayāna-Praxis im Besonderen sollte Mitgefühl nicht nur bloßes Beiwerk der spirituellen Schulung sein, das lediglich als Ausgleich zur kontemplativen Einsicht dient. Mitgefühl ist vielmehr die eigentliche Antriebskraft für die gesamte Praxis. Indem wir uns ausführlich die Bandbreite der Leiden vor Augen halten, denen alle fühlenden Wesen ausgesetzt sind, entsteht in uns ein machtvoller Drang, jedes einzelne Wesen vor Furcht und Leiden zu bewahren. Was können wir mit unseren derzeitigen beschränkten Möglichkeiten jedoch anderes tun als vorübergehend die Schmerzen und Kümmernisse der anderen zu lindern, wobei wir sie niemals wirklich vor den eigentlichen Leidensursachen schützen können. Wir können auf die Macht des spirituellen Erwachens eines Buddha vertrauen und auf unsere eigene Buddha-Natur, welche uns dazu befähigt, jenen Zustand der Erleuchtung zu verwirklichen, in dem unser tiefstes Potential von Weisheit, Liebe und Macht sich vollends manifestiert. Auf dieser Basis bringen wir die Motivation eines Bodhisattva hervor: das vollkommene spirituelle Erwachen zum Wohle aller Wesen zu erlangen. Das ist der Erleuchtungsgeist, der den eigentlichen Kern der gesamten Mahāyāna-Tradition bildet, einschließlich des Vajrayāna.

Voraussetzung für diesen Erleuchtungsgeist ist ein tiefes Verständnis der Natur der fühlenden Wesen; daher geht Gen Lamrimpa ausführlich auf die Natur des Daseinskreislaufs ein, in dem alle Lebewesen gefangen sind. Mag mancher auch unkritisch glauben, dass all seine Schwierigkeiten mit dem Tod von selbst verschwinden würden, so bestätigen doch Generationen von buddhistischen Denkern die Wahrheit einer Kontinuität des individuellen Bewusstseins, welches sich über das gegenwärtige Leben hinaus nach dem Tod fortsetzt. Daher ist dieses menschliche Leben nur eines in einer unvorstellbar langen Reihe von Leben, die in die unbekannte Vergangenheit zurückreicht und die sich möglicherweise noch unendlich lang in die Zukunft hinein erstreckt. Unser gegenwärtiges menschliches Leben ist jedoch, wie Gen Lamrimpa erklärt, von unermesslichem Wert, denn dadurch, dass wir unseren menschlichen Verstand für eine effektive spirituelle Praxis einsetzen, können wir uns für immer von allen Geistesplagen wie Begierde, Hass, Verblendung und dem daraus resultierenden Elend heilen. Indem wir uns der Mahāyāna-Praxis zuwenden, treten wir den Bodhisattva-Pfad der *Sechs Vollkommenheiten*, das Pāramitāyāna, an, welches zahllose Äonen hingebungsvoller Praxis erfordert, ehe wir die vollkommene Erleuchtung erreichen. Durch die Übung des schnellen Vajrayāna-Weges, etwa des *Kālacakra-Tantra*, ist die Erleuchtung eines Buddha jedoch auch in einer kurzen menschlichen Lebensspanne zu erlangen. Unser Ansporn zur Kālacakra-Praxis sollte jedoch nicht die bloße Ungeduld bei dem Gedanken sein, Äonen lang üben zu müssen, sondern vielmehr ein drängendes Mitgefühl – der Wunsch, den Bedürfnissen der Lebewesen möglichst bald effektiv dienen zu können. Einzig dieser Erleuchtungsgeist ist als Motivation für die gesamte Vajrayāna-Praxis geeignet.

Weiterhin erklärt Gen Lamrimpa die Rolle der „Reinen Sicht" und des „göttlichen Stolzes" in der Kālacakra-Praxis. Nach dem Vajrayāna-Buddhismus existiert die Welt nicht auf die inhärente Weise, in der wir sie wahrnehmen und gedanklich erfassen; und ebensowenig spiegelt unsere Vorstellung einer Eigenidentität von uns selbst oder der anderen Wesen die eigentliche Existenz von irgendjemandem wider. Vielmehr ist die Erfahrung von uns selbst, von anderen und von der Welt um uns herum eine Kreation unserer eigenen konzeptuellen Vorstellungssysteme und Sprachen. Wir schaffen uns und unser Umfeld buchstäblich selbst – und zwar auf der Basis von Erfahrungen, die wiederum ein Produkt unserer eigenen Gewohnheitsmuster von früher sind. Das heißt nicht, dass niemand außer uns existieren und es keine Welt außerhalb unserer konzeptuellen Konstrukte geben würde, sondern dass alles, was wir wahrnehmen und uns vorstellen, durch unsere Vorstellungen und Konzepte geformt wird: Weder wir noch unsere Umgebungen existieren inhärent und unabhängig von unseren konzeptuellen Festlegungen.

Diese auf Gewohnheit basierenden Neigungen, die unsere normale Vorstellung von unserer persönlichen Identität und unserer Umgebung formen, können jedoch durch eine kunstvolle Praxis der Reinen Sicht überwunden werden, bei der wir uns – getragen von dem intuitiven Vertrauen auf die alles durchdringende Buddha-Natur – alle Erscheinungen als Ausdruck des Körpers des Buddha vorstellen, alle Klänge als Ausdruck der Rede des Buddha und alle Gedanken als den Geist des Buddha. Diese Praxis geht einher mit dem Entwickeln des göttlichen Stolzes, mit dem wir unseren Vajrayāna-Guru, uns selbst, unsere spirituellen Freunde und alle anderen Wesen als Emanationen des Buddha ansehen, in diesem Fall als Kālacakra. Indem wir so unsere Sicht und Identifizierung unserer selbst und anderer läutern, stellt sich uns die Welt zunehmend als eine reine Manifestation erleuchteten Bewusstseins dar und unser Fortschreiten hin zur Erleuchtung beschleunigt sich enorm.

Um uns auf solch eine tiefe Vajrayāna-Praxis einzulassen, in der wir die Motivation des Erleuchtungsgeistes vollständig mit dem Verständnis verbinden, dass alle Phänomene keinerlei inhärente Existenz besitzen, müssen wir uns einem qualifizierten spirituellen Lehrer anvertrauen und eine tantrische Initiation erhalten. Gen Lamrimpa erklärt daher ausführlich alle Stufen der Kālacakra-Initiation. Dabei zielt jede einzelne Stufe auf die Reinigung unserer Trübungen von Körper, Rede und Geist ab und hinterlässt in uns die Samen für die Verwirklichung des Körpers, der Rede und des Geistes von Kālacakra. Diese Erklärung, die sich eng an den alten Kommentar *Makelloses Licht* hält, kann also überaus hilfreich sein für all jene, die diese Initiation von Seiner Heiligkeit dem Dalai Lama oder einem anderen qualifizierten Lama empfangen. Ohne ein solches Verständnis können die komplexen Zusammenhänge dieses Rituals einen schlichtweg in Verwirrung stürzen.

Bei der Besprechung der Erzeugungsstufe erklärt Gen Lamrimpa, wie diese Praxisstufe mit dem Prozess von Geborenwerden, Leben und Tod zusammenhängt und wie sie jede dieser Phasen in spirituelles Erwachen verwandelt. Damit einher geht eine Darstellung der vitalen Energien, Kanäle und Tropfen (skt. *bindu*, tib. *thig le*), die gemäß dem Kālacakra-System den subtilen Körper bilden. Mag auch nichts davon irgendeinen direkten Bezug zur menschlichen Anatomie und Physiologie haben, wie sie die moderne Medizin beschreibt, so bedeutet das nicht notwendigerweise, dass diese Systeme sich gegenseitig außer Kraft setzen. Die medizinische Wissenschaft basiert auf der objektiven Beobachtung des menschlichen Körpers unter Verwendung einer breiten Palette technischer Instrumente, die nur die den Naturwissenschaften bekannten Phänomene erkennen. Keine „Vitalenergie" (*vis vita* oder *élan vital*) wurde jemals durch solche Instrumente aufgespürt, und vielleicht ist das auch nicht möglich. Wenn die im tibetischen Buddhismus beschriebenen Vitalenergien existieren, so liegt daher der Schluss nahe, dass sie es nicht in derselben Weise tun wie Zellen, elektrische Ströme oder elektromagnetische Felder. Allerdings gibt es viele bekannte Phänomene, die ebenso wenig durch technische Instrumente auszumachen sind, an erster Stelle vielleicht das Bewusstsein selbst. Genauso wie wir Bewusstsein aus unserer unmittelbaren Erfahrung kennen, so sind auch – wie Generationen von Vajrayāna-Yogis demonstrieren – die in diesem System beschriebenen vitalen Energien, Kanäle und Tropfen direkt durch eine solche Praxis zu erfahren. Daher ist die Sicht dieses subtilen Körper auch als Ergänzung und nicht als Widerspruch zur humanmedizinischen Auffassung des menschlichen Körpers zu sehen.

Gen Lamrimpa beendet seine Erklärungen zu dieser Praxis mit einer bemerkenswerten Darstellung des Sechs-Phasen-Yoga, die die Phasen von Zurückziehen, meditativer Stabilisierung, *Prāṇayāma*, Einbehalten, Vergegenwärtigung und *Samādhi* umfasst. Meines Wissens ist bisher keine derart detaillierte Darstellung dieser Praktiken auf Englisch erschienen, und nur mit der Erlaubnis Seiner Heiligkeit des Dalai Lama haben wir es gewagt, diese hier zu veröffentlichen. Es handelt sich hierbei um die einzigartigen Praktiken der Kālacakra-Vollendungsstufe, durch deren Vervollkommnung, wie es heißt, sich alle materiellen Bestandteile des eigenen Körpers auflösen und ein leerer Formkörper angenommen wird, welcher der Ursprüngliche Weisheitskörpers von Kālacakra ist. Bei diesem Prozess lösen wir alle karmischen Energien auf, geben alle kognitiven Trübungen auf und erlangen durch die Verwirklichung der leeren Form von Kālacakra mit seiner Gefährtin die Unwandelbare Höchste Glückseligkeit eines Buddha. Von diesem Punkt an werden wir uns, wie Gen Lamrimpa erklärt, als Buddha Kālacakra in jedem Moment dem Wohl der Lebewesen widmen, und unser Körper, unsere Rede und unser Geist im Erleuchtungszustand werden den Raum durchdringen.

Mit der Motivation, dass alle Wesen diesen Zustand spirituellen Erwachens erreichen mögen, werden diese Belehrungen all jenen dargebracht, die die Kālacakra-Initiation erhalten haben und diesem tiefgründigen Pfad folgen wollen.

Huldigung

von Lobsang Jampal Tenzin

Namo Guru Munīndra Vajradhara
In der Natur des weiten Weges des Göttlichen, frei von konzeptuellen Ausformungen,
erscheinen alle Phänomene durch den Pinsel der Begrifflichkeit gemalt.
Ergebenst bezeuge ich meine Verehrung jenen Wesen von unvergleichlicher Güte,
die sie in die Natur des Weges des Göttlichen auflösen.

Meine spirituellen Freunde, mehr als zwanzig,
einschließlich der drei Vornehmsten,
welche Verkörperungen der Ursprünglichen Weisheit und erleuchteten Aktivitäten all der gnädigen Jinas sind:
Ihr habt euch unterschiedlich manifestiert
entsprechend den Veranlagungen, Fähigkeiten und Neigungen der fühlenden Wesen.
Beschützt mich bis zum Ende des Daseinskreislaufs.

Siddhartha, der Du während der letzten fünf Jahrhunderte die Dunkelheit der Wesen vertreibst,
bitte vertreibe die Dunkelheit der Wesen im Lande Tibet,
ohne Deine Augen zu verschließen.
Du, der Du von allen *Jinaputras* für Deinen Mut gepriesen wurdest,
beschütze mich bis zum Ende des Daseinskreislaufs.

Zur Leerheit, die frei ist von Makeln und in Vereinigung mit
dem unwandelbaren, unbefleckten Erleuchtungsgeist,
zu Dir, Kālacakra, und Deiner Gefährtin in der ursprünglichen Vereinigung

und zur Linie der Kulika Dharma Könige bete ich:
Beschützt mich bis zum Ende des Daseinskreislaufs.

Ergebenst bezeuge ich meine Verehrung jenen *Āryas*, die sich den Menschen in Tibet gewidmet haben, dem Abt, dem Lehrer und dem Dharma-König;
Atiśa, Ngog und Drom; Marpa, Mila und Dakpo; den Drei Sakya-Patriarchen,
und dem Vater und den spirituellen Söhnen der Ganden-Tradition.

Mögen von anfangsloser Zeit bis zum Ende der Welt
solch zerstörerische Feinde wie das Greifen
nach einem Selbst und die Ichbezogenheit besiegt werden –
und mögen wir gesegnet werden von Myriaden
erleuchteter Aktivitäten all jener, die den Vajra-Regeln folgen.

Teil 1

Vorbereitungen für die Praxis

Das Kālacakra – Maṇḍala

Foto von Peter Nebel

1.Kapitel

Wie man über den Pfad reflektiert

Motivation

In der gesamten Mahāyāna-Praxis ist die Motivation von entscheidender Bedeutung. Ganz besonders im Höchsten-Yoga-Tantra ist das Streben nach der eigenen spirituellen Entwicklung allein nicht ausreichend – vielmehr sollte man sich aufrichtig bemühen, die unerträglichen Schmerzen und Leiden, die die Lebewesen im Daseinskreislauf erfahren, zu beseitigen. Wir müssen den Mut und das Mitgefühl entwickeln, uns – ohne uns von dieser Aussicht einschüchtern zu lassen – viele viele Äonen lang in einem Höllenbereich aufzuhalten, um selbst einem einzigen Wesen zur Erleuchtung zu verhelfen. Angesichts der Überlegung, dass die allgemeine Mahāyāna-Praxis für den Weg zur Erleuchtung drei „zahllose Äonen“ erfordert, denkt man: „Ich kann es nicht ertragen, die Leiden der Wesen während all dieser Zeit ansehen zu müssen, ohne fähig zu sein, ihnen zu helfen und effektiv zu dienen. Deshalb will ich so schnell wie möglich die vollkommene Erleuchtung erlangen.“

Einfach nur den Wunsch nach der individuellen vollkommenen Erleuchtung zu haben, genügt jedoch weder für die Mahāyāna-Praxis im Allgemeinen noch gar für die Übung des Höchsten-Yoga-Tantra. Mit der Motivation, so schnell wie möglich die vollkommene Erleuchtung zu erlangen, um das Leiden der anderen zu beseitigen, sollten wir daher jetzt den Gedanken fassen: „Deshalb werde ich diese Kālacakra-Praxis durchführen, deshalb werde ich an dieser Klausur teilnehmen, deshalb werde ich diese Übungsphase nutzen und deshalb werde ich diese Stunde lang praktizieren.“ Diese Motivation muss entwickelt und während jeder einzelnen Sitzung beibehalten werden.

Viel Verdienst ist vonnöten, um sich dem Mitgefühl (skt. *karuṇa*, tib. *snying rje*), der Weisheit (skt. *prajñā*, tib. *shes rab*) und der besonderen Entschlusskraft (tib. *lhag bsam*) jener Bodhisattvas mit besonderen Fähigkeiten anzunähern, die sich auf dem ganz gewöhnlichen Mahāyāna-Weg befinden. Wollen wir jedoch vollständig geeignete Praktizierende für das Höchste-Yoga-Tantra werden, müssen unser Mitgefühl, unsere Weisheit und unsere besondere Entschlusskraft noch tausendmal größer sein als bei einem solchen Bodhisattva mit besonderen Fähigkeiten.

Die unbefriedigende Natur des Daseinskreislaufs

Im *Kālacakra-Wurzel-Tantra* (skt. *mūlatantra*, tib. *rtsa gyud*) heißt es, jeder von uns befinde sich im anfangslosen Daseinskreislauf. Der Text beschreibt auch, wie schwierig es ist, eine Wiedergeburt als Mensch zu erhalten und wie selten es ist, innerhalb des menschlichen Bereichs eine Dharma-Motivation zu besitzen. Selbst unter Menschen, die ein Interesse am Dharma verspüren, gibt es sehr wenige, die sich zum Vajrayāna hingezogen fühlen. Der Text sagt weiter, dass es auch bei denen, die sich dem Vajrayāna zuwenden, wiederum nur sehr selten vorkommt, dass sie eine Verbindung zum Höchsten-Yoga-Tantra verspüren. Es ist also ein ganz großes und erstaunliches Wunder, nicht nur die Gelegenheit zur Verwirklichung der vollkommenen Erleuchtung zu haben, sondern auch über die Mittel und den Pfad zum Erreichen des Zustands Höchster Glückseligkeit, des Buddha-Geists, zu verfügen.

Wie selten und schwierig es ist, so ein Menschenleben mit genügend Muße und der Freiheit eines vollständig ausgestatteten Körpers und Geistes zu bekommen, ist hinsichtlich der Natur, der Häufigkeit und der Ursachen eines solchen Lebens zu verstehen. Bedenkt zunächst einmal, wie schwierig es ist, einen solchen vollständig ausgestatteten Körper zur Verfügung zu haben, indem ihr dessen Natur betrachtet. Blickt man auf die Weltbevölkerung von sechs Milliarden Menschen und vergleicht diese Menge mit der Anzahl jener, die einen vollständig ausgestatteten menschlichen Körper sowie die nötige Muße und überdies noch ein Interesse für das Dharma haben, wird deutlich, dass letztere ziemlich klein ist. Weiterhin können wir einen Menschen, der Muße und einen vollständig ausgestatteten menschlichen Körper besitzt, nicht nur mit anderen Menschen, sondern auch mit allen anderen Lebewesen vergleichen – zum Beispiel mit Insekten, von denen es überall zu wimmeln scheint. Die Größe einmal außer Acht gelassen – würde man die sechs Milliarden Menschen auf diesem Planeten unter die Insektenbevölkerung mischen, würden die Menschen sich ganz einfach darin verlieren. Zudem bestätigt auch die moderne Wissenschaft die Existenz von zahllosen Mikroorganismen, die im Boden, in der Luft und im Wasser leben. Die menschliche Bevölkerung mit der Anzahl all dieser Lebewesen zu vergleichen, hilft uns also zu verstehen, wie schwierig es ist, allein von der Natur des Menschenlebens her solch ein vollständig ausgestattetes Leben mit allen körperlichen und geistigen Fähigkeiten sowie der nötigen Muße zu erhalten.

Im Hinblick auf die Häufigkeit heißt es, dass die meisten Lebewesen in den Höllenbereichen existieren, gefolgt von einer etwas geringeren Anzahl im Bereich der *Pretas* oder hungrigen Geister und einer noch geringeren im Bereich der Tiere; die geringste Anzahl ist im menschlichen Bereich zu finden. Die menschliche Existenz ist also äußerst ungewöhnlich.

Die Ursachen für die Wiedergeburt in elenden Bereichen sind unheilsame Taten. Betrachten wir unseren Geist einmal genauer, so entdecken wir jede Menge Geistesplagen oder Leidenschaften, die die Ursachen für unheilsame Taten in sich bergen. Im Laufe eines Tages erfährt man höchst selten einen heilsamen Geisteszustand. Vom Zeitpunkt des morgendlichen Erwachens bis zum Schlafengehen ist der Tag angefüllt mit unheilsamen Geisteszuständen, die in niedere Bereiche führen. Deshalb sind die Ursachen für diese menschliche Geburt sehr schwer zu erwerben.

Bei uns Menschen ist das Auftreten eines wahrhaft spirituellen Geisteszustands außerordentlich selten. Von den sechs Milliarden Menschen auf der Welt haben nur ganz wenige die Einstellung, die für eine spirituelle Praxis erforderlich ist. Und selbst denen, die mit dem Geist des Dharma in Berührung kommen, hilft eine spirituelle Haltung allein wenig, wenn ihnen die Fähigkeit fehlt, zwischen richtigem und falschem Dharma zu unterscheiden.

Es heißt weiter, dass sich unter denen, die mit dem Geist des Dharma in Berührung kommen, nur sehr wenige zum Mahāyāna hingezogen fühlen. Und noch seltener sind darunter diejenigen, die sich dem Tantra zuwenden. Ob man dem Dharma begegnet und Interesse für diese Form des Dharma entwickelt, hängt in diesem Kontext auch davon ab, ob ein voll erleuchtetes Wesen in der Welt erschienen ist. Das Erscheinen eines Buddha in der Welt ist sehr selten. In 16.300 großen Weltzeitaltern tritt ein Buddha nur vier Mal in vier Zeitaltern auf, das heißt insgesamt sechzehn Mal. Die meisten Weltzeitalter gelten daher als Zeitalter der Dunkelheit.

Ein großes Weltzeitalter besteht aus achtzig Zwischenzeitaltern, die sich wiederum in vier Phasen teilen: zwanzig sind Zeitalter der Leere; zwanzig sind Zeitalter der Schöpfung, das heißt, die Dinge sind in einem Entstehungsprozess; zwanzig sind Zeitalter des Fortbestehens und zwanzig sind Zeitalter der Auflösung und Zerstörung. Ein Buddha kann nur in den zwanzig Zeitaltern des Fortbestehens erscheinen. In jedem Zeitalter des Fortbestehens nimmt während der einen Hälfte die menschliche Lebensspanne zu und während der anderen Hälfte ab. Ein Buddha manifestiert sich nur, wenn die menschliche Lebensspanne abnimmt. Daher gibt es nur zehn dieser Zwischenzeitalter, in denen ein Buddha erscheinen könnte.

Solange in einem solchen Zwischenzeitalter die menschliche Lebensdauer zunimmt, erhöht sich alle hundert Jahre die maximale Lebensspanne um ein Jahr und steigt dabei von zehn auf achtzigtausend Jahre an, um dann in gleichem Maße wieder abzunehmen.

Gegenwärtig befinden wir uns in der Phase, in der die menschliche Lebensspanne abnimmt. Sie hat sich von 80.000 Jahren bis hin zum derzeitigen Stand verringert, und während dieser ganzen Zeit sind nur vier Buddhas erschienen. Der erste manifestierte sich, als die menschliche Lebensspanne 40.000 Jahre andauerte; der zweite, als die Lebensspanne 30.000 Jahre währte; der dritte, als die Lebensspanne 10.000 Jahre betrug; und der vierte, unser historischer Buddha, erschien, als die höchste Lebensdauer auf hundert Jahre gesunken war.

Wenn wir während einer der kurzen Zeitspannen als Mensch geboren werden können, in der ein Buddha lebt, so ist das eine äußerst kostbare Gelegenheit. Natürlich haben wir diese Chance verpasst.

Unsere seltene Chance

Selbst wenn man eine menschliche Existenz erlangt hat, ist es etwas Besonderes, wenn man das Glück hat, Dharma praktizieren zu können. Viele Menschen akzeptieren das Dharma gar nicht, und viele von denen, die es tun, entwickeln falsche Auffassungen. Zudem haben viele unvollständige Sinne oder Sinnesorgane. Es gibt also viele Faktoren, die uns die Gelegenheit zur Dharma-Praxis rauben. Uns ist nun eine unvorstellbar seltene Chance zuteil geworden: Wir sind als Menschen wiedergeboren, wir fühlen uns zum Dharma hingezogen, und unser Geist strebt sogar zum

Vajrayāna hin. Es ist unbedingt erforderlich, die Bedeutung dieses besonderen Ereignisses zu sehen.

Als menschliche Wesen verfügen wir über eine tief schürfende Intelligenz, und wir sollten diese Verstandeskraft nutzen, um zu vermeiden, dass wir Ursachen für ein weiteres Umherwandern in elenden Existenzzuständen erzeugen. Angenommen, wir bringen die Eignung für die Tantra-Praxis mit und erhalten die vollständige Initiation, so können wir, wie es heißt, sogar ohne die Praxis durchzuführen, durch das bloße Reinhalten der Tantra-Gelübde die vollkommene Erleuchtung innerhalb von siebzehn Leben erreichen. Für jemandem, der sich seiner Praxis sehr intensiv widmet, soll es sogar möglich sein, die vollkommene Erleuchtung in einem oder zwei Leben zu erlangen. Auch wenn es einem Schwierigkeiten bereitet, die vollkommene Erleuchtung in einem Leben zu erreichen, so besteht doch große Hoffnung, es in zwei Leben zu schaffen.

Wenn wir uns daher auf dem allgemeinen Pfad entsprechend bemühen, auf korrekte Weise die Initiation empfangen und nach bestem Vermögen die Erzeugungs- und Vollendungsstufe üben, wird das machtvolle Eindrücke in unserem Geist hinterlassen. Selbst wenn wir in diesem Leben nicht vollkommen erwachen, werden wir dann im nächsten Leben eine menschliche Wiedergeburt mit der wirklichen Befähigung zur Tantra-Praxis erlangen und dann zur vollkommenen Erleuchtung erwachen.

Wir haben die Fähigkeit, nicht nur unseren eigenen Bedürfnissen entsprechend zu leben, sondern auch den anderen zu dienen. In diesem Leben besitzen wir sehr ausgeprägte geistige Fähigkeiten, und würden wir keinen Gebrauch davon machen, wäre das ein großer Verlust. Es ist also von entscheidender Bedeutung, unsere Chancen für die Dharma-Praxis zu nutzen, denn diese Gelegenheit zur Ausübung des Höchsten-Yoga-Tantra stellt, wie gesagt, ein ganz außerordentliches Glück dar.

Zuflucht

Das eigentliche Sādhana des Sechsfachen Guru-Yoga beginnt mit der Zufluchtnahme, welche als ausschlaggebendes Kriterium dafür gilt, ob man Buddhist ist. Das Erkennen der eigenen Leiden und die Furcht, sich nicht selbst davon befreien zu können, lässt einen anderswo nach einer Stütze und Zuflucht suchen. Es ist wichtig, sich über das Wesen der drei Ursachen der Furcht klar zu werden, die uns zur Zufluchtnahme treibt: erstens die Natur des Leidens der drei elenden Existenzbereiche; zweitens die unbefriedigende Natur des gesamten Daseinskreislaufs und drittens die Nachteile, selbst Geistestrübungen zu haben, während wir den anderen Lebewesen zu dienen versuchen. Im Kontext des Kālacakra sollen wir vor allem über die unbefriedigende Natur der Geistestrübungen nachdenken.

Was bringt diesen unbefriedigenden Daseinskreislauf hervor? Ein fehlerhafter Geisteszustand. Um uns unsere Wünsche zu erfüllen und das zu vermeiden, was wir nicht wünschen, begehen wir körperliche und geistige Handlungen. Bei diesem Prozess setzen sich bestimmte Eindrücke in unserem Geist fest, und diese karmischen Prägungen werden zu den Ursachen für unsere Körper, unsere Umgebungen sowie die Erfahrungen von Vergnügen und Leid in zukünftigen Existenzen. Sobald diese karmischen Prägungen in unserem Geist in zukünftigen Leben zur Reifung kommen, gebrauchen wir wieder unseren Körper und Geist, um verschiedenste Handlungen durchzuführen, die unsere karmischen Prägungen weiterhin vertiefen. Auf diese Weise besteht dieser Kreislauf immer weiter fort. Ob wir uns in einer hohen oder niedrigen Position befinden, ob wir große oder geringe Macht haben – wie auch immer die Umstände tatsächlich sein mögen – wir sind alle in derselben Situation. Wenn wir über die zwölf Glieder des abhängigen Entstehens reflektieren, wird uns die Natur des Daseinskreislaufs klar.

Bei dieser Betrachtung sollten wir so lange meditieren, bis wir erkennen, dass dieser zwanghafte Kreislauf kein Ende hat. Er setzt sich selbst immer weiter fort, bis schließlich der Wunsch in uns entsteht, ihm ein Ende zu bereiten. Indem wir auf diese Weise darüber nachdenken, wird auch immer klarer, warum der Daseinskreislauf ein Ozean des Leidens genannt wird, aus dem man ohne Dharma nicht entrinnen kann. Es gibt keine weltlichen Aktivitäten, die zu einem Stillstand dieses sich selbst fortsetzenden Kreislaufs führen. Wenn ihr eine wirklich wirkungsvolle Atombombe bauen wollt, dann konstruiert eine, die diesen Kreislauf sprengen könnte. Das wäre eine wirkliche Bombe. Genau darum geht es in der buddhistischen Praxis: „eine Bombe zu bauen". Die Verwirklichung der Leerheit ist die Bombe, die den Daseinskreislauf zerstört.

Um diesen Kreislauf der unaufhörlichen zwanghaften Wiedergeburten zu durchtrennen, gibt es zunächst die Methoden des Hīnayāna, die ihre eigenen Stärken haben. Effektiver sind jedoch die Methoden des Pāramitāyāna, und am effektivsten sind die Methoden, die im Vajrayāna zu finden sind.

Suchen wir nach der eigentlichen Quelle unseres Leidens, kommen wir irgendwann zu dem Schluss, dass es von unserer eigenen Unwissenheit herrührt. Die eigene Unwissenheit und Verblendung zu erkennen ist sehr schwierig. Warum? Weil die wahre Natur dieser Unwissenheit wie ein alles verdunkelnder Schleier ist. Für unsere Alltagsaktivitäten mögen wir zwar einen Plan haben – aber wie selten entsprechen die Resultate unserer Handlungen genau unseren Plänen. Dazu bräuchten wir eine vollständig klare Sicht unserer Realität, aber die besitzen wir nicht. Ebenso wenig haben wir eine völlig klare Sicht dessen, was wir tun müssen, um unsere Ziele zu erreichen. Deshalb stimmt unsere Realität meistens nicht genau mit unseren Vorstellungen und Plänen überein. Und da wir nicht sehen können, was in Zukunft geschehen wird, können wir unsere eigene Situation auch nicht klar überblicken. Daraus erwächst in Wahrheit die Hauptmotivation, sich jemand anderem anzuvertrauen und Zuflucht zu suchen. Es gibt zwei Beweggründe für die Zuflucht im Mahāyāna, nämlich die Unfähigkeit, seine eigenen Leiden zu ertragen, und das Mitgefühl, das einen die Leiden der anderen nicht ertragen lässt. Aus diesem Grund müssen wir uns einem Lehrer anvertrauen, der sich auf dem Pfad auskennt.

Der Lehrer, dem wir uns anvertrauen, sollte jemand sein, der vollständig dazu in der Lage ist, uns vor Leiden zu beschützen. So eine Person gilt als Zufluchtsobjekt. Ein solches Zufluchtsobjekt sind die drei Juwelen – Buddha, Dharma und Saṅgha. Wir können absolutes Vertrauen in sie haben und uns darauf verlassen, dass sie die wahre Natur der Realität kennen.

Für die Zufluchtnahme benötigen wir zunächst einen Lehrer, der uns den Weg zeigt. In diesem Kontext ist der Lehrer natürlich der Buddha. Doch selbst wenn wir einen Lehrer haben – solange wir das Erlernte nicht in die Praxis umsetzen, kann sich auch der Lehrer nicht als wirksam erweisen. Das, was gelehrt wird – das konkrete Dharma, das man in die Praxis umsetzt – ist die Zuflucht des Dharma. Und da es sehr schwierig ist, Fortschritte zu machen, wenn wir keine Vorbilder haben, denen wir folgen können, nehmen wir diejenigen, die auf dem Pfad schon weiter fortgeschritten sind, als Leitfiguren – diese werden als Saṅgha bezeichnet.

Das höchste Zufluchtsobjekt ist der Buddha. Es gibt vier Kriterien, um aufzuzeigen, dass der Buddha ein wahrhaftes, authentisches Zufluchtsobjekt ist. Die erste Eigenschaft ist, dass er frei von Furcht ist. Jemand, der nicht frei von der Furcht vor Gefahren ist, kann andere auch nicht davor schützen. Die Hauptursachen für äußere Gefahren liegen in Wirklichkeit im eigenen Geist, nämlich in der eigenen Verblendung, Begierde und Wut. Haben wir unseren Geist von diesen Verwirrungen befreit, sind wir auch frei von äußeren Gefahren. Es dürfte klar sein, dass große Begierde ziemlich verletzbar macht. Zum Beispiel ist dein Körper, an dem du so sehr anhaftest, allen Arten von Leiden ausgesetzt. Erst wenn du in Bezug auf deinen Körper nicht mehr Anhaftung empfindest als gegenüber einem Stein, bist du frei von physischem Leiden. Wenn jemand auf einen Stein tritt und ihn in kleine Sandteilchen zermalmt, fühlst du dich nicht betroffen. In gleicher Weise würden Dinge, die deinem Körper zustoßen, dir kein Leid verursachen, wenn du nicht mehr an ihm anhaften würdest. Der Buddha ist ganz und gar frei von solchen Geistesplagen wie Begierde, Ärger und Unwissenheit sowie den karmischen Anlagen dafür.

Das zweite Attribut des Buddha ist seine Fähigkeit, andere aus ihren Leiden herauszuführen. Jemand, der kein Geschick besitzt, um andere zu führen, kann ihnen auch keinen Schutz gewähren. Es ist also sehr wichtig, dass die Methoden des Lehrers auch der Realität entsprechen. Eine Mutter zum Beispiel, die zwar sehr mitfühlend ist, aber keine Ahnung hat, wie sie sich um ihr Kind kümmern soll, gibt ihrem Kind vielleicht irgendeine gerade zur Verfügung stehende Nahrung, an der es womöglich stirbt. Dagegen weiß eine kluge Mutter, dass die Verdauungskräfte eines Kindes noch schwach sind, und füttert es mit leicht verdaulicher Nahrung, die es allmählich kräftigt und seine Verdauung stärkt.

Die dritte Qualität ist, dass das Zufluchtsobjekt Buddha ganz und gar von Mitgefühl erfüllt ist.

Und viertens macht er keinen Unterschied zwischen denen, die ihm nahe und denen, die ihm fern stehen. Der Buddha erfüllt die Bedürfnisse aller Wesen gleichermaßen – ohne Rücksicht, ob eines davon ihm einmal von Nutzen gewesen ist.

Die Berichte über das Leben des Buddha weisen unzweifelhaft darauf hin, dass er über all diese Qualitäten verfügte. Außerdem sind der Buddha und die anderen Zufluchtsobjekte frei von jeder Falschheit. Da also der Lehrer keinerlei Falschheit, Trug oder Täuschung besitzt, sind auch die Lehre und ihre wahren Anhänger frei von Täuschung.

Visualisiere bei dieser Praxis als Erstes die Zufluchtsobjekte. Mache dir die Gründe für die Zufluchtnahme sowie die überragenden Qualitäten der Zufluchtsobjekte bewusst. Dann reflektierst du über dein eigenes Leiden und das Leiden der anderen und bittest die Zufluchtsobjekte um ihren Schutz.

2. Kapitel

Was es bedeutet, Tantra-Unterweisungen zu erhalten

Wir beginnen nun mit einer kurzen Einführung in das Sechsfache Kālacakra-Guru-Yoga, insbesondere im Hinblick auf die Erzeugungs- und die Vollendungsstufe. Ganz allgemein gesprochen sollte man, während man Tantra-Unterweisungen vernimmt, gewöhnliche Erscheinungen verwerfen: Zum Beispiel sollten wir nicht denken, dass wir hier in einem gewöhnlichen Gebäude sitzen, sondern uns vorstellen, dieser Ort sei der Palast von Kālacakra. Ebenso solltet ihr den Lehrer nicht als gewöhnliche Person sehen, sondern als Emanation von Kālacakra; das gilt ebenso für die anderen Mitstudenten, die den Belehrungen zuhören. Auch uns selbst sollten wir in der Natur von Kālacakra hervorbringen.

Die Vajrasattva-Reinigung

Die Tradition verlangt, dass den Belehrungen zur Erzeugungs- und Vollendungsstufe die Rezitation des hundertsilbigen Vajrasattva-Mantra und eine Torma (tib. *gtor ma*)-Opfergabe vorangehen soll. Daher entwickeln wir zuerst die höchste Motivation des Mahāyāna und rezitieren dann der Tradition folgend das hundertsilbige Vajrasattva-Mantra. Vollziehe die Meditation von Vajrasattva, die Mantra-Rezitation und die Visualisation so ausführlich wie möglich.[3] Wenn du das hundertsilbige Mantra kennst, so rezitiere es vollständig:

> *Oṃ vajrasattva samayam anupālaya vajrasattva tvenopatiṣṭha dṛḍho me bhava sutoṣyo me bhava supoṣyo me bhava anurakto me bhava sarva siddhiṃ me pracchaya sarva karmeṣu ca me cittaṃ śrīyaṃ kuru hūṃ ha ha ha ha hoḥ bhagavan sarvatathāgata vajra mā me muñca vajri bhava mahāsamaya sattva āḥ hūṃ phaṭ*

Ansonsten kannst du auch das abgekürzte Vajrasattva-Namens-Mantra rezitieren:

Oṃ vajrasattva āḥ

Entwickle nun den allumfassenden Entschluss, die höchstmögliche Erleuchtung zum Wohle aller Wesen im Universum zu erlangen, und mit dieser Motivation höre den Belehrungen zu. Nachdem du diese Motivation hervorgebracht hast, wendest du dich der Vajrasattva-Praxis zu.

Der Kontext der Belehrungen

Traditionell werden die Belehrungen in einer bestimmten Reihenfolge gegeben. Einem allgemeinen Überblick über die Lehren des Pfades folgt eine Darlegung der Unterschiede zwischen Mahāyāna und Hānayāna, Sūtrayāna und Vajrayāna sowie zwischen den vier verschiedenen Tantra-Klassen. Versäumt man es, alle Themen abzudecken, entgeht einem möglicherweise die besondere Tiefgründigkeit des Tantra-Pfades, was wiederum zu Missverständnissen führen könnte.

• Mahāyāna und Hīnayāna

Es heißt, dass die Lehren des Buddha, einschließlich ihrer 84.000 Aspekte, die alle als Gegenmittel gegen die Gewohnheitsmuster von Begierde, Abneigung und Unwissenheit wirken, letztlich alle in den Ozean der Wirklichkeit einmünden. Genauso wie verschiedene Ströme aus unterschiedlichen Richtungen allesamt zum Ozean führen, gipfeln die zahlreichen Belehrungen, die der Buddha gegeben hat, alle in der Realität, die die Verwirklichung der Tathāgatas ist.

Unsere Erfahrung von Leid entsteht aufgrund unserer Geistesverwirrung; es sind geistige Verblendungen, die unser Leid schaffen. In dem Maße, in dem wir diese Verblendungen aus unserem Geist entfernen, entwinden wir uns dem Leiden und erfahren Befreiung.

Die Befreiung ist auf verschiedenen Wegen zu erreichen. Zum Beispiel gilt im Hīnayāna die Begierde nach Sinnesobjekten als die Hauptursache der Täuschung, und das Gegenmittel ist die Eliminierung dieser Begierde nach Objekten wie Essen und so weiter sowie die Entwicklung von Genügsamkeit und Zufriedenheit, indem man sich nur von Almosen ernährt. Ebenso wichtig ist die Kultivierung von Genügsamkeit in Bezug auf die eigene Kleidung oder Wohnstätte. Innerlich richtet der Hīnayāna-Schüler seine

Praxis auf die drei höheren Übungen – ethische Dispziplin, Konzentration und Weisheit – sowie insbesondere auf die Überwindung der Geistesplagen (skt. *kleśa*, tib. *nyon mongs*), welche als Gegner angesehen werden. Das Ziel der Praxis ist einfach die eigene Befreiung.

Das Mahāyāna teilt sich in das Fahrzeug der Vollkommenheiten oder Pāramitāyāna und das Vajrayāna. Das Pāramitāyāna basiert auf den Sūtra-Lehren des Mahāyāna und betont sogar noch mehr das Aufgeben der Begierde nach Sinnesobjekten. Man wird dazu angehalten, auch nicht den leisesten Wunsch nach solchen Dingen wie Essen, Kleidung und Unterkunft für sich selbst zu hegen. Der Bodhisattva legt jede Sorge um das eigene Wohlergehen ab und richtet sich ganz auf andere aus. Hier geht es weniger um das Aufgeben der Geistesplagen, sondern vor allem um das Überwinden der subtilen geistigen Schleier beziehungsweise Hindernisse vor der Allwissenheit (skt. *jñeyāvaraṇa*, tib. *shes sgrib*), die das allwissende Bewusstseinspotential trüben. Um diese geistigen Schleier zu entfernen, ist es notwendig, zunächst die trübenden Gewohnheitsmuster der Geistesplagen (skt. *kleśavaraṇa*, tib. *nyon sgrib*) zu beseitigen, die ein Hindernis zur Befreiung darstellen. Auf dem Pāramitāyāna-Pfad praktiziert man die *sechs Vollkommenheiten*, die sich durch besondere Methoden und durch Weisheit auszeichnen.

Die sechs Vollkommenheiten übt man, wie es heißt, zum Zweck der eigenen Reifung und die so genannten *vier Mittel, um Schüler um sich zu sammeln*, zum Wohle der anderen. Alle anderen Praktiken eines Bodhisattva sind in der Vervollkommnung der ethischen Disziplin, der zweiten der sechs Vollkommenheiten, enthalten. Für den Bodhisattva gibt es drei Arten von ethischer Disziplin: seine Gelübde einzuhalten, den anderen Wesen zu dienen und heilsames Verhalten zu üben.

Eine Person, die dem Hīnayāna-Pfad folgt, sollte sich auf keinen Fall einer der zehn Untugenden hingeben. Im Gegensatz dazu darf ein Bodhisattva auf dem Mahāyāna-Pfad unter bestimmten Umständen ein Verlangen nach Sinnesobjekten haben, solange es um der anderen willen geschieht. Außerdem gibt es bestimmte Situationen, in denen ein Bodhisattva zum Nutzen anderer Lebewesen unheilsame Taten von Körper und Sprache durchführen darf.

Ist der Unterschied zwischen Hīnayāna und Mahāyāna eine Frage des Verhaltens? Ja, der Unterschied ist im Verhalten festzumachen: Im Mahāyāna ist die Grundlage der Motivation der

Erleuchtungsgeist (skt. *bodhicitta*; tib. *byang chub kyi sems*), und daher haben Bodhisattvas die Absicht, zum Wohl der anderen zu handeln. Der Hīnayāna-Praktizierende geht dagegen nicht von dieser Grundlage des Erleuchtungsgeistes aus. Vielmehr basiert seine oder ihre Motivation auf den Übungen des spirituellen Weges zur eigenen Befreiung.

• Sūtrayāna und Vajrayāna

Auch innerhalb des Mahāyāna liegt der Unterschied zwischen Pāramitāyāna und Vajrayāna im jeweiligen Verhalten. Ob wir uns auf dem Mahāyāna-Pfad befinden oder nicht, wird dadurch bestimmt, ob wir den Erleuchtungsgeist entwickelt haben. Es besteht jedoch ein großer Unterschied hinsichtlich der Natur des jeweiligen Erleuchtungsgeistes: Im Tantra werden Sinnesobjekte und sinnliche Erfahrungen auf dem spirituellen Weg ausdrücklich eingesetzt, wohingegen man im Pāramitāyāna, dem Sūtra-Pfad, sinnliche Erfahrungen nicht explizit in den Pfad umwandelt.

Auch braucht man im Vajrayāna eine vollständige und authentische Initiation. Im Vajrayāna haben wir außerdem die so genannten vier vollkommenen Reinheiten (tib. *yongs dag bzhi*), nämlich: erstens den eigenen Aufenthaltsort als den Aufenthaltsort eines Buddha anzusehen (dazu stellt man sich den eigenen Aufenthaltsort als den Palast der Gottheit vor); zweitens den eigenen Körper als den Körper der Gottheit anzusehen; drittens die eigenen Handlungen als Lichtemanationen zu erkennen, die den fühlenden Wesen dienen; und viertens die eigenen Freuden als göttlichen Nektar zu betrachten. Zur Zeit des Resultats ist das dann Realität geworden: Das heißt, der eigene Aufenthaltsort und Körper sowie die eigenen Handlungen und Freuden sind nun tatsächlich von jener reinen Natur. Solange wir noch Praktizierende auf dem Tantra-Pfad sind, stellen wir uns diese Reinheiten so vor, wie sie im Zustand der Verwirklichung dann real sein werden.

• Die vier Tantra-Klassen

Hinsichtlich des Resultats besteht keinerlei Unterschied zwischen den vier Tantra-Klassen. Unterschiedlich ist jedoch die Art, wie die Sinnesobjekte in den Pfad integriert werden. Zum Beispiel gibt es vier Wege, wie man seine sinnliche Anziehung gegenüber der weiblichen Meditationsgottheit einsetzt: Ansehen, Anlächeln, Hände-Halten und sexuelle Vereinigung. Diese vier Wege entsprechen den vier Tantra-Klassen, vom Handlungs-Tantra bis hin zum Höchsten-Yoga-Tantra.

In der ersten Tantra-Klasse, den Handlungs-Tantras, wird großer Wert auf äußere Handlungen gelegt, wie das Einhalten einer einwandfreien Hygiene und bestimmte äußere Rituale. Die Ausübungs-Tantras betonen dagegen mehr das innere Yoga. In der dritten Klasse, den Yoga-Tantras, verlagert sich der Schwerpunkt noch mehr auf das innere Yoga. Und die Höchsten-Yoga-Tantras heben noch in ungleich stärkerem Maße das innere Yoga gegenüber den äußeren Handlungen wie der rituellen Reinigung hervor.

In den Höchsten-Yoga-Tantras gibt es zwei Kategorien, bekannt als Vater- und Mutter-Tantras. Die Kategorie, die ausdrücklich auf das Entwickeln des Körpers eines Buddha abzielt, umfasst die Vater-Tantras, während es bei den Mutter-Tantras hauptsächlich darum geht, den Geist eines Buddha zu erlangen. Beide sind jedoch gleichermaßen geeignet, um sowohl den Körper als auch den Geist eines Buddha zu verwirklichen. Ebenso gleichen sie sich darin, dass sie beide im Vajrayāna begründet sind. Der Unterschied besteht einfach im jeweils gesetzten Schwerpunkt. Im Allgemeinen geht es im *Kālacakra-Tantra* vorrangig um das Erlangen eines Buddha-Körpers, da hier in ganz besonderer und einzigartiger Weise der so genannte reine *Körper der leeren Form* (tib. *dag pa'i stong gzugs kyi sku*) betont wird. Trotzdem ordnet man das *Kālacakra-Tantra* den Mutter-Tantras zu und zwar deshalb, weil das Erlangen der leeren Form als Mittel zum Erreichen der Unwandelbaren Glückseligkeit (tib. *mi 'gyur ba'i bde ba*) angesehen wird, welche sich auf den Geist eines Buddha bezieht.

Die anderen Höchsten-Yoga-Tantras zielen auf die Transformation der äußerst subtilen ursprünglichen Energie in den Illusionskörper ab, um auf diese Weise den Körper eines Buddha zu verwirklichen. Im Kālacakra-System jedoch gibt es keine solche ausdrückliche Transformation der extrem subtilen Ursprungsenergie; vielmehr bietet es ein ganz anderes Mittel, um den Körper eines Buddha zu realisieren, nämlich den leeren Formkörper.[4]

3. Kapitel

Überblick über das Kālacakra-Tantra

Die aussergewöhnlichen Qualitäten von Kālacakra

Kālacakra gilt als besonders tiefgründig. Einer der herausragenden Vorzüge von Kālacakra ist, dass seit der Zeit, da der Buddha das *Kālacakra-Tantra* lehrte, bis heute die Übertragungslinie von Lehre und Praxis durch *Āryabodhisattvas* aufrechterhalten wird. Die Übertragungslinie ist bis heute nicht degeneriert und der Segensstrom daher ununterbrochen wirksam.

Weitere besondere Qualitäten von Kālacakra werden erst in Zukunft deutlich werden. Man spricht von vier aufeinander folgenden historischen Epochen, die sich immer wieder abwechseln: die Ära der Erfüllung (tib. *rdzogs ldan*), die Ära der dreifachen Ausstattung (tib. *gsum ldan*), die Ära der beiden Qualitäten (tib. *gnyis ldan*) und die Ära der Konflikte (tib. *rtsod ldan*). Am Ende dieser Ära der Konflikte beginnt die Zeit von Śambhala, womit wiederum eine Epoche der Erfüllung einsetzt. Zu der Zeit, wird Rudra Chakrï, der dann amtierende König von Śambhala, die Einweihung gewähren. Wenn man die Initiation von ihm erhält, wird man leicht Zugang zur Kālacakra-Praxis bekommen und dadurch schnell und mühelos die vollkommene Erleuchtung erlangen. Wer von dieser Gelegenheit profitieren kann, hat eine gute Chance, innerhalb von dreihundert Jahren erleuchtet zu werden.

Eine andere herausragende Qualität von Kālacakra besteht in seinen einzigartigen Mitteln, Schüler zur Reifung zu führen: Zum Beispiel bringen wir bei der Initiation die fünf Elemente (tib. *khams lnga*) unseres Körpers als Gottheiten hervor – insbesondere als die fünf Gefährtinnen, woraufhin alle Initiationsgottheiten des Maṇḍala (tib. *dkyil 'khor*) eingeladen werden, um uns die Initiation zu übertragen. Währenddessen transformiert der initiierende Guru das Wasser der [bei der Initiation verwendeten] Vasen in die Form der fünf Gefährtinnen. Diese lösen sich wiederum in die Natur des

Wassers und der fünf Vasen auf, und die Maṇḍala-Initiationsgottheiten erteilen die Einweihung. Dann lösen sich die fünf Gefährtinnen in die fünf Elemente des Körpers des Schülers auf, und die fünf Elemente wiederum verwandeln sich in die Natur der fünf Gefährtinnen.

Später, bei der Praxis der Erzeugungsstufe, visualisieren wir die fünf Gefährtinnen in ähnlicher Weise. Die fünf Elemente, die zwölf Sinnesquellen (tib. *skye mched bcu gnyis*) – die sechs subjektiven Sinnesquellen (tib. *nang gi skye mched drug*), bestehend aus den fünf Körpersinnen sowie der geistigen Wahrnehmung, und die sechs entsprechenden Objekte der Wahrnehmung oder objektiven Sinnesquellen (tib. *phyi'i skye mched drug*) – und alle weiteren hierzu gehörenden Aspekte werden in die Leerheit aufgelöst. Dann kommen sie wieder aus der Leerheit hervor und verwandeln sich in Gottheiten. Die wirklichen Gottheiten gehen in diese vorgestellten Wesenheiten ein, die ihrerseits dadurch zu wirklichen Gottheiten werden – die Gottheiten sind also im visualisierten Maṇḍala gegenwärtig.

In anderen Tantras werden die fünf körperlichen und geistigen Aggregate [oder *Skandhas*] (tib. *phung po lnga*) zwar transformiert, aber nicht durch diesen im *Kālacakra-Tantra* verwendeten Prozess, der darin besteht, die eigenen Sinnesquellen als Natur der Gottheiten und die Natur der Initiationssubstanzen als Gottheiten hervorzubringen, um sie dann als die Gottheiten selbst anzusehen und so fort. Diese sehr tiefgründigen Aspekte des Reifungsprozesses gibt es in anderen Tantras nicht.

Die Kālacakra-Praxis ist äußerst segensreich, da wir die vielen Aspekte unseres Seins als Gottheiten erschaffen. Dabei werden die fünf Aggregate durch die fünf Buddhas gereinigt und die fünf Elemente durch die fünf Gefährtinnen. Die zehn *Śaktīs* (tib. *nus ma bcu*) oder weiblichen Verkörperungen der Kraft reinigen die zehn Kanäle; die sechs männlichen und die sechs weiblichen Bodhisattvas die zwölf Sinnesquellen. Die zwölf männlichen und weiblichen zornvollen Gottheiten (skt. *krodha*, tib. *khro bo, khro mo*) transformieren die verschiedenen Handlungsgrundlagen und entsprechenden Fähigkeiten.[5] Dagegen reinigt ein Maṇḍala mit nur fünf Gottheiten auch nur direkt die fünf Aggregate. Auch wenn die anderen Bestandteile unseres Seins in den Skandhas mit eingeschlossen sind, stellt eine solche einfache Praxis keine Reinigung all dieser anderen Bestandteile dar. Je detaillierter daher die Visualisierung ist, desto größer ist auch der Segen auf der Erzeugungsstufe. Je klarer und genauer man ein Maṇḍala mit all den anwesenden Gottheiten visualisiert, desto tiefgründiger wird die eigene Praxis.

Wenn wir die Gottheiten für jede der Sinneskräfte (Augen, Ohren und so weiter) visualisieren, werden die Energien, die mit diesen verschiedenen Fähigkeiten verbunden sind, mobilisiert. Dann ist es auf der Vollendungsstufe viel einfacher, diese Energien in den Zentralkanal zu bringen.

In der Kālacakra-Praxis können sehr viele Gottheiten visualisiert werden, auch in Bezug auf feinere Körperteile wie Gelenke und so weiter. All diese Visualisierungen fördern den Prozess, der die Energien in den Zentralkanal lenken soll. Diese komplizierten Visualisierungen auf der Erzeugungsstufe begünstigen das mühelose Reifen auf der Vollendungsstufe. Das Hervorbringen einer einzigen Gottheit ohne ihre Gefährtin oder ihren Gefährten wäre als Reifungsfaktor für die Vollendungsstufe nicht ausreichend.

Schnelle Verwirklichungen entstehen als Resultat einer gründlichen Übung auf dem allgemeinen Weg, einer authentisch empfangenen Initiation und einer umfassenden Praxis der Erzeugungsstufe. Ohne eine solche Segnung der verschiedenen Energien in unseren Körperkanälen tritt der Reifungsprozess nur schwerlich ein. Dabei sollte der tantrischen Praxis eine Guru-Yoga-Praxis vorausgehen, welche die essentielle Grundlage des Pfades ist. Alle diese wesentlichen Elemente der Erzeugungsstufe sind im Sechsfachen Kālacakra-Guru-Yoga enthalten.

Kālacakra, das Rad der Zeit

In dem Sanskrit-Wort Kālacakra (tib. *dus kyi 'khor lo*) steht *Kāla* für „Zeit“ und *Cakra* für „Rad“ oder „Kreis“. Daher wird dieser Begriff als „Rad der Zeit“ übersetzt.

Kālacakra umfasst drei Aspekte: äußeres, inneres und anderes oder alternatives Kālacakra. Im äußeren Kālacakra bezieht sich *Kāla* auf ein Jahr beziehungsweise die 360 Tage eines Kalenderjahres.[6] Dieser Jahreszyklus wird durch ein Rad symbolisiert. Das äußere Kālacakra ist das Äußere, was direkt vom Geist der fühlenden Wesen wahrgenommen wird, nämlich alles in unserer Umgebung außerhalb unseres Körpers und Geistes.

Das innere Kālacakra ist das, was durch unser Bewusstsein erfasst wird. In diesem Kontext bezieht sich *Kāla* auf die zwölf Nebenkanäle am Nabel-Cakra – sechs auf der rechten und sechs auf der linken Seite – und auf die Vitalenergien oder Atemzüge, die durch diese Kanäle hindurchfließen, nämlich je sechs Einatmungen und Ausatmungen, abwechselnd auf der rechten und auf der linken Seite.

In vierundzwanzig Stunden findet zwölf Mal ein solcher Wechsel des Flusses der Vitalenergien statt [– also alle zwei Stunden]. Bis sich ein solches Umschwenken der Energien vollzieht, dauert es 1.800 Atemzüge; innerhalb einer Vierundzwanzig-Stunden-Periode sind es 21.600 Atemzüge. Während jeder dieser zwölf Umkehrungen des Energieflusses im Körper durchlaufen genau 56,25 Atemzüge den Zentralkanal, was insgesamt 675 Atemzüge pro Vierundzwanzig-Stunden-Periode ergibt. Der Begriff „Rad" im inneren Kālacakra bezieht sich auf die zwölf Umkehrungen des Energieflusses sowie die 21.600 Atemzüge im Laufe von vierundzwanzig Stunden.

Der Ausdruck „alternatives Kālacakra" umfasst die Erzeugungsstufe, die Vollendungsstufe und das Resultat, das heißt die vollkommene Erleuchtung. Im Zustand des Resultats bezieht sich Kālacakra auf die Unwandelbare oder Höchste Glückseligkeit; das „Rad" steht hier für den reinen Körper der leeren Form, welcher von derselben Natur ist wie die Unwandelbare Glückseligkeit. Was die Vereinigung von Körper und Geist angeht, so beinhaltet der Zustand der vollkommenen Erleuchtung die Vereinigung von Unwandelbarer Glückseligkeit, beziehungsweise diesem Geist, und leerer Form. Auf der Vollendungsstufe bezieht sich die Unwandelbare Glückseligkeit eher auf den Weg als auf die Verwirklichung selbst. Diese Erfahrung von Unwandelbarer Glückseligkeit auf dem Weg wird als „Zeit" bezeichnet und die leere Form als „Kreis" oder „Rad". Ebenso wird auf der Erzeugungsstufe die bloß vorgestellte große Glückseligkeit „Zeit" und die bloß vorgestellte leere Form „Kreis" beziehungsweise „Rad" genannt.

Das ist die Etymologie von Kālacakra.

Tantra, das Kontinuum

Eine der zahlreichen Bedeutungen des Begriffs „Tantra" ist „Kontinuum", insbesondere das Kontinuum der Wirklichkeit und der Worte, die für die Wirklichkeit stehen. Mit dem Kontinuum der Worte, die die Wirklichkeit beschreiben, ist das *Wurzel-Tantra in 12.000 Versen* gemeint, dessen Kurzform *„Zusammengefasstes Tantra"* heißt.

Unter den verschiedenen Tantras gilt das *Kālacakra-Tantra* als besonders klar. Viele andere Tantras wie das Cakrasaṃvara und das

Guhyasamāja werden „geheime Tantras" genannt, weil ihre eigentliche Bedeutung nicht ausdrücklich offen gelegt wird, sondern eher versteckt bleibt. Zum Beispiel erwähnen andere Tantras zwar, dass die vierte Initiation der dritten gleichzustellen sei, aber das Thema wird nicht weiter erläutert. Das *Kālacakra-Tantra* hingegen ist diesbezüglich sehr klar, denn es erklärt eindeutig, dass die vierte Initiation die Vereinigung des Unwandelbaren Geistes und der leeren Form ist. Aufgrund seiner klaren und deutlichen Darstellungsweise ist das *Kālacakra-Tantra* besonders für Praxisanfänger besser zugänglich.

Das Tantra, welches das Kontinuum der Wirklichkeit ist, ist als die Wirklichkeit der Grundlage, des Pfades und des Resultates zu verstehen. Das Tantra der Grundlage bezieht sich vor allem auf den [äußerst subtilen, immer vorhandenen oder] natürlich angeborenen Geist (tib. *gnyug ma'i sems*). Es wird als Kontinuum bezeichnet, weil dieser natürlich angeborene Geist gleichermaßen während der Grundlage, des Pfades und des Resultats vorhanden ist. Zur Zeit des Resultats wird dieser natürlich vorhandene Geist „Ursprüngliche Weisheit" (skt. *jñāna*, tib. *ye shes*) genannt. Er erscheint gleichermaßen in Gestalt von unbelebten wie auch belebten Phänomenen – das heißt sowohl als der göttliche Palast als auch als die darin verweilenden Gottheiten. In gleicher Weise ist der Begriff „Tantra" auf die Stufen des Weges zu beziehen: nämlich auf die leere Form, den natürlich angeborenen Geist und die unbelebte Umgebung, welche dieser Geist auf der Vollendungsstufe hervorbringt. Das gilt ebenso für die Erzeugungsstufe, auf der man sich all das nur im Geiste vorstellt.

Aufbau des Kālacakra-Tantra

Die fünf Kapitel des *Kālacakra-Tantra* [1. Universum; 2. inneres Kālacakra; 3. Initiation; 4. Praxis; 5. Ursprüngliche Weisheit] legen diese Dreiteilung in äußeres, inneres und anderes Kālacakra jeweils einmal in Bezug auf die Lehren und einmal in Bezug auf die Wirklichkeit dar. Vergewissert euch, dass euch der Unterschied zwischen den Lehren und der Wirklichkeit klar ist. Die Lehren bestehen aus Worten; die Realität ist das, worauf sich diese Worte beziehen. Das äußere, innere und alternative Kālacakra sind also jeweils innerhalb dieser beiden Kontexte zu verstehen.

Betrachten wir zunächst das äußere und das innere Kālacakra: Die äußere Realität ist das äußere Universum. Die innere Realität ist unser eigenes Wesen, das sich aus den fünf Aggregaten und so weiter zusammensetzt. Bezogen auf die Worte oder Lehren behandelt das erste der fünf Kapitel das Universum oder das äußere Kālacakra, und das zweite Kapitel, bekannt als das „innere Kapitel", enthält die Lehren über das innere Kālacakra.

Die Wirklichkeit im Hinblick auf das alternative Kālacakra schließt die Initiation sowie die Erzeugungs- und die Vollendungsstufe mit ein; die Worte oder Lehren des alternativen Kālacakra umfassen die restlichen drei Kapitel, nämlich das dritte Kapitel über die Initiation, das vierte über die Praxis und das fünfte über die Ursprüngliche Weisheit.

Es gibt drei Arten von Initiationen: Erstens die ursächliche Initiation, die der Reifung dient. Die Elemente, die zur Reifung führen, sind der Weg und die Verwirklichung des Weges. Die ursächliche Initiation wird Reifungsinitiation genannt, weil es angemessen für den Schüler ist, sich der Praxis zuzuwenden, wenn er die Initiation empfangen hat. Hat er keine Initiation erhalten, so wäre es für ihn nicht richtig, mit der Praxis zu beginnen. Zweitens die Initiation des Pfades, welche uns dazu befähigt, uns von den zwei geistigen Trübungen beziehungsweise Hindernissen zur Allwissenheit zu befreien. Und drittens die resultierende Initiation der Befreiung, wobei hier nicht – wie bei den beiden vorhergehenden Initiationen – der Prozess selbst gemeint ist, der uns befreit, sondern vielmehr das Resultat dieses Prozesses.

Im Zusammenhang mit dieser resultierenden Initiation der Befreiung steht schließlich eine vierte Einweihung, die den Körper der Vereinigung von Unwandelbarer Glückseligkeit und leerer Form hervorbringt. Dieser Körper ist gänzlich frei von geistigen Trübungen; dies wird im fünften Kapitel über die Ursprünglichen Weisheit dargelegt.

Da es nicht möglich ist, die resultierende Initiation der Befreiung zu erhalten, ohne zuvor die diese Befreiung einleitende Initiation des Pfades empfangen zu haben, ist es unbedingt erforderlich, die Erzeugungs- und die Vollendungsstufe zu praktizieren. Diese werden im Praxis-Kapitel erklärt, dem vierten Kapitel. Um die Erzeugungsstufe zu praktizieren, ist es wiederum unerlässlich, vorher die Initiation erhalten zu haben. Folglich geht diesem Kapitel über die Praxis das dritte Kapitel über die Initiation voraus.

Wie es im zweiten Kapitel, dem „inneren Kapitel" heißt, kommen für die Initiation nur Praktizierende in Frage, die über eine zu reinigende Basis, das heißt die fünf Skandhas und so weiter verfügen.

Außerdem brauchen die Praktizierenden einen Platz zum Leben und zum Üben, und dieser Platz ist das Universum. Deshalb geht es im ersten Kapitel um die Natur des Universums.

Das war ein Überblick über die fünf Kapitel des *Kālacakra-Tantra.*

Das Kālacakra-System

Im *Kālacakra-Tantra* geht es um das Verwirklichen eines Buddha-Körpers mittels eines leeren Formkörpers, welcher wiederum als Grundlage für die Unwandelbare Glückseligkeit, den Geist eines Buddha, dient. Das unterscheidet es von den anderen Höchsten-Yoga-Tantras, bei denen der Buddha-Körper durch die Umwandlung der extrem subtilen ursprünglichen Energie in den Illusionskörper verwirklicht wird.

In den tantrischen Systemen werden verschiedene Begriffe, wie „Vereinigung von Körper und Geist", „Vereinigung der beiden Wahrheiten" und „Vereinigung von Weisheit und Methode" [mehr oder weniger synonym] verwandt. Es gibt viele diesbezügliche Unterscheidungen zwischen dem Kālacakra- und anderen Systemen (siehe Tafel 1 im Anhang).

• Leere Form und Unwandelbare Glückseligkeit

Dem Kālacakra-System zufolge wirkt die Unwandelbare Glückseligkeit als Mittel zur vollständigen Auflösung des Bereichs der Materie. Täglich bewegen sich 21.600 verschiedene Energien durch unseren Körper. Jeder Atemzug entspricht einer bestimmten Energieform, und im Laufe eines Tages machen wir 21.600 Atemzüge. Transformiert man eine dieser 21.600 Vitalenergien, wird dadurch einer der 21.600 materiellen Bestandteile des Körpers aufgehoben. Jede dieser Beendigungen entspricht einer großen Glückseligkeit. Dieser Prozess findet seinen Höhepunkt in der Auflösung der karmischen Energien (tib. *las rlung*). Wenn man die karmischen Energien allesamt zum Erliegen bringt, eliminiert man auch die 21.600 materiellen Bestandteile und verwirklicht dadurch die 21.600 Arten der Glückseligkeit. Das ist der Höhepunkt des Kālacakra-Pfades. Auf dieser Stufe ereignet sich eine Vereinigung von Körper, der zur leeren Form wird, und Geist, nun Unwandelbare Glückseligkeit. Diese Vereinigung ist unumkehrbar. Um diese letztendliche Vereinigung von Körper und Geist herbeizuführen, praktiziert man die Vereinigung von Körper und Geist während des Pfades.

Es gibt drei Arten von *Mudrās*[7] (Gefährten oder Gefährtinnen): 1. Handlung (skt. *karma*, tib. *las*); 2. visualisierte Mudrā oder Ursprüngliche Weisheit (skt. *jñānamudrā*, tib. *ye shes kyi phyag rgya*) und 3. große Mudrā beziehungsweise Mahāmudrā der leeren Form (skt. *mahāmudrā*, tib. *stong gzugs kyi phyag rgya chen po*), welche durch die Kraft der Meditation entsteht. Die einzig geeignete Mudrā für die direkte Praxis zur Unwandelbaren Glückseligkeit ist die Mahāmudrā der leeren Form, da sie allein wirkungsvoll die Unwandelbare Glückseligkeit hervorzubringen vermag. Aus diesem Grund werden auch die Gottheiten in den Höchsten-Yoga-Tantras in Vereinigung mit ihren Gefährten oder Gefährtinnen dargestellt. Das Einbeziehen solcher Sinnesfreuden dient im Tantra in der Regel der Entwicklung von Unwandelbarer Glückseligkeit. Die Handlungs-Mudrā und die Mudrā der Ursprünglichen Weisheit führen lediglich zur wandelbaren Glückseligkeit.

In der Praxis funktioniert das so, dass während deiner Vereinigung mit der Mahāmudrā der leeren Form der weiße *Bodhicitta*[8] von deiner Schädelkrone bis zur Spitze des Juwels, des Sexualorgans, herabsinkt. Gleichzeitig bringst du den roten Bodhicitta bis zum Scheitelpunkt hinauf. Dein ganzer Körper wird so von oben bis unten angefüllt. Auf diese Weise werden auch die Bindus im Körper „trainiert", und mit jedem der 21.600 Bindus erfährst du Unwandelbare Glückseligkeit und Ursprüngliche Weisheit.

• Das Erreichen von Unwandelbarer Glückseligkeit

Es ist notwendig, alle Arten von Geistestrübungen zu überwinden, und hierzu brauchen wir Unwandelbare Glückseligkeit. Um diese zu erfahren, müssen wir die Mahāmudrā der leeren Form praktizieren, und dafür bedarf es wiederum als Erstes der Praxis der Vergegenwärtigung (skt. *anusmṛti*), der fünften Phase des Sechs-Phasen-Yoga auf der Vollendungsstufe. Wie wird das praktiziert? Indem wir während dieser Vergegenwärtigungsphase auf der Vollendungsstufe Kālacakra mit seiner Gefährtin in der Mitte des Nabel-Cakra so intensiv visualisieren, dass sie lebendig erscheinen.

Unwandelbare Glückseligkeit entsteht also durch die Visualisierung von Kālacakra in Vereinigung mit seiner Gefährtin im Nabel-Cakra. Auf dieser Vergegenwärtigungsstufe ist bei Yogis, auch wenn sie die leere Form erlangt haben, die Verbindung zwischen Körper und leerer Form noch nicht durchtrennt. Manchmal, bei der eigentlichen Praxis, scheint es zwar, als sei man in der leeren Form, aber später wird deutlich, dass die Verbindung zwischen der leeren Form und dem gewöhnlichem Körper immer noch anhält. Erst auf dem Gipfelpunkt des Pfades wird die Verbindung zwischen beiden schließlich aufgehoben.

Die Stufe der Vergegenwärtigung tritt ein, nachdem du durch die Praxis des *Prāṇayāma* und des Einbehaltens (skt. *dhārana*) – der dritten und der vierten Phase des Sechs-Phasen-Yoga – die Energien im Nabel-Cakra gut beherrschen kannst. Um deine Energien unter Kontrolle zu bringen, musst du zunächst den Zentralkanal mittels der ersten beiden Stufen des Sechs-Phasen-Yoga, der Praxis der Zurückziehung (skt. *pratyāhāra*) und der meditativen Festigung (skt. *dhyāna*), reinigen. Diese Reinigung wird erreicht, indem du dich so lange auf deine Stirnmitte konzentrierst, bis bestimmte Anzeichen auftreten. Wenn die Energien zusammentreffen, erscheinen verschiedene Zeichen; wir nehmen verschiedene Arten der leeren Form wahr und erfahren so nach und nach den Körper der leeren Form.

Vor diesen Praktiken jedoch müssen wir die Erzeugungsstufe durchlaufen. Versäumt man es, seine verschiedenen Körperenergien durch die Praxis der Erzeugungsstufe zu segnen, können diese Energien nicht in der beschriebenen Weise zusammentreffen. Wollen wir die Praxis der Erzeugungsstufe ausüben, benötigen wir zunächst die vollständige Initiation. Dazu bedarf es wiederum der Übung auf dem allgemeinen Pfad, und hierfür müssen wir den Belehrungen über den allgemeinen Pfad zuhören, darüber nachdenken und sie in die Praxis umsetzen.

Der Ort der Praxis

Die Praxis des Kālacakra-Guru-Yoga kann an verschiedenen Orten stattfinden. Für bestimmte Praktiken, etwa die *vier Arten erleuchteter Handlungen*, ist ein Wald gut geeignet. Die Übungen zum Erlangen der acht großen *Siddhis* führt man am besten an einem durch einen Buddha gesegneten Ort aus. Geeignet sind auch Tempel, ein Platz nahe an einem Reliquienschrein, Friedhöfe, ein Seeufer oder einfach ein sehr wohltuendes Umfeld. Praxisanfänger sollten besser in einer angenehmen Umgebung üben, wohingegen sich für fortgeschrittenere Yogis und Yoginis auch andere Orte eignen.

Weitere Arten günstiger äußerer Bedingungen werden im *Kālacakra-Tantra* ausführlich beschrieben. So ist es in der eigenen Wohnung wichtig, einen Altar zu haben, auf dem sich eine Darstellung des Körpers des Buddha sowie Vajra und Glocke als Symbol für den Geist des Buddha und zum Beispiel irgendwelche Schriften zur Symbolisierung der Rede des Buddha befinden. Es ist auch gut, Opfergaben aufzustellen.

Der Sitz des Yogi sollte bequem und weich sein. Während der eigentlichen Praxis sitzen wir in der Vairocana-Haltung, die sieben essentielle Aspekte beinhaltet; am wichtigsten ist die aufrechte Haltung des Körpers. Ein aufrechter und gerader Körper gewährleistet, dass die Kanäle gerade sind und die Vitalenergien frei fließen können. Dies sorgt wiederum für mehr Geistesklarheit und macht unsere Kanäle und Energien funktionsfähig.

Nachdem du auf deinem Kissen Platz genommen hast, entwickelst du eine korrekte Motivation. Du kannst damit beginnen, dich auf deinen Atem zu konzentrieren, um deinen Geist zu beruhigen, wenn er in einem unheilsamen Zustand ist. Auf dieser Basis entwickle einen heilsamen Geisteszustand. Danach beginnst du mit der eigentlichen Praxis des Buddha Kālacakra.

Teil 2

Das Kālacakra Guru-Yoga in Sechs Übungsphasen

4. Kapitel

Mit der Übung beginnen

Bitte entfalte die Motivation, die nach höchstmöglichem spirituellen Erwachen zum Nutzen aller fühlenden Wesen strebt, und führe anschließend die Vajrasattva-Praxis durch.

LOBPREIS

Namo Guru Śrī Kālacakrāya
Nachdem ich mich vor dem ursprünglichen Buddha, der Vereinigung des Vajra der großen Glückseligkeit und dem aspektlosen Mahāmudrā verneigt habe, werde ich hier erläutern, wie das äußerst tiefgründige Guru-Yoga in Verbindung mit den Sechs Übungsphasen praktiziert wird.

Das Guru-Yoga beginnt mit einer Ehrung, die auf den Sanskrit-Ursprung dieser Praxis hinweist, der Lobpreisung des Guru Śrī Kālacakraya. Der „Vajra der großen Glückseligkeit" bezieht sich auf die definitive Bedeutung von Kālacakra, nämlich die unwandelbare Glückseligkeit. Es gibt Mahāmudrā mit Aspekten und Mahāmudrā ohne Aspekte. Das Mahāmudrā ohne Aspekte bezieht sich auf die Leerheit. Zuerst entwickle die Motivation und rezitiere dann gemächlich diesen Vers, ohne jede Hast.

ZUFLUCHT

Mit äußerst reinem [Vertrauen] nehme ich Zuflucht zum Buddha,
zum Meister, von dem ich die höchst erhabene Ermächtigung erhalten habe,
zum Dharma der untrennbaren Methode und Weisheit, das von ihm offenbart wurde,
und zu den zwei Arten der Saṅgha, die in [dem Dharma] verweilen.

Visualisiere im Raum vor dir deinen eigenen Wurzel-Guru, der dieselbe Natur besitzt wie der ursprüngliche Buddha, der glorreiche Kālacakra, der in sich alle Buddhas der zehn Richtungen und der drei Zeiten vereint. Sie alle sind in diesem einzigen Wesen, Kālacakra, verkörpert und untrennbar eins mit deinem eigenen Guru. In einer komplexeren Visualisierung kannst du dir vorstellen, der Raum vor dir sei mit allen Buddhas angefüllt. Dann stelle dir vor, wie überall um dich herum – neben dir, hinter dir, etc. – sämtliche Lebewesen zugegen sind, für die du ein Stellvertreter bist. Während du den Vers rezitierst, kannst du Zuflucht nehmen und dir vorstellen, dass du dies stellvertretend für alle fühlenden Wesen tust.

"Meister" bezieht sich auf deinen eigenen spirituellen Lehrer oder Guru. Denke, dass dein eigener Guru von der selben Natur ist wie der Buddha.

Als Zweites nehme Zuflucht zum Dharma. Methode und Weisheit, die sich nicht unterscheiden, sind miteinander vereint. Es heißt, nur im Tantra finde man die Untrennbarkeit von Methode und Weisheit als Mittel zur Erlangung der Untrennbarkeit von Körper und Geist eines Buddha zur Zeit der Frucht. Dies ist eine einzigartige Qualität des Tantra. Wenn du nun innerhalb dieser Übung Zuflucht nimmst, nimm Zuflucht zur Weisheit der *Āryas*. Die mehr symbolische Zuflucht zum Dharma bezieht sich hingegen auf die Lehren des Buddha und damit verbundene Abhandlungen und Kommentare.

In den Lehren über die Vier Edlen Wahrheiten sagt der Buddha: „Verstehe die Wahrheit der Leiden und gebe die Wahrheit der Ursache der Leiden auf." [Im gewöhnlichen Vollkommenheitsfahrzeug beziehungsweise allgemeinen Mahāyāna] wird dies mit zwei verschiedenen Formen von Gewahrsein vollzogen. Weiterhin lehrt er: „Verwirkliche die Wahrheit der Beendigung, und entfalte die Wahrheit des Pfades." Im Kontext der Vier Edlen Wahrheiten stellt jede Wahrheit für sich ein von den anderen getrenntes Ereignis dar. Im Tantra hingegen ist es die unwandelbare Glückseligkeit, welche zugleich die Leiden versteht, die Ursache der Leiden aufgibt, die Beendigung der Leiden herbeiführt, als auch den Pfad ausübt, der zu der Beendigung führt. Daher wird das Tantra auch das Dharma der Untrennbarkeit von Methode und Weisheit genannt.

Schließlich nehme Zuflucht zur Saṅgha. Die Saṅgha umfasst die Übenden wie auch die Nicht-mehr-Übenden, also jene, die sich noch auf dem Pfad befinden, sowie jene, die das Ziel des Pfades bereits erlangt haben.

Man kann [hinsichtlich der drei Zufluchtsobjekte] noch andere Unterteilungen vornehmen wie im Folgenden: Buddhaschaft, die entweder mit den Mitteln der Sūtras oder der Tantras erlangt wurde; Dharma, das in die Sūtras und Tantras unterteilt wird; und Saṅgha, die danach klassifiziert wird, ob sie die Sūtras oder die Tantras übt.

Weitere Unterteilungen können in Hinblick auf das hauptsächliche Objekt der Zuflucht und das gewöhnliche Objekt der Zuflucht vorgenommen werden. Der tatsächliche Buddha ist das vornehmliche Zufluchtsobjekt, und das gewöhnliche Objekt ist eine Repräsentation des Buddha wie beispielsweise eine Statue [des Erwachten]. In Bezug auf das Dharma ist die Verwirklichung eines Ārya die eigentliche Dharma-Zuflucht, und die Lehren und Schriften bilden die gewöhnliche Zuflucht [zum Dharma]. Die hauptsächliche Saṅgha-Zuflucht sind die Āryas, wohingegen die gewöhnliche Saṅgha-Zuflucht aus den Praktizierenden besteht, die zwar schon in den Pfad eingetreten sind, aber noch gewöhnliche Wesen, d.h. keine Āryas sind.

Ein Wahrnehmen und Verstehen der exzellenten Qualitäten der Objekte, denen man vertraut, wird „wertschätzendes Vertrauen" genannt. Charakteristisch ist hier eine große Klarheit des Vertrauens, welches ohne Verdunkelungen entsteht. Es gibt drei Arten von Vertrauen: Wertschätzendes Vertrauen, anstrebendes Vertrauen und überzeugtes Vertrauen. Es gibt drei Eigenschaften, die unter Umständen diesen Geist des Vertrauens verdunkeln, nämlich ein Mangel an Wertschätzung, ein Mangel an Anstreben und ein Mangel an Überzeugung. Jede dieser drei Eigenschaften verdunkelt den Geist und bewirkt, dass er einem Teich gleicht, in dem Algen das Wasser trüben. Große Klarheit bezieht sich auf ein Vertrauen, dass von allen drei frei ist.

Die erste Zeile in dem Vers der Zufluchtnahme, „Mit äußerst reinem Vertrauen nehme ich Zuflucht", deutet an, dass wir die Übungen, die sich mit der Zufluchtnahme befassen, ausführen. Dies schließt die neunzehn Gelübde ein, die mit den fünf Arten von Buddhas verbunden sind[9]. Das Gelübde der Zufluchtnahme, welches mit Buddha Vairocana in Verbindung gebracht wird, erfordert, dass wir sechs Mal am Tag Zuflucht nehmen. Die Rezitation dieses Verses [des Guru-Yoga] erfüllt dieses Gelübde.

Nachdem du den Vers der Zuflucht sehr langsam rezitiert hast, nimm dir Zeit, um dessen Bedeutung zu überdenken.

• Die Grundlage der Zuflucht

Der große indische Weise Dignāga sagte: „Solange in dir keine Zweifel aufkommen, gibt es kein Ende für diesen Ozean des

Saṃsāra; warum denkst du, dass du nicht in diesem Ozean versunken bist?“ Wie ist der Ausdruck „Ozean des Saṃsāra“ zu verstehen? Es handelt sich um eine Existenzweise, bei der wir von Geistesplagen und denen durch sie verursachten Handlungen dominiert werden. Als Resultat davon sind wir im Kreislauf von Geburt, Alter, Krankheit und Tod gefangen. Die von Dignāga verwendete Metapher ist ein Ozean, dessen Tiefe und Weite praktisch nicht zu messen sind. In ähnlicher Weise sind wir – solange wir unter der Macht von Geistesplagen und von ihnen motivierten Handlungen stehen – Leiden ausgesetzt, deren Tiefe und Umfang schier nicht zu ermessen sind. Dignāga rügt sich selbst, indem er fragt: „Wenn du selbst in die Tiefen dieses Ozeans gesunken bist, wie kommt es dann, dass du keine Furcht verspürst?“ Er vergleicht sich mit einem Kind, das nicht imstande ist, sich ein großes Unterfangen vorzustellen, weil es nicht das ganze Ausmaß der Situation erfassen kann.

Im Vergleich zu der Gesamtheit des Saṃsāra sind die Leiden, die wir während unseres jetzigen Lebens mit einer maximalen Spanne von circa einhundert Jahren erfahren, relativ unbedeutend. Was man in einer solchen Zeitspanne erlebt, ist im Grunde belanglos. Tatsächlich befinden wir uns jetzt an einem Punkt, der exakt in der Mitte einer Abfolge von früheren und späteren Existenzen liegt. Da jedoch der Körper als Basis für das Gewahrsein fungiert, und der Körper immer wieder aufs Neue abgelegt wird, können wir uns nicht an frühere Existenzen erinnern. Dennoch hat es diese vorherigen Leben gegeben. In den Sūtras heißt es: Würden wir die Skelette all der Körper, die wir in der Vergangenheit besessen haben, aufeinander türmen, entstünde ein Berg, der hoch in den Himmel hinein ragte. Oder: Wäre es möglich, alle Milch, die wir in vergangenen Leben von der Brust unserer Mütter getrunken haben, in ein Gefäß zu füllen, so würde das Fassungsvermögen der vier Ozeane dieser Welt nicht ausreichen. Dementsprechend heißt es auch: Hätten wir all unsere Tränen, die wir in früheren Existenzen vergossen haben, auffangen können, wären wiederum die vier Meere nicht groß genug, um sie aufzunehmen. Wir können das Ausmaß der Leiden, die wir in den vergangenen Leben erdulden mussten, nicht erkennen oder erfahren. Wären wir dazu in der Lage, wären wir sehr überrascht.

So wird dieser Daseinskreislauf nicht enden, solange wir die geistigen Plagen beibehalten. Selbst in unserem derzeitigen Leben neigen wir dazu, viele unserer Erfahrungen zu vergessen. Würden wir all die Leiden, das Unwohlsein und Unglück, das wir nur in diesem Leben erfahren haben, erinnern, würde uns das völlig überwältigen. Den ganzen Tag über herrscht ein unterschwelliges Gefühl der Unzufriedenheit. Am Morgen sind wir nicht damit zufrieden, im Bett zu bleiben, sondern müssen aufstehen; aber wir können auch nicht die ganze Zeit aufrecht stehen, und so müssen wir uns hinsetzen, nur um uns nach einer Weile wieder zu erheben. Wir sind darauf angewiesen, uns zu bewegen, müssen dann aber inne halten, um uns abermals in Bewegung zu setzen. Keine dieser Handlungen schenkt uns Befriedigung. Wir schreiten nur von einem Zustand der Unzufriedenheit zum nächsten. Würden wir die Natur des gewöhnlichen Lebens eingehend untersuchen, käme es uns insgesamt als eine einzige Bürde vor. Es reiht sich ein Zustand von Unerfülltsein an den nächsten. Wenn es uns gelänge, jemanden einzustellen, der diese Schwierigkeiten für uns erduldet, müssten wir ihm oder ihr eine Menge Geld zahlen, und es wäre für diese Person schwierig, alles aufrecht und in Ordnung zu halten.

Der Behauptung, dass gewöhnliche Leben sei freudvoll, entgegnete der große indische Weise Nāgārjuna: „Es tut zwar gut, sich bei einem Hautausschlag zu kratzen, doch wäre es nicht besser, erst gar keinen Ausschlag zu haben?" Obwohl es eine gewisse Befriedigung gewähren mag, wenn man sich bei Juckreiz kratzt, ist der Ausschlag selbst doch etwas Unangenehmes.

Solange wir noch von Begierden beherrscht werden, erfahren wir notgedrungenerweise Unzufriedenheit. Die Hauptursache des Daseinskreislaufs sind *Karma* oder Taten. Karma kommt zur Reife und resultiert in Wiedergeburten aufgrund von Begehren und Greifen [nach einer neuen Existenz].

Wir müssen dies immer und immer wieder überdenken, um zu verstehen, dass wir tatsächlich diesen Bedingungen unterliegen. Andernfalls ist es schwierig, tiefes Mitgefühl für andere zu erfahren. Wir empfinden zwar mit Sicherheit von Zeit zu Zeit Mitleid und Sympathie, diese Geisteszustände sind jedoch meist von Leidenschaften – etwa den acht weltlichen Einstellungen und anderen – durchdrungen. Indem wir aber über diesen unbefriedigenden Zustand nachdenken, werden wir auch zu einer authentischen Zufluchtnahme geführt. Und die Einsicht, dass Dharma das einzige Heilmittel für unsere Lage darstellt, wird ebenfalls eine authentische Zuflucht zum Dharma hervorbringen. Zudem wird eine solche Meditation ein tiefes Mitempfinden entstehen lassen. Und da

Mitgefühl die eigentliche Wurzel für den Erleuchtungsgeist bildet, werden sich sehr gute Resultate daraus ergeben. Sollten wir es an einer Kontemplation unserer eigenen leidhaften Situation mangeln lassen, können wir zwar praktizieren und uns recht gut entwickeln, aber die Übung wird ohne Essenz bleiben.

• Der Geist der Entsagung

Wie Śāntideva sagt, ist [das rechte] Anstreben oder [der heilsame] Wunsch die Wurzel aller tugendhaften Handlungen. Wie entsteht solches? Aus der Überzeugung, dass Leid das Resultat von unheilsamen Handlungen ist und heilsame Handlungen die Ursache für Glück und Wohlsein sind. Śāntideva sagt auch, dass dieses Anstreben davon abhängig ist, dass wir stets die Natur der karmisch vollständig herangereiften Frucht unserer Handlungen – sprich die Natur von Karma – bedenken.

Dies zeigt, wie wichtig es ist, einen Geist der Entsagung zu kultivieren, der in dem Streben nach Freiheit besteht. Da man die leidhafte Natur des Daseinskreislaufs nicht zu ertragen vermag, strebt man die Befreiung an, die diese Leiden beendet. Es ist sehr entscheidend, darüber nachzudenken.

Über die Natur der Leiden zu meditieren ist sehr nützlich. Wenn wir beispielsweise über unsere eigenen Leiden nachdenken, wird dadurch leicht jegliche Neigung zu Überheblichkeit unterbunden. Auch Mitgefühl für andere entsteht. Erkennt man die Quelle der Leiden, wird der Wunsch entstehen, sich selbst zu befreien, indem man unheilsame Handlungen vermeidet, und man wird danach streben, sich in heilsamen Taten zu befleißigen.

Als der Buddha nach seiner vollkommenen Erleuchtung mit dem Darlegen des Dharma begann, sagte er keineswegs das Leben sei großartig. Vielmehr sagte er, das Leben sei von leidhafter Natur. Weiter führte er aus, dass die von uns erfahrenen Leiden nicht rein zufällig entstünden, sondern von erkennbaren Ursachen herrührten, und dass die Beendigung des Leids als Befreiung (skt. *mokṣa*, tib. *thar pa*), und die Mittel zur Erreichung dieses Zieles als die Wahrheit des Pfades zu verstehen seien. Diese Wahrheit des Pfades verlangt eine Erkenntnis der Natur der Realität und der Tatsache, dass Unwissenheit nicht mit dieser Natur zu vereinbaren ist. Die Art und Weise, wie die Unwissenheit die Realität erfasst, ist mit der Realität selbst unvereinbar.

Solange wir noch von Geistesplagen beherrscht werden, gibt es nur sehr wenige Gelegenheiten, bei denen die Buddhas und

Bodhisattvas uns mit wirklicher Freude betrachten können. Wenn in einer Familie die Kinder sehr wohlerzogen sind, bereitet dies den Eltern große Freude. Die Buddhas und Bodhisattvas blicken zwar mit großem Mitgefühl auf uns, jedoch ohne viel Freude oder Wohlgefühl dabei empfinden zu können. Da sich die Buddhas und Bodhisattvas einzig und allein um unser Wohlergehen sorgen, richten sie all ihre Handlungen darauf aus, uns Glück zukommen zu lassen. So wird auch unsere Zufluchtnahme ihnen zweifelsohne eine Quelle der Freude und Zufriedenheit sein.

Wenn du Zuflucht nimmst, stelle dir vor, dass unermesslich viele Lichtstrahlen von den Zufluchtsobjekten ausstrahlen, in deinen Körper eintreten und alle Formen von Unreinheiten, Geistestrübungen und unheilsamen Gewohnheitsmustern läutern.

Der Erleuchtungsgeist

Von nun an bis zur Erleuchtung
werde ich den Erleuchtungsgeist entwickeln
und den reinen Entschluss.
Ebenso werde ich das Greifen nach Ich und Mein aufgeben.

Rezitiere diesen Vers drei Mal und halte danach inne, um darüber nachzudenken. Es handelt sich hierbei um den Vers zur Entfaltung des Erleuchtungsgeistes. Entsprechend den Gelübden der fünf Familien oder Klassen von Buddhas muss man diese Geisteshaltung, die [zum Wohle aller Wesen nach höchster] Erleuchtung strebt, drei Mal während des Tages und drei Mal während der Nacht hervorbringen. Um die Rezitation des Verses zu vervollständigen, stelle dir vor, du würdest ihn den Zufluchtsobjekten nachsprechen, die du im Raum vor dir wähnst – dies entspricht der Art und Weise, wie man im tatsächlichen Ritual die Gelübde des wünschenden Erleuchtungsgeistes ablegt. Übst du in Übereinstimmung mit diesem Ritual, denke dir, dass du die Verpflichtung auf dich nimmst, diese Gelübde einzuhalten.

• Die zwei Formen des Anstrebens

Wie es heißt bilden das ursächliche und das resultierende Anstreben die Voraussetzungen für den Erleuchtungsgeist. Das ursächliche Anstreben bildet die Basis dafür, den Belangen der Lebewesen dienlich zu sein, während das resultierende Anstreben in dem Entschluss besteht, vollkommene Erleuchtung zu erlangen. Sich auf das Wohl der anderen zu konzentrieren, ruft das Streben nach vollendetem Erwachen hervor.

Zunächst betrachtet man die Lebewesen mit dem Wunsch, sie aus den Leiden zu befreien und ihnen zu einem Zustand des Wohlseins zu verhelfen. Dieses ist das ursächliche Anstreben, von dem ausgehend der Wunsch entsteht, das vollständige Erwachen zu erlangen. Der Wunsch „möge ich vollkommen erwachen" ist das Streben nach Erleuchtung (skt. *bodhi*, tib. *byang chub*). Wir müssen jedoch verstehen, dass es schwierig ist, den eigentlichen Erleuchtungsgeist zu verinnerlichen. Was ist das Kriterium für einen authentischen Geist, der nach Erleuchtung strebt? Bei dieser Geisteshaltung entsteht das Streben, die Erleuchtung zum Wohle aller Wesen zu erlangen, spontan und ohne Anstrengung. Dies wird jedoch nur nach anhaltender Übung geschehen.

Das Streben, die fühlenden Wesen aus den Leiden zu befreien und sie in den Zustand von Glück und Wohlsein zu versetzen, wird als „erhabener oder reiner Entschluss"[10] bezeichnet. Wenn du diesen Entschluss gefasst hat, musst du erkennen, dass du zur Zeit nicht fähig bist, diese Aufgabe zu erfüllen. Aus dieser Einsicht entsteht das Streben nach vollkommener Erleuchtung. Ohne diese erhabene Entschlossenheit wird der eigentliche Erleuchtungsgeist nicht entstehen.

Eine Person mit diesem reinen Entschluss beziehungsweise dieser außergewöhnlichen Entschlossenheit übernimmt die Verantwortung dafür, die Leiden der anderen zu tilgen und sie zum Glück zu geleiten. Dem erhabenen Entschluss geht der Wunsch voraus, die fühlenden Wesen mögen frei von Leiden sein und Glück erfahren. Mit anderen Worten: liebende Güte und Mitgefühl müssen dieser Entschlossenheit vorausgehen. Sollte man nicht bereits den Wunsch entfaltet haben, dass die fühlenden Wesen glücklich und frei von Leiden sein mögen, wird auch der Wunsch, dies selbst zu bewirken, nicht aufkommen. Und darüber hinaus gilt, dass der Gedanke „mögen die Lebewesen glücklich und von Leiden frei sein" nicht entstehen wird, bevor man nicht bedacht hat, auf welche Art und Weise den Wesen Glück und Befriedigung fehlen. Somit sind liebende Güte, Mitgefühl und erhabene Entschlossenheit die Mittel, mit denen man das Wohl der anderen bewirkt.

Zudem wird gesagt, dass das Nachdenken über die Situation, in der sich die anderen befinden, nicht effektiv ist, wenn du nicht gleichzeitig auch über die Art und Weise nachdenkst, in der du selbst echtes Glück entbehrst, dem Rad der Wiedergeburt unterliegst und von Geistesplagen beherrscht wirst.

Wenn du für jemanden Zuneigung empfindest, erscheint dir diese Person liebenswert. Bei Lebewesen, die dir nicht liebenswert erscheinen, wird der Wunsch, dass ihnen Wohl geschieht und sie von Leiden befreit sein mögen, schwerlich aufkommen. Wir können dies bei Tieren beobachten. Die Tiere hegen zärtliche Gefühle für ihre eigenen Jungen, halten ihren Nachwuchs für liebenswert und sorgen für sie. Wenn es sich jedoch um die Abkömmlinge anderer Tiere handelt, fehlt ihnen diese liebevolle Zuneigung, speziell Raubtieren, die einzig danach trachten, andere zu töten und zu fressen.

Da unsere eigene Mutter das liebenswerteste aller Wesen und unsere beste Freundin ist, ist es angebracht, alle fühlenden Wesen als unsere Mütter anzusehen. Bevor wir darüber meditieren, dass alle Lebewesen unsere Mütter sind, ist es wichtig, ein Gefühl von Ausgewogenheit zu entwickeln, welches die Unterscheidung in Freund und Feind aufhebt.

Folgst du der Übung, die ein Gefühl der Gleichheit zwischen uns selbst und anderen herstellt, um dann die eigene Egozentrik durch die Wertschätzung anderer zu ersetzen[11], beginnst du, andere als liebenswert zu sehen, indem du dir vergegenwärtigst, dass sich die anderen Wesen – genau wie du – Glück wünschen und von Leid frei sein wollen.

Solltest du dich nicht in diesen Meditationen befleißigen, wird kein wirklicher Erleuchtungsgeist entstehen. Die Meditationen können entweder in aufsteigender Abfolge oder umgekehrt durchgeführt werden. In der regulären Reihenfolge entwickelst du zunächst ein Gefühl der Gleichheit in Bezug auf alle Lebewesen, dann meditierst du darüber, dass die fühlenden Wesen wie liebvolle Mütter sind, und fährst anschließend mit den weiteren Übungen fort, bis der eigentliche Erleuchtungsgeist entstanden ist. Bei der Kontemplation in umgekehrten Folge gehst du folgenderweise vor: Letztlich geht es um das Streben nach vollendeter Erleuchtung; damit dieses entsteht, bedarf es des erhabenen Entschlusses; damit dieser sich entfalten kann, muss liebende Güte und Mitgefühl entwickelt werden; diese erfordern, dass du die anderen Lebewesen als liebenswert erachtest; und damit diese Sichtweise entwickelt wird, muss wiederum der Sinn für die Gleichheit [aller Lebewesen] gegenwärtig sein. Diese Meditation ist bei beiden Abfolgen gleich wirksam.

Der Geist der Entsagung wird entfaltet, indem man die unbefriedigende Natur des Daseinskreislaufes bedenkt und den

Wunsch entwickelt, sich daraus zu befreien. Der oben zitierte Vers führt auch den zeitlichen Aspekt ein, indem er betont, dass man den Geist der Entsagung solange entwickeln sollte, bis man die Erleuchtung erreicht.

• Die Zwei Ansammlungen

Im Kontext des Kālacakra Guru-Yoga heißt es, dass man nicht nur über Entsagung, sondern zusätzlich auch über die so genannten „drei Wurzeln" reflektieren sollte. Der Begriff „Wurzel" impliziert einen Anfang. Die Wurzel der zwei Ansammlungen von Verdienst und Weisheit ist ethische Disziplin. Die Wurzel der ethischen Disziplin ist der Geist der Entsagung. Ethische Disziplin bezieht sich hier auf die Ethik der Bodhisattvas. Daher ist es völlig korrekt, davon zu sprechen, dass diese ethische Disziplin von Entsagung herrührt.

Die Wurzel der Ansammlung von Verdienst oder heilsamen Potentialen ist der erhabene Entschluss. Sind die eigenen Handlungen nicht von Mitgefühl motiviert, führen sie nicht zu der Ansammlung von heilsamen Potentialen, welche eine Ursache für die vollkommene Erleuchtung sind. In ähnlicher Weise wird das Bemühen um Weisheit und Erkenntnis nicht zur Buddhaschaft führen, wenn es nicht von Mitempfinden getragen wird.

Die erhabene Entschlossenheit – um es nochmals zu sagen – besteht in dem [entschiedenen] Wunsch, selbst die Verantwortung dafür zu übernehmen, die anderen zu einem ewig währenden Zustand von Wohlsein zu geleiten und ihr Leid für immer zu beenden. Diese Absicht bringt Mitgefühl und altruistisches Handeln wie das Üben von Freigebigkeit, ethischer Disziplin, Geduld und so weiter hervor. Das ist gemeint, wenn es heißt, der erhabene Entschluss sei die Wurzel für die Ansammlung von Verdienst. Die Erkenntnis der Leerheit ist dagegen die Wurzel für das Anhäufen von Weisheit.

Die letzte Zeile des Verses zur Entfaltung des Erleuchtungsgeistes „Ebenso werde ich das Greifen nach *Ich* und *Mein* aufgeben", regt dazu an, über die Abwesenheit von innewohnender Existenz beziehungsweise die Leerheit zu meditieren, um die Vorstellung *Ich* und *Mein* würden inhärent existieren zu überwinden. Der Vers zeigt uns, dass mit Hilfe dieser Meditation sowohl der konventionelle als auch der endgültige Erleuchtungsgeist kultiviert werden.

Während des Einweihungsvorgangs wird der endgültige Erleuchtungsgeist durch einen fünfspeichigen Vajra im eigenen

Herzen symbolisiert. Der konventionelle oder relative Erleuchtungsgeist wird durch einen Mond symbolisiert, der sich ebenfalls im Herzen befindet. Der Vajra ruht auf diesem Mond. Beide werden innerhalb des Initiationsvorgangs durch den spirituellen Meister gesegnet, der sagt, „Trenne dich niemals von ihnen“. Dieser Vers im Guru-Yoga bezieht sich auf das tantrische Gelübde, sich niemals von dem konventionellen und endgültigen Erleuchtungsgeist zu trennen.

Wenn du rezitierst „Ebenso werde ich das Greifen nach *Ich* und *Mein* aufgeben“, bedenke das Nichtvorhandensein von inhärenter Existenz hinsichtlich aller Phänomene. Dass hier so viel Wert darauf gelegt wird, die Auffassung aufzugeben, *Ich* und *Mein* würden inhärent existieren, ist ein entscheidender Aspekt der Übung. Man mag beispielsweise an einer vermeintlich wahrhaften Existenz[12] eines Federhalters festhalten. Obwohl dieses Greifen nach wahrhafter Existenz eine Geistesplage darstellt, scheint es uns weder besonders zu schaden noch zu nutzen. Das Greifen nach inhärenter Existenz von *Ich* und *Mein* hat dagegen einen sehr machtvollen Einfluss auf unsere Leben. Es bringt viele andere Leidenschaften, unheilsame Verhaltensweisen und weitere Konsequenzen hervor. Deshalb wird die Meditation über die Abwesenheit von inhärenter Existenz dieser Phänomene besonders betont.

Wenn du den Vers rezitiert hast, halte wieder inne und denke über seine Bedeutung nach.

• Die Vier unermesslichen Geisteshaltungen

Ich werde liebende Güte verinnerlichen, die wünscht,
dass alle fühlenden Wesen Glück besitzen mögen.
Ich werde Mitgefühl verinnerlichen, das wünscht, sie mögen frei sein von Leiden.
Ich werde Mitfreude verinnerlichen, die wünscht, sie mögen für immer in Freude verweilen.
Und ich werde den Gleichmut der Unparteilichkeit verinnerlichen.

Rezitiere dies drei Mal, und pausiere dann, um darüber nachzusinnen.

Dieser Vers bezieht sich auf die Entfaltung der Vier unermesslichen Geisteshaltungen. Die erste Zeile bezieht sich auf liebende Güte, die zweite auf Mitgefühl, die dritte auf Mitfreude und die vierte auf Gleichmut oder Ausgewogenheit.

In Hinsicht auf die eigentliche Abfolge der Praxis sollte Ausgewogenheit zu Beginn entwickelt werden. Die so genannte große

Ausgewogenheit wird entfaltet, indem man darüber nachdenkt, dass weder Freund noch Feind inhärent existieren. Das Hauptanliegen bei der Übung der großen Ausgewogenheit ist, einerseits der Anhaftung entgegenzutreten, die wir gegenüber jenen hegen, die wir unsere Freunde nennen, und andererseits der Abneigung entgegenzuwirken, die wir unseren so genannten Feinden entgegenbringen. Diese unausgeglichene Sichtweise wird nivelliert, weil Freunde eventuell nicht immer Freunde bleiben und Feinde zu Freunden werden können. Um sowohl der Anhaftung an einige wenige als auch der Abneigung gegenüber anderen entgegenzuwirken, sollte man zudem über die Tatsache nachdenken, dass diese Wesen auf keinerlei selbst-existente Weise unsere Freunde und Feinde sind.

Nachdem wir diese Ausgewogenheit entwickelt haben, entfalten wir den Wunsch, dass die fühlenden Wesen, die des Glücks beraubt sind, Wohlergehen und Glück erfahren mögen. Daraufhin lassen wir das Sehnen entstehen, die Wesen mögen frei von Leiden sein. Schlussendlich entwickelt man den starken Wunsch, dass jene, die Wohlergehen gefunden haben, auch weiterhin Freude erfahren mögen.

Unter den Gelübden, die mit Ratnasambhava verbunden sind, bezieht sich eines auf die Ausübung der vier Arten von Freigebigkeit. Diesen Vers zu rezitieren und zu überdenken erfüllt das Gelübde der Freigebigkeit in Bezug auf das Geben von liebevoller Zuneigung. Es heißt, die Entfaltung von Ausgewogenheit entspricht dem Gelübde des Gewährens von Furchtlosigkeit. Wie ist dies zu verstehen? Indem wir Ausgewogenheit entwickeln, werden wir Anhaftung und Abneigung gegenüber anderen überwinden und ihnen dadurch Furchtlosigkeit ermöglichen.

• Der wünschende Erleuchtungsgeist

Um alle fühlenden Wesen aus den Gefahren des [leidhaften] Daseins
und des [rein persönlichen] Friedens zu befreien,
werde ich von nun an bis die Buddhaschaft erlangt ist,
die Geisteshaltung beibehalten, die wünscht, die vollkommene Erleuchtung zu erreichen,
und werde sie nicht aufgeben, selbst wenn es mein Leben kosten sollte.

Rezitiere dies drei Mal ohne jede Hast.
Dieser Vers bezieht sich auf die Entwicklung des anstrebenden oder wünschenden Erleuchtungsgeistes. Um diesen Vers im Ein-

klang mit dem tatsächlichen Ritual zum Ablegen des wünschenden Erleuchtungsgeistes zu rezitieren, stelle dir vor, dass du ihn dem Buddha, der sich vor dir im Raume befindet, nachsprichst und dass du die [damit verbundenen] Verpflichtungen akzeptierst, um diesen Gelübden nachzukommen.

Was ist der Unterschied zwischen dem wünschenden Erleuchtungsgeist selbst und der Verpflichtung, die mit ihm einhergeht? Und welcher Unterschied besteht zwischen dem wünschenden Erleuchtungsgeist einerseits und dem anstrebenden Geist zusammen mit der Verpflichtung andererseits? Diese Unterschiede können mittels des Verses erkannt werden.

Entweder durch die „Methode der sechs Ursachen und des einen Resultats" oder durch das „[Gleichsetzen und] Austauschen von Ich und anderen"[13] entwickeln wir den Wunsch, die vollkommene Erleuchtung zum Wohle aller Wesen zu erlangen. Dies ist der wünschende Erleuchtungsgeist beziehungsweise der Anstrebende Bodhicitta. Bevor wir die Bodhisattva-Gelübde wirklich ablegen, sollten wir den Gedanken „möge ich vollkommene Erleuchtung zum Nutzen aller Lebewesen erlangen" in uns tragen. Dieser Wunsch ohne jegliche andere Aspekte wird der „wünschende oder anstrebende Erleuchtungsgeist" genannt.

Haben wir bislang die tatsächlichen Bodhisattva-Gelübde des verwirklichenden Erleuchtungsgeistes noch nicht abgelegt, können wir hier den Entschluss fassen: „Ich verpflichte mich, dieses Bestreben nicht wieder aufzugeben, bis ich die vollständige Erleuchtung erlangt habe." Die Rezitation dieses Verses ähnelt dem Ritual, in dem die Gelübde des wünschenden Erleuchtungsgeistes angenommen werden. Der wünschende Erleuchtungsgeist selbst erfordert keinerlei Ritual. Man tritt einfach in die Meditationen ein, die den Wunsch entstehen lassen, vollkommene Erleuchtung zum Wohle aller Wesen zu erlangen. Wenn dieses Streben erwächst, entsteht damit der wünschende Erleuchtungsgeist. Dabei gibt es keine spezielle Rezitation.

• Die Verpflichtungen des wünschenden Erleuchtungsgeistes

Die Gelübde des wünschenden Erleuchtungsgeistes abzulegen zieht bestimmte Verpflichtungen nach sich, welche unter anderem beinhalten, sich der vier untugendhaften Handlungen zu enthalten, sich den vier heilsamen Handlungen zu widmen und andere Lebewesen nicht aufzugeben. In diesem Fall steht an erster Stelle der Wunsch, zum Wohle aller Lebewesen die vollendete Erleuchtung zu erlangen. Danach entschließen wir uns, diesen Geisteszustand solange beizubehalten bis die vollkommene Erleuchtung erlangt ist. Diese Festlegungen sind jedoch nicht die eigentlichen Verpflichtungen des verwirklichenden Erleuchtungsgeistes; es handelt sich noch nicht um die tatsächlichen Bodhisattva-Gelübde. Die Grundlage, auf der die vollendete Erleuchtung verwirklicht werden kann, bildet der wünschende Bodhicitta zusammen mit den wirklichen Bodhisattva-Gelübden. Der Entfaltung des wünschenden Erleuchtungsgeists folgt das Ablegen der Bodhisattva-Gelübde.

Wir müssen sechs Übungen ausführen, um die Verpflichtungen des wünschenden Erleuchtungsgeistes einzuhalten: 1. die Vorzüge des Erleuchtungsgeistes bedenken, um diesen zu stärken; 2. den Erleuchtungsgeist drei Mal am Tage und drei Mal zur Nachtzeit hervorbringen; 3. sich selbst um die Zwei Ansammlungen von Verdienst und Weisheit bemühen; 4. kein einziges anderes Lebewesen aufgeben; 5. die vier untugendhaften Handlungen vermeiden, welche Bodhicitta degenerieren lassen würden; und 6. sich selbst den vier tugendhaften Handlungen widmen, welche den Erleuchtungsgeist in zukünftigen Leben anwachsen lassen.

Die erste der vier untugendhaften Handlungen[14] besteht darin, solche heiligen Wesen wie den eigenen spirituellen Meister oder Menschen von edler Natur – das heißt, Menschen mit spirituellen Verwirklichungen oder anderen [hohen Tugenden] – zu betrügen oder zu täuschen. Das Gegenmittel hierfür ist die erste der vier tugendhaften Handlungen, nämlich, von Lug und Trug abzusehen. Da es nicht einfach ist zu sagen, wer spirituelle Verwirklichungen besitzt und wer nicht, tut man gut daran, sich auf die sichere Seite zu begeben, indem man insgesamt Lügen und Täuschungen vermeidet.

Sich aufgrund von Ärger und Feindseligkeit gegenüber Mahāyāna-Praktizierenden verletztend zu äußern stellt die zweite der vier untugendhaften Handlungen dar. Das Gegenmittel hierfür ist die zweite der vier tugendhaften Taten, die darin besteht, alle Wesen als Buddhas anzusehen. Und auch hier gilt wiederum: Da wir wirklich nicht exakt wissen, welchen Grad an Verwirklichung die anderen in ihrer Praxis erlangt haben, ist es das Beste, sie allesamt so zu betrachten, als seien sie Buddhas. Wir wissen nicht, wer ein Bodhisattva [oder gar ein Erwachter] ist. Alle Wesen als Buddhas anzusehen, wird jedoch grobe und verletzende Rede unterbinden.

Die dritte der vier untugendhaften Handlungen entsteht dann, wenn wir andere davon abbringen, heilsame Taten durchzuführen, oder wenn wir sie dazu veranlassen, frühere heilsame Handlungen zu bedauern. Erzählt dir jemand beispielsweise, er habe die Mahāyāna-Sūtras gelesen, magst du ihn unter Umständen dafür tadeln, dass er besser daran getan hätte, über sie zu meditieren. Sollte jener sich dies zu Herzen nehmen, wird er es bedauern, die Schriften gelesen zu haben, und damit würdest du eine der vier untugendhaften Handlungen begehen. Es gibt viele solche Möglichkeiten, andere von der Praxis abzubringen und sie zu demotivieren. Um dem entgegenzuwirken ist es wichtig, die anderen zu jeglicher Übung zu ermutigen, die sie ausführen können, man berücksichtigt also dabei auch, dass jeder nur entsprechend seinen Fähigkeiten praktizieren kann. Sei also sehr vorsichtig, andere Menschen nicht zu entmutigen oder sie dazu zu bringen, bereits durchgeführte Übungen zu bereuen. Die entsprechende tugendhafte Handlung besteht darin, die anderen in ihren Studien und Übungen des Mahāyāna anzuspornen. Wenn die Zeit für solche Bekräftigungen gekommen ist, stellt dies eine sehr geschickte Vorgehensweise dar.

Es gibt viele Menschen, die sich ausschließlich zum Hīnayāna hingezogen fühlen und glauben, es gäbe keinen anderen Buddhismus als diesen. Personen, die unerschütterlich an dieser Auffassung festhalten, zu sagen, sie sollten doch besser das Mahāyāna ausüben, wäre fruchtlos und unangebracht. Wenn du andere in der Praxis des Mahāyāna bekräftigst, dann stelle sicher, dass die Gelegenheit auch die richtige ist.

Bis zu einem gewissen Maß ist es nachvollziehbar, dass Leute zu dem Schluss kommen, nur die Lehren des Hīnayāna wären vom Buddha dargelegt. Während seines Lebens gab der Buddha öffentlich nicht viele Belehrungen über den Bodhisattva-Pfad. Die meisten buddhistischen Lehren beziehen sich auf den *Śrāvaka*-Pfad. Da der Buddha das Mahāyāna auf andere Weise darlegte, kann man leicht schlussfolgern, dass Buddha nur den Pfad zum individuellen *Nirvāṇa* lehrte. In der Tat gab es jedoch Bodhisattvas, denen Buddha andere Formen der Lehre vermittelte. Jene Leute, die sich ausschließlich am Hānayāna-Pfad orientieren, kennen die anderen Facetten der Lehren wie beispielsweise das *Herz-Sūtra* nicht, in dem ein ausführlicher Dialog zwischen Śāriputra und Avalokiteśvara über die Natur der endgültigen Wahrheit enthalten ist.

Die vierte untugendhafte Handlung besteht darin, etwas vorzutäuschen und zu heucheln, ohne dass dies auf dem erhabenen

Entschluss basieren würde. Dabei versucht man, den Eindruck zu vermitteln, man besäße nicht die Fehler, welche man jedoch tatsächlich in sich trägt, und gibt stattdessen vor, man besäße exzellente Qualitäten, an denen es einem aber in Wirklichkeit mangelt. Wenn jemand zum Beispiel einen Bodhisattva über alle Maßen lobt und dieser aufgrund seiner Ruhm- und Ehrsucht dieses Lob bestätigt, wäre das eine Form von Vortäuschung. Jemand anderes mag während der Meditation ständig herumzappeln und über keinerlei Verwirklichungen verfügen, jedoch aufgrund von Schamgefühl behaupten, er habe sich wegen Kopfschmerzen hin- und her bewegt. Auch dies wäre ein Fall von Heuchelei.

Das Gegenmittel dazu ist Aufrichtigkeit, die von dem erhabenen Entschluss getragen wird. Diese Geradlinigkeit, die sowohl Ehrlichkeit vor sich selbst als auch gegenüber anderen einschließt, ist sehr wichtig. Sie hat von Anfang an eine große Bedeutung, denn wenn man auf dieser Grundlage praktiziert und dann den erhabenen Entschluss zu entwickeln beginnt, wird die Übung tragfähig. Wenn die eigene Praxis nicht von Anfang an geradlinig und aufrichtig begonnen wird, sondern mit Selbstbetrug und Unaufrichtigkeit gegenüber anderen verbunden ist, wird sie – selbst wenn man Mitgefühl, den erhabenen Entschluss etc. entwickelt – aus dem Ruder laufen, da sie mit den acht weltlichen Einstellungen vermengt wird.

Diese geradlinige, ehrliche Art zu entwickeln würde allein schon ausreichen, den vier untugendhaften Handlungen entgegenzuwirken. Die erste wäre bereits überwunden, da du keine hoch entwickelten Wesen betrügen würdest. Hinsichtlich der zweiten, bei der du aus Feindseligkeit heraus den Drang verspürst, in verletzender Weise zu sprechen, würde dir deine Aufrichtigkeit dir selbst gegenüber zeigen, wie verblendet das wäre, und du würdest solche Rede vermeiden. So führt Aufrichtigkeit zur Zurückhaltung [in Bezug auf negative Handlungen].

In gleicher Weise würde auch das Auftreten der dritten untugendhaften Handlung unwahrscheinlicher werden, da man – wenn man eine andere Person heilsame Taten durchführen sieht – höchst wahrscheinlich mit Befriedigung und freudiger Anteilnahme reagieren würde. Gleichfalls wird Ehrlichkeit und Geradlinigkeit die Scheinheiligkeit und Heuchelei ausschließen, die mit der vierten Form der untugendhaften Handlungen auftreten. Wir müssen selbst prüfen, ob wir dies praktizieren können. Dies ist ein sehr gewichtiger Punkt.

Die tugendhafte Handlung, andere Wesen als Buddhas anzusehen, verlangt Feingefühl, denn es handelt sich um eine Einstellung, die zu manchen Gelegenheiten sinnvoll und wirkungsvoll ist, zu anderen wiederum nicht. Würden wir andere immer als Buddhas betrachten, würde dies unser Mitgefühl behindern, da wir kein Mitleid für einem Buddha hegen. Man muss sehr geschickt sein, um zu erkennen, wann es Zeit ist, diese Sichtweise zu entwickeln, und wann es eher angebracht ist, das zu unterlassen. Sollte man den Impuls verspüren, über irgend jemanden verletzend zu sprechen, ist der Zeitpunkt gekommen, diese Person so zu betrachten, als wäre sie ein Buddha.

Wenn man das Vermeiden der vier untugendhaften Handlungen zu einer Übung zusammenfasst und die Hingabe an die vier tugendhaften Handlungen als eine weitere zählt, ergibt dies in Verbindung mit den zuvor genannten vier eine Gesamtheit von sechs Übungen, mittels derer man die Verpflichtungen des wünschenden Erleuchtungsgeistes einhält.

• Der verwirklichende Erleuchtungsgeist

Eine Unterscheidung zwischen dem wünschenden und dem verwirklichenden Erleuchtungsgeist kann in Hinblick auf das Ablegen der Bodhisattva-Gelübde vorgenommen werden. Von dem Moment an, da man die Bodhisattva-Gelübde ablegt und sie einhält, entwickelt man den verwirklichenden Bodhicitta. Vor diesem Zeitpunkt wird der Erleuchtungsgeist „wünschender Erleuchtungsgeist" genannt.

Es gibt verschiedene Möglichkeiten, den Unterschied zwischen den beiden Arten von Erleuchtungsgeist zu definieren. Die hier vorgenommene Differenzierung basiert auf den Lehren von Śāntideva, welche wiederum auf den Sūtras gründen. Es gibt auch Quellen in den Tantras, die dies bestätigen, und in den großen erläuternden Werken wie dem großen Kommentar zum *Kālacakra-Tantra.*

Laut der Darstellung von Śāntideva in seinem Werk *Eintritt in das Leben zur Erleuchtung* sind diese beiden Arten vergleichbar mit der bloßen Absicht zu gehen und dem wirklichen Gehen. In beiden Fällen ist die Absicht zu gehen gegenwärtig, jedoch nur im letzteren Fall ist diese Intention mit dem eigentlichen Gehen verbunden. In vergleichbarer Weise bedeutet Erleuchtungsgeist die Absicht, die Erleuchtung zum Wohle aller Wesen zu erlangen. Wenn diese Intention einen dazu motiviert, tatsächlich die Übungen [der Bodhisattvas] durchzuführen, resultiert dies im verwirklichenden Erleuchtungsgeist.

Geht man die Verpflichtungen, die mit einer der beiden Arten des Erleuchtungsgeistes verbunden sind, vor einer anderen Person ein, muss diese Person ebenfalls im Besitz dieser Gelübde sein. In anderen Worten, die Person, von der du die Gelübde übernimmst, muss diese Gelübde ebenso abgelegt haben. Wenn man dagegen den Wunsch hegt, die Bodhisattva-Gelübde abzulegen, aber niemanden findet, der sie besitzt und an einem weitergeben könnte, kann man sie auch vor Buddha oder einer Repräsentation des Buddha ablegen. Darüber hinaus ist es auch möglich, die Bodhisattva-Gelübde direkt anzunehmen, wenn man den Erleuchtungsgeist bereits in sich entwickelt hat. In diesem Falle entstehen die Bodhisattva-Gelübde in einem.

Was verbindet sich mit dem Ablegen der Bodhisattva-Gelübde? Das Streben nach höchster Erleuchtung zum Nutzen aller Lebewesen und – einhergehend mit diesem Wunsch – dass man sich ganz den Übungen, die von Bodhisattvas durchgeführt werden, hingibt. Der wünschende Erleuchtungsgeist allein ist mit keinen Verpflichtungen verbunden. Er besteht allein in dem Wunsch, die Erleuchtung zum Wohle aller Lebensformen zu erlangen.

• Das Bodhisattva-Gelübde

Gurus, Jinas und Jinaputras,
bitte schenkt mir eure Aufmerksamkeit.
So wie die Sugatas der Vergangenheit
den Erleuchtungsgeist entfaltet haben
und die Übungen der Bodhisattvas nacheinander durchlaufen haben,
so werde auch ich zum Wohl der fühlenden Wesen den Erleuchtungsgeist entwickeln
und stufenweise in die Praktiken der Bodhisattvas eintreten.

Indem man diesen Vers rezitiert, nimmt man die Bodhisattva-Gelübde des verwirklichenden Erleuchtungsgeistes an und akzeptiert damit die Verpflichtung, die achtzehn Wurzelübertretungen eines Bodhisattva und die sechsundvierzig Nebenverfehlungen zu vermeiden. Um dies in Übereinstimmung mit dem eigentlichen Ritual zu tun, rezitiere den Vers drei Mal und stelle dir vor, dass du dabei dem Buddha vor dir im Raum nachsprichst. In dieser Weise bekräftigst du die Intention, nicht nur die Bodhisattva-Gelübde, sondern auch die tantrischen Gelübde einzuhalten – einschließlich jener, die im *Kālacakra-Tantra* vorkommen. Es wäre gut, wenn du dich daran gewöhnen würdest, die Verpflichtung zum Einhalten der Gelübde des Mahāyāna, des Vajrayāna und des Kālacakra immer wieder zu bekräftigen.

Halte nach dem dreimaligen Rezitieren des Verses wieder inne und denke darüber nach. Wirst du immer vertrauter mit [dem Erleuchtungsgeist], wird er auch immer natürlicher auftreten, und wenn du die Einweihung nimmst, kannst du [die Bodhisattva-Gelübde] spielend ablegen.

Zwei der achtzehn grundlegenden Übertretungen – den Erleuchtungsgeist aufgeben und an falschen Sichtweisen festhalten – sind in gleicher Weise Brüche [und nicht nur Beeinträchtigungen] des Bodhisattva-Gelübdes. Begeht man eine von ihnen, hat man den wünschenden Erleuchtungsgeist aufgegeben. Für die übrigen sechszehn Regeln gilt, dass sich bei ihrer Überschreitung zwar eine Beeinträchtigung ergibt, aber man weder die Regeln in ihrer Gesamtheit verliert, noch den wünschenden Erleuchtungsgeist aufgibt. Erinnere dich, dass der Wunsch selbst der Erleuchtungsgeist ist, wohingegen die Gelübde mit dem verwirklichenden Bodhicitta verbunden sind. Wenn man jedoch irgendein Lebewesen aufgibt[15], verliert man sowohl den wünschenden Erleuchtungsgeist als auch die Bodhisattva-Gelübde.

Gegen Ende der dritten Rezitation stelle dir vor, dass du die Bodhisattva-Gelübde erhalten hast. Wenn du denkst, „Jetzt nehme ich sie auf mich“, und du dies zumindest mit einem künstlich erzeugten Erleuchtungsgeist tust, dann ist dies ausgezeichnet und wirkungsvoll.

Bevor du die Verpflichtungen des verwirklichenden Erleuchtungsgeistes auf dich nimmst, prüfe die achtzehn Haupt- und die sechsundvierzig Nebenregeln nochmals daraufhin, ob du sie wirklich einzuhalten vermagst. Wenn dies durchführbar erscheint, solltest du nicht zögern und sie annehmen. Falls dir die Regeln jedoch übermächtig, beängstigend oder undurchführbar erscheinen, ist es besser, zu warten und einfach mit der Übung des wünschenden Erleuchtungsgeistes fortzufahren.

Es ist Tradition, den Schülern die Bodhisattva-Gelübde zu erklären, bevor sie sie ablegen.[16] Auf diese Art können wir uns mit ihnen vertraut machen und selbst einschätzen, ob wir fähig sind, sie einzuhalten oder nicht. Dieser Vorgang ist sehr offen. Die Regeln der Gelübde zur eigenen Befreiung sowie die tantrischen Regeln und Gelübde werden allerdings den Schülern nicht vorab dargelegt. Man erfährt die Einzelheiten erst, nachdem man sie abgelegt hat.

Während du die Bodhisattva-Gelübde ablegst, denke an die Bodhisattvas der drei Zeiten, welche den Erleuchtungsgeist kultiviert, die Bodhisattva-Gelübde eingehalten und den Pfad verwirklicht haben, und nimm sie als Vorbild. Man spricht: „Genau wie sie sich geübt haben, so werde auch ich praktizieren und dem Pfad zur vollendeten Erleuchtung folgen."

Nun ist mein Leben wertvoll geworden.
Die menschliche Existenz ist trefflich erlangt.
Heute bin ich in die Familie der Buddhas geboren
und zu einem Kind der Buddhas geworden.

Mit diesem Vers erfreuen wir uns an dem Heilsamen und bedenken zudem die Vorzüge des Erleuchtungsgeistes. Rezitiere ihn drei Mal und pausiere, um darüber nachzudenken.

Was immer auch von nun an geschehen mag,
ich werde mich in Handlungen befleißigen,
die mit dieser Familie im Einklang stehen.
Und ich werde diese edle und makellose Familie nicht beflecken.

Dieser Vers bezieht sich auf die Entfaltung von Gewissenhaftigkeit. Rezitiere ihn ebenfalls drei Mal, um dann wieder innezuhalten und den Sinn zu überdenken.

Die Auflösung der Visualisation

Dieser Teil des Sechsfachen Guru-Yoga wird zum Abschluss gebracht, indem du die Visualisierung vor dir auf eine von drei möglichen Arten auflöst. Du kannst dir den Guru als Buddha vorstellen, der sich zu seinem natürlichen Aufenthaltsort begibt, das heißt, sich in die Natur von Licht auflöst, oder aber zur Mitte deiner Stirn gelangt und sich in dich auflöst. Wenn dein Guru noch lebt, ist es unangebracht sich vorzustellen, dass er sich in die Natur von Licht auflöst. Stelle dir hingegen vor, dass der Guru kleiner und kleiner wird und mit deinem Körper verschmilzt. Sollte dein Wurzel-Guru schon verstorben sein, ist es angemessen, sich vorzustellen, dass er sich in Licht und dann in den Raum auflöst.

Nachdem der Guru mit dir verschmolzen ist, stelle dir vor, dass dein Geist und der des Meisters ununterscheidbar werden. Dann stelle dir vor, wie unwandelbare Glückseligkeit entsteht und dass die Leerheit das Objekt deines glückseligen Gewahrseins ist.

5. Kapitel

Guru-Yoga

Die Notwendigkeit von grossem Mitgefühl

Wie der große indische Paṇḍit Śāntideva sagte, ist die Entfaltung von großem Mitgefühl entscheidend, damit die Ernte der Buddhaschaft heranreifen kann. Das große Mitgefühl ist bedeutsam am Anfang des Pfades, während des gesamten Pfades und am Endpunkt des Pfades. Zu Beginn gleich es einem Samenkorn. Genauso wie es eines Samenkorns bedarf, damit es eine Ernte gibt, so muss man großes Mitgefühl besitzen, um dem Pfad des Mahāyāna folgen zu können. Während des Pfades ist das große Mitgefühl für die Übung das, was Wasser und Dünger für das Samenkorn sind: Ohne diese Faktoren gibt es keine Ernte. Schließlich, nach der Erlangung der vollkommenen Erleuchtung, ist das große Mitgefühl weiterhin unverzichtbar, um den Belangen der fühlenden Wesen dienlich zu sein.

In der Tat ist großes Mitempfinden das eigentliche Herzstück des Mahāyāna-Pfades. Mitgefühl eröffnet den Pfad und bildet auch die Eingangspforte zum äußerst tiefgründigen Pfad des Tantra. Fehlt einem das große Mitgefühl, ist es schwierig, den Pfad des Mahāyāna zu betreten oder vom tantrischen Pfad auch nur zu sprechen [geschweige ihn zu üben]. Selbst allgemein auf die Welt bezogen: Ohne Mitgefühl und Zuneigung hätten die Wesen keinerlei Schutz. Mitgefühl ist der Faktor, der das Leid der anderen erleichtert und ihnen Glück bringt, denn es handelt sich dabei um einen Geisteszustand, der nicht mit ansehen kann, dass die anderen leiden und des Glücks beraubt sind. Es ist lebenswichtig, dass wir uns selbst um die Entfaltung des großen Mitgefühls bemühen.

Um zu verdeutlichen, was bei der tantrischen Praxis ohne das Vorhandensein von Mitgefühl geschehen kann, wird eine Geschichte aus dem alten Indien erzählt, die von einem Hevajra-Praktizierenden handelt, dem das große Mitgefühl fehlte. Dieser Pratizierende, da ihm das große Mitgefühl abging, konnte trotz seiner starken Entsagung, die er mit der tantrischen Hevajra-Praxis verband, lediglich den Hīnayāna-Zustand eines *Stromeintreters* erlangen, jedoch keinerlei Mahāyāna-Verwirklichungen. Die eigene Praxis mag eine erwählte Meditationsgottheit, Selbst-Hervorbringung als Gottheit und ähnliche [hohe Praktiken] einschließen – ohne großes Mitgefühl jedoch handelt es sich nicht um eine Mahāyāna-Übung. Und somit können diese Übungen auch nicht in der Erlangung der drei Körper eines Buddha gipfeln.

Laut Candrakīrti bilden das große Mitempfinden, der Erleuchtungsgeist und die Erkenntnis der Leerheit die drei essentiellen Faktoren des Pfades. Er bezeichnet das große Mitgefühl als die Wurzel der anderen Faktoren. Es ist sehr wichtig, der Entfaltung des großen Mitgefühls und des Erleuchtungsgeistes besondere Aufmerksamkeit zu schenken, indem wir uns bei der Praxis des Guru-Yoga um deren Entwicklung bemühen.

• Die Hingabe an den Guru

Im Guru-Yoga stellt man sich den Guru als untrennbar eins mit der erwählten Gottheit vor. Auch Lama Dsche Tsongkhapa erwähnt das, bezeichnet aber die rechte Hingabe an den Meister als zentralen Punkt des Guru-Yoga. Es ist diesem und anderen Tantras wie dem von Guhyasamāja, Cakrasaṃvara und Yamāntaka gemein, dass man das Verdienstfeld des eigenen Meisters einlädt und es als ununterscheidbar von diesen erwählten Meditationsgottheiten betrachtet. Wenn man das versäumt und nur die Übung der Visualisierung durchführt, wird die Praxis belanglos.

Man mag fragen: „Ist der Geist des Meisters in meinem eigenen Geist zugegen? Sind der Geist des Guru und mein eigenes Gewahrsein tatsächlich von derselben Natur?“ Es heißt, alle belebten und unbelebten Phänomene seien die Ausformung des innewohnenden Gewahrseins. In diesem Kontext ist der Guru in gewissem Sinne eine Emanation des eigenen Geistes. Aufgrund von Verblendung jedoch schafft man vielleicht eine vollständige Trennung zwischen dem Guru und sich selbst, denn der Meister wird als getrennte Person erfahren und nicht als eine Emanation des eigenen Geistes. Aus diesem Grund werden in allen Übungen des Guru-Yoga die belebten wie unbelebten Phänomene in die Leerheit aufgelöst. Man meditiert über die Leerheit und erzeugt einen göttlichen Palast sowie andere Aspekte. Der entscheidende

Punkt bei dieser Praxis ist, dass der Meister eine Emanation des eigenen Gewahrseins ist. Dies ist der Zweck der Übung, bei der man sich selbst als erleuchtete Gottheit hervorbringt, mit Lichtstrahlen, die zu sämtlichen Lebewesen ausgehen, um ihre unheilsamen gewohnheitsmäßigen Veranlagungen und Geistesschleier zu läutern. Es ist auch der Zweck der Übung, bei der man Opfergaben an die Buddhas darbringt und sich vorstellt, dass die Buddhas sich in einen selbst auflösen.

Die Tatsache, dass alle Phänomene dieselbe Natur besitzen wie unser Geist, ist uns zur Zeit nicht bewusst. Wenn wir uns aber bemühen, unsere geistigen Schleier zu beseitigen, hat das letztlich zur Folge, dass der angeborene Geist uns in aller Klarheit erscheint. Wenn dies geschieht, erscheinen alle belebten und unbelebten Phänomene als Emanationen unseres Gewahrseins. Im *Herz-Sūtra* heißt es: „Indem sie alle Fehler völlig überwinden, gelangen sie zur Vollendung, zum Nirvāṇa". An diesem Punkt verschmelzen der eigene Geist und das Gewahrsein des Guru so vollkommen miteinander wie Wasser mit Wasser.

Wenn du die Aussage hörst, der Geist durchdringe alle belebten und unbelebten Dinge, so folgere daraus nicht, dass es nur ein einziges Gewahrsein gibt. Vielmehr wird damit angedeutet, dass bei der Erlangung der vollkommenen Erleuchtung das eigene Bewusstsein und der Geist des Guru dieselbe Natur annehmen. Dadurch werden sie aber nicht zu einem einzigen, identischen Gewahrsein, denn dies würde ja bedeuten, dass sie nicht mehr zu unterscheiden wären. Sie werden nicht zu einem einzigen Geist, jedoch nehmen sie dieselbe Natur an. Das Kontinuum des Gewahrseins des Guru und das eigene Geistkontinuum sind während des Pfades immer noch unterscheidbar, und dies bleibt auch nach der vollständigen Erleuchtung so.

Alle Buddhas gleichen sich in Hinblick auf ihre Verwirklichungen, ihre Tugenden und ihre Heilsaktivitäten und in Hinblick auf das, was sie aufgegeben haben. Jedoch mag ein Höchster *Nirmāṇakāya* vielleicht länger leben und mehr Schüler haben als ein anderer. Solche Unterschiede machen deutlich, dass die Buddhas nicht alle eins sind.

Da bei Vollendung des Pfades der eigene Geist und der des Meisters dieselbe Natur besitzen, entwickelt man während des tantrischen Pfades ein Gefühl dafür, dass diese beiden von „einem Geschmack" sind. Im Pāramitāyāna wie auch im Vajrayāna ist der Guru die Wurzel für den Pfad, und speziell in der tantrischen Praxis ist die Hingabe an den spirituellen Meister von entscheidender Bedeutung.

Es gibt jedoch einen Unterschied zwischen dem Pāramitāyāna und dem Vajrayāna. Im Pāramitāyāna betrachtet man den Guru zwar als Buddha, nimm ihn aber nicht so wahr, als besäße er den Körper, die Rede und den Geist eines Buddha. Im Tantra sieht man den spirituellen Meister nicht nur als einen Buddha und hält ihn für einen Erleuchteten, sondern betrachtet auch die Aspekte von Körper, Rede und Geist des Meisters als die eines Buddha.

Ist die gewöhnliche Erscheinung des Guru einfach die tatsächliche Erscheinung des Meisters oder wird sie von unserem eigenen Geist hervorgerufen? Die gewöhnliche Erscheinungsweise wird von unserem eigenen befleckten Bewusstsein kreiert, das von den geistigen Plagen beeinträchtigt ist. Die Geschichte von Naropa verdeutlicht diesen Punkt. Der Meister Naropa hatte unter großen Mühen nach seinem Guru Tilopa gesucht. Noch während er sich auf der Suche befand, traf er einen Mann mit einem Sack auf dem Rücken. Diesen fragte Naropa: „Hast du den Meister Tilopa gesehen?" Der Mann entgegnete: „Nein, Tilopa habe ich nicht gesehen, wenn du jedoch über diesen Berg wanderst, wirst du eine Person treffen, die ihren Eltern auf die Köpfe schlägt." Die Person mit dem Rucksack war eine Emanation von Tilopa.

Naropa ging daraufhin zu dem besagten Berg und wurde einer Person ansichtig, die auf die Köpfe zweier Menschen einschlug. Naropa fragte sie: „Hast du Tilopa gesehen?" Die Person sagte: „Ja, das habe ich. Ich werde ihn dir zeigen, aber zunächst musst auch du auf die Häupter meiner Eltern einschlagen, da sie mich nicht gut behandelt haben." Naropa entgegnete: „Erstens bin ich ein Prinz, zweitens bin ich ein voll ordinierter Mönch und drittens bin ich ein Paṇḍit, und aus diesen Gründen halte ich es für falsch, den Leuten auf die Köpfe zu schlagen." Naropa dachte weiter nach und sagte dann: „Ich befinde mich auf der Suche nach diesem Lehrer Tilopa, denn ich möchte Dharma praktizieren; und andere auf den Kopf zu schlagen widerspricht dem Dharma, deshalb gehe ich lieber weiter." Sobald Naropa diesen Gedanken gefasst hatte, lösten sich Schläger und Geschlagene vollständig auf. Es erklang eine Stimme aus dem Himmel: „Um das große Mitgefühl zu entfalten ist es nötig, die Leerheit zu realisieren. Du musst mit dem Hammer der Identitätslosigkeit auf das Haupt des Greifens nach einem Ich einschlagen."

Der Umstand, dass der Guru in einer gewöhnlichen Weise erscheint, ist meist das Resultat der Schleier in unserem Geist. Der Guru mag jedoch zum Nutzen der fühlenden Wesen in gewöhnlicher Form erscheinen. Auch der Buddha wird gegebenenfalls in genau dieser gewöhnlich anmutenden Gestalt des Guru auftreten und das Dharma lehren. Um unreine Erscheinungen im eigenen Geist zu läutern, übt man die Praxis des Guru-Yoga.

Wie erwähnt, stellst du dir entsprechend der einen Art der Übung vor, dass der Guru immer kleiner wird und sich dann in deine Stirn auflöst. Sollte der Guru schon verstorben sein, ist es angemessen zu visualisieren, wie der Guru sich in Licht auflöst und dann in deine Stirn eingeht. Nachdem du den Guru in deine Stirn aufgelöst hast, denke dir, dass dein Geist und der des Meisters „denselben Geschmack" annehmen. Da das Bewusstsein des Guru die Natur von Unwandelbarer Glückseligkeit besitzt, solltest du dir, nachdem dein Bewusstseinsstrom mit dem des Meisters verschmolzen ist, denken, dass dein Gewahrsein die Natur dieser unveränderlichen Glückseligkeit annimmt und die Leerheit erkennt. Verweile in meditativer Versenkung und visualisiere dann, dass der Guru aus dieser Natur der unwandelbaren Glückseligkeit hervorgeht.

• Das Feld der Ansammlung von heilsamen Potentialen

In der Sphäre des Mahāmudrā des Klaren Lichts,
frei von konzeptuellen Fabrikationen …

Die zwei Ausdrücke „Klares Licht" und „frei von konzeptuellen Fabrikationen" sind letztlich bedeutungsgleich. „Begriffliche Fabrikationen" bezieht sich in diesem Zusammenhang auf zwei Aspekte: Das Greifen nach wahrhafter Existenz und das Greifen nach der Erscheinung von wahrhafter Existenz. Treten diese beiden Faktoren nicht auf, erfährt man die Leerheit. Im Kontext dieser Praxis heißt es, dass die unwandelbare Glückseligkeit, welche die Leerheit erfasst, frei ist von konzeptuellen Fabrikationen (tib. *spros bral*).

Zur Zeit sind unsere verschiedenen Bewusstseinsformen in konzeptuelle Fabrikationen verstrickt. Wenn das Bewusstsein von solchen Ausformungen oder Konstrukten befreit ist, kann sich das innewohnende Gewahrsein offenbaren.

Im Pāramitāyāna bedeutet der Ausdruck „frei von begrifflichen Fabrikationen" die Abwesenheit der Erscheinung von wahrer Existenz. Im Tantra bezieht sich „frei von konzeptuellen Fabrikationen" sowohl auf den subjektbezogenen [also erkennenden] Aspekt der Unwandelbaren Glückseligkeit als auch auf den objektiven Aspekt der Leerheit, die von solcher unveränderlicher Glückseligkeit erkannt wird. Ebenso bezieht sich „Klares Licht" im Pāramitāyāna nur auf die Leerheit, wohingegen es im Tantra gleichermaßen auf Subjekt und Objekt – nämlich große unwandelbare Glückseligkeit und Leerheit – bezogen wird.

Des Weiteren wird sowohl das Greifen nach wahrhafter Existenz als auch die Erscheinung von wahrer Existenz als „Verdunkelung" bezeichnet. Hat man diese Verdunkelung aufgelöst, wird die dann aufkommende Erfahrung als „Klares Licht" bezeichnet. Das Konzeptbilden selbst wird ebenfalls „Verdunkelung" genannt. Auch das von begrifflichen Fabrikationen freie innewohnende Gewahrsein wird „Klares Licht" genannt, und aus diesem Grunde bezeichnet man den innewohnenden Geist auch als „unwandelbare Glückseligkeit".

Mahāmudrā wird aufgrund seiner Funktion so genannt. Im Allgemeinen ist eine Mudrā etwas, das nicht überschritten wird. Überschreiten heißt, getrennt sein oder außerhalb von etwas existieren. Der innewohnende Geist oder das subtilste Gewahrsein wird „Mahāmudrā" oder „Große Mudrā" genannt, weil kein Phänomen außerhalb der Natur dieser Mudrā existiert.

Wenn du an das Klare Licht denkst, solltest du dir kein wirkliches Licht vorstellen. Hast du eine meditative Festigung hinsichtlich des Klaren Lichts erlangt, lösen sich alle dualistischen Erscheinungen auf. Die Erscheinung von äußerem Licht ist jedoch eine dualistische Erscheinung, die in der Meditation nicht entstehen wird.

• Die Sichtweise untersuchen

Um die vorangegangene Erörterung verstehen zu können, muss man die richtige Sichtweise analysieren. Die korrekte Sicht will nicht die Existenz irgendeines tatsächlich existierenden Phänomens negieren oder etwas wirklich Existentes als nicht existent hinstellen. Vielmehr besteht die Aufgabe darin zu erkennen, dass die Phänomene bereits leer von inhärenter Natur sind. So gewinnt man die Einsicht in die Leerheit.

Die Widerlegung von wahrhafter Existenz ist lediglich die Erkenntnis der Abwesenheit von etwas, was niemals existiert hat. Warum sollen wir das negieren, was sowieso nicht existent ist? Weil wir das Gefühl hegen, es gäbe wahre Existenz, obwohl sie in Wirklichkeit gar nicht vorhanden ist. Aufgrund dieser falschen

Annahme ist man unfähig, die Leerheit von inhärenter Existenz zu erfahren. Man muss also die Art und Weise erkennen, in der wir fälschlicherweise nach einer vermeintlich inhärenten und wahren Existenz der Phänomene greifen. Dabei gilt zu beachten, dass die Phänomene uns gewöhnlicherweise nicht nur so erscheinen, als würden sie von ihrer Seite her existieren, sondern wir auch nach dieser falschen Erscheinungsweise greifen [beziehungsweise sie als eigentliche Wahrheit erachten].

Zum Beispiel scheint es so, als würde das „Ich" oder das „Selbst" aus sich heraus existieren und als wäre es schon immer gegenwärtig. Wenn das Ich in dieser Weise existieren würde, müsste es unveränderlich sein und damit stets in der gleichen Selbstnatur verharren. Sollte ein Ich oder Selbst tatsächlich in solcher Weise existieren, ist es dann im Körper oder im Geist vorhanden? Da wir aber sehen, dass wir den Körper als „mein Körper" ansehen, kann er somit nicht mit dem Selbst gleichgesetzt werden. In gleicher Weise erachten wir den Geist als „mein Geist", und somit kann er auch nicht dem Selbst entsprechen. Aus demselben Grund können auch Körper und Geist zusammengenommen nicht das Ich oder Selbst ausmachen, denn wiederum sprechen wir von „meinen Körper und Geist". Wenn wir fragen, ob denn solch ein Ich vielleicht losgelöst von Körper und Geist existieren könne, so lautet die Antwort wiederum: „Nein", denn so ein autarkes Ich ist in keiner Weise auffindbar.

Wenn wir das Selbst mit dem Körper gleichsetzen, müssen wir uns vor Augen führen, dass der Körper viele Komponenten besitzt. Und dies würde bedeuten, dass auch das Ich oder Selbst genauso viele Teile besitzen müsste. Halten wir Geist und Ich für identisch, müssen wir folgern, dass – da der Geist mannigfaltige Faktoren umfasst – auch das Ich all diese Teile besitzen müsste. So würde es also viele Ichs geben müssen und nicht nur ein einziges.

Wenn wir solche Untersuchungen durchführen, kommen wir zu dem Schluss, dass solch ein Ich überhaupt nicht existiert, und dann sollten wir versuchen, in der Klarheit dieser Erkenntnis zu ruhen. Das Einzige, was in diesem Zustand erscheint, ist die bloße Abwesenheit eines Ich oder Selbst. Es tritt dabei weder die Erscheinung irgendeiner davon verschiedenen Leerheit auf, noch erscheint irgendetwas anderes. Da es die Natur dieser Erfahrung ist, dass solch ein Ich nicht existiert, nennt man sie „unbeschreiblich" und „unausdrückbar" (tib. *smra bsam brjod med*). Hat man die Wahrheit der Identitätslosigkeit erkannt und sich vorgestellt, dass aus der Natur dieser Erfahrung große Glückseligkeit erwächst, visualisiert man den Guru.

Da die Erkenntnis der Leerheit in der Form einer Gottheit erscheint, gehen auch alle Erscheinungen im nächsten Schritt der Meditation aus der Natur dieser Erfahrung hervor. Stell dir vor, der Geist des Klaren Lichts wäre wie der Bildschirm eines Fernsehers, und die Bilder darauf entsprächen den Erscheinungen, die aus jener Erfahrung erwachsen. Dies ist die Bedeutung der Aussage: „Die Erscheinungen entstehen als Schauspiel oder Ausdruck von Leerheit und Glückseligkeit."

• Das Verdienstfeld visualisieren

Auf dem weiten Pfad der unsterblichen Gottheiten im Raum vor mir
entfaltet sich ein Ozean von Opfergabenwolken des Samantabhadra,
so strahlend wie Regenbögen.
In der Mitte, auf einem Juwelenthron, der von acht Löwen gehalten wird,
liegt eine liebliche Lotusblume mit eintausend Blütenblättern.
Auf dieser befinden sich Scheiben von Mond, Sonne sowie Rāhu und Kālāgni.

Die weite Sphäre oder der Raum beziehen sich auf die Leerheit oder Glückseligkeit des Geistes. Wenn du in diese Phase der Übung eintritt, stelle dir vor, dein subjektives Gewahrsein besäße die Natur der unwandelbaren Glückseligkeit, und das Objekt deines Gewahrseins sei die Leerheit. Da der tatsächliche Zustand einer solchen Erfahrung vollkommen jenseits aller Dualität liegt, stelle dir vor, dein Geist sei wie der Raum.

Der Vergleich mit einem Regenbogen zeigt, dass – genauso wie ein Regenbogen im Himmel entsteht – der Guru etc. in der Sphäre von Glückseligkeit und Leerheit erscheint. Man visualisiert ausgedehnte Opfergaben, die aus Juwelen und vielfältigen kostbaren Substanzen bestehen.

Der Juwelenthron wird von acht Löwen gestützt, zwei auf jeder der vier Seiten. Löwen symbolisieren Furchtlosigkeit, die sich wiederum auf die acht Kräfte bezieht, die der Buddha gemeistert hat. Ein Vollendeter besitzt acht übersinnliche Fähigkeiten und viele andere Kräfte.

Wenn du diese und alle weiteren Visualisierungen – die der Sonne und des Mondes, des Thrones, auf dem der Guru verweilt, und der Gestalt des Meisters selbst – durchführst, stelle dir vor, dass sie allesamt aus der Natur des die Leerheit erkennenden Gewahrseins von unwandelbarer Glückseligkeit hervorgehen. Dies ist ein wichtiger Punkt, der sich ausschließlich in der Praxis des Tantra findet. Es ist unbedingt erforderlich, sich zu vergegenwärtigen, dass all diese Visualisierungen Schöpfungen des Bewusstseins unwandelbarer Glückseligkeit sind. Es gleicht der Spiegelung des Mondes auf der Wasseroberfläche. Das Wasser entspricht dem Geist der Unwandelbaren Glückseligkeit, der sich auf die Leerheit konzentriert. Und die Spiegelung des Mondes gleicht den Visualisierungen, die aus der Sphäre dieses Gewahrseins hervorgehen.

Wenn du die Visualisierungen deinen Fähigkeiten entsprechend erschaffst, stelle dir vor, dass du dich selbst nicht in einer gewöhnlichen Umgebung befindest, sondern auf einer traumhaften, saftig grünen Wiese oder einem Rasen, der einem Juwelenteppich gleicht. Wenn du vermagst, stelle dir vor, dass aus dem Raum selbst ein Lotus erwächst. Und sollte es dir schwer fallen, dir einen im Raum schwebenden Lotus vorzustellen, lasse den Lotus aus der Wiese hervorgehen. Die Anzahl der Blütenblätter ist beliebig. Stelle dir auf diesem Lotus einen Thron vor, der von acht Löwen getragen wird. Dieser Thron besteht aus Edelsteinen und kostbaren Substanzen. Darüber befindet sich ein weiterer Lotus mit acht verschiedenfarbigen Blütenblättern. Über diesem liegt eine Mond- und eine Sonnescheibe, eine blaue Scheibe des Rāhu und eine gelbe von Kālāgni. Diese Scheiben sind wie Geldstücke übereinander gestapelt.

Im Kontext des äußeren, inneren und alternativen Kālacakra symbolisieren der Mond, die Sonne, Rāhu und Kālāgni die äußeren Himmelskörper. Im Inneren symbolisiert der tausendblättrige Lotus die mütterliche Gebärmutter. Die Sonne und der Mond beziehen sich auf den roten und weißen Bodhicitta. Und Rāhu und Kālāgni stehen für das Bewusstsein während des Zwischenzustandes.

Wenn man dies auf den Erfahrungsbereich eines Yogi überträgt, bezieht sich der Lotus auf das Cakra im Genitalbereich. Die Sonne und der Mond symbolisieren sowohl weißen und roten Bodhicitta als auch den rechten und linken feinstofflichen Kanal, und Rāhu und Kālāgni beziehen sich auf den mittleren Kanal. In der Erzeugungsstufe werden diese durch die einzelnen Abstufungen des Thrones symbolisiert.

Auf ihnen [verweilt] der mitfühlende Guru.
Er ist ununterscheidbar von Bhagavan Kālacakra,
in dem all die unzähligen Scharen der Zuflucht vereint sind.

Auf dem Lotus und der Scheibe sitzt der Guru, „in dem all die unzähligen Scharen der Zuflucht vereint sind". Es handelt sich hier um eine Synthese aller Buddhas in der Gestalt von Kālacakra, der untrennbar eins mit dem Guru ist.

Vom funkelnden Glanz von Saphiren erfüllt und vom Glanz der Glorie erstrahlend,
besitzt er ein Haupt und zwei Hände,
mit denen er Vajra und Glocke hält.
Als Symbol für den außergewöhnlichen Pfad der Vereinigung von Methode und Weisheit
befindet er sich in Vereinigung mit Viśvamātā,
welche die Farbe von Kampfer besitzt
und ein gekrümmtes Messer und eine Schädelschale hält.

„Vom funkelnden Glanz von Saphiren erfüllt" deutet auf die blaue Farbe hin, und „vom Glanz der Glorie erstrahlend" zeigt an, dass er unbeflecktes Licht in fünf Farben ausstrahlt. Dabei gehen sehr feine Lichtstrahlen in alle Richtungen aus wie Sonnenstrahlen.

Die Gefährtin Viśvamātā (tib. *sna tshogs yum*) ist von oranger Farbe. In ihrer rechten Hand hält sie ein gekrümmtes Messer und in ihrer linken eine Schädelschale. Sie umschlingt Kālacakra mit beiden Armen an seinem Nacken. Kālacakra umfasst seine Gefährtin unter ihren Armen, während er dabei Vajra und Glocke in seinen Händen hält.

Sein rechtes, rotes Bein ist ausgestreckt.
Sein linkes, weißes Bein ist angezogen.
Er vollführt auf hundertfältige Weise einen Tanz auf Māra und Rudra.

Das rechte Bein ist rot und ausgestreckt; das linke ist weiß und gebeugt. Unter den Füßen befinden sich Māra und Rudra. Māra bezieht sich wahrscheinlich auf das, was auf Tibetisch als Garab Wangtschug (tib. *dga' rab dbang phyug*) bekannt ist und weitgehend dem westlich-[altgriechischen] Gott Amor gleicht. Die Symbole, die er in Händen hält, sind die fünf Pfeiler der Begierde. Māra und Rudra mit ihren jeweiligen Gefährtinnen liegen mit dem Gesicht nach unten, haben ihren Blick gesenkt und wirken ein wenig niedergeschlagen oder besorgt. Wahrscheinlich schätzen sie es nicht, dass man auf ihnen herum trampelt.

Das ausgestreckte, rote Bein bezieht sich auf das Herabsinken des roten Bodhicitta, und das gebeugte, weiße Bein symbolisiert das Aufsteigen des weißen Bodhicitta vom Genitalbereich innerhalb des Zentralkanals.

Das ausgestreckte rote, rechte Bein repräsentiert auch den rechten Kanal. Das angewinkelte linke, weiße Bein symbolisiert den linken Kanal. Die blaue Farbe steht für die Bewegung der Energie durch den mittleren Kanal, nachdem der linke und rechte Kanal blockiert wurden. Der rechte und linke Kanal symbolisieren beide das Gefügigmachen der roten und weißen Bodhicitta-Tropfen und die Erlangung der unwandelbaren Glückseligkeit.

Deshalb repräsentieren der linke und rechte Kanal auch Kālacakra selbst.

Ihre Körper sind mit wundersamen Ornamenten geschmückt
wie die Weiten des Raumes, die durch die Konstellationen der [Sterne] so bezaubernd wirken – und stehen [aufrecht] inmitten der Strahlenpracht von fünffachem, reinem Licht.

Diese Zeilen bringen die Herrlichkeit von Kālacakra zum Ausdruck. Er trägt die folgenden Knochenornamente: einen Kranz auf dem Haupt; zwei Kränze an den Ohrringen; eine Kette, die vom Hals herabhängt, und ein Schmuckstück in der Form eines sechszehnspeichigen Rades, das von der Halskette herabhängt. Zudem trägt er eine Brustplatte und einen Schild auf dem Rücken, die zusammengebunden sind und sich vorne und hinten überlappen.

Ferner trägt Kālacakra einen Hüftschmuck, Armreifen, Geschmeide an den Fußgelenken und Ringe. An all diesen Körperstellen – den Oberarmen, Handgelenken und den Knöcheln – befinden sich Ornamente, die wie Vajras wirken und mit drei Schnüren auf vier Seiten zusammengebunden sind.

Die Taille ist von einem Gurt umschlungen, der aus drei Schnüren besteht und ein achtspeichiges Rad in der Mitte und Vajras auf jeder Seite aufweist. Der Gurt wirkt eher wie ein Gewebe aus Strängen, von denen Vajra-Geschmeide herabhängen.

Um die herabhängenden Falten der Gewänder ist ein Tigerfell drapiert. Wenn sich die Gottheit in Vereinigung mit ihrer Gefährtin befindet, lockert sich das Tigerfell ein Stück weit und hängt lose herab, genauso wie die übrigen Kleidungsstücke. Die Gottheit zeigt eine leicht zornvoll erscheinende Mimik.

Es gibt fünf Mudrās, nämlich: die Ornamente auf dem Haupt oder dem Scheitel, an den Ohren, am Hals, an den Armen und der Hüfte. Eine Vajra-Girlande hängt um den Hals, eine Art grüner Schal baumelt daran. Eine weitere Girlande hängt etwas tiefer.

Das Haar ist hochgesteckt und auf dem Haupt zu zwei Knoten aufgetürmt. Auf dem Scheitel des Hauptes befindet sich Buddha Vajrasattva. An der Basis der Krone aus geflochtenem Haar befindet sich ein Rad mit acht Speichen. Fünf der Speichen besitzen schildartige Abplattungen, die eine Krone bilden. An der höchsten Stelle des vorderen Blattes befindet sich ein Vajra-Juwel, das einem Doppel-Vajra gleicht und die Form eines Diamanten aufweist. Aus der Krone hängen drei Bänder von der rechten und drei von der linken Seite herab. Die Gefährtin trägt eine ähnliche Krone. Das Vajra-Juwel sitzt direkt über dem Scheitel des Hauptes. Auf der Spitze der Krone befindet sich ein vielfarbiger Vajra und darüber ein Halbmond.

Die fünfteilige Krone der Gottheit und der Gefährtin weist auf die fünf Buddha-Familien beziehungsweise die fünf Buddha-Klassen hin. Laut dem Kālacakra-System symbolisiert die erste Kronenspitze Buddha Akṣobhya, die Spitze rechts davon steht für Buddha Amoghasiddhi und die linke für Amitābha. Die rechte hintere Seite repräsentiert Buddha Ratnasambhava und die entsprechende linke steht für Buddha Vairocana. Du kannst dir vorstellen, dass die fünf Spitzen der Krone entweder die jeweiligen Keimsilben der fünf Buddhas aufweisen oder aber dass sie tatsächlich die fünf Buddhas sind.

Das „fünffache reine Licht" besteht aus weißen, gelben, roten, grünen und blauen Lichtstrahlen, die vom Körper der Gottheit ausgehen und für die fünf Formen von Ursprünglicher Weisheit stehen.

Die drei Orte ihrer Körper sind mit leuchtenden Silben geziert,
welche die göttliche Natur der drei Vajras besitzen.

Hier geht es um die drei Vajras von Körper, Rede und Geist: das weiße *Oṃ* in der Mitte der Stirn; das rote *Āḥ* an der Kehle; und das blaue *Hūṃ* am Herzen. Der Text spricht von drei Silben, obwohl es sich eigentlich um vier handelt. Die Vierte, welche den Vajra der Ursprünglichen Weisheit zum Ausdruck bringt, ist das gelbe *Ho* am Nabel, welches ebenfalls visualisiert werden sollte.

Von der Keimsilbe in ihren Herzen gehen Furcht erregende Vajravegas aus,
die vielfältige Waffen tragen und zudem die Schar der Beschützer,
welche in den unzähligen Bereichen verweilen, herbeiziehen.
Sie werden von einem Geschmack mit den Samayasattvas
und wandeln sich dadurch zu den erhabenen Wesen,
welche alle Zufluchtsobjekte umfassen.

Vajravega ist eine zornvoll [anmutende männliche] Gottheit, die in ihrer Erscheinung Kālacakra ähnelt, mit dem Unterschied, dass Vajravega sechsundzwanzig Hände anstatt vierundzwanzig besitzt[17]. Visualisiere, dass aus der Silbe *Hūṃ* im Herzen der Gottheit entweder nur ein einzelner Vajravega ausgesandt wird oder auch unzählige, die in alle Richtungen ausstrahlen. Die Vajravegas ziehen die Beschützer, die ebenfalls die Gestalt von Kālacakra besitzen, in Scharen von ihren natürlichen Aufenthaltsorten herbei und bringen sie dazu, mit dem vor dir visualisierten *Samayasattva* zu verschmelzen.

Die vorgestellte Gottheit wird als Samayasattva bezeichnet, jene Gottheiten, die eingeladen werden, sind die *Jñānasattvas.* Wie es heißt, ist es nicht so wichtig, ob du sie einlädst oder nicht, denn sie sind bereits gegenwärtig. Aber es verbinden sich mit der Einladung einige Vorteile für jene, die sich sorgen, die Buddhas könnten bei der Visualisierung womöglich nicht zugegen seien. Um diesen Zweifel zu zerstreuen, solltest du die Erleuchteten einladen, dir vorstellen, sie seien anwesend und würden eins mit der Gottheit.

Die Samayasattva und die Jñānasattvas nehmen dieselbe Natur an, und du betrachtest sie als die Vereinigung aller Zufluchtsobjekte.

Die Sieben Zweige

Die siebenteilige Hingabe, auch siebengliedrige Puja genannt, bezieht sich auf das, was zu bereinigen ist. Es ist das Gegenstück zur Anhäufung von verblendetem Karma, welches auf gewohnheitsmäßige Weise in Bezug auf die Basis auftritt,[18] und ein Abbild von erleuchtetem Handeln, das dem Ansammeln von Karma entspricht.

- Ehrung

Preis und Ehre dem Guru, in dem die drei Verkörperungen untrennbar vereint sind:
Der Dharmakāya der großen Glückseligkeit,
seit Urbeginn frei von konzeptuellen Fabrikationen;

der Sambhogakāya, versehen mit der fünffältigen Selbsterhellung der Ursprünglichen Weisheit;
und dem Tanz der Nirmāṇakāyas in den Ozeanen von Bereichen der fühlenden Wesen.

Die erste Handlung innerhalb der Sieben Zweige ist die Ehrung, welche auch als Mittel gegen Stolz und Überheblichkeit wirkt. Es handelt sich um einen Ausdruck von Respekt und Ehrerbietung gegenüber dem Guru, der von seiner Natur eins ist mit dem Dharmakāya, dem *Sambhogakāya* und dem Nirmāṇakāya. Die erste Zeile weist auf die Untrennbarkeit dieser drei Körper eines Buddha hin. Der Ausdruck „der Dharmakāya von großer Glückseligkeit, seit Urbeginn frei von konzeptuellen Fabrikationen" zeigt, dass der Dharmakāya niemals wahrhaft oder inhärent existiert hat. Die unwandelbare Glückseligkeit wird auch als Dharmakāya bezeichnet. Der Dharmakāya kann nur von anderen Buddhas wahrgenommen werden, nicht jedoch von jenen, die sich noch auf dem Pfad befinden. Der *Svabhāvakāya* wird im Kālacakra-System als produkthaftes Phänomen angesehen.

Die unwandelbare Glückseligkeit des Dharmakāya erscheint im Aspekt des Sambhogakāya, welcher nur von Āryabodhisattvas und nicht von gewöhnlichen Wesen wahrgenommen werden kann. Es heißt, der Sambhogakāya besitze fünf definitive Attribute, die sich auf Zeit, Ort, Natur, Körper und Aspekt beziehen. Allerdings werden diese fünf definitiven Kennzeichen in diesem System anders erklärt als im Pāramitāyāna. Laut dem Vollkommenheitsfahrzeug oder Pāramitāyāna bleibt der Sambhogakāya so lange gegenwärtig, bis alle fühlenden Wesen erleuchtet sind. Im Kālacakra-System stellen sich die Attribute wie folgt dar: 1. Zeit bezieht sich auf die Zeitspanne, die man benötigt, um die zehn Merkmale zur Vollendung zu bringen; 2. Ort nimmt Bezug auf die Stellen, an denen die vitalen Energien in den Zentralkanal eintreten; 3. Natur meint den Körper der leeren Form, der nicht aus Atomen besteht und keinerlei materielle Natur besitzt – es handelt sich vielmehr um eine geistige Erscheinung; 4. Körper bezieht sich auf die körperliche Gestalt von Vajrasattva; und 5. Aspekt weist auf die Umarmung von Gottheit und Gefährtin hin. Jenen Praktizierenden, welche die Dinge noch in einer gewöhnlichen Weise wahrnehmen und daher nicht fähig sind, den Sambhogakāya zu erkennen, erscheinen die Gottheiten in vielfältiger Weise, entsprechend den jeweiligen Bedürfnissen [und Fähigkeiten] sämtlicher Wesen.

„Preis und Ehre dem Guru, in dem die drei Verkörperungen untrennbar vereint sind" bedeutet, dass die drei Körper dieselbe Natur besitzen. Jeder Körper durchdringt die jeweils anderen; das heißt, der Geist wird von der Rede durchdrungen, die Rede vom Körper, und der Körper wird wiederum vom Geist durchdrungen. Sie alle durchdringen einander.

• Darbringungen

Ich opfere mit einer Sicht frei von den drei Sphären,
ohne Anhaftung oder ein Gefühl des Verlustes,
zur Freude des mitfühlenden Guru,
dem höchst erhabenen Feld für Verdienste,
wogende Wolken voller äußerer, innerer und geheimer Gaben,
die tatsächlich aufgestellt sind und die sich aus dem Spiel des Samādhi formen.

Nachdem du den Meister visualisiert hast, entwickelst du Ehrerbietung und bringst ein Maṇḍala dar. All dies stellt ein Mittel dar, um eines der Gelübde in Verbindung mit Buddha Akṣobhya einzuhalten und sollte drei Mal am Tag durchgeführt werden. Indem du täglich drei Mal den Objekten der Zuflucht Gaben darbringst, vermeidest du die Übertretung der ersten der sechsundvierzig Nebenregeln des Bodhisattva-Gelübdes.

Man bringt tatsächliche materielle Opfergaben sowie vorgestellte Gaben dar. Im Zusammenhang mit dem Tantra ist es unangemessen, nur gewöhnliche Gaben zu opfern. Vielmehr müssen solche Dinge wie Kekse und Früchte in die Leerheit aufgelöst und transformiert werden.

Wie zuvor bei den visualisierten Objekten im Raum vor dir beginnst du auch hier damit, alles – speziell die Dinge, die du als Gaben darzubringen gedenkt, – in die Leerheit aufzulösen. Nachdem du alle Dinge in die Leerheit aufgelöst hast, bringst du die Unwandelbare Glückseligkeit hervor und meditierst über die Leerheit der Opfergaben. Dann lässt du die Gaben aus dieser unveränderlichen Glückseligkeit hervorgehen und bringst sie anschließend dar.

Die Darbringungen sollten „ohne Anhaftung" und frei von Niedergeschlagenheit, Entmutigung [und dem Gefühl, einen Verlust zu erleiden,] vollzogen werden. „Mit einer Sicht frei von den drei Sphären" bedeutet, man ist frei von der Auffassung, dass der Empfänger der Gaben, der Vorgang des Gebens und die dargebrachten Dinge inhärent existieren.

Der Text hat nur wenige Worte, aber wie wir sehen können, sind die gewöhnlichen und die außergewöhnlichen Opfergaben in Wirklichkeit ziemlich umfassend. Alle Gaben bringt man dem höchsten Feld des Verdienstes dar, dem gütigen Meister, und man sollte sich vorstellen, dass der Guru durch diese Opfergaben hoch erfreut ist.

Von den verschiedenen Arten von Gaben beziehen sich die äußeren Opfergaben auf die Vasen-Ermächtigung. Die inneren Opfergaben sind mit der geheimen Ermächtigung verbunden, und die geheime Gabe, die Darbringung der Gefährtin, ist mit der Weisheits-Wissens-Ermächtigung assoziiert. Die Darbringung, bei der man sich große, unwandelbare Glückseligkeit untrennbar vereint mit leerer Form vorstellt, bezieht sich auf die vierte Initiation, die Wort-Ermächtigung. Die geheime, die Weisheits-Wissens- und die Wort-Ermächtigung zählen zu den höheren und noch höheren Einweihungen.

• *Die Darbringung von äußeren Gaben*

Sechs Paare von wunderschön geschmückten, Glückseligkeit verleihenden Göttinnen,
deren Lotus-Hände von den jeweiligen Opfersubstanzen geziert sind,
sowie gewöhnliche und außergewöhnliche Gaben,
zusammen mit meinem Körper, meinem Besitz und den Anhäufungen von Tugenden, bringe ich dar.

Die Gaben befinden sich in den Händen der zwölf hervorgebrachten Opfergöttinnen, von denen es heißt, sie seien noch anmutiger und zierlicher als Blütenranken und noch schöner als der Mond. Ihre Auge ähneln den *Utpāla*-Blumen. Ihre Lippen sind auf natürliche Weise leuchtend rot, als seien sie mit Lippenstift bemalt. Ihre Taillen sind schlank und ihre Hüften rund, ihre Brüste sind voll entwickelt. Sie blicken seitlich aus den Augenwinkeln und ihre Bewegungen sind höchst anmutig und graziös.

Die Gaben, die man darbietet, sollten außergewöhnlich erlesen und anziehend sein. Die Opfergöttinnen selbst sollten so attraktiv und schön wie möglich sein, damit sie sogleich jene erfreuen, denen sie Gaben darbringen. Die Opfergöttinnen treten paarweise auf. Das erste Paar, eine Tänzerin und eine Musikerin, ist von grüner Körperfarbe. Die dargebotene Musik klingt, als entstamme sie einem Paar Handtrommeln. Die tanzende Göttin führt verschiedenste Tänze auf und hält Gewänder als Gabe. Die Stoffe haben die Eigenschaft von Daunen, die sich ganz klein zusammenpressen lassen, aber wieder jede gewünschte Fülle annehmen, sobald man sie lockert. Die Kleidung besitzt die außergewöhnliche Qualität, bei warmem Wetter zu kühlen und bei Kälte zu wärmen.

Das nächste Paar wird von zwei schwarzen Opfergöttinnen gebildet. Die eine trägt Opferwasser, welches den Duft von Kampfer und Sandelholz verströmt, beides kühlende Substanzen. Wenn man damit bei heißem Wetter die Herzregion massiert, wirkt dies sehr kühlend und erfrischend. Die andere Göttin verstreut Blütenblätter und überreicht Blumengirlanden, wie es etwa bei er traditionellen Begrüßung der Hawaianer üblich ist.

Die nächsten beiden Göttinnen, von denen die eine Duftwerk und die andere Lichter darbringt, sind von roter Körperfarbe. Die Darbringerin von Wohlgerüchen führt sowohl natürliche als auch gefertigte Duftsubstanzen bei sich. Die andere Opfergöttin hält juwelenbesetzte Leuchten, welche die Dunkelheit vertreiben.

Beim nächsten Paar trägt die eine Opfergöttin verschiedenartige Speisen von göttlichem Wohlgeschmack in ihren Händen. Die andere bietet Früchte an, die erlesen duften und köstlich schmecken. Beide Göttinnen sind weiß.

Beim nächsten Göttinnenpaar steht die eine einfach da mit gesenkten Händen, in denen sie eine Krone hält. Die andere lächelt oder lacht und hält eine Art Juwelengirlande, die um den Unterleib getragen wird. Sie beide sind von gelber Körperfarbe.

Bei den letzten beiden Opfergöttinnen handelt es sich um eine Sängerin, die einen Vajra hält, und um eine Göttin, die einen Lotus trägt und eine Umarmung anbietet. Beide Göttinnen sind blau. Die Umarmende bietet sich als Gefährtin an.

Das sind die zwölf gewöhnlichen äußeren Gaben.

Die inneren Opfergaben

Als nächstes lassen wir zehn weitere Opfergöttinnen entstehen, welche die folgenden inneren Gaben darbringen:

1. Wasser, welches gereinigten weißen Bodhicitta darstellt.
2. Duftwasser, das geläuterten Urin repräsentiert.
3. Wohlgeruch, der gereinigtes Knochenmark symbolisiert.
4. Räucherwerk als geläuterte Exkremente.
5. Blumen, welche geläutertes Fleisch darstellen.
6. Früchte als gereinigte Leber.
7. Eine höchst erlesene Frucht, die als geläuterte Galle offeriert wird.

8. Eine Leuchte, die gereinigtes Blut symbolisiert.
9. Speise, welche gereinigte Gedärme repräsentiert.
10. Kleidung als geläuterte Haut.

Zusätzlich gibt es siebenunddreißig ungewöhnliche Opfergaben. In der Erzeugungsstufe von Kālacakra gibt es die Maṇḍalas von Körper, Rede und Geist, die jeweils mannigfaltige Opferungen beinhalten, die im Folgenden dargestellt werden:

- Samen oder weißer Bodhicitta, Urin, Exkremente, Blut und Fleisch werden in ihrem gereinigten Aspekt als die fünf Mütter oder die fünf Gefährtinnen dargebracht. Sie verweilen in dem Maṇḍala der Großen Glückseligkeit.
- Die sechs Sinne und die sechs Sinneskräfte werden in der Natur der zwölf Bodhisattvas dargeboten. Die Ohren, die Nase, die Augen, der Anus, die Zunge und die weiblichen Sexualorgane entstehen in ihrer geläuterten Form als die sechs weiblichen Bodhisattvas. Die fünf Sinnesobjekte und der so genannte Objektbereich der Phänomene[19] – Form, Töne, Gerüche, Geschmäcke, Tastbares und mentale Objekte – erstehen in Form der sechs männlichen Bodhisattvas. Sie residieren im Geist-Maṇḍala.
- Die acht Substanzen Eiter, Schleim, Läuse, Organismen im Körper, Lymphflüssigkeiten, Fette, Poren und Haare werden zu den acht Yoginis. Sie verweilen im Maṇḍala der Rede, und zwar jeweils eine von ihnen in den vier Haupt- und den vier Nebenrichtungen.
- Gedärme, Galle, Knochen, Mark, Leber, Lungen, feinstoffliche Kanäle, Haut, Herz und Körperfett transformieren sich in die zehn zornvoll erscheinenden Gottheiten (skt. *krodhas*). Im Geist-Maṇḍala befinden sich an jedem der vier Tore sowie unten und oben jeweils eine grimmig auftretende Gottheit, also insgesamt sechs. Im Körper-Maṇḍala befinden sich zudem an jedem Tor noch vier männliche und weibliche zornvolle Gottheiten, was insgesamt zehn ergibt.
- Acht weitere Substanzen wandeln sich zu so genannten „wilden Wesen“ (tib. *gtum mo*). Diese sind: Tränen, Speichel, schleimige Absonderungen, physische Ausstrahlung, Körpergeruch, Schweiß, körperliche Verunreinigungen und die Zähne. In gereinigten Zustand ergeben sie die acht wilden Wesen, welche sich auf den Friedhöfen aufhalten.

❖ Die Vorstellung, dass diese Sinne, Sinnesobjekte und Substanzen aus der Natur der unwandelbaren Glückseligkeit und Leerheit hervorgehen und diese speziellen Erscheinungen annehmen, wirkt als Ursache dafür, sie in die besagten Gottheiten zu transformieren.

• *Die geheime Opfergabe*

Die geheime Opfergabe beinhaltet sowohl die Darbringung einer vollkommen qualifizierten, authentischen Gefährtin, als auch die Gabe der Vereinigung mit dieser Gefährtin.

• *Das Darbringen eines Maṇḍala*

Körper, Rede und Geist von mir und den anderen,
zusammen mit unserem Besitz und unseren Tugenden – angesammelt in den drei Zeiten –
sowie das vortreffliche, kostbare Maṇḍala mit einer Fülle von Samantabhadra-Opfergaben,
lasse ich in meinem Geist erstehen und bringe dies dem Guru,
der erwählten Meditationsgottheit und den Drei Juwelen dar.
Bitte, nehmt diese Gaben aus Mitgefühl an und gewährt mir Eure verwandelnden Segenskräfte.
Guru idaṃ ratnaṃ maṇḍalakaṃ niryātayāmi

Man bringt auch seinen eigenen Körper sowie seine gesamten Besitztümer, Güter und so weiter dar. Ebenso die Wurzeln der Tugenden der drei Zeiten. Man bietet jedoch nicht die Körper dar, die man in der Vergangenheit hatte, sondern nur den gegenwärtigen und die zukünftigen.

Du bringst deinen Körper dem Guru dar, um die Bedürfnisse der fühlenden Wesen zu erfüllen. Solltest du diese Motivation nicht präsent haben, wenn du dem spirituellen Meister deinen Körper darbietest, wäre es an ihm, darauf Acht zu geben; und wenn der Meister viele Schüler hätte, müsste er ein dickes Bankkonto besitzen, um sich um alle körperlichen Belange seiner Schüler kümmern zu können.

Da ein authentischer Guru einzig das Ziel verfolgt, dem Wohl der Lebewesen zu dienen, wird das Darbringen unserer gesamten Ressourcen an den Meister eine Methode, um den fühlenden Wesen zu dienen. Wir sollten aber nicht nur auf solch förmliche Weise praktizieren. Wenn wir beispielsweise etwas verzehren, sollten wir die Nahrungsaufnahme mit dem Streben verbinden, die höchste Erleuchtung zum Wohle aller Lebewesen zu erlangen, und um dies erreichen zu können, sorgen wir für unseren Körper, indem wir ihm Nahrung zuführen. In ähnlicher Weise sollten wir, wenn wir Kleidung tragen, denken, dass wir dies zum Wohle aller Wesen tun. Wir opfern unseren Köper, unsere Rede und unseren Geist und ebenso Körper, Rede und Geist der anderen sowie Güter, die jemanden gehören, und solche, die niemanden gehören. Die vielfältigen Opfergaben darzubringen erfüllt die Gelübde, die mit Buddha Amoghasiddhi verbunden sind.

Die tatsächliche Etymologie des Sanskrit-Begriffs „Maṇḍala" ist: die Essenz ergreifen. Wenn wir Körper, Rede, Geist und Besitztümer geben, bringen wir damit ihre Essenz dar. Wir opfern dem Guru, der erwählten Meditationsgottheit und den anderen erhabenen Wesen all unseren Besitz, mit dem wir uns identifizieren. Der springende Punkt hierbei ist nicht, dass der Guru oder die Gottheit irgendeinen Bedarf an diesen Dinge hätte, sondern wir bitten sie, aus Mitgefühl diese Gaben anzunehmen, damit wir unsere eigenen heilsamen Potentiale vermehren können.

Des Weiteren können wir darum bitten, dass die verwandelnden Segenskräfte in machtvoller Weise den gewöhnlichen Körper in den Vajra-Körper, die Sprache in die Vajra-Rede und den Geist in den Vajra-Geist transformieren mögen. Zudem können wir um die verwandelnden Segenskräfte (tib. *byin rlabs*)[20] bitten, damit unser Bewusstsein in das Dharma transformiert werden möge, unser Dharma sich in den Pfad wandeln möge und wir ohne Hindernisse auf dem Pfad voranschreiten.

Und am Ende rezitieren wir die Zeile „*Guru idaṃ ratnaṃ maṇḍalakaṃ niryātayāmi*", was bedeutet, dass wir diesen „Kreis" oder die Gesamtheit von Kostbarkeiten nehmen, um sie dem Guru darzubieten.

• Bereinigung

Seit anfangslosen Zeiten ist das ungezähmte Pferd meines Geistes
vom Bier der drei Gifte und der Nachlässigkeit berauscht
und so habe ich Unheilsames und Übertretungen begangen und andere dazu angestiftet.
Insbesondere habe ich den Geist des Meisters behelligt,
seine Anweisungen nicht befolgt und anderes mehr.
Ich habe den allgemeinen und den besonderen Gelübden der fünf Buddha-Familien zuwider gehandelt und habe die fünfundzwanzig speziellen und andere ethische Regeln nicht richtig gewahrt.

Jede meiner fehlerhaften Taten lege ich mit großem Bedauern offen, und gelobe mit fester Entschlossenheit, mich ihrer in Zukunft zu enthalten.

Dies ist eine Offenlegung der untugendhaften Handlungen, welchen mit den *vier Kräften der Bereinigung* begegnet werden sollte. Rezitiere dies und halte wiederum inne, um kurz darüber nachzudenken.

Dieser Vers vergleicht den Geist, der den mentalen Plagen unterworfen ist, mit einem wilden „ungezähmten Pferd" und spricht davon, dass er „vom Bier der drei Gifte und der Nachlässigkeit berauscht" ist. Der Sinn liegt darin, dass unser Gewahrsein seit anfangslosen Zeiten ungestüm und undiszipliniert ist. Es ist solchen Leidenschaften wie den drei Geistesgiften von Gier, Hass und Verblendung sowie Nachlässigkeit unterworfen. Der Geist beschwört in einem solchen Zustand einzig und allein Gefahren und Probleme für uns selbst und andere herauf. Er führt immer wieder zu neuen unheilsamen Handlungen und Übertretungen, und dies nicht nur bei uns, sondern auch bei anderen, die wir dazu in der Gegenwart und der Vergangenheit angestiftet haben oder in der Zukunft dazu verleiten werden. Hier legen wir all solche Taten und begangenen Übertretungen der Gelübde offen.

Der Satz „insbesondere habe ich den Geist des Meisters behelligt" bezieht sich darauf, dass man den Anweisungen des Vajra-Meisters nicht Folge geleistet hat. Der Text erwähnt auch, dass man „den allgemeinen und den besonderen Gelübde der fünf Buddha-Familien zuwider gehandelt hat". Es gibt eine Gruppe von Gelübden, die sich auf die fünf Klassen oder Familien von Buddhas beziehen und die vierzehn Wurzelregeln und die acht Nebenregeln (tib. *sdom pa*) des tantrischen Gelübdes ergänzen. Das *Kālacakra-Tantra* enthält fünfundzwanzig ethische Regeln. Jede Übertretung irgendeiner dieser Regeln muss offen gelegt und bereinigt werden. Im Folgenden werden die spezifischen Gelübde einer jeden der fünf Buddha-Familien angegeben. Man verspricht, jedem der Gelübde, die mit Buddha Vairocana und Ratnasambhava verbunden sind, sechs Mal täglich nachzukommen:

1. Die sechs Gelübde in Verbindung mit Vairocana sind: Zuflucht zu Buddha, Dharma und Saṅgha zu nehmen, und sich an die drei Arten von ethischer Disziplin zu halten: die Gelübde einzuhalten, dem Wohl der fühlenden Wesen zu dienen und sich selbst um Tugenden zu bemühen.

2. Die vier Gelübde, die sich mit Ratnasambhava verbinden, sind die vier Arten von Freigebigkeit: das Geben von materiellen Gütern, Freigebigkeit in Bezug auf das Dharma, das Gewähren von liebevoller Zuneigung und die Freigebigkeit im Gewähren von Schutz oder Furchtlosigkeit.
3. Die drei Gelübde, die mit Amitābha assoziiert werden, sind: die äußeren Tantras (Handlungs- und Ausübung-Tantra) und die inneren Tantras (Yoga- und Höchstes Yoga Tantra) zu bewahren sowie die Drei *Yānas* (*Śrāvaka-*, *Pratyekabuddha-* und Bodhisattva-Yāna) zu bewahren.
4. Die zwei Gelübde in Verbindung mit Amoghasiddhi bestehen darin, alle zuvor genannten Verpflichtungen, die den anderen Buddhas zugeordnet werden, einzuhalten und Opfergaben darzubringen.
5. Die vier Gelübde, die sich auf Akṣobhya beziehen, sind: sich in einwandfreier Weise seinem eigenen spirituellen Mentor anzuvertrauen; das Gelübde der Mudrā; das Gelübde des Vajra, und das Gelübde der Glocke. Die letzten beiden bedeuten in Wirklichkeit, dass man die symbolische Bedeutung von Vajra und Glocke im Gedächtnis behält, wenn man sie verwendet. Der Vajra symbolisiert Große Glückseligkeit, und die Glocke steht für die Leerheit.

Dies sind die neunzehn einzelnen Gelübde, die mit den fünf Buddha-Familien in Verbindung stehen.

Während wir die Zeile rezitieren: „Jede meiner fehlerhaften Taten lege ich mit großem Bedauern offen und gelobe, mich ihrer in Zukunft zu enthalten", bekennen wir unsere unheilsamen Handlungen mit starkem Bedauern und entwickeln die Intention, uns von ihnen in Zukunft fernzuhalten. Sollten wir nicht diese beiden Faktoren in uns tragen – die Reue über die in der Vergangenheit durchgeführten unheilsamen Handlungen und die Intention, uns solcher Taten in Zukunft zu enthalten – ist es nicht möglich, sich von den gewohnheitsmäßigen negativen Veranlagungen zu reinigen.

Wenn wir ein sehr starkes Bedauern über die früheren unheilsamen Taten und Übertretungen der Gelübde empfinden, wird die Kraft solcher gewohnheitsmäßigen Tendenzen abnehmen, so als würden die Samen, die von diesen negativen Veranlagungen herrühren, verrotten. Sollten wir nicht die Intention hegen, uns in Zukunft solcher zerstörerischen Handlungen zu enthalten, so wird selbstverständlich die Tür für eine Wiederholung solcher Taten offen stehen, und der Geist wird leicht erneut verunreinigt. Die Gegenwart von Reue und Enthaltung macht jedoch die Läuterung des Geistes sehr wirkungsvoll.

Um die gewohnheitsmäßigen Veranlagungen für unheilsame Taten vollständig bereinigen zu können, ist es zwingend, alle der vier bereinigenden Kräfte zur Anwendung zu bringen:

1. die Kraft der Offenlegung; 2. die Kraft der Reue; 3. die Kraft des Sich-Enthaltens; und 4. die Kraft der Läuterung.

Die Kraft der Läuterung beinhaltet die Kraft der Anwendung der Gegenmittel und die Kraft der Stütze. Die Kraft der Stütze hat zwei Facetten, nämlich Zuflucht zu nehmen und den Erleuchtungsgeist zu entfalten, zusammen mit den Vier unermesslichen Geisteshaltungen, die Mitgefühl und so weiter einschließen. Diese beiden Qualitäten haben wir im bisherigen Verlauf der Praxis bereits entwickelt. Die Kraft der Anwendung von Gegenmitteln erfordert, dass man das Mantra der Bereinigung rezitiert und über die Leerheit meditiert, was beides in dieser Übung enthalten ist.

An dieser Stelle wäre es gut, so weit es deine Zeit erlaubt, andere Bekenntnis-Gebete wie die *Allgemeine Bereinigung* (tib. *spyi bshags*) zu rezitieren.

• Erfreuen

Ich erfreue mich an den Ozeanen der von mir und anderen durchgeführten trefflichen Handlungen, welche Tausende von Bläschen angenehmer Wirkungen hervorbringen.

Die nächste Textstelle aus den Sieben Zweigen betrifft das Erfreuen an heilsamen Handlungen und Tugenden. Diese Zeilen beziehen sich auf die Natur von guten Taten, die Wohlergehen und Glück entstehen lassen.

Hierbei entsteht angesichts der edlen Taten der Buddhas und Bodhisattvas Freude in uns, aber auch angesichts der heilsamen Handlungen von uns selbst und anderen Praktizierenden wie den Śrāvakas und Pratyekabuddhas. Wir mögen uns beispielsweise an der wohl klingenden Stimme einer anderen Person erfreuen, die ein Resultat ihrer heilsamen Lebensführung in der Vergangenheit darstellt. Oder es entsteht angesichts einer sehr attraktiven oder wohlhabenden Person vielleicht Freude und der Gedanke in uns: „Oh, dies ist die Auswirkung von tugendhaften Handlungen in der Vergangenheit. Wie wunderbar!“

Es gibt viele Objekte, an denen wir uns erfreuen können. Das Erfreuen ist von großen Nutzen und nur mit geringem Aufwand verbunden, und es stellt ein hervorragendes Mittel gegen Neid dar.

• Ersuchen, das Rad des Dharma zu drehen

Bitte lasse im Einklang mit den Interessen und Einstellungen der minder-, mittel- und höchstbegabten Schüler den Regen des Dharma der drei Fahrzeuge herniedergehen.

Hierbei handelt es sich um die Bitte, das Rad des Dharma zu drehen, damit die Dunkelheit der Unwissenheit der fühlenden Wesen beseitigt werde. Dieses Ersuchen wirkt der Gefahr entgegen, dass uns in Zukunft der Dharma fehlt, und es fungiert als generelles Mittel gegen die drei Geistesgifte.

• Die Bitte um dauerhaftes Verweilen

Mögen die grobstofflich [erscheinenden] Formkörper [der Buddhas] über Hunderte von Zeitaltern vor dem Angesicht der Kurzsichtigen auftreten, ohne zunichte zu werden oder sich zu wandeln.

Hierbei handelt es sich um die Bitte, dass die erleuchteten Wesen nicht in das Paranirvāṇa eingehen mögen. Es ist ebenfalls ein Gebet dafür, dass die Buddhas und unsere spirituellen Meister ein langes Leben genießen mögen. Der essentielle Punkt dabei ist, dass wir die Erleuchteten und die geistigen Lehrer ersuchen, das Dharma darzulegen. Um das tun zu können, brauchen sie ein langes Leben, und daher tragen wir diese Bitte vor. In Wirklichkeit sind die Buddhas stets gegenwärtig, aber zum Nutzen derjenigen, die nur auf dieses Leben fixiert sind – die kurzsichtig sind und den Erscheinungen vertrauen – wird hier gebeten, die Erhabenen mögen ihre Erscheinung nicht zurückziehen.

• Widmung

Ich widme meine Ansammlung von Tugenden, damit sie zur Ursache dafür werden,
geschwind den Zustand der Vereinigung von Kālacakra zu erlangen.

Schließlich folgt der Zweig der Widmung von Verdiensten. Hiermit widmen wir all unsere Ansammlungen von Tugenden dem Ziel, dass wir schnell die Stufe der Vereinigung von Kālacakra, die Untrennbarkeit von leerer Form und Unwandelbarer Glückseligkeit, erreichen mögen. Die Widmung der Verdienste wirkt auch als ein Mittel gegen die drei Geistesgifte.

Es scheint, dass alle vier Gelübde der Freigebigkeit, die mit Ratnasambhava verbunden sind – das Geben von Dharma, materiellen Gütern, liebender Güte und Furchtlosigkeit – in der Widmung der heilsamen Potentiale enthalten sind. In Hinblick auf die Gabe von Furchtlosigkeit stellen die zwei Hindernisse – die Leidenschaften und die Hindernisse vor der Allwissenheit – dasjenige dar, was man am meisten zu fürchten hat. Diese Verdienste dem Ziele der höchsten Erleuchtung zu widmen, gewährt indirekt diese Furchtlosigkeit. Wenn wir unsere Anhäufungen von Tugenden dem Ziele zusprechen, die Lebewesen mögen dadurch Erleuchtung erlangen, ist dies zudem das Geben von liebevoller Zuneigung. Die anderen beiden Formen von Freigebigkeit, nämlich das Geben von Dharma und materiellen Dingen, wäre ebenfalls inbegriffen. Die Verdienste dem Erlangen der Erleuchtung zu widmen, bezieht auch mit ein, dass man auf die nötigen materiellen Umstände und Dharma trifft, um den Pfad befolgen zu können. Die gewöhnlich hier angeführte Analogie ist, dass ein Wassertropfen, der dem Ozean zugefügt wird, nicht vergehen wird, solange sich nicht der gesamte Ozean verflüchtigt. In gleicher Weise bleibt dieser Verdienst so lange bestehen, bis alle fühlenden Wesen vollkommen erwacht sind, wenn wir unsere Verdienste dem Erlangen der vollkommenen Erleuchtung aller Wesen widmen.

Dies beschließt die Sieben Zweige. Es ist ratsam, nach jedem Punkt innezuhalten, speziell nachdem man sich am Heilsamen erfreut und die Verdienste gewidmet hat, denn beide Übungen sind sehr kraftvoll darin, unsere Praxis zu fördern.

Dies bildet den Abschluss der Überlegungen und Meditationen des gewöhnlichen Pfades.

6. Kapitel

Rückbesinnung und Praxis

Wie Śāntideva sagt, ist der Erleuchtungsgeist der Nektar, der die Leidensnot der fühlenden Wesen vertreibt; nichts könnte den Wert des Erleuchtungsgeistes jemals messen. Er erklärt weiter, der Erleuchtungsgeist sei die Quelle allen Glücks der Lebewesen. Wie ist das zu verstehen? Wir können zeitgenössische Gestalten betrachten, wie Mutter Teresa, Seine Heiligkeit den Dalai Lama oder auch Personen aus der Vergangenheit wie Jesus Christus und dabei feststellen, dass diese Menschen genau wie wir einen Körper, Sinnesfähigkeiten und so weiter besitzen. Irgendetwas ist jedoch besonders an ihnen. Viele Menschen empfinden große Verehrung, wenn sie an diese Persönlichkeiten denken. Bereits der bloße Gedanke an sie stimmt den Geist glücklich. Sogar wenn die Leute ärgerlich sind, kann ihr Geist durch solche Wesen besänftigt und beglückt werden.

Was an diesen Menschen versetzt andere Wesen in einen glücklichen Geisteszustand? Es ist ihre Freundlichkeit, ihre Herzensgüte, denn sie haben den Wunsch, das Leiden der anderen zu beseitigen und ihr Wohl herbeizuführen. Es ist dieses Bestreben, das diese Wirkung hervorruft.

Die Natur des Erleuchtungsgeistes besteht darin, selbst die Verantwortung dafür zu übernehmen, die anderen vom Leiden zu befreien und sie zu dauerndem Wohlbefinden zu führen. Sobald dieser Erleuchtungsgeist in einem entsteht, betritt man den Pfad und folgt ihm bis zu seinem Gipfelpunkt, dem Erreichen der vollen Erleuchtung. Dann widmet man sich weiterhin den Aktivitäten eines voll erleuchteten Wesens, wie das Rad der Lehre drei Mal zu drehen und die anderen aus ihren Leiden und deren Ursachen heraus in einen dauerhaften Glückszustand oder zum vollkommenen Erwachen zu führen.

Auch in unserer gegenwärtigen Situation, können wir – soweit uns das eben möglich ist – eine liebevolle Verbindung zu anderen Menschen aufnehmen und mit ihnen das Dharma teilen. Wir können anderen Rat geben, wenn sie in Probleme verstrickt sind, und sie dann, wenn sie genügend Vertrauen haben, dabei unterstützen, die Lehren in die Praxis umzusetzen. Damit können wir anderen auf ganz unmittelbare Weise helfen.

Die Übungen eines Bodhisattva durchzuführen ist etwas, was richtig ist, und etwas, wozu wir auch in der Lage sind. Erreichen wir einen Zustand, in dem wir allen fühlenden Wesen nützen und ihnen Freund sein können – mit dem Ziel, ihr Leiden zu beseitigen und ihnen Glück zu bringen – dann ist das etwas sehr Machtvolles, denn die Anzahl der Lebewesen ist unbegrenzt. Wenn wir uns der Kālacakra-Praxis zuwenden möchten, sollte dies von Güte und Mitgefühl getragen sein.

Besinnung auf die drei Wurzeln

Von nun an bis zur Erleuchtung
werde ich den Erleuchtungsgeist entwickeln
und den reinen Entschluss.
Ebenso werde ich das Greifen nach Ich und Mein aufgeben.

Nun sollten wir uns wiederum auf die drei Wurzeln besinnen: Die Wurzel der beiden Ansammlungen ist ethische Disziplin; die Wurzel der ethischen Disziplin ist der Erleuchtungsgeist, und dessen Wurzeln sind wiederum Mitgefühl, liebende Güte und der erhabene oder reine Entschluss.

Mitgefühl entsteht einfach durch die Kraft des Hervorbringens von liebender Güte. Umgekehrt erwächst liebende Güte aus der Kraft des Entwickelns von Mitgefühl. Mitgefühl und liebende Güte sind ganz eng miteinander verbunden. Wenn man sagt, dass die Wurzel des Erleuchtungsgeistes Mitgefühl ist, so wird damit impliziert, dass liebende Güte ebenso die Wurzel dafür ist. Lindern wir die Leiden der anderen, so stellen wir allmählich auch ihr Wohlbefinden her. Dementsprechend wird, wenn wir das Wohl der anderen herbeiführen, auch ihr Leiden beseitigt.

Je stärker unser Mitgefühl ist, beziehungsweise das Gefühl, die Leiden der anderen nicht ertragen zu können, desto stärker ist auch unsere liebende Güte. Eine Person ohne viel Mitgefühl, die sich nicht besonders um die Leiden der anderen kümmert, wird auch nicht in vollem Ausmaß liebende Güte entfalten.

Die letzte Verszeile erinnert daran, dass wir, um die Vorstellung eines inhärent existierenden Ich und Mein aufzugeben, über die Leerheit meditieren müssen. Ist jedoch unsere Einsicht dabei nicht von Mitgefühl getragen, so kann dies, wie gesagt, nicht als die Ansammlung von Weisheit bezeichnet werden.

Die zehn Vollkommenheiten

Um die drei Ansammlungen zu verwirklichen,
werde ich Freigebigkeit, ethische Disziplin, Geduld,
freudige Tatkraft, meditative Festigung, Weisheit,
Methode, Wunschgebete, Kraft und Ursprüngliche Weisheit praktizieren.

Die nächste Stufe der Praxis ist die Besinnung auf die zehn Vollkommenheiten: Freigebigkeit, ethische Disziplin, Geduld, freudige Tatkraft, meditative Festigung, Weisheit, Methode, Wunschgebete, Kraft und Ursprüngliche Weisheit.

Die drei Ansammlungen sind: Ethik, Verdienst und Weisheit. Ethik ist das Einhalten einer ethischen Disziplin; Freigebigkeit und Geduld bilden die Ansammlung von Verdienst. Die letzten sechs Vollkommenheiten – meditative Festigung, Weisheit, Methode, Wunschgebete, Kraft und Ursprüngliche Weisheit – sind alle in der Ansammlung von Weisheit enthalten. Freudige Tatkraft, die vierte Vollkommenheit, ist für alle drei Ansammlungen von Verdienst, Ethik und Weisheit erforderlich, denn freudige Tatkraft ist ein unentbehrlicher Grundbestandteil aller Vollkommenheiten.

Freigebigkeit ist die Geisteshaltung des Loslassens [beziehungsweise Gebens]. Die Geisteshaltung, die uns vor unheilsamen Taten schützt, wird ethische Disziplin genannt. Der Geist, der gelassen und ruhig bleibt, gilt als Geduld. Freudige Tatkraft ist die Begeisterung an edlem Handeln. Mangelnde Freude an solch gutem Tun wird als geistige Trägheit bezeichnet. Der Geist, der einsgerichtet und ohne Ablenkung auf seinem Objekt verweilt, ist als meditative Festigung bekannt. Der Geist, der zwischen den Objekten zu unterscheiden vermag, wird Einsicht oder Weisheit genannt. Das Objekt dieser Vollkommenheit der Weisheit ist die Leerheit; Weisheit ist also ein Geisteszustand, der die Leerheit wahrzunehmen vermag.

Es folgt ein Überblick über die zehn Vollkommenheiten nach dem Tantra:

1. Die Freiheit von konzeptuellen Verstrickungen wird als Freigebigkeit bezeichnet.

2. Seine Samenflüssigkeit nicht einmal in Vereinigung mit einer Gefährtin zu verlieren gilt als ethische Disziplin.
3. Das Nicht-Anhaften am Gewöhnlichen und das Nicht-Greifen nach wahrhafter Existenz wird als Geduld bezeichnet.
4. Das Zusammenführen der zehn Vitalenergien im Hauptkanal wird freudige Tatkraft genannt.
5. Der Geist, der einsgerichtet und unabgelenkt in der Unwandelbaren Glückseligkeit verweilt, gilt als meditative Festigung.
6. Die durch keinerlei Begrifflichkeit beeinträchtigte Weisheit, die die Rede des Buddha trägt und die vollkommen auf jene abgestimmt ist, die sie hören, heißt Weisheit.
7. Meditative Festigung ist das Mittel zum Zurückhalten der Tropfen bei der Praxis mit Mudrās – Handlungs-Mudrā, Mudrā der Ursprünglichen Weisheit und Mahāmudrā der leeren Form.
8. Das Gebet bringt einen selbst und die anderen zur Vollendung.
9. Kraft bezieht sich auf die Kraft der Unwandelbaren Glückseligkeit, in welcher man Befreiung von den drei Existenzzuständen erlangt.
10. Den Bodhicitta von der Spitze des Juwels hinauf zum Scheitelpunkt zu lenken und dabei Unwandelbare Glückseligkeit zu erfahren gilt als Ursprüngliche Weisheit.

In diesen Erklärungen liegt ein sehr tiefgründiger Sinn.

Die Vier unermesslichen Gedanken

Ich werde liebende Güte verinnerlichen, die wünscht,
dass alle fühlenden Wesen Glück erfahren mögen.
Ich werde Mitgefühl verinnerlichen, das wünscht, sie mögen frei sein von Leiden.
Ich werde Mitfreude verinnerlichen, die wünscht, sie mögen für immer in Freude verweilen.
Und ich werde den Gleichmut der Unparteilichkeit verinnerlichen.

Diese Verse beziehen sich auf die Entwicklung der Vier unermesslichen Gedanken. Die ersten drei beinhalten den Wunsch, dass die Lebewesen Glück und die Freiheit von Leid erfahren und in einem Zustand der Freude verweilen mögen; die vierte ist einfach der Gleichmut der Unparteilichkeit oder die Ausgeglichenheit des Geistes.

Den anderen Glück wünschen wirkt als Gegenmittel gegen Hass. Der Wunsch, dass die fühlenden Wesen frei von Leiden sein mögen, stellt ein Gegenmittel gegen Böswilligkeit dar. Der Wunsch, dass die Lebewesen fortwährend Glück erleben mögen, bildet das Gegenmittel gegen Neid und Eifersucht. Die Entwicklung von Gleichmut ist das Gegenmittel gegen alle drei Geistesgifte. Deshalb sollten wir auch mit der Entwicklung von Gleichmut beginnen.

Nachdem du Gleichmut entwickelt hast, bringst du den Wunsch hervor, dass den Lebewesen, die ohne Glück sind, Glück und Wohlergehen zuteil werden möge. Dann lasse die Sehnsucht in dir aufkommen, dass die Wesen frei von Leid sein mögen. Schließlich wünsche inständig, dass jene Wesen, die ihr Heil gefunden haben, in diesem Zustand verweilen mögen.

Es ist von großem Nutzen, sich immer wieder auf die Vier unermesslichen Gedanken zu besinnen: auf den inständigen Wunsch, dass alle fühlenden Wesen Glück erleben, von Leiden frei sein und im Glück verweilen mögen, sowie auf die Entwicklung einer geistigen Ausgeglichenheit. Das führt zu echter Sanftmut des Geistes. Wann immer du ein Lebewesen siehst, solltest du daher diese Gedanken entwickeln.

Die vier Mittel, um Schüler um sich zu sammeln

Ich werde Schüler durch meine Freigebigkeit anziehen,
angenehme Gespräche mit ihnen führen.
Ihnen mein sinnvolles Verhalten zeigen,
und ihnen wertvolle Anweisungen geben,
die ihren Bedürfnissen entsprechen.

In diesem Vers geht es um die vier Mittel, wie man Schüler um sich sammelt. Ein Bodhisattva, der den fühlenden Wesen ihren Bedürfnissen entsprechend dienen will, sollte sich zunächst in materieller Großzügigkeit üben. Außerdem sollte er lernen, auf eine angenehme Weise zu sprechen. Bodhisattvas müssen alle möglichen Dinge lernen und studieren, um den unterschiedlichen Bedürfnissen der Lebewesen entgegenzukommen. Für die, die sich für das Schreinern interessieren, erlernen Bodhisattvas das Schreinerhandwerk. Für solche, die sich für Theater interessieren, lernen Bodhisattvas Schauspielerei. Und für jene, die sich für Geschäfte interessieren, machen sich Bodhisattvas auf diesem Gebiet kundig.

So wie wir andere das Dharma lehren, sollten wir auch selbst praktizieren, was wir verkünden. Sobald wir selbst eine gewisse Übung darin erreicht haben, können wir auch andere ermutigen, es uns gleich zu tun: „Wenn ich es geschafft habe, dann kannst du es auch." Das wäre ein sehr geschicktes und wirkungsvolles Vorgehen. Und falls wir übersinnliche Wahrnehmungen besitzen, können wir genau erkennen, was andere benötigen. Stehen uns allerdings solche Fähigkeiten nicht zur Verfügung, ist unsere Aufgabe etwas schwieriger.

Die zehn unheilsamen Handlungen

Ich werde die zehn unheilsamen Handlungen aufgeben:
die drei körperlichen Handlungen,
die vier sprachlichen Handlungen
und die drei geistigen Handlungen.

Wir kommen nun zur Entwicklung von Achtsamkeit und Innenschau als Mittel zum Aufgeben der zehn unheilsamen Handlungen. Die drei unheilsamen Taten des Körpers sind Töten, sexuelles Fehlverhalten und Diebstahl. Die vier unheilsamen Aktivitäten der Sprache sind Lüge, verletzende Rede, Zwietracht-Säen und sinnloses Geschwätz. Die drei geistigen Untugenden sind Übelwollen, Habgier und falsche Ansichten.

Ob unsere Handlungen von Körper, Rede und Geist heilsam sind oder nicht, hängt vom jeweiligen Geisteszustand ab. Handeln wir aus einer Motivation der Begierde, Feindseligkeit oder Verblendung heraus, sind unsere Taten unheilsam. Dagegen sind, wie Nāgārjuna erklärt, Taten im Hinblick auf das Tun und dessen Folgen heilsam, wenn sie von dem Nicht-Vorhandensein von Begierde, dem Nicht-Vorhandensein von Hass und dem Nicht-Vorhandensein von Verblendung motiviert sind.

Begierde und Hass sind meistens verblendete Reaktionen auf Ereignisse in diesem Leben. Sie auf andere Weise zu begreifen wäre schwierig. Wenn man sich beispielsweise aus Gier nach den Annehmlichkeiten dieses Lebens aufs Töten einlässt, wäre dies zweifellos eine körperliche unheilsame Tat. Aber wenn man um des Dharma Willen tötete, wäre das eindeutig eine geistige unheilsame Tat, nämlich das Festhalten an falschen Ansichten.

Die fünf Hindernisse

Ich werde die fünf Hindernisse überwinden,
welche die drei Schulungen beeinträchtigen:
Reue, Dumpfheit, Schläfrigkeit,
Erregung und Zweifel.

Diese Zeilen betreffen die Beseitigung der fünf Hindernisse. Das erste dieser fünf, Reue, ist hauptsächlich das Bedauern darüber, sich von Besitz und Freunden in diesem Leben trennen zu müssen. Das erweist sich nicht nur als hinderlich für die Erfüllung der ethischen Disziplin, sondern auch als ernsthaftes Hemmnis zur Entwicklung von Konzentration. Trägheit, Erregung und Dumpfheit sind ebenfalls Hindernisse für die Konzentration, denn Trägheit und Dumpfheit vernebeln den Geist; Erregung dagegen wühlt ihn auf. Diese Faktoren stören die Entwicklung von Konzentration also von zwei Seiten. Der Zweifel beeinträchtigt hauptsächlich das Entwickeln von Weisheit. Gemeint ist hier der Zweifel hinsichtlich der Natur der endgültigen Wahrheit und hinsichtlich dessen, ob Befreiung überhaupt möglich ist. Diese fünf Hindernisse sind zu überwinden.

Die Aufzählung der fünf Hindernisse im *Kālacakra-Tantra* unterscheidet sich von anderen Überlieferungen wie etwa im Text *Suhṛllekha*, dem *Brief an einen Freund* von Nāgārjuna, und sie weicht auch ab von der Darlegung der fünf Hindernisse im Vinaya. In anderen Darstellungen sind Erregung und Reue zusammen als ein Hindernis aufgeführt; Trägheit und Dumpfheit werden ebenfalls zusammengefasst. Außerdem werden an anderer Stelle Sinnesbegierde und Übelwollen als die letzten beiden Hindernisse aufgeführt. Dabei gelten Sinnesbegierde und Übelwollen als Haupthindernis für die Entwicklung von ethischer Disziplin.

Wenn wir uns dieser Praxis zuwenden, sollten wir also den Entschluss fassen, die fünf Hindernisse aufzugeben.

Die vier Geistesplagen

Ich werde die vier Geistesplagen aufgeben,
welche die Wurzel des leidhaften Daseins sind:
Anhaftende Begierde, Hass,
Verblendung und Stolz.

Dieser Vers verdeutlicht uns die vier Geistesgifte und lässt in uns den Entschluss reifen, diese vier zu überwinden. Anhaftende Begierde ist ein Geistesfaktor, der befleckte Phänomene als attraktiv ansieht und sie begehrt. Hass ist ein aggressiver Geisteszustand, der voller Widerwillen auf eines der drei Objekte des Ärgers oder der Wut gerichtet ist: Krankheit, Leiden und Leidensursachen. Verblendung bezieht sich auf die Unwissenheit hinsichtlich des Karma-Gesetzes, beziehungsweise des Zusammenhangs zwischen Handlungen und ihren Resultaten, sowie hinsichtlich der Bestehensweise der Phänomene. Sie ist auch als der irregeführte Verstand zu verstehen, der die Phänomene des Saṃsāra oder Nirvāṇa als wahrhaft existent betrachtet. Stolz ist ein Geistesfaktor, der jedes Ereignis oder jede Eigenschaft, die mit einem selbst in Verbindung steht, mit einem Gefühl der Arroganz betrachtet.

In anderen Zusammenhängen werden sechs Geistesgifte als Wurzel des Saṃsāra aufgeführt. Das *Kālacakra-Tantra* stellt als einziges diese vier Leidenschaften – Begierde, Hass, Verblendung und Stolz – als Wurzel des Daseinskreislaufs heraus.

Allgemein richtet sich Unwissenheit auf dieselben Objekte, die auch durch [ihr Gegenteil] Weisheit erkannt werden, aber sie tut es auf eine Weise, die mit tatsächlicher Weisheit unvereinbar ist. Im Kālacakra-System wird die Unwandelbare Glückseligkeit als Weisheit bezeichnet. Dieser Weisheit diametral entgegengesetzt ist die wandelbare Begierde, auch Unwissenheit genannt. Eine andere Bezeichnung für Unwissenheit im Kālacakra ist „die gewohnheitsmäßige Neigung zur Begierde". Solange man solche Neigungen in sich trägt, läuft man blindlings seinen Begierden hinterher.

Ganz offensichtlich folgen alle fühlenden Wesen – ob Menschen, andere Säuger oder auch Insekten – ganz von selbst diesen Begierdeobjekten, insbesondere denen der sexuellen Begierde, ohne dass dies erst geübt oder anerzogen werden müsste. Diese Begierde wird als wandelbare Begierde bezeichnet. Genauso leicht kann jedoch gegenüber derselben Basis der Anziehung – also gegenüber einem männlichen oder weiblichen Wesen – auch Abneigung entstehen.

Dabei löst sexuelle Betätigung den weißen Bodhicitta aus, die Grundlage der Freude. Sobald die Flüssigkeit austritt, schwindet auch die damit einhergehende Lust. An diesem Punkt ist man dann, wie es heißt, vorübergehend frei von Begierde, weil das aus ihr hervorgegangene Vergnügen erst einmal vorbei ist. Die nach dem Orgasmus bei Mann und Frau einsetzende Ermattung und Abnahme eines wirklich wachen Bewusstseins wird als Bewusstlosigkeit bezeichnet. Diese führt wiederum zu einem Nachlassen des Urteilsvermögens oder der Geisteskraft. Man spricht hier von Dumpfheit. Unwissenheit – hier auch wandelbare Begierde oder gewohnheitsmäßige Neigung zur Begierde – gilt als eigentliche Wurzel des Daseinskreislaufs.

In diesem Kontext fungieren Begierde, Hass, Verblendung und Stolz allesamt als Wurzeln des Saṃsāra, wobei deutlich wird, wie diese Unwissenheit oder gewohnheitsmäßige Neigung zur Begierde die eigentliche Wurzel des Daseinskreislaufs bildet.

Nach dieser ohnmachtsgleichen körperlichen und geistigen Ermattung, die dem Orgasmus folgt, entsteht wieder die Vorstellung von einem „Ich" und die Selbstsucht. Der Ablauf geht dann so: Aus der gewohnheitsmäßigen Neigung zur Begierde entsteht Begierde. Begierde führt zur Abneigung. Aus der Abneigung, die nach dem Orgasmus auftritt, erwächst Unwissenheit, und daraus entsteht Stolz, ein konkretes Gefühl von „Ich bin". So wirken alle vier Faktoren als Wurzeln des Daseinskreislaufs.

Diese Darstellung findet man nur im Kālacakra. Macht euch jedoch bewusst, dass das Greifen nach wahrhafter Existenz, welches normalerweise als Wurzel des Daseinskreislaufs gilt, alle diese Stadien durchdringt. Es ist sowohl vorhanden, wenn die gewohnheitsmäßige Neigung zur Begierde auftritt, als auch dann, wenn sich die Begierde tatsächlich entwickelt. Im Grunde besteht zwischen dieser und anderen Darstellungen diesbezüglich kein Widerspruch.

Würden diese vier Wurzeln des Saṃsāra nicht zusammen mit dem Greifen nach wahrhafter Existenz auftreten, könnte man die vier Tore zur Befreiung nicht verstehen. Diese Lehre wäre nicht nachvollziehbar, würde man nicht die Unwissenheit als falsches Erfassen der Realität begreifen. Unwissenheit bezieht sich hierbei sowohl auf die gewohnheitsmäßige Neigung zur Begierde als auch auf die Unwissenheit, die die Realität falsch erfasst.

Was sind die nahe liegenden Gegenmittel gegen diese Leidenschaften? An dem Punkt auf der Vollendungsstufe, wenn die sexuellen Flüssigkeiten kurz vor dem Entweichen stehen, wirkt das Blockieren des Ausfließens als Gegenmittel gegen wandelbare Begierde, und die Erkenntnis der Leerheit wirkt als Gegenmittel gegen die Unwissenheit, welche die Natur der Wirklichkeit falsch erfasst. Die Basis für die Unwandelbare Glückseligkeit sind dabei die 1.800 Bodhicitta-Tropfen. In Abhängigkeit von einem jeden dieser 1.800 Tropfen entsteht Unwandelbare Glückseligkeit, und wenn man 1.800 solche Momente höchster Glückseligkeit erfährt, wird man zu einem Ārya und zu einem Arhat. Offenbar besteht zwischen dem Kālacakra-System und dem des Cakrasaṃvara und Guhyasamāja eine Übereinstimmung in Bezug darauf, dass das Erlangen der Ārya- und der Arhatschaft gleichzeitig stattfindet, womit hier eine Verwirklichung des eigentlichen Klaren Lichts [oder äußerst subtilen Geistes] gemeint ist.

In allen drei Systemen – Cakrasaṃvara, Guhyasamāja und Kālacakra – erkennt man mittels dieses extrem subtilen Geistes direkt und unbegrifflich die Leerheit, und indem das geschieht, werden alle trübenden Leidenschaften ausgelöscht – sowohl die angeborenen als auch die erworbenen.

Die vier Befleckungen

Ich werde die vier Befleckungen aufgeben,
welche die Ursache für das Saṃsāra bilden:
Die Befleckung der anhaftenden Begierde, die Befleckung des Werden-Wollens,
die Befleckung der Unwissenheit und die Befleckung der falschen Ansichten.

Dieser Vers benennt das Aufgeben der vier Befleckungen[21]. Der Begriff „befleckt" wird häufig mit den Geistesplagen in Verbindung gebracht. Die erste Befleckung ist die Begierde nach dem sinnlichen Bereich. Diese Begierde kann auf jedes Objekt innerhalb des sinnlichen Bereichs gerichtet sein bis einschließlich hin zum Bereich der Devas [beziehungsweise weltlichen Götter]. Die Befleckung des Werden-Wollens ist die Begierde nach den Vergnügungen in den Bereichen der Form und der Formlosigkeit. Die dritte der vier Befleckungen ist Unwissenheit. Die vierte schließlich betrifft alle Arten verkehrter Ansichten, inklusive der verschiedenen Einteilungen der 360 beziehungsweise zwanzig verkehrten Ansichten.

Die vier Tore zur Befreiung

Ich werde mittels der vier Tore zur Befreiung
die vollendete Erleuchtung erlangen:
Leerheit, Merkmalslosigkeit,
Begierdelosigkeit und Nicht-Aktivität.

Dies sind die vier Mittel zur Verwirklichung der Leerheit; die Einteilung in vier erfolgt hinsichtlich der Phänomene, deren letztendliche Natur die Leerheit ist:

1. Das Nicht-Vorhandensein von inhärenter Existenz eines Objekts ist als Leerheit bekannt.
2. Das Nicht-Vorhandensein einer inhärenten Existenz der Ursache der Phänomene wird Merkmalslosigkeit genannt.
3. Das Nicht-Vorhandensein einer inhärenten Existenz des Resultats wird als Begierdelosigkeit bezeichnet.

4. Das Nicht-Vorhandensein einer inhärenten Existenz der Abläufe des Entstehens und Vergehens nennt man Nicht-Aktivität.

Nach dem Kālacakra-System wirkt die Erkenntnis der Leerheit als substantielle Ursache für den Dharmakāya. Die Verwirklichung der Merkmalslosigkeit ist die substantielle Ursache für den Samboghakāya, das Erkennen der Begierdelosigkeit die substantielle Ursache für den Nirmāṇakāya und die Verwirklichung der Nicht-Aktivität die substantielle Ursache für den Svabhāvakāya.

BITTE UM SEGEN

Ich bete zum mitfühlenden Meister, der Vereinigung aller drei Zufluchtsobjekte,
der – wenn man sich auf ihn stützt – das hervorragendste Wunsch erfüllende Juwel ist,
die Quelle alles Heilsamen und Vortrefflichen innerhalb des Saṃsāra und des Friedens des Nirvāṇa.
Dich bitte ich, wandle meinen Geistesstrom durch deine Segenskraft!

Dieser Vers vergleicht den spirituellen Lehrer mit einem Wunsch erfüllenden Juwel, denn der Guru hilft uns, unseren Wunsch nach Erleuchtung zu verwirklichen, und schützt uns, wenn wir uns ihm anvertrauen, sowohl vor den Gefahren des Daseinskreislaufs als auch des Friedens im Nirvāṇa.

Wir führen dieses Bittgebet durch, indem wir uns die vortrefflichen Eigenschaften und die Güte unseres spirituellen Lehrers vergegenwärtigen. Dass hier der spirituelle Lehrer als Synthese aller drei Zufluchtsobjekte bezeichnet wird, bedeutet, dass wir den Körper des Guru als das Zufluchtsobjekt Saṅgha ansehen können, seine Sprache als das Zufluchtsobjekt Dharma und seinen Geist als das Zufluchtsobjekt Buddha. Nach einer anderen Sichtweise stellt der Guru das Zufluchtsobjekt Buddha dar, weil unser spiritueller Lehrer die Mittel zum Verwirklichen der Erleuchtung offenbart. Das Überwinden der Geistesschleier und den Erwerb positiver Eigenschaften im Geist des Lehrers betrachten wir als das Zufluchtsobjekt Dharma. Und da der Lehrer oder die Lehrerin als Nirmāṇakāya erscheint, können wir ihn oder sie auch als das Zufluchtsobjekt Saṅgha ansehen.

Die Bitte wird also an den Guru gerichtet, der die Quelle aller Vortrefflichkeit und Güte im Daseinskreislauf und Nirvāṇa ist. Warum führen wir dieses Bittgebet durch? Damit jeder unangemessene Aspekt unseres Wesens gesegnet und transformiert werden möge. Andere Wunschgebete können auch die Bitte enthalten, dass unser Geist und der unseres Guru eins werden mögen, dass unser Geist zum Dharma kommen, unser Dharma zum Pfad werden und unser Pfad frei von Hindernissen sein möge.

Willst du noch ausführlicher über die respektvolle Hingabe an den Guru nachdenken, verdeutliche dir den Nutzen einer innigen Hingabe und die Nachteile einer mangelnden Ergebenheit beziehungsweise schlechten Beziehung zu ihm. Indem du über die herausragenden Eigenschaften des Guru reflektierst, befolgst du auch die tantrischen Gelübde des Guru-Yoga, wie sie in den *Fünfzig Strophen über den Guru* von Asvaghosa beschrieben sind. Mit dieser Vergegenwärtigung der ausgezeichneten Qualitäten von Körper, Sprache und Geist des Guru sollten wir also voller Ehrerbietung das Bittgebet sprechen.

Das Namens-Mantra

Oṃ āḥ guru vajradhara mañjuśrī vagindra sumati jñāna śasanadhara samudra śrībhadra sarva siddhi hūṃ hūṃ

Das Namens-Mantra solltest du mit der Einstellung einer demütigen Bitte an den Guru rezitieren. Visualisiere dazu das Namens-Mantra im Kreis um das Herz des Guru herum, wobei Nektar herabfließt und in dich einströmt. Der Nektar fließt vom Herzen des Guru aus, auf welchem du wiederum die Silben *hūṃ hūṃ* – umgeben von den Silben des Namens-Mantra – visualisieren kannst. Male dir deutlich aus, wie der Nektar von dort in deinen Körper einströmt und ihn reinigt.

Wir können die Visualisierung aber auch auf andere Weisen durchführen. Du kannst dir einfach die vier Silben *oṃ āḥ hūṃ ho* vergegenwärtigen, aus denen sich der Nektar ergießt, oder du stellst dir vor, dass der Nektar aus dem ganzen Körper des Guru ausströmt. Es macht keinen Unterschied.

Du kannst dich auch selbst visualisieren – alleine oder umgeben von allen anderen Wesen – und dir, wenn der Nektar herausfließt, bewusst machen, dass dadurch alle unheilsamen karmischen Prägungen und Geistestrübungen geläutert werden, sowohl in dir selbst als auch in den anderen. Dabei veranschaulichst du dir die Bereinigung unheilsamer karmischer Neigungen wie dem Guru körperlichen Schaden zuzufügen, seinem Rat zuwiderzuhandeln oder seinen Geist in Unruhe zu versetzen. Stelle dir ganz genau die

Läuterung all dieser gewohnheitsmäßigen karmischen Neigungen vor.

Dieses Mantra ist das Namens-Mantra Seiner Heiligkeit des Dalai Lama auf Sanskrit. Das *oṃ āḥ* am Anfang und ein *hūṃ* am Ende stehen für Körper, Sprache und Geist des Buddha. Die Bedeutung der anderen Wörter im Mantra ist wie folgt:

- ❖ *Guru* bedeutet spiritueller Lehrer.
- ❖ *Vajra* in dem Ausdruck *Vajradhara* bezieht sich auf die Ursprüngliche Weisheit der Nicht-Dualität von Glückseligkeit und Leerheit. *Dhara* bedeutet Halten oder Tragen, denn der Guru hat alle geistigen Verunreinigungen beseitigt und trägt in sich die Weisheit der Nicht-Dualität von Glückseligkeit und Leerheit.
- ❖ *Mañjuśrī* ist die Verkörperung der erleuchteten Weisheit.
- ❖ *Vagindra* bezeichnet den Herrn der Rede.
- ❖ *Sumati* bedeutet ausgezeichneter Geist.
- ❖ *Jñāna* ist die Ursprüngliche Weisheit.
- ❖ *Śasanadhara* steht für den Halter der Lehren.
- ❖ *Samudra* bedeutet Ozean.
- ❖ *Śrībhadra* verkörpert das glorreiche Gute.
- ❖ *Sarva* heißt alle.
- ❖ *Siddhi* meint außergewöhnliche Fähigkeiten.

❖ Das eine der beiden *hūṃ hūṃ* bezieht sich auf den Geist des Buddha, das andere steht für das Wunschgebet, dass einem alle Siddhis von Körper, Sprache und Geist des Buddha, welche durch *oṃ āḥ hūṃ hūṃ* verkörpert sind, verliehen werden mögen.

Rezitiere das Namens-Mantra so oft du kannst.

Die Bitte um Initiation

Guru Kālacakra,
bitte verleihe mir die vollständigen Ermächtigungen.
Wandle mich durch deine Segenskraft,
so dass ich die vier Arten von Hindernissen beseitigen
und die vier Körper eines Buddha erlangen möge.

Auf das Namens-Mantra folgt die Bitte um Initiation, denn es ist nicht richtig, eine Initiation zu geben, um die nicht zuvor gebeten wurde. Zur Vermeidung dieses Fehlers wird daher diese Bitte mit eingeschlossen.

Die Bitte beginnt, wenn wir zum ersten Mal Guru Kālacakra visualisieren. Zu Anfang sagen wir: „Guru Kālacakra, bitte verleihe mir die vollständigen Ermächtigungen." Damit verhindern wir, dass wir nur den Selbst-Eintritt eines Kindes (tib. *byis pa bdag 'jug*) und nicht auch die hohen oder sehr hohen Einweihungen erbitten. So bitten wir den Guru um die vollständigen Ermächtigungen. Manchmal wird sogar der Selbst-Eintritt eines Kindes nur teilweise verliehen. Damit das nicht geschieht, bitten wir den Guru, uns die Initiation komplett zu gewähren.

Man spricht hier von „Selbst-Eintritt" oder „Selbst-Einweihung eines Kindes", weil in diesem Kontext Praktizierende auf der Erzeugungsstufe als Kinder bezeichnet werden und Praktizierende auf der Vollendungsstufe als Erwachsene. Die Bezeichnung „Selbst-Eintritt eines Kindes" deutet bereits an, dass man zur vollständigen Praxis der Vollendungsstufe zuvor der Übung auf der Erzeugungsstufe bedarf. Du kannst kein Erwachsener werden, ohne zuerst ein Kind gewesen zu sein.

Warum sprechen wir diese Bitte um Einweihung aus? Um die vier Arten von Geistesschleiern zu beseitigen und dadurch die vier Körper eines Buddha zu verwirklichen. So wie du diesen Vers drei Mal während der eigentlichen Initiation rezitierst, so sprichst du ihn drei Mal in dieser Praxis.

Alle diese Übungsstufen entsprechen, wie es heißt, der Ansammlung von Karma in der gewöhnlichen Realität.

7. Kapitel

Die Initiation empfangen

Voraussetzungen

Um Tantra zu praktizieren, brauchen wir ein Grundverständnis der Leerheit. Eine weitere unabdingbare Voraussetzung ist die Entwicklung des Erleuchtungsgeistes. Der Erleuchtungsgeist und ein gewisses Verständnis der Leerheit sind die Grundlagen für das Erhalten der Initiation. Um die Initiation in authentischer Weise empfangen zu können, bedürfen wir neben einer Erfahrung des Erleuchtungsgeistes auch der Fähigkeit, über die Leerheit zu reflektieren, sowie eines Grundverständnisses der Weisheit, die die Leerheit erkennt. Ohne eine solche Einsicht in die Leerheit und eine gewisse eigene Erfahrung des Erleuchtungsgeistes ist es zwar immer noch möglich, an der Initiation teilzunehmen, aber es ist höchst fragwürdig, ob man sie wirklich empfangen wird.

Bei der Einteilung in äußeres, inneres und anderes Kālacakra gelten das äußere und das innere Kālacakra bekanntlich als das, was zu bereinigen ist. Sie stellen also die zu bereinigende Grundlage dar. Der reinigende Pfad beziehungsweise das Mittel zur Läuterung der zu bereinigenden Grundlage sind die Initiationen sowie die Erzeugungs- und die Vollendungsstufe. Die Resultate der Läuterung sind die besonderen Qualitäten der Buddhaschaft wie die drei Körper eines Buddha.

Anders ausgedrückt besteht die zu läuternde Basis in den eigenen körperlichen und geistigen Aggregaten, Elementen und Sinnesquellen. Der Pfad ist die Übung, durch die wir sie in ihrer göttlichen Form hervorbringen. Und im resultierenden Zustand des Geläutert-Seins zeigen sich die nunmehr gereinigten Aspekte der Skandhas, Elemente und Sinnesquellen in ihrer göttlichen Form.

Wenn wir diese zentralen Punkte nicht verstehen, ist unsere Übung des Höchsten-Yoga-Tantra gänzlich ohne Bedeutung.

Manche Leute sagen, die Praxis der Selbst-Hervorbringung als Gottheit sei die Erzeugungsstufe und die Meditation über die Leerheit die Vollendungsstufe. Das zeugt von einem ungenügenden Verständnis dieses Prozesses. Eine der absurden Konsequenzen der Ansicht, dass das bloße Meditieren über die Leerheit bereits die Vollendungsstufe bildet, ist, dass dann Hīnayāna- und Pāramitāyāna-Praktizierende die Vollendungsstufe ausüben würden, obwohl sie sich selbst nicht als Gottheiten visualisieren. Es ist daher sehr wichtig zu verstehen, wie diese drei Faktoren – die zu läuternde Basis, der Pfad der Läuterung und das Resultat der Läuterung – zusammenhängen.

• Die Leerheit verstehen

Der Amdo Guru, Choney Guru Rinpoche, sagte: „Wenn wir alle erscheinenden Phänomene als bloßes Sichtbar-Werden des Denkens erkennen, dann kann die Leerheit, die die Abwesenheit von Gedankenkonstrukten ist, ohne Abhängigkeit hervortreten." Es gibt zwei Interpretationen der Art, wie wir gedanklich nach wahrhafter Existenz greifen. Die eine Erklärung entstammt dem Tantra, die andere dem Sūtra.

Den Tantra-Texten zufolge tritt gleichzeitig mit der Manifestation des subtilen Geistes eine Erfahrung auf, die einer unbegrifflichen Erkenntnis der Leerheit gleicht. Man muss betonen, dass es sich hierbei um eine Erfahrung handelt, die der nicht-begrifflichen Erkenntnis der Leerheit ähnelt. Sonst würde die Aussage, dass man durch die Manifestation des natürlich vorhandenen Geistes eine nicht-begriffliche Erkenntnis der Leerheit erfährt, implizieren, dass wir zu einem Ārya würden, sobald sich dieser Geist manifestiert hat. Das wäre eine falsche Schlussfolgerung. Zum Beispiel manifestiert sich der sehr subtile, natürlich vorhandene Geist während des Sterbeprozesses, aber die meisten Menschen sind zu dem Zeitpunkt nicht in der Lage, ihn zu erkennen.

Zur Zeit der Grundlage, das heißt in der Erfahrung gewöhnlicher Personen – im Gegensatz zu der hoch verwirklichter Yogis – gibt es durchaus Einsichten, die mit der Erkenntnis der Leerheit vergleichbar sind. So tritt, wie gesagt, im Moment des Sterbens der extrem subtile, ursprüngliche oder natürlich vorhandene Geist auf, aber wir gewöhnliche Wesen sind zu diesem Zeitpunkt nicht in der Lage, ihn bewusst zu erfahren. Welche Art Erfahrung ist das für einen selbst? Es ist, als würden wir in Ohnmacht fallen. Auch im Tiefschlaf erfahren wir etwas Ähnliches wie die Manifestation des natürlich vorhandenen Geistes. Und ebenso stellt sich bei der sexuellen Vereinigung eine Erfahrung ein, die scheinbar diesem natürlich vorhandenen Geist entspricht. Aber auch hier ist es sehr schwierig, sie wahrzunehmen. Es wäre in etwa so, als wäre der Vater zugegen, aber der Sohn nicht, oder umgekehrt, der Sohn wäre anwesend, jedoch nicht der Vater. Das gilt für alle drei Erfahrungen – Tod, Tiefschlaf und Geschlechtsverkehr. In den meisten Fällen können die Menschen den natürlich vorhandenen Geist nicht feststellen. Sobald die Erfahrung verstrichen ist, verflüchtigt sich auch die Gelegenheit zur Erkenntnis. Dann drängen die Gedanken wieder in uns hinein und verhindern das Wahrnehmen jenes Geistes.

Diese Bezüge zum Klaren Licht des Schlafes, zum Klaren Licht des Todes und zum Klaren Licht der sexuellen Vereinigung gibt es – auch wenn wir Schwierigkeiten haben, solch ein Klares Licht wahrzunehmen. Und genau darum geht es bei solchen Praktiken wie Mahāmudrā und Dzogtschen: die Natur dieses natürlich vorhandenen Geistes zu identifizieren und diese Erkenntnis dann aufrechtzuerhalten.

Während des Tiefschlafs erscheint dem Geist nur dieser Zustand des tiefen Schlafens, und die meisten Menschen sind nicht fähig, die Natur währenddessen zu erkennen. In diesem Zustand der Nicht-Begrifflichkeit können wir sie nicht als Leerheit identifizieren, das heißt, wir merken nicht, dass dies der Geist ist, der die Leerheit erkennt. Während des Tiefschlafs sind die dualistischen Erscheinungen verschwunden. Genau das ist die Natur des natürlich vorhandenen Geistes: Er ist frei von Gedankenkonstrukten, und es gibt keinerlei dualistische Erscheinungen in ihm.

Jeden Aspekt in uns und um uns herum – unsere Umgebung, Berge, Wälder, Gebäude und so weiter – nehmen wir begrifflich wahr, indem wir das eine im Gegensatz zum anderen identifizieren. Doch auch diese Begrifflichkeit kommt aus dem natürlich vorhandenen Geist. Sobald wir begreifen, dass alle inneren und äußeren Phänomene nichts weiter als Begriffskonstrukte sind, erkennen wir auch, dass außerhalb dieser bloßen Konstrukte keine derartigen Phänomene existieren.

So heißt es auch im Cakrasaṃvara-Sādhana, alle Phänomene seien einfach nur illusionsartige begriffliche Auffassungen. Das *Guhyasamāja-Tantra* erklärt, dass das Üben dieses Tantra zur definitiven Befreiung von jedem begrifflichen Denken führt. Aus dieser Aussage können wir folgern, dass der natürlich vorhandene Geist mit dem Erreichen der vollständigen Erleuchtung für immer manifest bleibt, und dass es vom Zeitpunkt des vollständigen Erwachens an für einen Buddha keinen Moment des Konzeptualisierens mehr gibt.

Das ist die tantrische Erklärung der Art und Weise, wie wir die Phänomene mittels begrifflicher Vorstellungen erfassen.

Auch den Sūtras zufolge ist es aufgrund der Erkenntnis, dass alle Phänomene bloße gedankliche Zuordnungen sind, unmöglich, noch weiterhin deren wahrhafte Existenz zu vertreten. Es ist so, als würden wir eine Sinnestäuschung für Pferde und Elefanten halten: Wenn wir dann erfahren, dass sie nur von illusionärer Natur sind, schließt dieses Begreifen [automatisch] die Vorstellung aus, dass sie wahrhaft existierten.

• Die Aspekte der Läuterung verstehen

Zwei Begriffe sind hier von Bedeutung: [allgemein mit dem Dharma] übereinstimmendes Verhalten (tib. *chos mthun sbyar ba*) und mit [dem Dharma und] der zu läuternden Basis übereinstimmendes Verhalten (tib. *sbyang ghzi dang chos mthun sbyar ba*). Wenn du dir für die Zukunft eine normale gute Wiedergeburt wünschst, so führst du heilsame Taten durch, um das Karma anzusammeln, das zu diesem Resultat führt; das ist ein Beispiel für allgemein übereinstimmendes Verhalten. Ein Verhalten hingegen, das der zu läuternden Basis entspricht, übst du, indem du dich den oben beschriebenen Praktiken zur Ansammlung der Verdienste widmest, wie dem Entwickeln des Erleuchtungsgeistes und so weiter, was wiederum zum Erlangen der Körper eines Buddha führt.

Weitere Aspekte der Läuterung sind die drei folgenden: die zu läuternde Basis, das Mittel zur Läuterung und das Resultat der Läuterung.

Ein Beispiel für die zu läuternde Basis wäre das Sterben. Die Leerheitsmeditation, bei der wir den Stolz entwickeln, selbst der Dharmakāya zu sein, ist hierbei das Mittel zur Läuterung auf der Erzeugungsstufe. Der Weg der Läuterung auf der Vollendungsstufe ist die Erfahrung der Unwandelbaren Glückseligkeit und das Resultat der Läuterung der Dharmakāya.

• Die vier Tropfen

Die vier Hauptaspekte der zu läuternden Basis sind die besonderen Arten von vier Tropfen[22] im Stirn-, Kehl-, Herz- und Nabel-Cakra.

Dabei sind die Tropfen am Nabel- und am Stirn-Cakra von derselben Art. Der Tropfen am Kehl-Cakra entspricht dem des Genital-Cakra. Ungefähr in der Mitte des männlichen Glieds und unterhalb des weiblichen Sexualorgans befindet sich ein Tropfen der gleichen Art wie am Herz-Cakra. Und genau auf der Spitze des Juwels beziehungsweise Vajra – das heißt auf der Spitze des männlichen Sexualorgans – ist ein Tropfen von der gleichen Art wie am Nabel-Cakra; dieser Tropfen wäre wohl in einem vergleichbaren Kanal im weiblichen Organ zu finden, aber das wird im Tantra nicht erklärt.

Die vier Tropfen haben folgende Bedeutungen:

1. Der Tropfen am Stirn-Cakra entspricht dem Wachzustand. Er hat die Fähigkeit, die verschiedenen Erscheinungen der Umgebung und so weiter im Geist hervorzubringen. Im Zustand der Grundlage, also vor der Praxis, bewirkt dieser Tropfen das Auftreten der unreinen Erscheinungen von Objekten. Im Laufe des Reinigungsprozesses verschwinden diese unreinen Erscheinungen und werden durch reine Erscheinungen ersetzt, die ebenfalls von diesem Tropfen herrühren oder aus ihm ihre Kraft beziehen.
2. Der Tropfen am Kehl-Cakra löst den Traumzustand aus. Er ist auch verantwortlich für den Ausdruck oder die Artikulation – so kann er trügerische Rede hervorbringen. Ist er gereinigt, vermag er die so genannte „unbesiegbare Rede" hervorzurufen.
3. Der Tropfen am Herz-Cakra erzeugt den Zustand des Tiefschlafs. Er bewirkt einerseits Verblendungen und Dunkelheit im Geist, andererseits unbegriffliche Wahrnehmungen. Indem wir den dunklen Aspekt nach und nach läutern, wird das nicht-begriffliche Bewusstsein immer mehr aktiviert. Dies steigert sich bis zur nicht-konzeptuellen Ursprünglichen Weisheit eines Buddha.
4. Der Tropfen am Nabel-Cakra kann sexuelle Lust erzeugen, was als die sexuelle Lust des Ergusses oder auch als Orgasmus bezeichnet wird und wörtlich „heruntertropfen" bedeutet. Das Resultat der Läuterung dieses Tropfens ist Unwandelbare Glückseligkeit.

Im unreinen Zustand spricht man von den vier Tropfen; zur Zeit des Resultates heißen sie die vier Körper des Buddha. Der Stirn-Tropfen wird im geläuterten Zustand zum Vajra des Körpers beziehungsweise körperlichen Vajra. Der Tropfen in der Kehle wird zum Vajra der Rede; der Herz-Tropfen zum Vajra des Geistes und der Nabel-Tropfen zum Vajra der Ursprünglichen Weisheit.

Der Pfad der Läuterung beinhaltet die Reinigung dieser Tropfen – nämlich dadurch, dass wir auf der Vollendungsstufe unsere Meditation auf sie richten und sie auf der Erzeugungsstufe als Gottheiten hervorbringen, was auch schon während der Initiation geschieht.

Folgendes spricht dabei für die Existenz dieser vier Tropfen: Im Zustand des Tiefschlafs laufen die meisten Vitalenergien im Körper in den Tropfen im Herz- und Genitalbereich zusammen. Aber wenn diese Energien sich vom Zustand des Tiefschlafs entfernen, können sie auch im Nabel- oder Kehl-Cakra zusammenfließen, was uns in den Traumzustand versetzt. Bewegen sich diese Energien dann vom Kehl-Tropfen zur Stirn aufwärts, so wachen wir auf.

Dann gibt es etwas, was „Vierte Gelegenheit" genannt wird und sich auf den Orgasmus bezieht. Dabei treffen die Energien im Nabel-Cakra und im Sexualorgan zusammen und bewirken Glückseligkeit.

Jeder dieser Tropfen ist eine Mischung aus rotem und weißem Bodhicitta und ungefähr so groß wie ein Sesamkörnchen. Es heißt, dass in jedem dieser Tropfen ein Aspekt des extrem subtilen Energie-Geistes vorhanden ist. Jedes Lebewesen, das aus einem Mutterleib geboren und mit den vier Elementen sowie dem roten und dem weißen Bodhicitta ausgestattet ist, verfügt über diese vier Tropfen.

Es besteht kein Grund, warum Tiere diese vier Tropfen nicht haben sollten, aber meistens werden sie nur im Zusammenhang mit der menschlichen Existenz erwähnt.

Die vier Tropfen sind weder zum Todeszeitpunkt noch im Bardo beziehungsweise Zwischenzustand vorhanden. Allerdings befinden sich zu der Zeit immer noch die karmischen Anlagen für diese vier Tropfen im subtilen Geist.

Das war die Erklärung der zu läuternden Basis wie sie im Kālacakra-System verstanden wird. Im Allgemeinen gibt es noch andere zu läuternde Grundlagen wie die Aggregate, die Elemente, die Sinnesquellen und so weiter.

Die anderen zu läuternden Grundlagen

Andere zu läuternde Grundlagen sind zunächst die fünf Elemente, aus denen wir bestehen: Erde, Wasser, Feuer, Luft und Raum.

Sie werden nach ihrer Läuterung zur Zeit des Resultats zu den fünf Gefährtinnen. Zu läutern sind ferner die fünf Aggregate – Form, Empfindung, Unterscheidung, gestaltende [psychische] Faktoren und [primäres] Bewusstsein –, die sich in die der fünf Familien-Buddhas verwandeln. Die zehn Arten von Vitalenergien (tib. *rlung bcu*) sind die zu bereinigenden Grundlagen, welche zur Zeit des Resultats zu den zehn Śaktīs werden. Eine Śakti ist eine weibliche Verkörperung der Kraft, speziell der Kraft, Glückseligkeit hervorzubringen. Die Gefährtinnen hingegen sind in ihrem geläuterten Aspekt zur Zeit des Resultats auf die Erkenntnis der Leerheit zu beziehen.

Weitere Grundlagen der Läuterung sind der rechte und der linke Kanal, die sich zur Zeit des Resultats in die Hauptgottheit und ihre Gefährtin verwandeln. Eine weitere Läuterungsgrundlage bilden die sechs subjektiven Sinneskräfte (Augen, Ohren, Nase, Zunge, Körper und geistiger Sinn) sowie die sechs objektiven Sinnesquellen (visuelle Objekte, Klänge, Gerüche, Geschmacks- und Tastobjekte sowie geistige Phänomene). Zur Zeit des Resultats werden sie zu den sechs männlichen und den sechs weiblichen Bodhisattvas.

Die so genannten sechs körperlichen Handlungswege oder Organe zum Handeln (tib. *las kyi dbang po drug*) – Mund, After, Öffnungen zum Urinieren, Hände, Füße und Geschlechtsorgane – stellen ebenfalls zu läuternde Grundlagen dar. Im geläuterten Zustand werden sie zu den sechs männlichen zornvollen Gottheiten, auch Krodhas genannt. Die entsprechenden sechs Handlungen (tib. *bya ba drug*) wie Sprechen, Greifen und Gestikulieren, Gehen, Ausscheiden von Exkrementen, Urin und Samenflüssigkeit sind ebenso zu bereinigen und werden im geläuterten Zustand zu den sechs weiblichen Krodhas.

Das Aggregat der Ursprünglichen Weisheit wandelt sich durch die Läuterung zu Vajrasattva und das Element der Ursprünglichen Weisheit zu Prajñāpāramitā. Die *Prajñāpāramitā Sūtras* werden häufig mit dem Begriff „Mutter" in Verbindung gebracht, da sie Āryas hervorbringen – ebenso wie eine Mutter Söhne und Töchter gebiert.

Die zwölf wechselnden Energien (tib. *'pho ba*) und die 21.600 täglich im Körper zirkulierenden Energien werden im Kālacakra zur Zeit des Resultats ebenfalls in Gottheiten verwandelt.

Die reine Erscheinung kultivieren

Das *Kālacakra Wurzel-Tantra* sagt aus, dass das gesamte innere und äußere Kālacakra als geläuterte Form des Maṇḍala erscheint. Das innere und äußere Kālacakra bilden dabei die Grundlagen der Läuterung; die geläuterte Form des Kālacakra-Maṇḍala bezieht sich auf den resultierenden gereinigten Zustand.

In der Tat ist bei Kālacakra nur das wahr, was sich auf das *resultierende Kālacakra* bezieht. Zwar gilt jegliche Bezugnahme auf die Prozesse des Pfades von äußerem, innerem und anderem Kālacakra bereits als Kālacakra, aber in Wirklichkeit führt sie erst zum wahren Kālacakra hin.

Wie kommt es dazu, dass uns das innere und äußere Kālacakra als das reine Maṇḍala erscheinen? Dadurch dass wir zuerst unseren Körper, unsere Reichtümer, Umgebung und so weiter in die Natur der Leerheit auflösen. Dann stellen wir uns vor, wie diese aus der Leerheit heraus im Aspekt der Unwandelbaren Glückseligkeit erstehen. Da bei einem unglücklichen Geist von Unwandelbarer Glückseligkeit gar nicht erst die Rede sein kann, müssen wir hier auf die Macht der Vorstellung bauen.

Wie können wir eine Art Abbild der Unwandelbaren Glückseligkeit in uns hervorrufen? Indem wir uns an diesem Punkt in der Meditation etwas im Geist vergegenwärtigen, was uns glücklich macht. Das kann irgendein Ereignis sein, ein Aspekt des Dharma oder ein heilsames Tun, an dem wir in der Vergangenheit beteiligt waren – irgendetwas, das einen gewissen Grad an Glück hervorruft. Diese Erinnerung erzeugt ein gutes Gefühl, und wir stellen uns vor, sie sei von der Natur der Unwandelbaren Glückseligkeit. Mit dieser Glückseligkeit richten wir uns auf die Leerheit, und auf diese Weise werden wir eine gewisse Vorstellung von dem Zustand erhalten, den wir zu verwirklichen suchen.

Alternativ dazu können wir auch, falls wir durch unsere Meditation Zugang zu Zuständen geistigen und physischen Wohlbehagens haben, von diesen angenehmen Zuständen ausgehen: Bevor wir uns auf die Leerheit ausrichten, meditieren wir, um jenen angenehmen Zustand hervorzurufen, und sobald er auftaucht, konzentrieren wir uns auf die Leerheit. Aus dieser Erfahrung der Unwandelbaren Glückseligkeit und Leerheit heraus erschaffen wir den Palast mit den verschiedenen Gottheiten, den männlichen und den weiblichen Bodhisattvas, den männlichen und den weiblichen Krodhas, den auserwählten Gottheiten, den Gefährtinnen und so fort.

Es ist sehr wichtig, unsere Praxis auf der Erzeugungsstufe auch zwischen den Meditationssitzungen fortzuführen. Auch wenn wir nicht imstande sind, den gewöhnlichen Erscheinungen ein Ende zu bereiten, sollten wir uns vor unserem geistigen Auge vorstellen, unsere Umgebung, die anderen Wesen und alles andere seien von der Natur des Palastes und der Gottheiten. Selbst wenn wir nicht wirklich in der Lage sind, den gewöhnlichen Erscheinungen, die sich unseren Sinnen zeigen, Einhalt zu gebieten, sollten wir das Gefühl kultivieren, im Palast der Gottheit zu leben und von Gottheiten umgeben zu sein.

Sind wir erst einmal mit dieser Praxis vertraut, verschwinden allmählich, wie es heißt, die gewohnheitsmäßigen Neigungen im Geist, die unser Greifen nach gewöhnlichen Erscheinungen verursachen. Wenn das geschieht, sehen wir unsere Umgebung tatsächlich als Palast. Es ist dann weniger eine Imagination als vielmehr eine Wahrnehmung. Wird unsere Sinneswahrnehmung durch eine solche Erfahrung wirklich verändert? Unser geistiges Erleben unserer Umgebung ist so machtvoll, dass wir tatsächlich einen Palast wahrnehmen. Gleichzeitig bleibt das unseren Sinnen Erscheinende weiterhin gewöhnlich. Aber wir nehmen es nun als bloße Erscheinung wahr, nicht als endgültige Wahrheit.

Das ist folgendermaßen zu verstehen: Bei jeder Wahrnehmung wirken drei unterschiedliche Bedingungen zusammen – die objektive Bedingung (tib. *dmigs rkyen*), die unmittelbar vorhergehende Bedingung (tib. *de ma thag rkyen*) und die beherrschende Bedingung (tib. *bdag rkyen*). In diesem Fall, ist das, was sich verändert, die unmittelbar vorhergehende Bedingung, die sich hier auf den jeweiligen Geisteszustand selbst bezieht, zusammen mit seinen gewohnheitsmäßigen Neigungen. Was sich hierbei also wandelt, ist die Natur unserer geistigen Erfahrung der Ereignisse. Denn der unmittelbar vorhergehende Geistesmoment ist die Ursache für den folgenden, veränderten Moment des Gewahrseins.

Zum Beispiel: Wenn du von irgendeiner schönen Musik völlig bezaubert bist, registrierst du in dem Moment nicht, was deinen visuellen Sinnen erscheint, weil du mit deiner Aufmerksamkeit ganz bei dem Klang bist. Auch wirst du, wenn du dich ganz auf eine visuelle Wahrnehmung konzentrierst, nicht in der Lage sein, Töne festzustellen, die deinem Gehörsinn erscheinen. Das entspricht in etwa dem, was auf der Erzeugungsstufe geschieht, wo die gewöhnlichen Erscheinungen durch die Macht deiner Imagination überlagert werden.

So gab es vor einiger Zeit in Tibet einen Yogi, der einen ziemlich hohen Verwirklichungsgrad in der Yamāntaka-Praxis erlangt hatte. In seiner Praxis hatte er während und zwischen den Sitzungen eine klare Vision des vielarmigen Aspekts von Yamāntaka. Der Yogi stammte aus Kham und reiste einmal nach Lhasa, um am großen Gebetsfest zum tibetischen Neujahr teilzunehmen. Ein zugereister Mönch, der zu diesem Fest kommt, sieht sich vor die Verpflichtung gestellt, eins von zwei Dingen zu tun: entweder den heimischen Mönchen viele Gaben darzubringen oder sich unter sie einzureihen und mitzuarbeiten. Dieser Mönch, der in der Tat ein großer Yogi war, wählte die zweite Möglichkeit. Man teilte ihm die Aufgabe zu, beim Tee-Ausschenken aus einem großen Kessel mitzuhelfen, den man mit zwei Händen festhalten musste. Er hatte jedoch eine solche klare Vision von sich als Yamāntaka, dass er unaufhörlich die anderen fragte: „Mit welchem Paar Hände soll ich den Kessel halten?" Schließlich wandte sich er mit seiner Frage an den Aufsicht führenden Mönch, der ihm sagte: „Nimm doch einfach deine beiden Pfoten!" Dieser Yogi hatte eine solch deutliche Erfahrung seiner Gestalt als Yamāntaka, dass dies die gewöhnliche Erscheinung seiner Hände überlagerte!

Man erzählt von einem anderen Mann, der sich selbst immerzu als jemand visualisiert hatte, dem zwei lange Hörner aus dem Kopf heraus wuchsen. Er beschloss einfach, sich vorzustellen, dass er Hörner hatte! Immer wenn er an eine Türöffnung kam, beklagte er sich, dass er nicht hindurch käme. Derartige Resultate können also für das geistige Auge entstehen, wenn man sich sehr an eine bestimmte Visualisation gewöhnt hat.

Wann immer wir zwischen den Sitzungen einem anderen Wesen begegnen, stellen wir uns daher einfach vor: „Das ist Kālacakra." Gleichermaßen denken wir, wenn wir unbelebte Objekte wie Bäume und so weiter sehen: „Dies ist von der Natur der Ursprünglichen Weisheit." Diese Praxis wird sehr machtvolle karmische Anlagen in unserem Geist begründen, die allmählich zur Überwindung der gewöhnlichen Erscheinung führen. Auch wenn wir gewöhnliche Klänge hören, können wir uns vorstellen, dass wir *oṃ āḥ hūṃ* vernehmen und dies den gewöhnlichen Klang überlagert. Auf diese Weise wird die Erfahrung auch tatsächlich transformiert.

Ebenso verfahren wir mit allen rein geistigen Abläufen, die dem Geist erscheinen. Betrachten wir auch jedes geistige Geschehen als etwas, was die Natur von Leerheit und Glückseligkeit besitzt, wird das schrittweise unseren Geist verwandeln, so dass wir es tatsächlich mit der Zeit in dieser Weise wahrnehmen.

Der Hauptlehrer meines obersten Lehrers, Shako Khen Rinpotsche oder Gen Nyima, war ein großer tibetischer Yogi namens

Tongpön Rinpotsche. Es heißt, Tongpön Rinpotsche habe bei großen Mönchsversammlungen mit dem tantrischen Meister alle Mönche als Vajradharas gesehen. Solche Erscheinungen stellen sich ein, wenn man einen höheren Grad an Verwirklichung auf der Erzeugungsstufe erreicht hat.

Die Aussage, dass das gesamte innere und äußere Kālacakra als geläuterte Form des göttlichen Palasts beziehungsweise des Maṇḍala erscheint, bezieht sich auch auf das Vajra-Yoga, welches die sechs Yoga-Phasen umfasst, die zur Erfüllung der höchsten Unwandelbaren Glückseligkeit auf der Vollendungsstufe führen. Im Kālacakra-System ist das Sechs-Phasen-Yoga zumeist als Vajra-Yoga bekannt, was auf die Unwandelbare Glückseligkeit hindeutet. Da die Praktiken des Sechs-Phasen-Yoga auf der Vollendungsstufe direkt solche Unwandelbare Glückseligkeit hervorbringen, werden sie Vajra-Yoga genannt.

Dabei geht es um das Erlangen des Körpers und des Geistes eines Buddha: Die ersten beiden Phasen des Sechs-Phasen-Yoga, die der Zurückziehung und der meditativen Festigung, sind darauf abgestimmt, die leere Form unmittelbar hervorzubringen. Die Vajra-Rede wird durch die beiden mittleren der sechs Phasen erzeugt, nämlich Prāṇayāma und Zurückhalten, und die letzten beiden Phasen der Sammlung und des Samādhi bewirken Unwandelbare Glückseligkeit beziehungsweise den Buddha-Geist.

Nun kommen wir zum Initiationsprozess selbst.

Der Initiationsprozess

Vom Herzen Kālacakras gehen Sugatas in ihrem Vater und Mutter-[Aspekt] aus,
und ebenso der Kreis des Maṇḍala.
Die Initiationsgottheiten verleihen die Ermächtigungen
von Wasser, Krone, Kronenbändern, Vajra und Glocke, Lebensführung, Namen und Erlaubnis.

Die *Sugatas* sind die Tathāgatas, das heißt, die Buddhas der fünf Familien – Akṣobhya und so weiter – und ihre Gefährtinnen. Die Hauptgottheit Kālacakra erscheint ebenfalls mit Gefährtin. Behaltet im Gedächtnis, dass ihr dabei den Guru vor euch visualisiert.

Der Verfasser des tibetischen Guru-Yoga-Textes, der Senior-Tutor Seiner Heiligkeit des Dalai Lama, Kyabdsche Ling Rinpotsche, nennt zwar zuerst die Tathāgatas, aber es ist vielleicht etwas leichter sich vorzustellen, wie „vom Herzen des Kālacakra" der Maṇḍala-Kreis mitsamt all den Maṇḍala-Gottheiten ausgestrahlt wird. In jedem Fall sind es zwölf Gottheiten, die du zunächst herbeirufst: Kālacakra mit seiner Gefährtin sowie die fünf Tathāgatas mit ihren jeweiligen Gefährtinnen.

Bei dieser Visualisierung vergegenwärtigst du dir im Geist zunächst den quadratischen Maṇḍala-Palast. In der Mitte des Maṇḍala befindet sich ein achtblättriger Lotus und in dessen Zentrum wiederum die Hauptgottheit Kālacakra mit ihrer Gefährtin. Auf jedem Lotusblatt ist eine der acht Śaktīs. Die Blütenblätter bilden dabei eine Art Zeichnung auf dem Boden des Palasts. Denke dir das von einem viereckigen Platz umgeben. In jeder der vier Himmelsrichtungen ist einer der Tathāgatas, und an den Ecken zwischen den vier Himmelsrichtungen visualisierst du die Gefährtinnen dieser vier Tathāgatas.

Stelle dir vor, Akṣobhya, einer der fünf Tathāgatas, habe dieselbe Natur wie die Hauptgottheit, Kālacakra. Visualisiere die Gefährtin von Akṣobhya, Prajñāpāramitā, als von einer Natur mit Viśvamātā. Hier kommt ein weiteres Detail hinzu: Jeder der vier Tathāgatas in den vier Himmelsrichtungen, an je einer Seite des Vierecks, blickt nach innen zur Hauptgottheit hin. Und alle vier Tathāgatas umarmen ihre jeweiligen Gefährtinnen, die den Blick von der Hauptgottheit abgewandt halten. In den vier Richtungen dazwischen, das heißt in den vier Ecken, befinden sich wiederum die vier Gefährtinnen mit Blick auf die Hauptgottheit. Sie umarmen ebenfalls ihre entsprechenden Tathāgata-Gefährten, die dieses Mal – genau umgekehrt – nach außen blicken.

Sie sind umgeben von den sechs männlichen und den sechs weiblichen Bodhisattvas, insgesamt also zwölf Gottheiten. Davon sind zwei auf der östlichen Seite, das heißt vorne, und je zwei auf den drei anderen Seiten, Süden, Norden und Westen. Je eine weitere Bodhisattva-Gottheit befindet sich in den Ecken dieses Vierecks. Sie sind vollkommen voneinander getrennt und halten sich nicht einmal an den Händen. Wie zuvor treten alle in einem dualen Aspekt auf, was zwölf Paare ergibt. Da also alle paarweise erscheinen, haben wir insgesamt vierundzwanzig Gottheiten.

An jedem der [vier] Eingänge befindet sich eine zornvolle männliche Gottheit beziehungsweise einer der Krodhas in Umarmung mit seiner weiblichen Entsprechung. Über und unter jedem Eingang sind zwei weitere Krodhas, ebenfalls in Umarmung mit ihren Gefährtinnen.

Die Initiationsgottheiten erscheinen alle in Gestalt dieser Maṇḍala-Gottheiten. Dabei geben die fünf Tathāgata-Gefährtinnen die Wasser-Einweihung und die fünf Tathāgatas die Kronen-Initiation. Die acht Śaktīs verleihen die Kronenband-Initiation. Die Einweihung von Vajra und Glocke wird von den Hauptgottheiten des Maṇḍala, Kālacakra und Viśvamātā, erteilt. Die Initiation der Lebensführung erfolgt durch die männlichen und weiblichen Bodhisattvas, die an ihren Daumen eine Art Vajra-Ring tragen, der zu den Utensilien oder Insignien für die Initiation gehört. Die zornvollen Gottheiten oder Krodhas verleihen die Initiation des Namens; das Symbol für diese Initiation ist ein Armband oder Vajra-Band für das Handgelenk.

Wie ihr euch sicher erinnert, lässt der Einzuweihende bei der Kālacakra-Initiation eine Blume fallen, um die Buddha-Familie zu bestimmen, welcher er oder sie angehören soll. Dazu erteilt der Guru in der eigentlichen Initiation eine Art Segen und erklärt, dass dies unser geheimer Name ist, den wir bis zum Erreichen der vollen Erleuchtung tragen werden. Das mag auch einen gewissen prophetischen Aspekt beinhalten. Jedenfalls gehört das zur Namens-Initiation, und die Gottheiten, die sie verleihen, sind die männlichen und die weiblichen Krodhas.

Vajrasattva und seine Gefährtin schließlich übertragen die Initiation der Erlaubnis. Wir sollten uns Vajrasattva nicht als von der Hauptgottheit getrennt denken: Die Hauptgottheit Kālacakra sowie Akṣobhya und Vajrasattva sind alle von der gleichen Natur. Die Gefährtin von Vajrasattva ist Vajradhātvīśvarī, und sie ist von einer Natur mit Viśvamātā. Ebenso ist auch die Gefährtin von Akṣobhya, Prajñāpāramitā, von einer Natur mit Viśvamātā.

Die fünf verschiedenen Initiationsutensilien von Vajrasattva und seiner Gefährtin entsprechen den unterschiedlichen Arten von Schülern, die durch das Fallen der Blume bestimmt wurden. Die einzelnen Utensilien sind:

1. Ein Rad, das Vairocana zugeordnet wird.
2. Ein Juwel, das zu Ratnasambhava gehört.
3. Ein Lotus, der zu Amitābha gehört.
4. Ein Schwert, das Amogasiddhi zugeordnet wird.
5. Ein Vajra, der Akṣobhya zugeteilt wird.

Die Verwendung dieser Initiationssymbole soll die zu Initiierenden darin bestärken, schließlich das Rad der Lehre in Übereinstimmung mit den Anlagen all der Schüler zu drehen, die einen Bezug zu einer dieser fünf Familien haben.

Bei der Wasser- und der Kronen-Einweihung wird der Stirn-Tropfen geläutert, der mit dem Wachzustand in Verbindung steht. Die Kronenband-Initiation sowie die Initiation von Vajra und Glocke sind zuständig für die Reinigung des Kehl-Tropfens, der mit dem Traumzustand zusammenhängt. Die Einweihungen in das Verhalten und in den Namen sollen den Tropfen am Herzen läutern, der mit dem Zustand des Tiefschlafs in Verbindung steht. Und die Initiation der Erlaubnis schließlich bereinigt den Tropfen am Nabel-Cakra, der mit der so genannten Vierten Gelegenheit verbunden ist.

Gleichfalls gewähren sie die zwei Gruppen von vier höheren und noch höheren Einweihungen,
wie auch die höchste Ermächtigung eines Vajra-Meisters.

Das sind die acht weiteren Initiationen, nämlich die vier höheren und die vier noch höheren Einweihungen, was zwei Vierer-Initiationsserien ergibt. Dazu kommt die Initiation des Vajra-Meisters. Manchmal ist die Initiation des Vajra-Meisters auch in der Initiation zur Erlaubnis enthalten.

Dadurch werden die Vitalenergien und Kanäle des Körpers gefügig,
und ich werde ermächtigt, die beiden Stufen zu entwickeln.

Hier ist im Text ausdrücklich von der Aktivierung der physischen Kanäle und Vitalenergien die Rede. Einweihungen dienen hauptsächlich dazu, die Unreinheiten der vier Tropfen zu läutern. Dieses spezielle Sādhana ist jedoch zur Reinigung und Aktivierung der Kanäle und Energien bestimmt. Deshalb wird darin auch explizit darauf Bezug genommen.

Die Kanäle und Energien zu aktivieren bedeutet, sämtliche Hindernisse zu beseitigen, die deren Funktionsweise und Empfangsbereitschaft in irgendeiner Weise beeinträchtigen könnten. Die Meditation wird dadurch wesentlich effektiver. In diesem Fall läutern wir die 21.600 karmischen Energien und die materiellen Faktoren unseres Körpers, indem wir diese Energien in den Hauptkanal lenken.

Weiterhin ermächtigen uns diese Initiationen dazu, die Erzeugungs- und die Vollendungsstufe zu üben.

Mir wird das Glück zuteil, in diesem Leben
den siebenfachen erhabenen Zustand von Kālacakra zu verwirklichen,

in dem die 21.600 karmischen Vitalenergien
und alle materiellen Bestandteile des Körpers zur Auflösung gelangen.

Der „siebenfache Zustand von Kālacakra“ beinhaltet Folgendes:

1. Die Umarmung oder Vereinigung von Gottheit und Gefährtin, wobei beide von der Natur der leeren Form sind. Der tibetische Ausdruck dafür ist *kha sbyor* – wörtlich die Vereinigung der Münder wie in einem Kuss. Hier ist das jedoch allgemein auf die ganze Umarmung bezogen. Die Umarmung selbst ist dabei die zu interpretierende Bedeutung, die Vereinigung von Leerheit und Glückseligkeit dagegen die eigentliche Bedeutung.
2. Die Erfüllung des Genusses.
3. Große Glückseligkeit, was sich hier auf die Unwandelbare große Glückseligkeit bezieht.
4. Das Nicht-Vorhandensein von inhärenter Existenz, was auf zwei Arten zu verstehen ist: entweder dass das Objekt der Unwandelbaren Glückseligkeit genau diese Abwesenheit einer inhärenten Natur ist oder dass die Unwandelbare Glückseligkeit selbst einer immanenten Natur entbehrt. Letzteres ist in diesem Kontext vielleicht vorzuziehen.
5. Von der Natur des großen Mitgefühls zu sein.
6. Der ewige, unentwegte Strom erleuchteten Handelns.
7. Die Natur nicht endenden Seins. Damit ist gemeint, dass erleuchtete Wesen nicht einfach im Nirvāṇa bleiben, welches als das Extrem der Ruhe gilt[, sondern in den Daseinskreislauf zurückkehren, um den Wesen aus ihren Leiden herauszuhelfen].

Dies sind einfach sieben Bezeichnungen für die verschiedenen Aspekte eines voll erleuchteten Wesens.

Die Bedeutung der Initiation

Der tibetische Ausdruck, der hier mit „Initiation“ oder „Einweihung“ (tib. *dbang*) übersetzt wird, bedeutet wörtlich „Ermächtigung“. Die Zeremonie heißt deshalb so, weil sie den Schüler dazu ermächtigt oder autorisiert, die Vajrayāna-Praxis durchzuführen. Wer keine derartige Initiation erhalten hat, besitzt auch nicht die Erlaubnis für diese Praxis. In diesem Sinne könnte der tibetische Begriff auch als Erlaubnis übersetzt werden. Aber es klingt natürlich lange nicht so gut zu sagen: „Ich gehe zu einem Erlaubnis-Ritual.“

Der Initiationsprozess beinhaltet drei Phasen:

1. Bereinigung der vier Tropfen
2. Transformation. Auf der Grundlage der vorhergehenden Reinigung werden die vier Tropfen in solcher Weise transformiert, dass sie zur Zeit des Resultats die Natur der vier Buddha-Körper annehmen.
3. Aktives Handeln. Die grundlegende Bedeutung hiervon ist, dass wir durch den Initiationsprozess dazu ermächtigt werden, die Praxis der zwei Stufen auszuüben.

Sowohl Basis als auch Prozess der Läuterung beziehen sich auf die vier Tropfen. Die ersten sieben Initiationen – von Wasser, Scheitelkrone, Kronenband, Vajra und Glocke, Lebensführung, Name und Erlaubnis – gehören allesamt zu den Selbst-Einweihungen eines Kindes. Alle sieben zusammen werden auch Wasser-Initiation genannt, weil jedesmal eine Art Salbung erfolgt, was auch die wörtliche Bedeutung von *Abhiṣeka*, dem Sanskrit-Wort für Initiation, ist.

Das Empfangen dieses siebenfachen Selbst-Eintritts eines Kindes berechtigt uns, die Erzeugungsstufe zu praktizieren. In anderen tantrischen Systemen, wie dem Cakrasaṃvara und Guhyasamāja wird die Vasen-Initiation gegeben, die ebenfalls als Ermächtigung zur Praxis der Erzeugungsstufe dient. Der Unterschied besteht lediglich in der Terminologie; in anderen Systemen spricht man von „Vasen-Initiation" und in diesem eben von „Wasser-Initiation".

Um diesen Prozess noch einmal zu illustrieren: Erinnert euch, dass eine der zu läuternden Grundlagen der Stirn-Tropfen ist, der mit dem Wachzustand zusammenhängt. Während des Läuterungsprozesses auf der Erzeugungsstufe visualisieren wir diesen Tropfen als den Vajra-Körper, was dann den Prozess der Reinigung dieses Tropfens einleitet. Dieser gleiche Prozess auf der Erzeugungsstufe bringt das eigene Sein oder Kontinuum für die Vollendungsstufe zur Reife. An diesem Punkt der Praxis erzeugt der Schüler oder die Schülerin sich selbst als Vajra-Körper.

Eintreten in das Maṅḍala

Es gilt als falsch, die Kālacakra-Initiation zu geben, ohne dabei ein Sand-Maṇḍala zu verwenden. Wenn der Meister jedoch ein sehr hoch verwirklichter Vajra-Meister ist und die Schüler weit fortgeschritten sind, dann ist es auch möglich, die Initiation in einem Maṇḍala der Ursprünglichen Weisheit zu gewähren.

Das kann auf zweierlei Art geschehen: Die eine Möglichkeit ist, dass der Guru spontan das gesamte Maṇḍala aus seinem Geist erzeugt. Der Schüler befindet sich dann genau in der Mitte dieser Visualisierung des Meisters. Die andere Möglichkeit ist, dass sich gleichsam Türen zum Herzen des Guru öffnen, die Schüler das Maṇḍala dort in seinem Herzen vorfinden und darin eintreten. Wer fähig ist, in ein solches Maṇḍala hineinzugehen, erfährt in vollem Maße große Glückseligkeit.

Zwei der herausragendsten Tantriker der Vergangenheit waren König Indrabhūti, der Hauptschüler des *Guhyasamāja-Tantra*, und König Sucandra von Śambhala, der Hauptschüler des *Kālacakra-Tantra*. Beide erhielten die entsprechenden Einweihungen, Guhyasamāja und Kālacakra, vom Buddha selbst. Bei beiden erschuf der Buddha spontan das Maṇḍala, in das sie eintraten, um die Initiation zu empfangen, und beide hatten im selben Augenblick, wie sie das Maṇḍala sahen, das Gefühl, tatsächlich darin zu sein.

Im gewöhnlichen Fall braucht man ein Sand-Maṇḍala, um die Initiation zu geben. Der Guru löst das Sand-Maṇḍala meditativ in die Leerheit auf, und aus der Leerheit heraus erzeugt er genau an dem Ort, an dem sich das Sand-Maṇḍala befindet, das eigentliche Kālacakra-Maṇḍala. Dann wird die Initiation innerhalb dieses Maṇḍala erteilt. In diesem Fall geschieht das alles durch die Kraft der Visualisation und wird nicht direkt erfahren wie in den beiden vorhergehenden Fällen.

Zum Zeitpunkt der Initiation sollten auch die Schüler sich vorstellen, wie sich die ganze Umgebung in Leerheit auflöst, und aus dieser Leerheit heraus das Maṇḍala visualisieren.

Das Kālacakra-Maṇḍala hat vier Eingänge. Im Uhrzeigersinn sind die Farben auf den Torbögen des Palastes schwarz, rot, gelb und weiß. Diese Farben entsprechen den Farben der Kālacakra-Gesichter, die in die vier Himmelsrichtungen blicken. Der schwarze Eingang unten zeigt nach Osten, oben der gelbe nach Westen, der weiße zur Rechten nach Norden und der rote zur Linken nach Süden.

Der Prozess des Eintretens in das Maṇḍala erfolgt mit verbundenen Augen. Solange wir die Augenbinde tragen, stellen wir uns vor, wir seien noch außerhalb des Maṇḍala, und an dem Punkt der Initiation, an dem wir die Augenbinde abnehmen, sollten wir uns vorstellen, in das Maṇḍala eingetreten zu sein. Das dient dazu, etwaige Hindernisse bei der Praxis zu vermeiden. Außerdem legt man in der Zeit, während man noch mit verbundenen Augen vor dem östlichen Eingang des göttlichen Palastes steht, die verschiedenen Gelübde ab, einschließlich der tantrischen Gelöbnisse. Wir entfernen dann die Augenbinde, betreten den Palast durch das Osttor und wenden uns nach Norden, vor das weiße Gesicht von Kālacakra.

8. Kapitel

Der siebenfache Selbst-Eintritt eines Kindes

Die beiden Initiationen zum Erlangen des Vajra-Körpers

Vor der Wasser-Initiation, der ersten der sieben Selbst-Einweihungen eines Kindes, visualisieren wir, wie vom Herzen des Guru Kālacakra Licht ausstrahlt, auf uns fällt und uns durch den Mund der Gottheit zu ihrem Herzen hinunterzieht. Wir verwandeln uns dabei in einen Tropfen und in dieser Form gleiten wir vom Herzen hinab [durch den Vajra, also das männliche Geschlechtsorgan der Hauptgottheit,] in den Schoß oder in die Gebärmutter beziehungsweise *Bhaga* der Gefährtin. Wir visualisieren uns als Tropfen in der Bhaga der Gefährtin und lösen uns dann in die Leerheit auf.

Währenddessen ist es hauptsächlich der Guru, der über die Leerheit meditiert, aber die Schüler tun es ebenfalls. Genau an diesem Punkt wird die Qualität unseres Geistes von gleicher Natur wie der Geist des Guru und der auserwählten Gottheit [beziehungsweise des Yidam].

Aus dieser Leerheit heraus entsteht die Silbe *oṃ* und daraus der Vajra-Körper. Der Vajra-Körper ist weiß, mit drei Gesichtern und sechs Händen. Das mittlere Gesicht ist weiß, das rechte Gesicht ist schwarz und das linke Gesicht rot. In dieser Visualisierung ist Amitābha weiß, und der Vajra-Körper hat daher die Natur von Amitābha. Die Symbole in den Händen des Vajra-Körpers sind wie folgt: Die rechten Hände [von oben nach unten] halten 1. einen Hammer, 2. einen Speer und 3. einen Dreizack. Die linken Hände halten 1. einen weißen achtblättrigen Lotus, 2. ein Rad und 3. eine Gebetskette.

Paṇḍārī, die Gefährtin von Amitābha, ist rot und trägt folgende Utensilien in den Händen: rechts [von oben nach unten] 1. einen dreifachen Pfeil, 2. einen Vajra-Haken und 3. eine tönende Gebetstrommel beziehungsweise *Ḍāmaru*; links 1. einen Bogen, 2. eine Vajra-Schlinge und 3. ein Juwel mit neun Facetten.

Die erste Initiation: die Wasser-Initiation

Bei der Wasser-Initiation (siehe Tafel zwei) gehen wiederum Lichtstrahlen vom Herzen des Guru Kālacakra aus. Dadurch kommen die Buddhas in Form von Vajra-Körpern herbei und lösen sich in ihm auf. Daraufhin laden wir die Initiationsgottheiten ein, und der Guru bittet sie darum, uns die Initiation zu erteilen. Auf diese Bitte hin begeben sich die eingeladenen Initiationsgottheiten mit ihren Gefährtinnen in sexuelle Vereinigung; die aus ihrer sexuellen Glückseligkeit hervorgehenden Tropfen sinken herab und treten in den Scheitelpunkt von Guru Kālacakra ein. Sie fließen den Hauptkanal hinunter in die Bhaga der Gefährtin [in der wir uns in Form eines Tropfens befinden] und lösen sich in uns auf; dadurch wird die Initiation vollzogen. Wenn wir die Initiationsgottheiten einladen, sollten wir uns dabei möglichst das ganze Kālacakra-Maṇḍala mit all den Gottheiten und Gefährtinnen vorstellen.

Behaltet im Gedächtnis, dass wir auf dieser Stufe des Läuterungsprozesses den Stirn-Tropfen, der mit dem Wachzustand in Verbindung steht, reinigen – und zwar dadurch, dass wir diesen Tropfen in den Vajra-Körper eines Buddha transformieren. Ihr empfangt die Initiation von der nordwärts blickenden Gottheit und werdet dabei als Vajra-Körper erzeugt. Der Ort, wo sich diese Initiation vollzieht, ist das Maṇḍala des Vajra-Körpers, welches ihr als das Maṇḍala der Ursprünglichen Weisheit visualisiert.

Die Wasser-Initiation dient zur Reinigung unserer fünf Elemente. Für jede der Gefährtinnen mit ihrem jeweiligen Tathāgata wird ein eigenständiger Initiationsprozess durchgeführt, bei dem wir jeweils die Buddhas in Form von Vajra-Körpern visualisieren und einladen. Zusammen mit ihren Gefährtinnen lösen sie sich in uns auf. Dann erfolgt die Bitte an die Initiationsgottheiten, uns die Einweihung zu gewähren. Dieser Prozess wiederholt sich für jedes der fünf Elemente folgendermaßen:

1. Das Raumelement unseres Körpers sowie das während dieser Initiationsphase verwendete Wasser werden in Form von Vajradhātvīśarī am Scheitelpunkt erzeugt. Sie hat drei Gesichter und sechs Hände und umarmt Vajrasattva.
2. Das Luftelement unseres Körpers und das Initiationswasser werden in Form von Tārā am Nabel-Cakra erschaffen. Sie umarmt Vairocana.

3. Das Feuerelement unseres Körpers und das Initiationswasser werden in Form von Paṇḍārī in Umarmung mit Amitābha am Stirn-Cakra hervorgebracht.
4. Das Wasserelement des Körpers und das Initiationswasser erzeugen wir in Form von Māmaki am Kehl-Cakra; sie umarmt Ratnasambhava.
5. Das Erdelement des Körpers und das Initiationswasser bringen wir am Herz-Cakra in Form von Locanā hervor, die sich in Umarmung mit Amogasiddhi befindet.

Jede der Gefährtinnen – Vajradhātvīśvarī, Tārā, Paṇḍārī, Māmaki und Locanā – löst sich in Licht auf und nimmt die Natur des Initiationswassers an. Mittels Wasser und Vase übertragen sie uns dann die Initiationen, während wir uns am nördlichen Eingang des Palastes befinden.

Durch diesen Initiationsprozess werden sämtliche Befleckungen der fünf Elemente in uns geläutert, und wir werden dazu ermächtigt, den Pfad und die Siddhis der fünf Gefährtinnen in uns zu entwickeln. Das heißt, es werden die entsprechenden Samen in unser Sein gelegt, die zur Verwirklichung der fünf Gefährtinnen und der mit ihnen zusammenhängenden Siddhis führen. Diese Einweihung befähigt uns außerdem zum Erreichen der ersten Bodhisattva-Ebene. Schließlich lösen sich Duplikate der fünf Gefährtinnen in uns auf, wodurch wir eins mit der Natur der fünf Gefährtinnen werden. Später erschaffen wir diese fünf Gefährtinnen wieder im Maṇḍala und meditieren über sie. All dies ist ein einzigartiger und tiefgründiger Aspekt des Kālacakra-Systems.

Die Menschen, mit denen zusammen wir die tantrische Initiation erhalten, werden als unsere tantrischen Geschwister bezeichnet. Der Grund dafür ist offensichtlich: Wir werden hierbei alle als Körper-Vajra in der Bhaga der Gefährtin erzeugt und in diesem Sinne dort auch empfangen. Jeder, der die Initiation zusammen mit anderen erhält, geht durch denselben Prozess hindurch – so als wären wir alle aus demselben Mutterleib zur gleichen Zeit geboren.

Wenn wir dieses Mal ein echtes Verständnis dieser Abläufe bekommen, dann ist es uns vielleicht möglich, die Initiation wirklich zu empfangen, wenn sie das nächste Mal gegeben wird. Ohne irgendeine Ahnung dessen, was da vor sich geht, werden wir jedoch kaum eine echte Initiationserfahrung machen können.

Die zweite Initiation: die Kronen-Initiation

Nach der Wasser-Initiation kommt die Kronen-Initiation (siehe Tafel drei), die zur Reinigung der fünf Aggregate dient. Auf dieser Stufe haben wir uns selbst bereits als Vajra-Körper hervorgebracht. Obwohl das aus den Kālacakra-Texten nicht deutlich hervorgeht, nehme ich an, dass diese Initiation dadurch vollzogen wird, dass man das Körper-Maṇḍala erzeugt, was bedeutet, dass die Visualisierung innerhalb unseres eigenen Körpers erfolgt.

Die Kronen-Initiation umfasst fünf Abschnitte und wird durch die fünf Tathāgatas übertragen. Während des eigentlichen Initiationsprozesses visualisieren wir zwei Gruppen von Gottheiten: zum einen erschaffen wir unsere fünf Aggregate als die fünf Tathāgatas mit ihren Gefährtinnen, zum anderen bringen wir auch die Kronen als dieselben Tathāgatas hervor. Wo befinden sich diese Kronen, die äußeren Symbole der Einweihung? Bei der Hauptgottheit und ihrer Gefährtin. Wir visualisieren sie in einer Initiation, zu der wir ein Sand-Maṇḍala benutzen (wobei bei einer Initiation in ein Maṇḍala der Ursprünglichen Weisheit diese Visualisation entfällt, da die Kronen bereits vorhanden sind):

1. Die grüne Krone und dein Bewusstseins-Aggregat visualisierst du in Form des grünen Akṣobhya an deinem Scheitel-Cakra. Akṣobhya umarmt seine Gefährtin, die blaue Prajñāpāramitā. Sei dir bewusst, dass Prajñāpāramitā, Viśvamātā und Vajradhātvīśvarī alle von derselben Natur sind.
2. Die weiße Krone und dein Aggregat der Unterscheidung erzeugst du in Form des weißen Amitābha am Stirn-Cakra. Er ist in Umarmung mit seiner Gefährtin, der weißen Paṇḍārī.
3. Die rote Krone und dein Aggregat der Empfindungen werden in Form des roten Ratnasambhava am Kehl-Cakra hervorgebracht. Ratnasambhava umarmt dabei seine Gefährtin, die weiße Māmaki.
4. Die blaue Krone und dein Aggregat der gestaltenden [psychischen] Faktoren werden als schwarzer Amoghasiddhi am Herz-Cakra geschaffen. Amoghasiddhi umarmt seine Gefährtin, die gelbe Locanā. (Beachte, dass im *Guhyasamāja-Tantra* Amoghasiddhi am Genital-Cakra hervorgebracht wird, wohingegen er in diesem Fall am Herz-Cakra erzeugt wird.)
5. Die gelbe Krone und dein Form-Aggregat bringst du als gelben Vairocana am Nabel-Cakra hervor. Er umarmt seine Gefährtin, die schwarze Tārā.

Alle diese Gottheiten sind mit ihren Kronen und entsprechenden Ornamenten geschmückt. Sie haben drei Gesichter und sechs Hände, die verschiedene Utensilien halten.

Die Visualisierung erfolgt immer der Reihe nach: Bei der Wasser-Initiation haben wir die weiblichen Gottheiten in Vereinigung mit ihren Gefährten visualisiert. Hier bei der darauf folgenden Kronen-Initiation ist es genau umgekehrt: Wir visualisieren die männlichen Gottheiten in Vereinigung mit ihren Gefährtinnen. Natürlich visualisieren wir beide Male auch jeden einzelnen Part, aber mit jeweils unterschiedlichen Ausrichtungen. Zum Beispiel ist bei der Wasser-Initiation die Gefährtin auf dem Scheitelpunkt Prajñāpāramitā[23], die den Blick auf die Hauptgottheit Kālacakra richtet und dabei Akṣobhya umarmt, der nach hinten gewandt ist. Bei der Kronen-Initiation visualisieren wir umgekehrt Akṣobhya, der auf Kālacakra schaut, wohingegen seine Gefährtin Prajñāpāramitā nach hinten blickt. Ebenso ist bei der ersten Initiation Paṇḍārī an unserem Stirn-Cakra Kālacakra zugewandt und ihr Gefährte Amitābha abgewandt. Bei der zweiten Initiation wiederum visualisieren wir Amitābha mit Kālacakra zugewandtem Blick, zusammen mit Paṇḍārī, die nach hinten schaut. Auch Māmaki am Kehl-Cakra ist zuerst bei der Wasser-Initiation zu Kālacakra hingewandt und ihr Gefährte Ratnasambhava ist abgewandt – wohingegen dann bei der Kronen-Initiation Ratnasambhava nach vorne blickt und Māmaki nach hinten.

Locanā am Herz-Cakra visualisieren wir während der Wasser-Initiation mit dem Gesicht zu Kālacakra hingewandt, während ihr Gefährte Amoghasiddhi den Blick abgewandt hält. Umgekehrt blickt bei der Kronen-Initiation Amoghasiddhi nach vorne und seine Gefährtin Locanā, mit der er vereint ist, nach hinten. Und Tārā an unserem Nabel-Cakra visualisieren wir schließlich zuerst bei der Wasser-Initiation Kālacakra zugewandt – in Vereinigung mit Vairocana, der nach rückwärts blickt. Bei der Kronen-Initiation blickt dann Vairocana nach vorne, er befindet sich in Vereinigung mit Tārā, die nach hinten blickt.

Damit sind unsere fünf Aggregate und die fünf Kronen alle in Form der fünf Buddhas hervorgebracht. Nun sendet die Hauptgottheit Kālacakra Lichtstrahlen von ihrem Herzen aus, um die fünf Buddhas einzuladen, die sich sowohl in die Kronen als auch in uns selbst auflösen. Wiederum gehen vom Herzen des Kālacakra Lichtstrahlen aus, welche die Initiationsgottheiten herbeirufen. Nun wird die Initiation den Kronen übertragen – also in diesem Fall nicht direkt uns selbst – und zwar auf folgende Weise: Die in Gestalt der jeweiligen Buddhas – Akṣobhya und so weiter – erschaffenen Kronen werden initiiert und lösen sich dann in Licht auf, wobei das Licht die Gestalt der jeweiligen Kronen annimmt – grün, schwarz und so weiter. Sobald sie sich in Licht verwandelt und die Form der verschiedenen Kronen angenommen haben, treten die fünf Arten von Buddhas nacheinander hervor, nehmen die entsprechende Krone und setzen sie uns auf den Kopf: Damit empfangen wir die Kronen-Initiation. Dieser Einweihungsprozess findet sich einzig und allein im Kālacakra-System.

Vergesst nicht, dass wir an diesem Punkt der Initiation bereits als Vajra-Körper mit den darin erstandenen fünf Buddhas erschaffen sind. Nun stellen wir uns vor, wie die fünf Aggregate (welche wir als diese fünf Buddhas visualisiert haben) „tatsächlich zu den fünf Buddhas werden". Jeder der fünf Buddhas im Maṇḍala sendet ein Duplikat von seinem Körper aus, welches sich in uns auflöst. Schließlich verschmelzen auch die Initiationsgottheiten mit den fünf Buddhas in uns.

Bezogen auf den Alltag entspricht die Wasser-Initiation dem Gebadet-Werden eines Kindes durch seine Mutter [und die Kronen-Initiation dem Zusammenbinden der Haare des Kindes]. Nach indischer Sitte fällt das Haar des Kindes zunächst lose herab und wird irgendwann in der frühen Kindheit zu einem Knoten hochgesteckt. Das Hochbinden der Haare gilt als Parallele zur Kronen-Initiation. Dies ist eine indische Sitte, und etwas Ähnliches gibt es auch in der tibetischen Tradition: Bis zum sechsten oder siebten Lebensjahr lässt man das Haar des Kindes frei herabfallen, dann wird es allmählich zusammengeflochten. Dies wird bei Jungen und Mädchen gleich gehandhabt.

Die Kronen-Initiation läutert die Verunreinigungen der fünf Aggregate und ermächtigt uns zum Erreichen des Zustands der fünf Buddhas. Es werden die jeweiligen Samen für die fünf Buddhas in unser Geisteskontinuum gelegt sowie die Fähigkeit zum Erlangen der zweiten Bodhisattva-Ebene. Sowohl die Wasser- als auch die Kronen-Initiation werden im nördlichen Bereich des Maṇḍala erteilt, welcher mit dem Tropfen am Stirn-Cakra zusammenhängt.

Als weitere Parallele für die beiden ersten Initiationen gilt [– angefangen mit der Empfängnis –] der Wachstumsprozess im Mutterleib, bei dem die fünf Elemente und die fünf Aggregate unseres

Wesens gebildet werden. Dementsprechend werden im Initiationsprozess zunächst die fünf Elemente gereinigt und dann die fünf Aggregate. Durch die Läuterung der fünf Elemente ist es überhaupt erst möglich, sie in die fünf weiblichen Tathāgatas zu transformieren. In gleicher Weise werden die fünf Aggregate von allen Befleckungen gereinigt, so dass sie sich in die Natur der männlichen Tathāgatas verwandeln können. Beide Initiationen sind hauptsächlich dazu bestimmt, körperliche Befleckungen zu beseitigen. Außerdem werden die Samen für die Verwirklichung des Vajra-Körpers sowie der entsprechenden Siddhis in uns gelegt.

Damit ist der Abschnitt über die beiden Initiationen abgeschlossen, welche uns durch die Läuterung des mit dem Wachzustand verbundenen Stirn-Tropfens dazu befähigen, den Vajra-Körper zu verwirklichen.

Die beiden Initiationen zum Erreichen der Vajra-Sprache: Die nächste Initiationsphase dient zur Reinigung des Kehl-Tropfens, welcher mit dem Traumzustand verbunden ist. Sie ist als „innere Initiation" bekannt. Entsinne dich, dass der Guru, die Hauptgottheit Kālacakra, auf den beiden ersten Initiationsstufen zum nördlichen Eingang hin gewandt war. Nun stelle dir vor, wie er dich – den Schüler – an seine rechte Hand nimmt und dich hinüber zu seiner linken Seite geleitet. Der Norden befindet sich hierbei vom Guru aus gesehen links; er führt dich also mit seiner rechten Hand um sich herum zur gegenüberliegenden Seite an das Südtor. Das Südtor befindet sich links im Maṇḍala und ist rot. Es entspricht der Farbe des ihm zugewandten Gesichtes, dem so genannten Gesicht der Rede.

Der Guru hält den Blick nun auf das Südtor gerichtet. Wiederum gehen Lichtstrahlen von seinem Herzen aus, die dich in ihn hineinziehen. Du gleitest durch seinen Mund hinunter in die Bhaga der Gefährtin. Die Initiation heißt „innere Initiation", weil du nach innen gezogen wirst. Du löst dich in die Leerheit auf, und aus dieser Leerheit heraus wirst du als Vajra der Rede [beziehungsweise Sprache] erschaffen. Die Vajra-Rede ist rot, mit drei Gesichtern und sechs Händen. Ratnasambhava ist ebenfalls rot; die Vajra-Rede ist von derselben Natur wie Ratnasambhava. Die zugehörige Gefährtin ist die weiße Māmaki, die ebenfalls drei Gesichter und sechs Hände hat.

Wie zuvor gehen Lichtstrahlen vom Herzen des Guru aus, die nun die Jñānasattvas einladen. Die Jñānasattvas lösen sich in dir auf, innerhalb der Bhaga der Gefährtin. Erneut ruft das aus dem Herzen der Hauptgottheit ausstrahlende Licht die Initiationsgottheiten herbei. Sie treten in sexuelle Vereinigung ein, und die Tropfen aus ihrer Vereinigung sinken durch den Scheitelpunkt der Hauptgottheit herab. Diese Tropfen fließen auf demselben Weg wie zuvor in dich hinein und initiieren dich in die Vajra-Rede.

Damit bist du sozusagen geboren. Du verlässt den Mutterschoß der Gefährtin und befindest dich wieder am Südtor des Palastes. Diese Phase der Praxis ist die Vorstufe zu eigentlichen Erzeugungsstufe.

Die Kronenband- sowie die Vajra-und-Glocken-Initiation gehören beide zur Vajra-Sprache. Die zu reinigende Basis besteht beide Male aus den zehn Vitalenergien sowie dem rechten und dem linken Nebenkanal. Erinnere dich, dass zur Zeit der Grundlage, das heißt, zu der Zeit, in der wir mit unserer Praxis anfangen, das Herz-Cakra als achtblättriger Lotus visualisiert wird. Dies entspricht den acht Richtungen, wobei jeder dieser acht Richtungen [– den vier Haupt- und den vier Zwischenhimmelsrichtungen –] eine bestimmte Energie in uns zugeordnet wird; dazu kommt eine Energie, die nach oben, und eine, die nach unten geht. Somit ergeben sich zehn Vitalenergien. Dabei sind die letzten acht Energien mit den vier Haupt- und den vier Zwischenhimmelsrichtungen verbunden. Im Kālacakra-System betrachtet man die Dinge mal von der einen, mal von der anderen Richtung aus: Wenn du zur Südseite gelangt bist, springst du einfach hinüber auf die Nordseite – du gehst nicht im Uhrzeigersinn herum.

1. Die lebenserhaltende Energie entsteht im über dem Herzen befindlichen Abschnitt des Hauptkanals und ist auch hauptsächlich dort angesiedelt, aber sie zirkuliert ebenso durch die verschiedenen Kanäle in den anderen Körperteilen.
2. Die absteigende Energie kommt aus dem unter dem Herzen befindlichen Abschnitt des Hauptkanals und ist eine sich nach unten hin entleerende Energie.
3. Die mit dem Feuer einhergehende Energie steht mit dem ostwärts oder geradeaus verlaufenden Kanal in Verbindung.
4. Die Schildkröten-Energie ist mit dem südöstlich gerichteten Kanal verbunden, wobei sie zur rechten Seite der Gottheit hin verläuft.
5. Die aufsteigende Energie bewegt sich südwärts zur Rechten der Gottheit hin.

6. Die Eidechsen-Energie geht nach Südwesten, indem sie zur rechten Seite der Gottheit nach hinten verläuft.
7. Die alles durchdringende Energie fließt im Kanal nach Norden, zur linken Seite der Gottheit hin.
8. Die *Devadatta*-Energie ist die in nordöstlicher Richtung verlaufende Energie auf der linken Vorderseite der Gottheit. Wenn ein Paar darum betet, ein Kind zu bekommen, und die Frau dann schwanger wird, wird das Kind oft Devadatta beziehungsweise „Geschenk der Götter" genannt.
9. Die Nāga-Energie fließt im Kanal nach Westen hin hinter die Gottheit.
10. Die *Dhanaṃjaya*-Energie geht in Richtung Nordwesten zur Gottheit hin.

Später, während der Selbst-Erzeugung, visualisieren wir einen achtblättrigen Lotus, der diese verschiedenen Kanäle mit den entsprechenden Energien symbolisiert. Die acht in die Haupt- und Zwischenrichtungen verlaufenden Energien sind auch ein Symbol für die acht Śaktīs.

Die Leben erhaltende Energie, die durch den Hauptkanal herzaufwärts fließt, wird von Vajradhātvīśvarī symbolisiert; die absteigende Energie, die vom Herzen abwärts durch den Hauptkanal strömt, von Viśvamātā. Vajradhātvīśvarī und Viśvamātā sind, wie gesagt, von einer Natur und stehen beide mit dem Hauptkanal in Verbindung. Hierbei handelt es sich natürlich um ein und denselben Kanal, vom Herzen abwärts als auch aufwärts gesehen.

Wie erwähnt symbolisieren die acht Blütenblätter des Lotus jeweils die acht Energiekanäle; die Mitte des Lotus versinnbildlicht den Hauptkanal. Über und unter dem Lotus visualisieren wir außerdem während der gesamten Meditation die acht Śaktīs und die zwei Gefährtinnen. Alle zehn bilden dabei reinigende Faktoren für diese Energien.

Im Allgemeinen ist der achtblättrige Lotus, der den Thron für die auserwählten Gottheiten bildet, vielfarbig. In diesem speziellen Kālacakra-Sādhana jedoch ist der achtblättrige Lotus, auf dem die Śaktīs platziert sind, vollständig grün. Im Text wird die Farbe des Lotus nicht genannt; wir können ihn uns also als grün vorstellen. Visualisieren wir jedoch die Lotusblätter entsprechend den Farben, die den verschiedenen Energien zugeordnet werden, so sieht das folgendermaßen aus:

- Der Osten und Südosten sind schwarz.
- Der Süden und Südwesten sind rot.

- ❖ Der Norden und Nordosten sind weiß.
- ❖ Der Westen und Nordwesten sind gelb.

Wenn die zu läuternden Grundlagen, das Mittel der Läuterung und das Geläuterte übereinstimmen sollen, dann wäre es gut, die Visualisation auch in der entsprechenden Weise durchzuführen. Auf der Erzeugungsstufe visualisieren wir dann die zu reinigenden Grundlagen, nämlich die *zehn Energien* in Form der acht Śaktīs und der beiden Gefährtinnen sowie die acht Nebenkanäle als die acht Blätter des Lotus.

Die dritte Initiation: die Kronenband-Initiation

Wir kommen nun zur Kronenband-Initiation (siehe Tafel vier). Auf beiden Seiten der Krone hängen Bänder herab, fünf auf der linken und fünf auf der rechten Seite. Wir visualisieren diese zehn Bänder in Form der zehn Śaktīs. Manchmal sind im Text nur acht Śaktīs erwähnt, aber hier haben wir zehn Śaktīs, Vajradhātvīśvarī und Viśvamātā mit eingeschlossen.

Mache dir bewusst, dass du der Vajra der Rede bist und dich im südlichen Teil des Maṇḍala aufhältst. An diesem Punkt der Initiation löst du deine zehn Energien und die zehn Bänder in die Leerheit auf, um dann aus der Leerheit heraus deine zehn Energien und die zehn Bänder jeweils wieder in Form der zehn Śaktīs zu erzeugen:

1. Die mit dem Feuer einhergehende Energie im Osten und eines der schwarzen Bänder werden in die Leerheit aufgelöst, und wir erschaffen sie neu in Form der Göttin Kṛṣṇadīptā (tib. *nag mo 'bar ma*).
2. Die Schildkröten-Energie im Südosten wird mit dem anderen schwarzen Band in die Leerheit aufgelöst, aus der heraus wir uns die Göttin Dhuma (tib. *du ba ma*) vorstellen.
3. Die aufsteigende Energie im Süden und eines der beiden roten Bänder werden in Form der roten Raktadīptā visualisiert (tib. *dmar mo 'bar ma*).
4. Die Eidechsen-Energie im Südwesten und das andere rote Kronenband werden als die rote Göttin Marīci (tib. *smig sgyu ma*) erzeugt.
5. Die alles durchdringende Energie im Norden und ein weißes Kronenband visualisierst du als Śvetādīptā (tib. *dkar mo 'bar ma*).
6. Die im Nordosten verweilende Devadatta-Energie und das zweite weiße Band bringen wir als Khagamanā (tib. *mkha' snang ma*) hervor.

7. Die Nāga-Energie und eines der gelben Bänder im Westen werden in Form von Pītadīptā (tib. *ser mo 'bar ma*) erschaffen.
8. Die im Nordwesten verlaufende Dhanaṃjaya-Energie und das andere gelbe Band erzeugst du in Form von Pradīptā (tib. *mar me ma*).
9. Die Leben erhaltende Energie und ein blaues Band wird in Form der Göttin Vajradhātvīśvarī hervorgebracht.
10. Die absteigende Energie und ein grünes Band visualisierst du in Form der Göttin Viśvamātā.

Alle Göttinnen haben vier Gesichter und acht Hände. Jede der Göttinnen in den vier Zwischenrichtungen hält einen Yakschwanz-Wedel, um damit der Hauptgottheit Kühlung zuzufächeln. Die Göttin im Südosten hat einen schwarzen Fächer, die im Südwesten einen roten, die im Nordwesten einen gelben und die im Nordosten einen weißen. Die Göttinnen in den vier Hauptrichtungen halten unterschiedliche Utensilien in den Händen.

Im Kālacakra ist von zehn Zeichen die Rede, die auf der Vollendungsstufe – angefangen beim Zurückziehen – auftreten. Die zehn Zeichen entsprechen dem Einfließen der zehn Energien in den Hauptkanal. Und die genannten zehn Göttinnen symbolisieren die Zeichen, die auftauchen, wenn die Energien in den Hauptkanal eintreten, wie Rauch, eine Luftspiegelung und eine Erscheinung von Raum.

Diese den verschiedenen Richtungen zugeordneten Göttinnen visualisieren wir an zwei Stellen: am Kronenband der Hauptgottheit und an unserem Herzen. Die innere Visualisierung ist relativ einfach, weil sie mit diesen Energien verbunden ist und alles seinen Platz hat; es liegt eine gewisse Logik darin.

Wie gewohnt gehen Lichtstrahlen vom Herzen der Hauptgottheit aus und laden die Jñānasattvas ein, sowohl mit den Gottheiten zu verschmelzen, die jetzt da sind, wo vorher die Bänder waren, als auch mit den Gottheiten, die wir in uns erzeugt haben. Wiederum strahlt Licht vom Herzen des Guru aus, um die Initiationsgottheiten herbeizurufen, die nun [nicht uns, sondern] ausschließlich die Göttinnen initiieren, die an die Stelle der Bänder getreten sind. Diese empfangen die Initiation, lösen sich in die Natur des Lichtes auf und verwandeln sich dann wieder in die Kronenbänder. Daraufhin ergreifen die zehn Śaktīs die zehn Bänder, überreichen sie uns und verleihen uns dadurch die Ermächtigung des Kronenbands.

Sowohl in diesem als auch in anderen Tantra-Systemen, die diese verschiedenen Initiationen lehren, werden dabei kurz mit den Initiationsutensilien – wie hier dem Kronenband – fünf Stellen unseres Körpers berührt: Stirn, Kehle, Herz sowie linke und rechte Schulter. Beim Guhyasamāja erfolgen Kronen- und Kronenband-Initiation zusammen in einem Mal. Dass die Kronenband-Einweihung der Kronen-Initiation nachfolgt, gibt es in der Form nur im Kālacakra.

Die Parallele zum gewöhnlichen Leben für diese Initiationsstufe ist das Durchstechen der Ohrläppchen bei Kindern, was auch heute noch eine verbreitete Sitte unter Indern und Tibetern ist.

Durch den Initiationsprozess werden die zehn Energien in uns gereinigt und so aktiviert, dass sie in den Hauptkanal einfließen können. Die Initiation wird durch die zehn Śaktīs übertragen und ermächtigt uns, die gewöhnlichen Siddhis zu erlangen. Indirekt führt die Erzeugungsstufe natürlich auch zum nicht-gewöhnlichen Siddhi der vollen Erleuchtung, so dass die Ermächtigung zum höchsten Siddhi in dieser Initiation ebenfalls enthalten ist.

Außerdem werden wir zum Erreichen der zehn Vollkommenheiten beziehungsweise Pāramitās befähigt. Die zehn Śaktīs werden auch „zehn Pāramitās" genannt; uns wird die Fähigkeit verliehen, die Pāramitās zu erlangen. Das Resultat ist das Erreichen der dritten Bodhisattva-Ebene.

Die vierte Initiation: die Vajra- und Glocken-Initiation

Während der nächsten Phase, der Vajra- und Glocken-Initiation (siehe Tafel fünf), bleiben wir weiterhin in Gestalt der Vajra-Rede im Südteil des Maṇḍala. Vergegenwärtigt euch, dass Kālacakra Vajra und Glocke hält und Viśvamātā umarmt, die ein gekrümmtes Messer und eine Schädelschale hält.

Du löst dich wiederum in die Leerheit auf und stellst dir dabei gleichzeitig Folgendes vor:

1. Dein rechter Kanal wird zu Kālacakra mit seiner Gefährtin; beide mit einem Gesicht und zwei Händen.
2. Der Vajra, den Kālacakra hält, wird ebenfalls zu einem Kālacakra mit Gefährtin, wiederum beide jeweils mit einem Gesicht und zwei Händen.
3. Dein linker Kanal verwandelt sich in Viśvamātā, die Kālacakra umarmt.
4. Die Glocke, die von Kālacakra gehalten wird, wird ebenfalls zu Viśvamātā, in Umarmung mit Kālacakra.

Im rechten Kanal, auch Weisheitskanal genannt, fließt Blut, und im linken Kanal, der als Methode-Kanal bekannt ist, fließen deine regenerativen Substanzen.

Vom Herzen des Kālacakra gehen Lichtstrahlen aus und laden sowohl die Jñānasattvas als auch die Initiationsgottheiten ein. Die Jñānasattvas, in Gestalt von Kālacakra mit seiner Gefährtin Viśvamātā, lösen sich vor dir in die zwei Paare von Kālacakra und Gefährtin auf. Sie lösen sich in Kālacakra mit Viśvamātā zu deiner Rechten, in Kālacakra mit Viśvamātā zu deiner Linken und in die beiden Formen von Viśvamātā, [mit ihrem Gefährten Kālacakra einmal zu deiner rechten und einmal zu deiner linken Seite] auf.

Die Initiationsgottheiten initiieren nun die beiden Paare von Kālacakra mit Gefährtin vor dir, die dort erscheinen, wo zuvor Vajra und Glocke waren. Sie treten in sexuelle Vereinigung ein, lösen sich in die Natur von Leerheit und Glückseligkeit auf und dann in Vajra und Glocke. Daraufhin überträgt dir die Hauptgottheit Kālacakra mit ihrer Gefährtin die Vajra- und Glocken-Initiation, indem du an den fünf genannten Körperstellen mit den Initiationsutensilien berührt wirst.

Die Alltagsparallele hierzu ist das Lachen und das Reden eines Kindes. Es heißt, die Vitalenergie sei Wurzel der Rede. Die Sprache eines Kindes wird durch die Kraft dieser Energie bewirkt. Die Energie verläuft hauptsächlich durch die beiden Nebenkanäle, die durch die Initiation gereinigt werden und hier dem Lachen und der Rede eines Kindes entsprechen. Diese Reinigung läutert die Befleckungen des linken und des rechten Kanals und erweckt in uns die Fähigkeit, die beiden Kanäle mit dem Hauptkanal zu verbinden.

Der Aspekt des Vajra bei der Vajra- und Glocken-Initiation steht dabei für die Ermächtigung zum Verwirklichen von Unwandelbarer Glückseligkeit; der Aspekt der Glocke für das Erlangen der Rede des Buddha, die über alle Vortrefflichkeiten verfügt (tib. *gsung rnam pa thams cad pa*) – das heißt, der universalen Rede eines Buddha, durch die er mit einer einzigen Äußerung den Bedürfnissen aller Lebewesen zu entsprechen vermag. Denn es gibt keinen Ort, wo die Rede des Buddha nicht hinreicht; sie ist allgegenwärtig.

Durch die Hauptgottheit mit Gefährtin werden wir dazu ermächtigt, Siddhis zu erlangen. Gleichzeitig werden die Energien, welche sich durch den Sonnen- und Mondkanal – den rechten und linken Kanal – bewegen, geläutert. Die spezielle Fähigkeit, die sich daraus ergibt, ermöglicht das Erreichen der vierten Bodhisattva-Ebene.

Die eben erklärten Initiationen [von Kronenband sowie von Vajra und Glocke] erfolgen beide im Südteil des Maṇḍala und sind dazu bestimmt, die Rede zu reinigen. Außerdem läutern sie den Tropfen im Kehlbereich, der den Traumzustand hervorruft, sowie die Verunreinigungen der Sprache.

Die ersten beiden Initiationen – Wasser- und Kronen-Initiation – entsprechen im gewöhnlichen Leben der Herausbildung der Elemente und Aggregate eines Embryos im Mutterleib und dienen dazu, die Elemente und Aggregate zu reinigen. Für die nächsten beiden Initiationen – die von Kronenband und Vajra und Glocke – gilt als Parallele zum Alltagsleben die Ausformung der zehn Kanäle des Embryos sowie der zehn durch diese Kanäle laufenden Energien. Diese Kanäle und Energien sind die zu bereinigende Basis für diese beiden Initiationen. Beide Initiationen dienen daher dazu, die Unreinheiten der zehn Kanäle und Energien zu entfernen. Sie ermächtigen uns dazu, in die Handlungen der Vajra-Rede einzutreten, hinterlassen in uns die Samen für die Vajra-Rede und befähigen uns zum Verwirklichen von Siddhis mittels der Vajra-Rede.

Die Initiation zum Erreichen des Vajra-Geistes

Die Initiation der Lebensführung und die Namens-Initiation sind dazu bestimmt, den Vajra-Geist in uns zu begründen. Entsinnt euch, dass die beiden vorhergehenden Initiationen im Südteil des Maṇḍala stattfanden, wobei auch die Hauptgottheit, Guru Kālacakra, in diese Richtung blickte. Wenn wir nun zur nächsten Initiation übergehen, stellt euch vor, ihr werdet im Uhrzeigersinn 270 Grad von Süden nach Osten geführt.

Wie zuvor wird Licht vom Herzen des Guru ausgesandt, welches auf dich fällt und dich in seinen Mund hineinzieht. Du bewegst dich hinunter durch seinen Vajra in die Bhaga der Gefährtin, wo du in Form des Vajra-Geistes erzeugt wirst.

Abermals strahlt Licht vom Herzen des Guru aus, um die Jñānasattvas in Form von Kālacakra mit Gefährtin einzuladen. Sie kommen herbei und lösen sich in dir auf. Dann werden die Initiationsgottheiten eingeladen; sie vereinigen sich, wobei die Tropfen in den Scheitel der Gottheit Kālacakra eintreten und zu dir herabsinken, durch den Vajra bis in die Bhaga der Gefährtin, wo sie dich initiieren. Dann kommst du in Form des Vajra-Geistes am Osttor des Maṇḍala wieder aus dem Schoß der Gefährtin hervor.

Der Vajra-Geist gleicht in seinen Aspekten dem schwarzen Amoghasiddhi. Er besitzt drei Gesichter – schwarz in der Mitte, rechts weiß und links rot – und sechs Hände. In den rechten Händen hält er – von oben nach unten – 1. ein Schwert, 2. ein gekrümmtes Messer und 3. einen Dreizack. In den linken Händen – ebenfalls von oben nach unten – befinden sich 1. ein Schild, 2. eine Schädelschale und 3. ein *Khaṭvāṅga*[24] (ein langer Stab mit Schmuckreifen daran).

Amoghasiddhi umarmt seine Gefährtin Locanā, die gelb ist. Sie hat drei Gesichter: gelb in der Mitte, rechts weiß und links schwarz. Ihre drei rechten Hände halten 1. ein Rad, 2. eine Keule und 3. einen Vajra im zornvollen Aspekt, das heißt mit offenen Enden. In ihren drei linken Händen visualisieren wir 1. einen Speer, 2. einen Vajra und 3. eine Eisenkette.

Die beiden umarmen einander. Dabei umfasst der männliche Aspekt der Gottheit, der Vajra-Geist, die Gefährtin unter ihren Armen, und sie schlingt ihre Arme um seinen Nacken.

Die fünfte Initiation: die Initiation der Lebensführung

Als Nächstes folgt die Einweihung zur Lebensführung, die von den männlichen und den weiblichen Bodhisattvas übertragen wird (siehe Tafel sechs) und der Läuterung der zwölf Sinnesquellen dient, nämlich:

1. der sechs subjektiven Sinnesquellen (tib. *nang gi skye mched drug*), die die fünf Fähigkeiten der Sinne – Augen, Ohren, Nase, Zunge, Körper – sowie die geistige Wahrnehmungsfähigkeit umfassen, und
2. der sechs objektiven Sinnesquellen (tib. *phyi'i skye mched drug*), die aus den fünf Sinnesobjekten – sichtbare Formen, Klänge, Gerüche, Geschmacks- und Tastobjekte – sowie den mentalen Objekten bestehen.

Der Ritualgegenstand für diese Initiation ist ein Daumen-Vajra, der aus einem Vajra-Ring besteht, welcher über den Daumen geschoben wird. Wie zuvor erschaffst du bei dieser Einweihung aus der Leerheit heraus deine sechs Sinnesfähigkeiten in Form der männlichen Bodhisattvas. Ebenso löst du die entsprechenden sechs Objektbereiche und den Daumen-Vajra in die Leerheit auf und bringst sie in Form der weiblichen Bodhisattvas hervor.

Den zwölf subjektiven und objektiven Sinnesquellen entsprechen folgende Gottheiten:

1. Der Sehsinn wird zum roten Kṣitigarbha mit seiner Gefährtin, der weißen Rūpavajrā. Die visuelle Form wird zur weißen Rūpavajrā mit ihrem Gefährten, dem roten Kṣitigarbha. An jedem Auge visualisieren wir sowohl Kṣitigarbha mit seiner Gefährtin Rūpavajrā als auch Rūpavajrā mit ihrem Gefährten Kṣitigarbha; wir denken uns also zwei Paare von Gottheiten an je einem [unserer] Augen.
2. Der Gehörsinn wird zum grünen Vajrapāṇi mit seiner Gefährtin, der blauen Śabdavajrā. Der Klang wird zur blauen Śabdavajrā mit ihrem Gefährten, dem grünen Vajrapāṇi. An den Ohren sind zwei Paare: Vajrapāṇi mit Gefährtin und Śabdavajrā mit ihrem Gefährten.
3. Der Geruchssinn wird zum schwarzen Ākāśagarbha mit seiner Gefährtin, der gelben Gandhavajrā. Der Duft wird zur gelben Gandhavajrā mit Gefährten, dem schwarzen Ākāśagarbha. An der Nase sind wiederum zwei Paare, Ākāśagarbha mit seiner Gefährtin sowie Gandhavajrā mit ihrem Gefährten.
4. Der Geschmackssinn wird zum weißen Avalokiteśvara und seiner Gefährtin, der roten Rasavajrā. Das Schmeckbare wird zur roten Rasavajrā mit ihrem Gefährten, dem weißen Avalokiteśvara. An der Zunge befinden sich zwei Paare von Gottheiten, einmal Avalokiteśvara mit seiner Gefährtin und einmal Rasavajrā mit ihrem Gefährten.
5. Der Tastsinn – im Genitalbereich – wird zum schwarzen Viṣkambhī mit seiner Gefährtin, der gelben Sparśavajrā. Die Sinnesquelle der Tastobjekte wird zur gelben Sparśavajrā mit ihrem Gefährten, dem schwarzen Viṣkambhī. Im Genitalbereich sind wiederum zwei Paare, Viṣkambhī mit seiner Gefährtin sowie Sparśavajrā mit ihrem Gefährten, beide jeweils in Vereinigung.
6. Der geistige Sinn (der im Herzen sitzt) wird zum blauen Samantabhadra mit Gefährtin, der grünen Dharmadhātuvajrā. Die Phänomene oder mentalen Objekte werden zur grünen Dharmadhātuvajrā mit ihrem Gefährten, dem blauen Samantabhadra. In unserem Herzen befinden sich Samantabhadra in Vereinigung mit seiner Gefährtin sowie Dharmadhātuvajrā in Umarmung mit ihrem Gefährten.

Für jedes dieser Paare haben wir zwei Daumen-Vajras, jeder mit sechs Facetten versehen. Jede der sechs Facetten der beiden Daumen-Vajras erzeugen wir in Form dieser zwölf oben beschriebenen Gottheiten, die den zwölf Sinnesquellen entsprechen.

Wie zuvor werden die Jñānasattvas und die Initiationsgottheiten eingeladen; diese verschmelzen sowohl mit den sechs verschiedenen Facetten der Daumen-Vajras als auch mit den in unserem Körper erschaffenen Gottheiten. Dann werden die Initiations-Insignien durch die eingeladenen Initiationsgottheiten eingeweiht. Die aus den Initiations-Insignien, also den Daumen-Vajras, erstandenen Gottheiten vereinen sich, lösen sich in die Natur der großen Glückseligkeit auf und verwandeln sich dann wieder in die Natur der Initiations-Insignien, mittels derer uns durch die männlichen und die weiblichen Bodhisattvas des Maṇḍala die Initiation übertragen wird.

Diese Initiation läutert die Makel unserer sechs Sinnesfähigkeiten sowie der entsprechenden Objektbereiche und transformiert sie in die sechs männlichen und die sechs weiblichen Bodhisattvas. Die zwölf Bodhisattvas senden Duplikate von ihren Körpern aus, die mit den entsprechenden Gottheiten in unserem Körper verschmelzen. Schließlich lösen sich auch die Initiationsgottheiten in uns auf.

Als Parallele aus dem gewöhnlichen Leben gilt hier die eigentliche Geburt des Kindes – also nicht seine Empfängnis –, die zu den Erfahrungen des Kindes in Bezug auf die verschiedenen Sinnesobjekte gehört.

All dies dient zur Reinigung der sechs Sinnesfähigkeiten sowie ihrer sechs Objekte und ermächtigt uns zur Verwirklichung der Siddhis der sechs männlichen und der sechs weiblichen Bodhisattvas. Indem wir die fünf äußeren Sinnesobjekte in ihrer Natur erkennen, erlangen wir gleichzeitig auch die Fähigkeit, sie zu genießen und überdies die Vajra-Sinneskräfte zu verwirklichen. Das Resultat speziell dieser Initiationsstufe ist die Fähigkeit zum Erreichen der fünften Bodhisattva-Ebene.

Die sechste Initiation: die Namens-Initiation

Die Namens-Initiation wird mit Hilfe von Initiationsornamenten aus Armbändern und Fußreifen (siehe Tafel sieben) gewährt. Gereinigt werden bei dieser Initiation die Bereiche von Handlungsgrundlage und entsprechender Handlungsfähigkeit oder Aktivität, nämlich:

1. die sechs Handlungswege über Mund, Arme, Beine sowie die Körperöffnungen zur Ausscheidung von Kot und Urin und – als höchste Handlungsmöglichkeit – von Regenerations-Flüssigkeiten und

2. die sechs Handlungsbereiche Sprechen, Greifen, Gehen, Ausscheiden von Kot, Urin und Regenerations-Flüssigkeiten.

Diese zwölf werden in Form der sechs männlichen und sechs weiblichen Krodhas erzeugt, was folgende sechs Paare männlicher und weiblicher zornvoller Gottheiten ergibt:

1. Der grüne Uṣṇīṣacakravārtin wird an der Öffnung des Urinkanals visualisiert. Normalerweise wird diese Gottheit auf der *Uṣṇīṣa* beziehungsweise der Scheitelerhöhung erschaffen, aber hier sind Methode und Weisheit genau umgekehrt, so dass wir die Gottheit zusammen mit dem Initiationsutensil an der Harnröhrenöffnung erzeugen. Die zugehörige Gefährtin Atinila ist von blauer Farbe. Die Fähigkeit des Urinierens wird wiederum als die blaue Atinila generiert, zusammen mit ihrem Gefährten, dem grünen Uṣṇīṣacakravārtin.
2. Die Handlungsgrundlage des Mundes wird durch den schwarzen Vighnāntaka verkörpert. Sowohl den Mund als auch eines der Initiationsarmbänder erschaffen wir als Vighnāntaka, zusammen mit der gelben Stambhani. Die Aktivität der Sprache erzeugen wir als gelbe Stambhani mit dem schwarzen Vighnāntaka als ihrem Gefährten.
3. Die Handlungsgrundlage der Hände und einen der Initiationsgegenstände bringen wir als den roten Prajñāntaka mit seiner Gefährtin, der weißen Mānini, hervor. Die Aktivität des Mit-den-Händen-Greifens wird durch die weiße Māninī verkörpert, die ihren Gefährten, den roten Prajñāntaka umarmt.
4. Die Handlungsgrundlage der Füße sowie einen der Initiationsgegenstände erschaffen wir als die weiße Gottheit Padmāntaka in Umarmung mit ihrer Gefährtin, der roten Ḍombinī. Die Aktivität des Gehens wird als rote Ḍombinī hervorgebracht; ihr Gefährte ist der weiße Padmāntaka.
5. Die Handlungsgrundlage des Afters und ein Schmuckreif denken wir uns als den gelben Yamāntaka zusammen mit seiner schwarzen Gefährtin Ativīryā. Die Fähigkeit des Ausscheidens von Exkrementen wird in Gestalt der schwarzen Ativīryā mit ihrem gelben Gefährten Yamāntaka erschaffen.
6. Die so genannte höchste Handlungsgrundlage ist die Öffnung, aus der die Regenerations-Flüssigkeiten ausfließen. Die regenerative Flüssigkeit und ein Initiationsutensil wer-

den in Form des blauen Sumbharāja erzeugt. Seine Gefährtin ist die grüne Raudrākṣī. Die Fähigkeit des Ejakulierens bringen wir als grüne Raudrākṣī zusammen mit ihrem Gefährten, dem blauen Sumbharāja, hervor.

Die männlichen Gottheiten repräsentieren also die körperlichen Handlungsgrundlagen, ihre Gefährtinnen die entsprechenden Aktivitäten. Sollen diese Aktivitäten hervorgehoben werden, so sprechen wir – statt von den männlichen Gottheiten in Vereinigung mit ihren Gefährtinnen – umgekehrt von den weiblichen Gottheiten in Umarmung mit ihren jeweiligen männlichen Gefährten.

Nun werden wieder Lichtstrahlen vom Herzen des Guru ausgesandt, um die Jñānasattvas einzuladen, die sowohl mit diesen zwölf aus den Schmuckreifen hervorgegangenen Gottheiten als auch mit den in unserem Körper erschaffenen Gottheiten verschmelzen.

Daraufhin initiieren die Initiationsgottheiten die aus den Initiationsutensilien hervorgegangenen Gottheiten. Sie vereinen sich und lösen sich auf, um dann wieder die Form der Schmuckreifen anzunehmen. Schließlich nehmen die männlichen und die weiblichen Krodhas die Initiationsutensilien zur Hand und erteilen dem Schüler mit folgenden Worten die Einweihung: „Du wirst die Buddhaschaft in Form dieses oder jenes Tathāgata erlangen." Dabei nennen sie uns den Namen und die Buddha-Familie, die uns durch den Wurf der Blume beschieden wurden.

Durch diese Initiation sind nun unsere körperlichen Grundlagen sowie die dazugehörigen Handlungsmöglichkeiten in Form der männlichen und weiblichen Krodhas erschaffen, die ihre Duplikate aussenden und sie in die entsprechenden männlichen und weiblichen Gottheiten in unserem Körper auflösen. Daraufhin verschmelzen auch die Initiationsgottheiten mit diesen Gottheiten in uns.

Als Parallele im Alltag ist hier die Namensgebung für ein Kind nach seiner Geburt zu sehen. Diese Initiation reinigt alle Verschmutzungen der Handlungsgrundlagen und entsprechenden Fähigkeiten. Sie ermächtigt uns dazu, die Siddhis der männlichen und weiblichen Krodhas zu erlangen. Das Resultat dieser Initiation besteht darin, in uns die Fähigkeit zum Erreichen der sechsten Bodhisattva-Ebene zu erwecken.

Wie die vorhergehende Initiation der Lebensführung erfolgt auch die Namen-Initiation im Ostteil des Maṇḍala, der sich auf den Vajra-Geist bezieht. Beide Initiationen bewirken die Läuterung aller Befleckungen des Tropfens im Herzbereich, der mit dem Zustand des Tiefschlafs zusammenhängt.

Einhergehend mit der Herausbildung unserer Handlungsgrundlagen und -fähigkeiten im Mutterleib bilden sich auch die [aus früheren Existenzen mitgebrachten] karmischen Verunreinigungen des Geistes heraus, die mit diesen verschiedenen Handlungs- und Funktionsweisen unseres Körpers verbunden sind. All diese Erfahrungen mit den verschiedenen Sinnesobjekten sowie die damit einhergehenden geistigen Befleckungen werden durch diesen Initiationsprozess geläutert. Die Anlage für den Vajra-Geist wird in uns begründet, und wir werden dazu ermächtigt, das Siddhi des Vajra-Geistes zu verwirklichen. Dadurch gelangen wir zur Meditation auf der Erzeugungsstufe, bei der wir die männlichen und weiblichen Bodhisattvas und Krodhas erzeugen. Zur Zeit des Resultats oder der Erleuchtung erstehen diese verschiedenen Elemente sowie die Handlungsgrundlagen und -fähigkeiten unseres Körpers dann tatsächlich als die männlichen und die weiblichen Bodhisattvas und Krodhas.

Es ist sehr wichtig zu verstehen, wie unsere körperlichen Elemente, Grundlagen und Fähigkeiten auf den Initiationsprozess zu beziehen sind und wie diese zu den verschiedenen Aspekten führen, durch die wir die [entsprechenden] Samen auf der Erzeugungsstufe legen – und schließlich, wie diese Samen zu den entsprechenden Aspekten auf der Vollendungsstufe sowie zu den verschiedenen Errungenschaften zur Zeit des Resultats führen. Um eine authentische Initiation im Einklang mit den Tantras zu erhalten, müssen die Schüler daher die Beziehung zwischen dem Einweihungsprozess und der Stufe der Erzeugung, der Vollendung und des Resultats verstehen. Außerdem sollten sie ein Verständnis davon haben, wie diese Stufen mit den Läuterungsgrundlagen, dem Pfad und dem Resultat zusammenhängen.

Die Initiation zum Erlangen des Vajra der Ursprünglichen Weisheit

Wiederum werden wir, die Schüler, an die Hand genommen und um 180 Grad im Uhrzeigersinn vom vorderen östlichen in den hinteren westlichen Teil des Maṇḍala geführt, der mit dem Vajra der Ursprünglichen Weisheit in Verbindung steht.

Wie zuvor gehen Lichtstrahlen vom Herzen der nunmehr westwärts gewandten Hauptgottheit aus, die auf uns treffen und uns in den Mund der Gottheit hineinziehen, hinunter bis zur Kehle. Mit der in unserem Herzen aufkommenden Freude entflammt gleichzeitig starke Begierde in uns. Wir lösen uns auf, gleiten durch den Vajra der Hauptgottheit in die Bhaga der Gefährtin hinein und lösen uns dort in Leerheit auf.

Aus der Leerheit erheben wir uns in Form des Vajra der Ursprünglichen Weisheit, wobei wir Vairocana gleichen – gelb, mit drei Gesichtern und sechs Händen. Die drei Gesichter sind gelb, weiß und schwarz. In unseren rechten Händen befinden sich – von oben nach unten – 1. ein Rad, 2. eine Keule und 3. ein zornvoller Vajra (wörtlich ein „Furchterreger"); in den drei linken Händen – von oben nach unten – 1. eine Muschel, 2. eine Vajra-Kette und 3. eine läutende Glocke. Unsere Gefährtin ist die schwarze Tārā. Ihre drei Gesichter sind schwarz, rot und weiß. Sie hat ebenfalls sechs Hände. Die rechten Hände halten von oben nach unten 1. ein Schwert, 2. ein gekrümmtes Messer und 3. einen Dreizack; die linken Hände halten 1. ein Schild, 2. einen Schädel und 3. einen Khaṭvāṅga. Die Gefährtin und die Gottheit umarmen sich.

Die vom Herzen der Hauptgottheit ausgesandten Lichtstrahlen rufen die Jñānasattvas herbei, die sich in uns auflösen. Dann vereinigen sich die eingeladenen Initiationsgottheiten, und die Tropfen aus dieser sexuellen Vereinigung sinken durch den Scheitelpunkt der Hauptgottheit herab und initiieren uns in der Bhaga der Gefährtin.

Die siebte Initiation: die Initiation der Erlaubnis

Unter diesen sieben Initiationen bewirkt die Initiation der Erlaubnis die Läuterung des Tropfens, der mit der so genannten Vierten Gelegenheit in Verbindung steht (siehe Tafel acht). Die Ritualgegenstände für diese Initiation sind ein Rad, ein Vajra, ein Schwert, ein Juwel, ein Lotus und ein weiteres Rad.

Bei der Initiation der Erlaubnis erschaffen wir unser Aggregat der Ursprünglichen Weisheit (tib. *ye shes kyi phung po*) und unser Element Bewusstsein als blauen Vajrasattva beziehungsweise als blaue Prajñāpāramitā; die Initiationsutensilien werden als blauer Vajrasattva und blaue Prajñāpāramitā hervorgebracht. Der blaue Vajrasattva umarmt die grüne Vajradhāvīśvarī; die blaue Prajñāpāramitā umarmt den grünen Akṣobhya.

Wie zuvor ziehen die von der Hauptgottheit ausgesandten Lichtstrahlen die Jñānasattvas an, die sowohl mit den Gottheiten in uns verschmelzen, als auch mit denen, die aus den entsprechenden Ritualgegenständen entstanden sind. Dann werden die Initiationsgottheiten herbeigerufen, die die aus den Ritualgegenständen erstandenen Gottheiten initiieren. Schließlich übertragen uns die Initiationsgottheiten Vajrasattva und Prajñāpāramitā durch die Berührung mit den sechs Initiationsutensilien die Initiation. Dabei ermutigen sie jeden Einzelnen, das Dharma-Rad zu drehen, das mit dem Gegenstand verbunden ist, der zuvor mittels der Blume für ihn bestimmt wurde:

1. Die Initiation mittels des Rades symbolisiert unser zukünftiges Drehen des Dharma-Rads.
2. Die Initiation mittels des Vajra steht für das Drehen des Dharma-Rades der Vajra-Familie.
3. Die Initiation mittels des Schwertes symbolisiert das Drehen des Dharma-Rades der Schwert-Familie.
4. Die Initiation mittels des Juwels ist ein Symbol für das Drehen des Dharma-Rades der Juwelen-Familie.
5. Die Initiation mit dem Lotus steht für das Drehen des Dharma-Rades der Lotus-Familie.
6. Die abschließende Initiation mittels des zweiten Rades symbolisiert das Drehen des Dharma-Rades der Rad-Familie.

Das Aggregat der Ursprünglichen Weisheit und das Element des Bewusstseins werden beide in die Gestalt von Vajrasattva mit Gefährtin transformiert. Vajrasattva und seine Gefährtin senden wiederum Duplikate aus, welche mit dem Vajrasattva und seiner Gefährtin [Prajñāpāramitā] in uns verschmelzen. Dann lösen sich auch die Initiationsgottheiten in den Vajrasattva samt Gefährtin in uns auf.

Die Vajra-Meister-Initiation

Dieses Ritual der Räder geht mit der ausdrücklichen Aufforderung an uns einher, die Aufgaben eines Vajrācārya beziehungsweise Vajra-Meisters zu übernehmen. Wir erhalten eine Muschel, einen Band der Schriften und eine Glocke als Symbol für die Abwesenheit von inhärenter Existenz aller Phänomene. Daraufhin wird uns die Erlaubnis für das Mantra gegeben.

Bei dieser Vajra-Meister-Initiation legen wir drei Gelöbnisse ab: das Gelöbnis des Vajra-Geistes, das Gelöbnis der glockengleichen Sprache sowie das Gelöbnis des Mudrā-Körpers. Dabei verschmelzen sowohl der Vajra als auch wir selbst in die Leerheit, und aus der Leerheit heraus erstehen wir wieder zusammen mit dem

Vajra als Vajrasattva. Die Glocke wird als Prajñāpāramitā hervorgebracht, die in diesem Fall unsere Gefährtin ist. Damit wird ausgedrückt, dass Schüler stets die durch den Vajra symbolisierte große Glückseligkeit zusammen mit der durch die Glocke symbolisierten Verwirklichung der Leerheit in sich kultivieren sollten – und zwar gleichzeitig, was durch die Praxis mit der Mudrā möglich wird.

Die siebte Initiation [der Erlaubnis] beinhaltet also zwei Aspekte: zum einen die so genannte Mantra-Initiation, zum anderen die Vajra-Meister-Initiation. Normalerweise ist eine in der anderen enthalten. Hier werden sie der Reihe nach gegeben.

Eine Parallele zum gewöhnlichen Leben, insbesondere für die Mantra-Initiation, sind die Unterweisungen, die dem Kind von den Eltern vorgelesen werden.

Wie es heißt, beginnen die Vitalenergien des Kindes noch nicht im Mutterleib zu fließen, sondern erst ab der Geburt. Beim allerersten Atemzug direkt nach der Geburt fängt auch die Energie der Ursprünglichen Weisheit zu zirkulieren an, und dieser erste Atemzug geht durch den Hauptkanal. Der Atem erfolgt in vollständigem Gleichmaß durch den rechten und linken Kanal beziehungsweise durch das linke und rechte Nasenloch. Normalerweise ist er nicht gleichmäßig, aber zu diesem Zeitpunkt verläuft er ganz ebenmäßig.

Die abschließende Phase der Initiation reinigt die Verschmutzungen des Aggregats der Ursprünglichen Weisheit, welches nichts anderes ist als die Glückseligkeit des Orgasmus bei Mann und Frau. Dadurch wird in uns die Fähigkeit zur Verwirklichung von Vajrasattva begründet sowie das Aggregat des Bewusstseins geläutert; außerdem werden wir zum Erreichen der siebten Bodhisattva-Ebene befähigt.

Zusammenfassung der sieben Initiationen (siehe Tafel neun)

Es gibt vier Maṇḍalas: Das Maṇḍala der meditativen Festigung, das Körper-Maṇḍala, das Maṇḍala auf Stoff [gemalt] und das Maṇḍala aus farbigem Sand. Die sieben Initiationen werden auf der Grundlage des farbigen Sand-Maṇḍala gegeben. Alle sieben Initiationen beinhalten die Verwendung von Wasser, weshalb sie auch Wasser-Initiationen heißen. Im Kālacakra-System spricht man nicht von den „sieben Vasen-Initiationen", sondern vielmehr von den „sieben Selbst-Einweihungen" oder dem „siebenfachen Selbst-Eintritt eines Kindes" oder eben von den „sieben Wasser-Initiationen".

Die Initiation läutert ganz allgemein unsere unheilsamen karmischen Prägungen von Körper, Sprache und Geist. Sie befähigt uns zum Ansammeln von Verdienst und ermächtigt uns zur Meditation auf der Erzeugungsstufe, zum Verwirklichen der weltlichen Siddhis sowie zur Durchführung der verschiedenen Aktivitäten, die mit der Erzeugungsstufe verbunden sind. Dadurch werden wir zu einem so genannten *Upāsaka* beziehungsweise Laienpraktizierenden.

Wenn wir in diesem Leben die Erzeugungsstufe praktizieren und zur Vollendung bringen, so erwerben wir, wie es heißt, genau den Grad an Verdienst, der dem Verdienst eines Bodhisattva auf der siebten Bodhisattva-Ebene entspricht. Wer zwar eine authentische Initiation erhält, aber dann nicht die Erzeugungsstufe praktiziert, sondern lediglich gewissenhaft von den zehn unheilsamen Taten ablässt, kann innerhalb von sieben Lebensspannen die siebte Āryabodhisattva-Ebene erreichen. Praktiziert man das Pāramitāyāna allein, dauert eine solche Verwirklichung hingegen zwei „zahllose" Zeitalter. Auf dem Tantra-Pfad können wir dieselbe Verwirklichung in etwa 700 Jahren erlangen (wenn man als maximale Lebensdauer hundert Jahre für ein Leben ansetzt). Und wer sich während dieser sieben Lebensspannen mit Sorgfalt der Praxis widmet, kann die Verwirklichung sogar noch vor Ablauf von sieben Lebensspannen erfahren.

Es folgt ein kurzer Überblick über die sieben Initiationen (siehe auch Tafel neun):

1. Die Wasser-Initiation wird mittels einer Vase durchgeführt und von den fünf Gefährtinnen erteilt; sie reinigt die fünf Elemente.
2. Bei der Kronen-Initiation erzeugen wir die fünf Teile der Krone als die fünf Tathāgatas: dadurch werden die *fünf Aggregate* gereinigt. Diese ersten beiden Initiationen läutern die Verunreinigungen des Stirn-Tropfens, der mit dem Wachzustand zusammenhängt. Sie reinigen die Verschmutzungen der Elemente und Aggregate und befähigen uns, den Vajra-Körper zu erlangen.
3. Die Kronenband-Initiation steht mit den zehn Śaktīs in Verbindung, die die zehn Energien reinigen.
4. Bei der Initiation von Vajra und Glocke verwandeln sich Vajra und Glocke in Kālacakra und seine Gefährtin. Sie reinigen den rechten und den linken Nebenkanal und ziehen die Energien in den Hauptkanal. Sowohl die Kronenband-

Einweihung als auch die von Vajra und Glocke sind dazu bestimmt, die Befleckungen des Tropfens im Kehlbereich zu beseitigen, der den Traumzustand hervorruft. Sie läutern auch die Unreinheiten der Sprache, etwa irreführende Sprache, und begründen die Anlage zum Verwirklichen der Vajra-Rede.

5. Die Initiation der Lebensführung ist mit den sechs männlichen und sechs weiblichen Bodhisattvas verbunden, die die sechs Sinneskräfte und die sechs Sinnesfähigkeiten läutern.
6. Bei der Namens-Initiation bringen wir die sechs männlichen und sechs weiblichen Krodhas hervor, wodurch die sechs Handlungsgrundlagen und zugehörigen sechs Aktivitäten gereinigt werden. Die Initiationen in die Lebensführung und in den Namen dienen beide zur Reinigung des Tropfens im Herzen, der den Zustand des Tiefschlafs verursacht. Sie legen den Samen für das Erlangen des Vajra-Geistes.
7. Die Initiation der Erlaubnis schließlich entfernt die Verunreinigungen des Tropfens, welcher der so genannten Vierten Gelegenheit zugeordnet wird. Die Initiation wird durch Vajrasattva und seine Gefährtin Prajñāpāramitā verliehen, die die Symbole der fünf Buddha-Familien tragen. Dadurch werden das Aggregat der Ursprünglichen Weisheit und das Element Bewusstsein geläutert.

Das Resultat dieser sieben Initiationen ist die Verwirklichung des Vajra-Körpers, der Vajra-Rede, des Vajra-Geistes und des Vajra der Ursprünglichen Weisheit. An diesem Punkt sind alle in den Palast herbeigerufenen Initiationsgottheiten – einschließlich Kālacakra, seiner Gefährtin und der acht Śaktīs – mit uns selbst verschmolzen. Auf unserem Scheitelpunkt befindet sich Vajrasattva, auf den acht Scheitelpunkten der Śaktīs, die uns und unsere Gefährtin umringen, thront Akṣobhya.

Würden wir nur die sieben Selbst-Einweihungen eines Kindes erhalten, würden wir nun diese vor uns im Raum befindlichen Initiationsgottheiten endgültig auflösen. Da wir jedoch auch die höheren und die noch höheren Initiationen empfangen, lösen wir sie noch nicht auf.

9. Kapitel

Die höheren und die noch höheren Initiationen

Śāntideva sagt: „Alle Freude in der Welt entsteht aus dem Wunsch nach dem Glück der anderen und alles Leiden in der Welt aus dem Wunsch nach dem eigenen Glück." Und weiter: „Genug der vielen Worte! Sieh einfach den Unterschied zwischen einem Narren, der nur nach seinem eigenen Nutzen trachtet, und einem Weisen, der zum Nutzen der anderen wirkt."

Wie es allgemein heißt, sind alle Phänomene nichts als bloße Erscheinungen für den Geist – was auch durch diese Worte von Śāntideva illustriert wird: Ersehnen wir zum Beispiel innerhalb dieser bloßen Erscheinungswelt das Wohl aller Lebensformen und handeln auch dementsprechend, so kehrt dieses Wohl zu uns selbst zurück. Haben wir dagegen die Motivation, anderen Schaden zuzufügen, erleben wir diesen Schaden in irgendeiner Form auch wieder selbst. Ob wir Schaden oder Wohlergehen erfahren, hängt keinesfalls nur von irgendwelchen objektiven Geschehnissen ab. Unsere Erfahrungen werden vielmehr allesamt durch unseren Geist erschaffen.

In gewisser Hinsicht strahlen wir sozusagen unsere eigene Natur in die Welt aus. Was wir verbreiten, bekommen wir auch zurück. Senden wir Feindseligkeit aus – etwas, was nicht im Einklang mit unserer Buddha-Natur steht –, kommt Leiden zurück. Begegnen wir anderen mit einer altruistischen Motivation, so stimmt das, was wir ausstrahlen, mit unserer eigentlichen essentiellen Natur – unserer Buddha-Natur – überein, und das, was zurückkehrt, wird daher ebenfalls in Übereinstimmung mit unserer eigenen Natur sein.

Wenn wir das Wohl der anderen einfach ignorieren und uns ausschließlich unserem eigenen Wohl zuwenden, führt das bestenfalls zur individuellen Befreiung, einer Hīnayāna-Verwirklichung, aber nicht zur vollkommenen Erleuchtung. Das bedeutet, dass es uns [auf diese Weise] nicht möglich ist, vollständig unsere eigene Buddha-Natur zu manifestieren. Wenn wir im Mahāyāna hingegen die Verantwortung für das Wohl und die Aufhebung der Leiden aller Lebewesen übernehmen, kann unsere eigene Natur voll und ganz zum Vorschein kommen. Im Vajrayāna betrachten wir alle uns umgebenden belebten und unbelebten Phänomene als etwas, was von der Natur jener Glückseligkeit ist, die auch unsere eigene Natur ist. Wenn wir bei dieser Praxis die vollständige Erleuchtung erlangen, erkennen wir dadurch auch die eigentliche Natur aller anderen fühlenden Wesen. Die eigentliche Natur der Lebewesen erkennen wir mittels der Ursprünglichen Weisheit, und im Erleuchtungszustand erkennen wir den natürlich angeborenen Geist aller fühlenden Wesen.

Wenn wir hier aufgefordert werden, eine altruistische Motivation zu entwickeln und heilsame Handlungen durchzuführen, dann schreibt uns der Autor nicht einfach aus Moralismus oder Willkür heraus vor, was wir zu tun haben. Vielmehr beziehen sich solche Worte auf einen sehr tiefgründigen Aspekt der Wirklichkeit selbst. Denn das Aussenden von Feindseligkeit und Aggression fügt der objektiven Welt zwar einen gewissen Schaden zu, aber in erster Linie kehrt diese Aussendung zu uns selbst zurück, stört die Ruhe unseres Geistes und bringt uns nichts als Leiden. Deshalb ist die Entwicklung einer altruistischen Motivation so extrem wichtig – nicht nur um der anderen Wesen, sondern auch um unserer selbst willen.

Die wahre Natur der sieben Wasser-Initiationen beziehungsweise Selbst-Einweihungen eines Kindes ebenso wie der vier höheren und der vier noch höheren Initiationen ist das Entstehen großer Glückseligkeit und die daraus resultierende Erkenntnis der Leerheit. Das ist die eigentliche Essenz jeder dieser Initiationen.[25]

Ein Wesen, das aus einem Mutterschoß geboren und mit den vier Elementen sowie den weißen und roten Tropfen ausgestattet ist, entsteht durch den Orgasmus der Eltern und den damit einhergehenden Austritt ihrer Regenerations-Flüssigkeiten – durch ihr „Von-Freude-Überwältigt-Sein“ (tib. *bde bas brgyal*), wie es auf Tibetisch heißt. An diesem Punkt, wenn Mann und Frau vor Glück fast bewusstlos werden, manifestiert sich der sehr subtile oder natürlich vorhandene Geist. Normalerweise sind die Menschen nicht in der Lage, diesen äußerst subtilen Geist zu erkennen.

Wären wir jedoch dazu fähig, könnten wir eine Art Erkenntnis der Leerheit erfahren.

Das Bewusstsein [oder der Geist] des zukünftigen Fötus tritt [bei einer Empfängnis] mitten in diese roten und weißen Regenerations-Tropfen ein. Der in diese Vereinigung eintretende Geist ist der äußerst subtile Geist. An diesem Punkt ist der äußerst subtile Geist dreier Wesen vereinigt: der Geist des Vaters, der Geist der Mutter und der Geist des Wesens, das in den Mutterleib einzieht. Es erfolgt also eine Vereinigung von drei Bewusstseinsströmen sowie der roten und weißen Flüssigkeiten.

Nach anderen tantrischen Systemen, wie etwa Guhyasamāja, bildet die Verbindung der roten und weißen Tropfen den Kern des Herzens, um den herum der Fötus dann heranwächst. Dem Kālacakra-System zufolge befinden sich – auch im Hinblick auf die Formation der Kanäle – diese roten und weißen Bausteine am Nabel des sich herausbildenden Embryos. Der Grund hierfür liegt darin, dass Kālacakra und seine Gefährtin im Nabel-Cakra hervorgebracht werden und die Erfahrung der Unwandelbaren Glückseligkeit auch von hier aus entsteht.

Sowohl nach dem Guhyasamāja- als auch dem Kālacakra-System befindet sich die Basis für das äußerst subtile Bewusstsein im roten und weißen unzerstörbaren Tropfen im mittleren Kanal auf Höhe des Herzens. Zum Zeitpunkt des Todes trennen sich diese Tropfen: Der weiße Tropfen sinkt hinab, und der rote Tropfen steigt hinauf. Genau im Moment der Trennung dieser beiden Tropfen tritt auch das sehr subtile Bewusstsein aus.

Ein Yogi, der Höchstes-Yoga-Tantra praktiziert und die Kontrolle über den weißen und roten Bodhicitta erlangt hat, kann den roten Tropfen vom Nabel aufsteigen und den weißen Tropfen vom Scheitelpunkt abwärts sinken lassen. Das geschieht, indem die *Tummo*-Flamme am Nabel-Cakra erzeugt und dadurch der weiße Bodhicitta am Scheitelpunkt des Kopfes zum Schmelzen gebracht wird.

Dem Guhyasamāja- und dem Cakrasaṃvara-System zufolge ist es uns nicht möglich, das sehr subtile Bewusstsein im gleichen Ausmaß hervorzubringen, in dem es natürlicherweise zur Zeit des Todes auftritt – es sei denn, wir praktizieren mit einer Karma-Mudrā, das heißt mit einer Tantra-Gefährtin oder einem -Gefährten. Im Kālacakra-System hingegen ist es nicht unbedingt erforderlich, mit einer Karma-Mudrā zu praktizieren, damit sich der subtile Geist manifestiert.

Der Hauptgrund für das Praktizieren zusammen mit einer Gefährtin oder einem Gefährten ist weniger die daraus entstehende sexuelle Glückseligkeit, sondern vielmehr das Hervorbringen einer uneingeschränkten Manifestation der Ursprünglichen Weisheit. Aus diesem Grund erwählen sich Praktizierende perfekt qualifizierte Karma-Mudrās und lassen durch diese Praktiken allmählich den sehr subtilen natürlich vorhandenen Geist in Erscheinung treten.

Was die Gefährtin betrifft, so ist hierzu nicht jede Frau geeignet. Am besten ist es, wenn die Frau die Emanation einer Ḍākinī ist. Wenn man keine Emanation einer Ḍākinī finden kann, dann ist es das Nächstbeste, eine Karma-Mudrā zu finden, die die Vollendungsstufe verwirklicht hat. Ist so eine Frau nicht verfügbar, dann sucht man nach einer Karma-Mudrā, die eine Verwirklichung auf der Erzeugungsstufe erreicht hat. Lässt sich auch eine solche Karma-Mudrā nicht finden, wählt man eine, die sich auf dem allgemeinen Pfad geübt und ihn gewissenhaft praktiziert hat, die vollständige und authentische Initiation hat und die Gelübde und Gelöbnisse strengstens befolgt.

Nach dem Kālacakra-System ist es auch in Ordnung, wenn die Gefährtin eine ältere Frau ist (ohne besondere Altersgrenze), wohingegen nach dem Guhyasamāja- und Cakrasaṃvara-System eine ältere Frau als Gefährtin als unangemessen gilt. In den meisten Tantra-Schriften ist das Alter der für die Karma-Mudrā-Praxis am besten geeigneten Gefährtinnen vorgegeben; allgemein gesprochen sollte das Tummo-Feuer in ihr noch nicht allzu sehr abgenommen haben. Wenn es sich jedoch um eine Ḍākinī-Emanation handelt, ist es egal, wie alt sie ist.

Es gilt daher nicht jede Karma-Mudrā als geeignet. Die Karma-Mudrā muss über einige besondere Qualitäten verfügen. Ist der Mann ein hoch verwirklichter Yogi, der die Bewegung der Tropfen kontrollieren kann, so sind die Eigenschaften der Karma-Mudrā nicht so wichtig.

Es besteht die Gefahr, dass diese Darstellungen der sexuellen Vereinigung von Hauptgottheit und Gefährtin Anlass zu Missverständnissen oder Zweifeln geben könnten. Deutlich wird das anhand der Geschichte eines tibetischen Nomaden aus dem Stamm der Abuhor, der auf Pilgerreise war: In vielen Tempeln sah der Abuhor Darstellungen von Gottheiten in Vereinigung mit ihren Gefährtinnen. Nachdem er sie eine Weile angestarrt hatte, meinte er, dass er bereits erleuchtet sein müsste, wenn das alles sei, um zur Erleuchtung zu gelangen,! Die tiefere Bedeutung dieser Darstellungen verstand er keineswegs.

Die vier höheren Initiationen

Es gibt acht weitere Einweihungen, nämlich die vier höheren und die vier noch höheren. Bei einer authentischen Initiation erhält man sie, indem man sich mit einer tatsächlichen Gefährtin, einer Karma-Mudrā, vereinigt. Diese Praxis steht im Einklang mit bestimmten Seiten der Realität; heutzutage jedoch wird sie nicht mehr durchgeführt.

Die Namen der vier höheren Initiationen sind: Vasen-Initiation, geheime Initiation, Weisheits-Wissens-Initiation und Wort-Initiation. Die vier noch höheren Initiationen heißen genauso, nämlich Vasen-, geheime, Weisheits-Wissens- und Wort-Initiation.

In der Regel ist der Geist umso subtiler, je größer die Glückseligkeit in ihm ist, und je subtiler der Geist ist, desto weniger begriffliche Wahrnehmungen sind in ihm vorhanden. Je subtiler wiederum der Geist ist, der die Leerheit erkennt, desto stärker wirkt er als Gegenmittel gegen die Geistesgifte. Aus dem Grund versucht man in der Tantra-Praxis durch die Verwendung von Sinnesobjekten wie köstlichen Speisen und Getränken so viel Glückseligkeit und Freude als möglich zu erzeugen.

Nach den Tantras gibt es keinen größeren Fehler, als sinnliches Verlangen aufzugeben – und zwar deshalb, weil durch angenehme Sinneserfahrungen Freude entsteht, und dadurch ein subtiler Geist auftritt, welcher dazu eingesetzt werden kann, die Natur der Leerheit zu durchdringen. Zur Überwindung unserer Geistestrübungen ist das außerordentlich wirksam. Würden wir die Objekte sinnlichen Verlangens und die damit einhergehende Lust aufgeben, würden wir uns von vornherein den Zugang zu so einer Praxis verschließen.

Gibt man sich im Zusammenhang mit der Tantra-Praxis ganz gewöhnlichen, weltlichen Sinnesvergnügungen hin, ohne gleichzeitig zu erkennen, dass sie keinerlei inhärente Existenz besitzen und ohne dabei die Qualitäten der Freude und des subtilen Geistes zu entwickeln, so ergeben sich daraus negative Auswirkungen, die noch schwerwiegender sind als jene, die aufgrund des Übertretens der vier Grundgelübde eines buddhistischen Mönchs entstehen.

Der indische Tantriker und Weise Kṛṣṇapa meinte, wenn wir keine Yoga-Verwirklichung hätten und dennoch tantrische Vereinigungen mit einer Gefährtin ausüben, würden diese Praktiken uns keinesfalls zur Weisheit, sondern geradewegs in die Hölle führen. Wahre Ursprüngliche Weisheit wird so auf keinen Fall entstehen. Vielmehr wird das Resultat einer solchen bloßen Parodie die Wiedergeburt in einem Höllenbereich sein. Deshalb ist es erforderlich, diese Praxis entweder korrekt durchzuführen oder sie ganz zu unterlassen. Wenn wir uns einer solchen Praxis zuwenden und sie korrekt ausüben, so hat das zweifellos sehr großen Nutzen. Tun wir das hingegen auf inkorrekte Weise, so führt uns das direkt ins Unglück.

• Die höhere Vasen-Initiation

Für die Vasen-Initiation innerhalb der vier höheren Einweihungen wenden wir uns nach Norden und erzeugen uns selbst als Vajra-Körper. Dann bringt man dem Guru Kālacakra – so wie man ein Maṇḍala darbringt – eine vollständig qualifizierte Gefährtin beziehungsweise *Vidya* dar, die deshalb so heißt, weil sich in Abhängigkeit von ihr der natürlich vorhandene Geist manifestiert.

Kālacakra nimmt die dargebotene Gefährtin an und gibt sie uns mit folgenden Worten – und den Maṇḍala-Gottheiten als Zeugen – zurück: „Ich gebe dir diese Gefährtin zurück, damit du die Vereinigung von Glückseligkeit und Leerheit erfährst." Dabei vergegenwärtigen wir uns, dass wir uns bereits in der Form des Vajra-Körpers hervorgebracht haben und die Gefährtin in Form der Śākti Viśvamātā.

Dann halten und streicheln wir – immer noch in Gestalt des Vajra-Körpers – die Brüste der Gefährtin und umarmen sie, was große Lust in uns hervorruft. Daraufhin schmilzt der weiße Bodhicitta in unserem Körper, und es steigt Glückseligkeit uns auf. Mit dieser Glückseligkeit richten wir uns auf die Leerheit, und durch diese Erfahrung der Vereinigung von Glückseligkeit und Leerheit empfangen wir die Vasen-Initiation.

Obwohl bei dieser Initiation gar keine Vase benutzt wird, nennt man sie deshalb Vasen-Initiation, da die Brüste der Gefährtin mit Vasen beziehungsweise „Behältern voller weißer Milch" verglichen werden.

Die Vasen-Initiation läutert, wie es heißt, das Verlangen zu lächeln und zu lachen. Erinnert euch an die vier Arten des Vergnügens, eine davon ist das Lächeln und Lachen. Sie entfernt außerdem die Verunreinigungen des Stirn-Tropfens, der mit dem Wachzustand verbunden ist, und ermächtigt uns dazu, den resultierenden Vajra-Körper zu erlangen.

Damit ist die Vasen-Initiation abgeschlossen.

• Die höhere geheime Initiation

Für die höhere geheime Initiation wendest du dich nach rechts zum südlichen Teil des Palastes und bringst dich in Form der Vajra-Rede hervor. Der Guru und die Gefährtin vereinen sich, und die von seinem Herzen ausgehenden Lichtstrahlen rufen alle Maṇḍala-Gottheiten herbei, einschließlich Kālacakra mit Gefährtin. Sie strömen in den Mund des Guru ein und lösen sich durch das starke Verlangen an seinem Herz-Cakra auf. Obwohl das im Text nicht ersichtlich ist, treten sie auch in den Mund der Gefährtin ein, denn es sind hier sowohl die roten als auch die weißen Regenerations-Substanzen [beziehungsweise sowohl der rote als auch der weiße Bodhicitta] beteiligt.

Dann sinken sie zur Spitze des Juwels beziehungsweise Vajra [oder männlichen Geschlechtsorgans], und dieser Zustand symbolisiert die Ursprüngliche Weisheit der nicht-dualen Glückseligkeit und Leerheit. Der Guru nimmt zuerst einen Tropfen des weißen Bodhicitta und platziert ihn in den Mund des Schülers. Dann nimmt die Gefährtin einen Tropfen des roten Bodhicitta aus ihrem Lotus [beziehungsweise weiblichen Organ] und platziert ihn in den Mund des Schülers. Wir verspüren die geheimen Substanzen der Gottheit und ihrer Gefährtin und blicken dabei auf den Lotus der Gefährtin, wodurch großes Verlangen in uns aufsteigt. Aufgrund unseres starken Verlangens und der damit einhergehenden großen Freude schmilzt der weiße Bodhicitta in uns; wir erfahren Glückseligkeit, die wir wiederum auf die Leerheit richten. Durch diese Erfahrung empfangen wir die geheime Initiation.

Sie reinigt die Verschmutzungen des Tropfens, der mit dem Traumzustand verbunden ist, und verleiht uns die Fähigkeit zur Verwirklichung der Vajra-Rede sowie der neunten Bodhisattva-Ebene.

• Die höhere Weisheits-Wissens-Initiation

Für die höhere Weisheits-Wissens-Initiation werden wir wiederum an die Hand genommen und im Uhrzeigersinn nach vorne, in den Osten, geführt. Vor dem östlichen Gesicht der Gottheit bringen wir uns in Form des Vajra-Geistes hervor. Dadurch werden jegliche Verunreinigungen des Tropfens beseitigt, der mit dem Zustand des Tiefschlafs zusammenhängt.

Die Weisheits-Wissens-Initiation bezieht sich auf unsere Vereinigung mit der Weisheit – womit hier die Gefährtin gemeint ist. Da die Initiation durch das Schmelzen des eigenen Bodhicitta zustande kommt, wird sie, wie es heißt, im Maṇḍala des relativen Erleuchtungsgeistes empfangen.

Der Schüler ist dabei bereits in Form des Vajra-Geistes erstanden; die Gefährtin, nämlich jene, die zuvor der Gottheit dargebracht wurde, wird in Form von Viśvamātā erschaffen. Wir vereinigen uns mit ihr, wobei wir die drei innere Einstellungen entwickeln:

1. unseren eigenen Körper als göttlich anzusehen, indem man sowohl den Körper der Gefährtin als auch den eigenen Körper in göttlicher Gestalt visualisiert;
2. die eigene Sprache als Mantra zu betrachten, indem man die Silbe *Phaṭ* visualisiert, wie gleich anhand zweier Beispiele erklärt wird;
3. den eigenen Geist als die Wirklichkeit selbst zu betrachten, indem man über die Leerheit meditiert.

Dann löst du in Form der Hauptgottheit deinen Vajra – das männliche Geschlechtsorgan – in Licht auf, und aus diesem Licht bildet sich die Silbe *Hūṃ*. Aus diesem *Hūṃ* heraus erhebt sich ein Vajra. Stelle dir vor, wie dein Hauptkanal an der Längsachse dieses Vajra entlang verläuft. Um zu verhindern, dass der weiße Bodhicitta aus deinem Vajra austritt, stellst du dir vor, wie er an der Spitze durch die gelbe Silbe *Phaṭ* verschlossen wird. Wir visualisieren diese gelbe Silbe *Phaṭ* also, um die Kraft der herabsteigenden Energie aufzuhalten, die den weißen Bodhicitta nach außen treibt. Vor deinem geistigen Auge vergegenwärtigst du dir jedoch nicht das gewöhnliche männliche Organ, sondern visualisierst stattdessen einen Vajra. Wenn nun deine Lust aus der Berührung bei der sexuellen Vereinigung aufsteigt, stellst du dir einen fünfzackigen Vajra mit den Zacken an der Seite vor – so unangenehm diese Vorstellung auch sein mag. Das Folgende ist zwar nicht im Text enthalten, aber in der mündlichen Tradition überliefert: Um diese Vision leichter mit deinen eigentlichen Sinnesempfindungen in Einklang zu bringen, ohne sie mit gewöhnlichen Erscheinungen zu vermengen, visualisierst du den fünfzackigen Vajra mit dem mittleren Stab und der Silbe *Phaṭ* an der Spitze, als wäre er von einem sehr weichen, runden, hübschen Glasbehälter umschlosssen, der aber nicht aus gewöhnlichem Glas ist. Das weiche, glatte Äußere dieser gerundeten Form ist aus lauter winzigen Miniatur-Vajras zusammengesetzt – aus ganz kleinen weichen Glaspartikeln, die so winzig sind, dass sie rund erscheinen. Auf diese Weise kannst du die Meditation mit deiner eigentlichen Sinneserfahrung in Übereinstimmung bringen, ohne dabei gewöhnliche Erscheinungen einfließen zu lassen.

Dann löst du den Lotus – das Geschlechtsorgan der Gefährtin – in Licht auf. Aus diesem Licht heraus erzeugst du dann den Lotus in Form eines roten dreiblättrigen Lotus, der in der Mitte leer ist. Diese Mitte ist der Zentralkanal, und du stellst dir vor, wie auch dieser durch die gelbe Silbe *Phaṭ* verschlossen wird.

Mit der dreifachen inneren Haltung vereinigst du dich nun mit der Gefährtin. Wenn der weiße Bodhicitta von deinem Scheitelpunkt zum Genital-Cakra herabsinkt, erfährst du große Glückseligkeit, und mit dem Geist dieser großen Glückseligkeit meditierst du über die Leerheit. Diese Erfahrung wird als Weisheits-Initiation bezeichnet.

Sie reinigt die Verschmutzungen des Geistes, baut in uns den Tropfen auf, der mit dem Vajra-Geist verbunden ist, und befähigt uns dadurch zum Erlangen des Vajra-Geistes. Außerdem verleiht sie uns die Fähigkeit zum Erreichen der zehnten Bodhisattva-Ebene.

• Die höhere Wort-Initiation

Für die vierte Initiation, die Wort-Initiation, werden wir wieder an der Hand genommen und im Uhrzeigersinn nach hinten geführt, in den Westen. Während wir auf das Ursprüngliche-Weisheits-Gesicht der Hauptgottheit Kālacakra blicken, erzeugen wir uns als Vajra der Ursprünglichen Weisheit und unsere Gefährtin als Viśvamātā. Wie zuvor vereinigen wir uns mit ihr.

Bei dieser vierten Einweihung erfährt man also wieder die Vereinigung und dadurch Glückseligkeit. Dieses Mal jedoch erreicht der weiße Bodhicitta die Spitze des Juwels, wohingegen er vorher nur bis zum unteren Bereich des Genital-Cakra kam. Es steigt Glückseligkeit in uns auf, und wir meditieren über die Leerheit. Das gilt als die so genannte vorläufige vierte Initiation, zu der wir durch genau diese Erfahrung von Glückseligkeit und Leerheit gelangen.

Die Initiation läutert die Verunreinigungen des Tropfens, der die Vierte Gelegenheit auslöst. Sie befähigt uns zum Erreichen des Vajra der Ursprünglichen Weisheit sowie der elften Bodhisattva-Ebene.

Da man mit Worten in diese Einweihung eingeführt wird, heißt sie Wort-Initiation. Und da sie in Abhängigkeit von der Vereinigung der zwei Wahrheiten empfangen wird – was ihr eigentlicher Sinn ist – sagt man, dass sie in Abhängigkeit vom absoluten Erleuchtungsgeist erlangt wird.

Mit diesen vier Initiationen – der Vasen-Initiation, der geheimen Initiation, der Weisheits-Wissens-Initiation und der Wort-Initiation – erwerben wir die Fähigkeit, die achte, neunte, zehnte und elfte Bodhisattva-Stufe zu erreichen.

Die vier noch höheren Initiationen

Die zu läuternden Grundlagen sind bei den vier höheren und den vier noch höheren Initiationen dieselben, aber die Läuterungsprozesse sind jeweils verschieden. Ich konnte keinen Unterschied hinsichtlich ihrer Funktionen feststellen, doch könnte man zu dem Schluss kommen, dass die Unterscheidung eine graduelle ist: Die höheren Initiationen reinigen die Befleckungen auf einer gröberen Ebene; die noch höheren Initiationen tun das auf einer subtileren Ebene.

Für die vier noch höheren Initiationen begibt sich der Schüler wie zuvor zu den entsprechenden Stellen im Maṇḍala.

• Die noch höhere Vasen-Initiation

Die erste der noch höheren Initiationen ist die Vasen-Einweihung, die im Norden übertragen wird. Der Schüler bringt sich als Vajra-Körper hervor und hat jetzt zehn Gefährtinnen, deren Attribute in den Schriften näher beschrieben werden. Sie werden in Form der zehn Śaktīs erzeugt.

Der Einweihungsprozess ist den vorhergehenden sehr ähnlich. Die Vasen-Initiation beginnt wie zuvor mit dem Streicheln der Brüste, der Umarmung und dem daraus resultierenden Aufkommen von großem Verlangen. Der weiße Bodhicitta schmilzt vom Scheitelpunkt des Kopfes hinab bis zur Stirn. Im Stirnbereich entsteht Glückseligkeit; aus dieser Glückseligkeit heraus wenden wir uns der Leerheit zu, und durch diese Erfahrung empfangen wir die Vasen-Initiation.

Ihr Zweck, die Anlagen, die sie hinterlässt, sowie die Ermächtigung und die Fähigkeit, die sie uns verleiht, bleiben gleich wie in der vorherigen Vasen-Initiation; daher wird sie genauso genannt und hat auch dieselbe Etymologie.

• Die noch höhere geheime Initiation

Der Schüler wird nun zum südlichen Bereich des Maṇḍala geführt, welcher der Vajra-Rede entspricht, und er bringt sich als Vajra-Rede hervor.

Nach der Gelug-Tradition gibt es zwei verschiedene Darstellungsweisen dieser geheimen Initiation:

1. die Darstellung der Vollendungsstufe von Gyeltsab Dsche, einem der beiden Hauptschüler von Lama Dsche Tsongkhapa, und die Anmerkungen eines unbekannten Schülers zu diesen Belehrungen von Dsche Tsongkhapas über die Vollendungsstufe. Diese beiden Texte stimmen überein. Demnach begibt sich bei der geheimen Initiation die Hauptgottheit in Vereinigung mit der Gefährtin, erst dann werden die geheimen Substanzen an den Schüler weitergegeben.
2. Die Darstellung von Khedrub Dsche, dem anderen der beiden Hauptschüler von Dsche Tsongkhapa, wonach sich der zu Initiierende selbst mit der Gefährtin vereinigt, nicht die Hauptgottheit. Überdies sinkt nach dieser Darstellung der weiße Bodhicitta gleich bis zum Herz- und nicht zum Kehl-Cakra.

Die erste Interpretation durch Gyeltsab Dsche und jenen anderen Schüler von Dsche Tsongkhapa scheint insofern schlüssiger, als es sich hier um eine „geheime" Initiation handelt, was eher auf den Aspekt einer Übertragung der geheimen Substanzen hindeutet.

Nach dieser ersten Interpretation vereinigt sich die Hauptgottheit mit neun der zehn Gefährtinnen. Bei jeder der Vereinigungen gehen Lichtstrahlen von ihrem Herzen aus und laden die Buddhas ein, die entweder durch den Scheitelpunkt oder den Mund der Hauptgottheit gleiten – das macht keinen Unterschied. Dann sinken sie auf den Grund ihres Herzens herab und lösen sich in Licht auf. Es entsteht große Lust in der Hauptgottheit, und der weiße Bodhicitta steigt bis zur Spitze des Vajra-Juwels. Gleichzeitig sinkt der rote Bodhicitta der Gefährtin hinunter bis zum empfindlichsten Punkt des Lotus. Die Hauptgottheit nimmt je einen Tropfen des weißen und des roten Bodhicitta auf den Ringfinger und gibt diese an den Schüler weiter. Der Schüler kostet die beiden geheimen Substanzen und richtet dann den Blick auf die Lotusse der neun Gefährtinnen. Daraus erwächst starkes Verlangen in ihm, woraufhin sein Bodhicitta schmilzt und auf Höhe des Herzens herabsinkt. Mit diesem starken Verlangen richten wir unser Gewahrsein auf die Leerheit, und an diesem Punkt empfangen wir die geheime Einweihung.

Obwohl die Hauptgottheit sich mit neun Gefährtinnen vereinigt, nimmt ihre Glückseligkeit nicht ab, weil auch keine Flüssigkeit verloren geht. Es heißt, wenn man seine Samenflüssigkeit verliert, führe das zum Tode, wird sie jedoch zurückbehalten, verhilft es einem zum Siddhi der Unsterblichkeit. Außerdem heißt es, wenn man sich mit dieser Praxis des Zurückhaltens der Flüssigkeit vertraut macht, würde der Körper zusehends eine jugendliche Ausstrahlung gewinnen. Er wird geschmeidig und stark, bis sich schließlich die eigene Erscheinung der eines Sechzehnjährigen annähert.

Die Erklärungen hinsichtlich Tropfen, Ermächtigung und so weiter stimmen genau mit denjenigen zur höheren geheimen Initiation überein.

• Die noch höhere Weisheits-Wissens-Initiation

Zur Weisheits-Wissens-Initiation wird der Schüler wiederum im Uhrzeigersinn in den östlichen, vorderen Bereich des Maṇḍala geführt, vor das Angesicht des Vajra-Geistes der Hauptgottheit. Nun ist es jedoch der Schüler, der sich wie zuvor beschrieben mit den neun Gefährtinnen vereinigt, wobei er die erwähnten drei inneren Haltungen einnimmt.

Bei der Vereinigung mit den Gefährtinnen sinken die Tropfen vom Grunde des Herzens herab zum Genital-Cakra. An diesem Punkt entsteht Glückseligkeit, und wir meditieren auf die Leerheit hin. Diese Erfahrung führt uns zur dritten der noch höheren Initiationen, der Weisheits-Wissens-Initiation. Etymologie und Resultate der Einweihung sind die gleichen wie bei der vorherigen Weisheits-Wissens-Initiation.

Wenn der weiße Bodhicitta vom Genitalbereich zur Spitze des Juwels aufsteigt, führt das zu einer Glückseligkeits- und Leerheitserfahrung, die von der gleichen Natur wie die Erfahrung der Weisheits-Wissens-Initiation ist. Sie wird zwar die „bloße vierte Initiation“ (tib. *dbang bzhi pa tsam*) genannt, ist aber tatsächlich von einer Natur mit der Weisheits-Wissens-Initiation.

In diesem Punkt weichen die Darstellungen von Gyeltsab Dsche und Khedrub Dsche voneinander ab. Der eine sagt, dass bei der Weisheits-Wissens-Initiation der weiße Bodhicitta direkt zur Spitze des Juwels aufsteigt. Der andere meint einfach nur, dass er sich zum Genital-Cakra hinbewegt, und man dann, wenn er zur Spitze des Juwels gelangt, von der *bloßen* vierten Initiation spricht, um dies von der tatsächlichen vierten Initiation zu unterscheiden. Die zweite Interpretation ist wahrscheinlich näher liegend, da sie mehr der zu läuternden Basis entspricht.

• Die noch höhere Wort-Initiation

Wenn sich der weiße Bodhicitta an der Spitze des Juwels befindet, erzeugen wir uns und unsere Gefährtin als Gottheiten der leeren

Form. Große Glückseligkeit entsteht an diesem Punkt in unserem Geist, und wir haben eine Erkenntnis der Leerheit. Daraufhin erscheint unserem geistigen Auge eine Vereinigung von Körper und Geist. Diese Erfahrung bereitet uns wiederum vor auf die Vereinigung, die zum Zeitpunkt des Resultats auftritt, und dies wird als Wort-Initiation oder vierte Initiation bezeichnet.

Die Reinigung der verschiedenen zu läuternden Elemente erfolgt bei dieser Initiation genauso wie bei der höheren Wort-Initiation beschrieben.

Eine ausschließliche Besonderheit dieser noch höheren Wort-Initiation ist, dass sie in uns die Fähigkeit zum Erlangen der zwölften Bodhisattva-Stufe begründet. Die anderen Aspekte, wie Etymologie und so weiter, sind dieselben wie bei der höheren Wort-Initiation.

Gelöbnisse

Behaltet im Kopf, dass während der Initiation von den Gelöbnissen gesprochen wird, die einzuhalten sind, und von dem Verfall, vor dem wir sie bewahren sollen. Wir erhalten eine Einführung in die Disziplin sowie die Anweisung, uns innerhalb der fünfundzwanzig Verhaltensregeln der Kālacakra-Disziplin zu bewegen. Achtet hierbei darauf, dass es zwischen den allgemeinen Tantra-Systemen und dem Kālacakra-System einige Unterschiede hinsichtlich der vierzehn Hauptübertretungen von Tantra-Gelübden gibt.

Zusammenfassung der Initiationen

Bei den ersten sieben Initiationen geht es um die verschiedenen zu läuternden Grundlagen, wie die vier Tropfen, und deren Läuterungsprozess. Die Mittel zur Läuterung sind dabei die verschiedenen Initiationsutensilien, die den oben beschriebenen Initiationen jeweils zugehören.

Bei den höheren und den noch höheren Initiationen sind die zu reinigenden Grundlagen die vier Tropfen, deren Verunreinigungen beseitigt werden; der Läuterungsprozess besteht aus der jeweiligen Initiation selbst, und das Resultat der Reinigung sind die vier Körper eines Buddha.

Solange wir die Erzeugungsstufe praktizieren, sind die zu läuternden Grundlagen die vier Tropfen in uns. Der Reinigungsprozess besteht zum einen aus der Erzeugung von uns selbst als die vier Buddhas – Vajra-Körper, Vajra-Rede, Vajra-Geist und Vajra der

Ursprünglichen Weisheit – zum anderen in der Visualisierung der verschiedenen Maṇḍala-Gottheiten.

Diese Meditationsprozesse auf der Erzeugungsstufe dienen dazu, die Vitalenergien und die Kanäle im Körper zu segnen. Auf der Vollendungsstufe entsteht durch das direkte Einwirken auf die solcherart gesegneten Kanäle und Energien Unwandelbare Glückseligkeit, und wir sind in der Lage, diese Energien tatsächlich in die Gottheiten zu transformieren, die wir während der Erzeugungsstufe bloß imaginiert haben. Zur Zeit des Resultats wird dann auch das Kālacakra-Maṇḍala mit all den darin weilenden Gottheiten wirklich manifest.

Um diese Stufe zu erlangen, ist es notwendig, in uns den Geist der Unwandelbaren Glückseligkeit zu entwickeln sowie die leere Form zu erzeugen. Das Mittel hierzu ist das Sechsfache Yoga der Vollendungsstufe. Um die Kanäle und Energien entsprechend zu aktivieren, reicht allein die Praxis der Vollendungsstufe nicht aus – es bedarf der vorhergehenden Segnung durch die Erzeugungsstufe. Es heißt, wer auf der Erzeugungsstufe – in Form der Gottheit – nicht die klare Sicht und den göttlichen Stolz in sich entwickelt hat, dem wird während der ersten der sechs Phasen auf der Vollendungsstufe, der Phase der Zurückziehung, auch nicht die Gottheit mit Gefährtin erscheinen.

Da die Meditation auf der Erzeugungsstufe ohne eine vorhergehende Einweihung nicht erlaubt ist, geht dieser Meditation eine entsprechende Initiation voraus, die in unserem Geistesstrom die Anlagen für die später zu visualisierenden Gottheiten begründet. Die Einweihung darf jedoch nicht an jemanden weitergegeben werden, der nicht gänzlich auf das Wohl der anderen ausgerichtet ist.

Deshalb tritt vor der eigentlichen Initiation der Schüler vor den Maṇḍala-Palast, und der Guru ruft aus dem Maṇḍala heraus: „Wer bist du?" Du antwortest dann: „Ich bin ein vom Glück begünstigter Bodhisattva". Wenn du nicht auf diese Weise antwortest, wird er dir sagen: „Entferne dich!".

Hast du diese Frage richtig beantwortet, fragt die Gottheit: „Was möchtest du?" Nun lautet die korrekte Antwort: „Auf der Grundlage von Sinneserfahrungen suche ich große Glückseligkeit." Wenn du diese Antwort gibst, wird die Hauptgottheit sagen: „Trete herein!"

10. Kapitel

Die Läuterung des Todes

Mitgefühl ist, wie es heißt, die grundlegende Tugend, die alle anderen Tugenden hervorbringt. In einem Geist, der die Leiden der anderen nicht zu ertragen vermag, entsteht die Sehnsucht danach, ihre Leiden zu lindern und sie in einen Zustand des Wohlbefindens zu versetzen. Dabei begreifen wir jedoch, dass wir in unserer gegenwärtigen Lage nicht die Mittel haben, die Leiden der anderen völlig zu beseitigen, beziehungsweise sie zu einem dauernden Zustand von Glück zu führen. Wir sehen ein, dass wir unsere Bestrebungen so nicht verwirklichen können. Auch wenn wir uns bemühen, anderen Wesen in materieller Hinsicht zu helfen, vermögen wir sie bestenfalls zeitweise von ihren Leiden zu befreien. Wir sind jedoch nicht in der Lage, langfristige oder grundlegende Änderungen herbeizuführen. Zudem ist es noch nicht einmal sicher, ob solche materiellen Bemühungen auch wirklich irgendein Glück bewirken. Tatsächlich können sie sogar genau das Gegenteil dessen hervorrufen, was wir beabsichtigen.

Haben wir erst einmal Mitgefühl in uns entwickelt, so sind wir zunehmend fähig, jede Art von Besitz hinzugeben, um das Leiden anderer zu lindern. Je stärker das Mitgefühl in uns wird, desto eher sind wir in der Lage, sogar unseren eigenen Körper zum Wohl der anderen zu opfern, falls es notwendig wird. Ganz offensichtlich ist Mitgefühl eine ungeheuer machtvolle Kraft. Das Entwickeln von Mitgefühl gipfelt im Zustand der vollen Erleuchtung, bei dem in uns die Fähigkeit manifest wird, den Bedürfnissen aller fühlenden Wesen zu dienen.

Um die Leiden der anderen nicht nur vorübergehend, sondern samt der Wurzel ganz und gar zu beseitigen, ist es notwendig, alle Formen von Verblendung gänzlich zu überwinden. Aus diesem Grund führen Bodhisattvas alle möglichen Übungen aus. Sie meistern die Übungen der Śrāvakas, schulen sich gründlich in den Übungen der Pratyekabuddhas und vollenden natürlich die Praktiken des Mahāyāna-Pfades. Auf diese Weise führt die Entwicklung von großem Mitgefühl auch zu allen anderen hervorragenden Eigenschaften.

Überblick über den Pfad

Mir wird das Glück zuteil, in diesem Leben
den siebenfachen erhabenen Zustand von Kālacakra zu verwirklichen,
in welchem die 21.600 karmischen Vitalenergien
und alle materiellen Bestandteile des Körpers zur Auflösung gelangen.

An diesem Punkt, kannst du, wenn du magst, einen kurzen Text rezitieren, der *Die Grundlage aller Vortrefflichkeit* (tib. *yon tan gzhir gyur ma*) heißt. Es ist hilfreich, darüber zu reflektieren und diese Übersichtsmeditation über den gesamten Pfad zur Erleuchtung durchzuführen.

Wenn du die Meditation nicht vollständig von Anfang bis Ende schaffst, wäre es gut, dir am Anfang zumindest die drei Prinzipien des Pfades zu vergegenwärtigen: Den Geist der Entsagung, den Erleuchtungsgeist und die korrekte Ansicht. Diese [einleitende] Reflexion führt zu einer angemessenen Motivation für den eigentlichen Teil der Praxis, die Erzeugungs- und die Vollendungsstufe. Der Autor dieses kurzen Texts [,Dsche Tsongkhapa,] betont die Vorteile eines Gesamtüberblicks über den gewöhnlichen Pfad – wahrscheinlich um besonders für Praxisanfänger aufzuzeigen, dass er auch für die tantrischen Übungen eine unverzichtbare Grundvoraussetzung ist. Würden wir gleich mit der Praxis des Höchsten-Yoga-Tantra beginnen, ohne zuvor eine solche korrekte Schulung auf dem gewöhnlichen Pfad durchlaufen zu haben, könnte das sowieso nicht mehr als eine Hīnayāna-Praxis sein.

Bitte an Vajradhara

Mit von Herzen kommender Ehrfurcht bete ich zu Dir,
erhabener Guru Vajradhara,
Verkörperung all der Myriaden Zufluchtsobjekte,
bitte wandle mein Geisteskontinuum durch Deine Segenskraft!

Die Rezitation beginnt mit einer Bitte an Vajradhara. Dieses Bittgebet sollte man nicht nachlässig rezitieren, sondern mit einem von Herzen kommenden Verständnis der Natur des Saṃsāra und der elenden Daseinsbereiche – denen wir selbst ja genauso wie alle anderen Lebewesen um uns angehören. Wir sprechen diese Bitte daher mit einer aus tiefstem Herzen herrührenden Sehnsucht nach Freiheit. Ohne solch ein echtes und tiefes Gefühl für unser eigenes Leiden und das der anderen Lebewesen im Daseinskreislauf wird diese Bitte und die nachfolgende Übung nur eine äußerliche Imitation sein, aber keine wirkliche authentische Praxis.

Wir rezitieren diese Bitte also, damit unser Geistesstrom gesegnet werden, unser eigenes Innerstes reifen und dadurch auch der Geist der anderen zur Reifung gelangen möge. Deshalb wird als Erstes dieses Bittgebet gesprochen.

Das Segnen unseres Geisteskontinuums

Kraft dieses inständigen und flehentlichen Gebets
kommt mein Haupt-Guru, der erhabene Kālacakra,
auf einzigartige Weise auf die Kopferhöhung meines Scheitels
und löst sich freudig auf, um eins mit mir zu werden.

Nachdem wir diese Bitte gesprochen haben, stellen wir uns vor, dass sich der Guru Kālacakra sehr darüber freut. Wenn wir ihn auf einem Lotusthron sitzend visualisieren, können wir uns vorstellen, wie er sich zunächst in diesen auflöst. Es spielt jedoch keine Rolle, ob wir den Guru nun mit seinem kompletten Thron in uns einladen, mit Sonne, Lotus und so weiter, oder ob sich all dies zuerst in den Guru auflöst.

Der Guru nähert sich also unserem Scheitelpunkt, und wir erleben in unserer Vorstellung, wie wir durch den Nektar, der von ihm ausströmt, gereinigt werden. Wir visualisieren, wie der Nektar durch unseren Scheitel in uns hineinsinkt und alle Verdunkelungen, unheilsamen karmischen Prägungen und Geistesgifte in uns läutert. Diese Übung ist sehr gut für den Geist. Indem wir diese vorbereitende Reinigung durchführen, bevor sich der Guru in uns auflöst, schaffen wir ein Gefühl der Reinheit in uns. Denn käme uns unser Körper oder Körper-Geist verschmutzt vor, würden wir den Guru nicht einladen wollen, mit uns eins zu werden. Daraufhin verschmilzt er mit uns, und wir werden buchstäblich von einem Geschmack mit ihm beziehungsweise von gleicher Natur wie er.

Bei der Kālacakra-Praxis transformieren wir nicht die drei Körper in den Pfad [wie in anderen Systemen.] Mit anderen Worten: Wir transformieren im Kālacakra nicht Tod, Zwischenzustand und

Geburt, sondern gehen nur von den zwei Stufen, Tod und Geburt, aus. Der Zwischenzustand wird im Kālacakra-System nicht weiter behandelt, sondern in die so genannte Reinigung des Todes einbezogen.

Ursachen, Wirkungen und begriffliches Denken

Alle Phänomene – Ursachen, Wirkungen, Natur und Handlungen –
sind ursprünglich leer von inhärenter Natur,
Illusionen und Träumen gleich.

Wir können die Ursachen von Phänomenen auf zweierlei Art verstehen: als Ursachen, die uns dazu zwingen, den Daseinskreislauf fortzusetzen, und als Ursachen, die uns zum Zustand der vollständigen Erleuchtung führen.

Die Ursachen für den Fortbestand des Daseinskreislaufs sind die Leidenschaften und karmischen Prägungen in unserem Geist. Die Ursachen für das spirituelle Erwachen stellen in diesem Kontext die vom Erleuchtungsgeist motivierten Stufen der Erzeugung und der Vollendung dar. Ebenso sind die Wirkungen auf zweierlei Art zu verstehen: zum einen Wirkungen, die sich aus der [zweiten der vier Wahrheiten, der] Wahrheit des eigentlichen Ursprungs unseres Leidens ergeben, nämlich der leidvolle Geburtenkreislauf; zum anderen die Wirkungen, die aus dem Streben nach Erleuchtung hervorgehen. Im weiteren Verlauf des Textes wird dann auf die allgemeine Natur der Phänomene Bezug genommen, ohne genauer auf die Ursachen oder Wirkungen irgendeines spezifischen Phänomens einzugehen.

Der Begriff „Handlungen" in diesem Vers bezieht sich auf die Handlungsbereiche des Erschaffens und Aufhörens. Das kann sich darauf beziehen, wie infolge der Wahrheit des Leidensursprungs Not und Elend zustandekommt, oder darauf, wie ein früheres Leben im Saṃsāra ein späteres verursacht. Im Hinblick auf die Erleuchtung ist auch die Art und Weise gemeint, wie die Erzeugungs- und die Vollendungsstufe solche Phänomene wie den leeren Formkörper und so weiter hervorbringen.

In diesem Kontext umfasst der Ausdruck „Phänomene" nicht nur die zusammengesetzten, sondern auch die nicht-zusammengesetzten beziehungsweise beständigen Phänomene. Da alle Phänomene bloße Erscheinungen ohne irgendeine wahrhafte oder inhärente Natur sind, werden sie als „illusions- und traumgleich" bezeichnet.

Was nun das Nicht-Vorhandensein einer inhärenten Natur von Ursachen, Wirkungen und Natur betrifft, so ist die Abwesenheit von inhärenter Natur der Phänomene am leichtesten zu verstehen. Um das Nicht-Vorhandensein von inhärenter Existenz innerhalb der Natur eines Phänomens zu untersuchen, können wir uns das benannte Objekt anhand eines bestimmten Einzelfalls wie eines Federhalters [oder eines Pflanzensprosses] oder auch in Bezug auf uns selbst genauer ansehen. Hinsichtlich des eigenen Selbsts können wir uns beispielsweise fragen, ob der Körper allein das „Ich" ist – was offensichtlich nicht der Fall ist. Genauso wenig ist es allein der Geist. Weder sind Körper und Geist zusammen das „Ich", noch ist das „Ich" etwas von diesen beiden Getrenntes. Das ist ziemlich einfach. Es könnte jedoch ein Zweifel aufkommen, wenn wir an frühere Leben zurückdenken und uns überlegen: „War denn die Ursache für mein jetziges Leben nicht ein vorheriges Leben? Und würde das nicht implizieren, dass ich wahrhaft existiere?" Ebenso mag auch bezüglich der Verwirklichungen oder Resultate, die wir für die Zukunft anstreben, der Zweifel auftreten: „Wenn diese Dinge, um die ich mich bemühe, gar nicht wahrhaft existieren und sie nur wie Illusionen sind, was soll das Ganze dann überhaupt?"

Um diesen beiden Zweifeln zu entgegnen, betrachten wir wiederum als Erstes die Abwesenheit von wahrhafter Existenz hinsichtlich der Ursachen. Dadurch kommen wir zu dem Schluss, dass schon die bloße Tatsache, dass ein Ding oder ein Ereignis eine Ursache ist, nur wahr ist in Abhängigkeit von einer begrifflichen Festlegung; dieses Objekt oder Geschehen existiert nicht aus sich heraus. Es ist nichts weiter als eine Illusion, ohne jegliche innewohnende, selbstexistente Natur. Ebenso sind die Resultate, die wir anstreben, einfach nur begrifflich bestimmt, sie haben keine innewohnende Natur. In Abhängigkeit von einer solcherart bloß festgelegten Ursache entsteht eine Wirkung, die ebenfalls lediglich etwas Nominelles ist. Und eine Ursache, die eine ausschließlich [– in Abhängigkeit von dieser Ursache –] benannte Wirkung hervorbringen kann, ist nicht wahrhaft existent.

Die Abwesenheit wahrhafter Existenz hinsichtlich der Ursachen wird auch als deren Qualität der Merkmalslosigkeit bezeichnet, was besagt, dass es keinerlei Anzeichen dafür gibt, dass sie die Fähigkeit hätten, eigenständig als Ursachen zu existieren. Im Hinblick auf das Nicht-Vorhandensein einer wahrhafter Existenz der Wirkungen, spricht man von der Eigenschaft der Begierdelosigkeit der Wirkungen, da es nicht möglich ist, irgendein wahrhaft existierendes Resultat zu erreichen. In ähnlicher Weise kommen selbst Handlungen nur durch begriffliche Festlegungen zustande und besitzen keinerlei inhärente oder wahrhafte Existenz. Da es sich also um reine Begriffsbezeichnungen handelt, ist auch die Möglichkeit einer wahrhaft aus sich heraus existierenden Kausalverbindung zwischen irgendwelchen Ursachen und deren Wirkungen ausgeschlossen – und das trifft ebenso auf Handlungen und deren Folgen zu.

Wir sollten immer wieder sorgfältig untersuchen, wie wir irgendein spezielles Phänomen bestimmen. Zum Beispiel können wir uns fragen: „Wodurch wird festgelegt, dass dem Spross ein Samenkorn vorausgeht?" Offensichtlich sieht man ja etwas ganz Bestimmtes als Spross an. Das ist die Basis, die erscheint, und im Hinblick auf diese Basis sagt man: „Das ist ein Spross." Macht euch klar, dass hier zwei Erscheinungsformen involviert sind: einmal das, was wir als Spross definieren, und einmal die Stelle, wo der Spross sich befindet. Die dritte Erscheinungsform, die wir als Samen bestimmen, ist das, was am gleichen Ort wie der Spross vorhanden war, bevor dieser entstand.

Diese Aufeinanderfolge von Erscheinungen müssen wir mit unserem begrifflichen Denken feststellen. Kraft dieses begrifflichen Erfassens definieren wir also den Spross als das [aus dem Samenkorn Hervorgehende oder als das] Resultat des Samenkorns und das Samenkorn als die Ursache des Sprosses. Diese Folge von Ereignissen basiert auf unserer begrifflichen Festlegung; sie entsteht nicht von der rein objektiven Seite dieser Ereignisse selbst her, unabhängig von jeglicher Begriffsbestimmung. Mag da auch ein Körnchen im Boden sein, das man als Samen bezeichnet, so besteht keine Gewissheit, dass es tatsächlich einen Spross hervorbringen wird. Außerdem könnte jemand, dem die Verbindung von Spross und dem zuvor dort befindlichen Samen nicht bewusst wäre, auch keine Kausalbeziehung zwischen Spross und Samen erkennen. Die Feststellung von Ursachen und Wirkungen gründet sich also auf das Identifizieren einer Kausalbeziehung von Ursachen und Wirkungen, und das beruht wiederum auf einer bestimmten begrifflichlichen Zuordnung.

Betrachtet zum Beispiel ein Unterrichtsseminar, das von einer Gruppe Menschen besucht wird, wobei jeder immer am selben Platz im Raum sitzt. Diesen Sachverhalt können wir ohne Weiteres nachvollziehen und dabei feststellen, dass es eine bestimmte Ordnung gibt, nach der die Leute sich jedes Mal hinsetzen. Eines

Tages kommt ein Neuling in die Klasse, und gerade an diesem Tag sitzt jeder mal an einem ganz anderen Platz. Die Leute, die die Klasse von früher her kennen, würden sagen, dass die anderen nicht an ihrem richtigen Platz säßen, aber die neue Person würde keinerlei Mangel an Ordnung bemerken. Ob man die Ordnung für gestört hält oder nicht, ist also etwas, was nur im eigenen Geist stattfindet.

Wir können fragen: Bestehen Ursache und Wirkung tatsächlich nacheinander oder treten sie gleichzeitig auf? Betrachten wir etwas, was noch nicht die Bezeichnung „Spross“ erhalten hat, und erst später so genannt wird. Definiert man etwas als Spross, so bestimmt man dadurch nicht ausdrücklich alle [an seinem Wachstum mitwirkenden] Dinge als dessen Ursachen – so wie den Samen, den Dünger, die Feuchtigkeit, Wärme und so weiter. Dennoch werden genau in dem Moment, in dem wir sagen „Das ist ein Spross“, diese anderen Faktoren implizit als Ursachen für den Spross festgelegt.

Für jemanden, der die Kausalbeziehung zwischen Spross, Samen, Dünger und so weiter erfasst hat, ist das wahr: Obwohl wir dadurch, dass wir etwas als Spross bestimmen, damit nicht explizit dessen Ursachen nennen, geschieht es dennoch indirekt durch die Abfolge von Erscheinungsformen, die mit dem Auftreten des Sprosses in Verbindung stehen.

Wenn wir diesen Prozess nicht verstehen, ist es sehr schwierig, zu definieren, wie irgendetwas zustande kommt. Einerseits gelangen wir vielleicht zu dem Schluss, dass alles ohne Eigenexistenz ist, andererseits stellen wir aber auch fest, dass die Dinge tatsächlich ihre bestimmten Funktionen haben. Es ist schwer, diese beiden Feststellungen miteinander zu vereinbaren. Nimmt man zum Beispiel eine Gruppe von Personen in einem bestimmten Raum, so würden wir vielleicht denken, dass sie alle mehr oder minder gleich sind, in dem Sinne, dass sie alle Menschen sind. Das ist eine sehr allgemeine Annahme. Aber wenn wir anfangen, Nachforschungen zu betreiben, finden wir heraus, dass wir kaum etwas gemeinsam haben. Wir können mit dem Groben beginnen und zum Subtileren übergehen, und wir werden nur wenige wirkliche Übereinstimmungen entdecken. Wenn wir dann daran gehen, im Detail nachzuspüren und zu den Bausteinen kommen, aus denen die Körper jeweils zusammengesetzt sind, stellen wir wiederum fest, dass alles wahrhaft einmalig ist! Wir finden keine wirkliche Gemeinsamkeit. Auch wenn wir zu den kleinsten Teilchen kommen, aus denen der Körper gebildet ist, sind selbst diese nicht exakt identisch mit denen des Nachbarkörpers. Sie bringen verschiedene Resultate hervor, und sie entstehen auch aus verschiedenen Ursachen. Sie sind einzigartig. Die Aussage, dass alle Phänomene Täuschungen sind, ist daher auf diesen Punkt zu beziehen.

Den Tod in den Pfad transformieren

Die Aussage, dass die Phänomene „ursprünglich leer sind von inhärenter Natur", ist hier im Zusammenhang mit dem „Hineinnehmen oder Integrieren des Dharmakāya in den Pfad mittels des Sterbeprozesses" zu verstehen. Der Sterbeprozess ist dabei die Grundlage der Läuterung; der Dharmakāya der resultierende Zustand. Die Leerheitsmeditation dient an diesem Punkt der Integration des Dharmakāya in den Pfad mittels des Sterbeprozesses.

Wie geschieht nun dieses Hineinnehmen der Frucht[, also des Dharmakāya,] in den Pfad? Indem wir erkennen, welche Übereinstimmung zwischen dem Dharmakāya und dem Tod besteht. Entsinnt euch, dass sich während des Sterbeprozesses der natürlich vorhandene Geist manifestiert und man eine Erfahrung macht, die der Erkenntnis der Leerheit gleicht. Im resultierenden Zustand des Dharmakāya ist dieser natürlich angeborene Geist vollständig offenbar, und es ist eine tatsächliche Erkenntnis der Leerheit vorhanden.

Die Praxis sieht so aus, dass wir über die Leerheit meditieren und uns dann vorstellen, wie sich der natürlich vorhandene Geist manifestiert und wir eine nicht-begriffliche Erkenntnis der Leerheit erfahren. An diesem Punkt entwickeln wir das Gefühl des göttlichen Stolzes: „Ich bin der Dharmakāya." Auf diese Weise transformieren wir auf der Grundlage des Sterbeprozesses den Dharmakāya in den Pfad. Die Vereinigung von Weisheit und Glückseligkeit, mit der wir uns vorstellen, die Leerheit direkt zu erkennen, ist dabei als Dharmakāya zu sehen. Wir identifizieren uns damit und denken: „Ich bin der Dharmakāya."

Bei der Ausübung dieser Praxis besteht die Gefahr, dass sich unser Geist in der konventionellen Realität verfängt, weil wir gänzlich auf den Gedanken: „Ich bin der Dharmakāya" fokussiert sind. Eine andere Deutung dieser Meditationsphase lautet daher, dass man – während man sich diesen Zustand der Glückseligkeit und direkten Erkenntnis der Leerheit sowie das Verweilen in diesem meditativen Gleichgewicht vorstellt – den Stolz darauf, ein Dharmakāya zu sein, sowieso implizit besitzt, auch ohne dass man dabei denken müsste: „Ich bin der Dharmakāya."

Wie Khedrub Dsche, einer der engsten Schüler von Lama Tsongkhapa, sagt, definieren wir auf der Basis unseres gewöhnlichen Stolzes im Saṃsāra unseren Körper und Geist, sammeln Karma an und treiben immer weiter im Daseinskreislauf umher. Dementsprechend könnten wir dadurch, dass wir uns eine Manifestation des natürlich vorhandenen Geistes sowie Leerheit und Glückseligkeit vorstellen, eben diesen göttlichen Stolz in uns hervorrufen und folglich auch alle möglichen heilsamen Aktivitäten durchführen.

Ich persönlich halte diese Deutung, wonach der Stolz auf den Dharmakāya implizit vorhanden sei, auch wenn er dem geistigen Auge nicht direkt erscheint, für anfechtbar: Denn mag man sich auch vorstellen, dass sich der natürlich vorhandene Geist zusammen mit der Leerheit und Glückseligkeit manifestiert, so ist man doch einfach nur auf die Leerheit gerichtet und auf nichts sonst. Das beinhaltet aber noch keinen Stolz darauf, der Dharmakāya zu sein; so ein Stolz ist in diesem Fall nicht zwangsläufig vorhanden. Um daher diese Unstimmigkeit auszugleichen entwickeln wir, während wir die Hauptkraft unseres Bewusstseins auf den natürlich vorhandenen Geist und die Leerheit richten, [gleichzeitig] mit einem kleinen Teil unseres Bewusstseins den Gedanken: „Ich bin der Dharmakāya." Dann ist alles korrekt und vollständig. Es ist allerdings auch sehr schwierig, das durchzuführen!

Wie bereits erwähnt, gibt es im Kālacakra-System kein ausdrückliches Integrieren des Samboghakāya in den Pfad, der mit dem Zwischenzustand in Verbindung stünde. Wenn dann die Frage aufkommt „Wird der Zwischenzustand in der Kālacakra-Praxis denn nicht gereinigt?", so ist die Antwort darauf, dass er insofern gereinigt wird, als dass es gar keinen Zwischenzustand gibt, der vom Prozess des Sterbens und des Geborenwerdens gänzlich getrennt wäre. Denn durch die vollständige Läuterung von Tod und Wiedergeburt wird auch der Zwischenzustand gereinigt.

Dieser Punkt ist folgendermaßen zu verstehen: Unser Körper der leeren Form ist nicht von diesem groben, aus materiellen Teilchen zusammengesetzten Körper zu trennen, solange wir nicht sämtliche Hindernisse überwunden haben – mit anderen Worten: bis zur Buddhaschaft. Die Läuterungsmittel zum Erlangen der vollen Erleuchtung sind die 21.600 Momente Unwandelbarer Glückseligkeit; die zu läuternden Grundlagen die 21.600 roten und weißen Tropfen. Um dies zu verwirklichen, muss man ein Lebewesen sein, das aus einem Mutterleib geboren ist und über die vier Elemente, die weißen und die roten Substanzen verfügt. Ein Bardo-Wesen, also ein Wesen im Zwischenzustand, vermag das nicht, da es weder aus einem Mutterleib geboren noch mit den vier Elementen und den weißen und roten Substanzen ausgestattet ist. Man kann diesen Pfad also nicht von einer Bardo-Existenz ausgehend entwickeln.

Wiederum ist das der Punkt, an dem wir über die Leerheit meditieren und uns eine Manifestation des natürlich vorhandenen Geist vergegenwärtigen sollten; dabei konzentrieren wir uns auf die Leerheit, entwickeln aber mit einem kleinen Teil des Geistes den Gedanken: „Ich bin der Dharmakāya."

Kyabdsche Tridschang Rinpotsche erklärt – wahrscheinlich mit Bezug auf eine Aussage von Kyabdsche Phabongka Rinpotsche – dass wir direkt vor der Leerheitsmeditation, bei der wir den Dharmakāya auf der Grundlage des Todes in den Pfad transformieren, den Gedanken fassen sollten: „Als Dharmakāya bin ich für die Lebewesen unerreichbar, was aber kein befriedigender Zustand ist. Deshalb werde ich mich als Sambhogakāya zeigen." Weiter sollten wir denken: „Ein Samboghakāya ist für die meisten Wesen immer noch unzugänglich, deshalb will ich mich als Nirmāṇakāya zeigen." Diesen Gedanken sollten wir kurz vor der Meditation entwickeln. Da wir im Kālacakra-System jedoch kein Hineinnehmen des Sambhogakāya in den Pfad durchführen, welches sich auf den Zwischenzustand bezieht, können wir den Sambhogakāya auch überspringen und direkt zum Nirmāṇakāya übergehen.

Nicht nur, dass wir diesen Entschluss unserer Praxis voranstellen – wir entwickeln ihn auch während unserer Praxis, so dass wir am Ende der Dharmakāya-Praxis folgenden Gedanken fassen: „Als Dharmakāya bin ich für die Lebewesen unerreichbar, deshalb werde ich mich als Sambhogakāya hervorbringen." Daraufhin denken wir: „Als Sambhogakāya bin ich für die meisten fühlenden Wesen immer noch unerreichbar, deshalb werde ich als Nirmāṇakāya erstehen." Wir sollten überdies die Motivation entwickeln, mittels der drei Kāyas den Bedürfnissen aller fühlenden Wesen dienen zu können.

Die Auflösung der Elemente und das Auftreten der zehn Zeichen

Während der Meditation stellen wir uns weiterhin vor, dass das Wasserelement unseres Körpers das Feuerelement unterwirft. Ohne das Vorhandensein von Feuer kann auch das Erdelement nicht fortbestehen, daher löst es sich in Wasser auf. Das Luftelement lässt das Wasserelement vertrocknen und löst sich in das Element Bewusstsein auf und das Bewusstseinselement wiederum in den Raum. Dann lösen sich alle Phänomene aus unserer Umgebung sowie unser eigener Körper – also alles, was aus materiellen Teilchen zusammengesetzt ist – in die Leerheit auf. Objekt, also die Leerheit, und Subjekt, das heißt die die Leerheit erfassende Ursprüngliche Weisheit, werden dabei untrennbar.

In anderen Systemen wie im Cakrasaṃvara und Guhyasamāja geht die Auflösung der vier Elemente – von 1. Erde, 2. Wasser, 3. Feuer und 4. Luft – jeweils genau einher mit dem Auftreten von vier bestimmten Zeichen, nämlich 1. Rauch, 2. einer Luftspiegelung, 3. einer Art Glühwürmchen und 4. einer Lampe. [Auflösung eines Elements und Auftreten des entsprechenden Zeichens finden also gleichzeitig statt.] Im Gegensatz dazu lösen sich im Kālacakra-System zuerst alle Elemente auf, bevor dann der Reihe nach die verschiedenen Zeichen in Erscheinung treten. Wie sich diese unterschiedlichen Elemente zuerst ineinander auflösen, wie sich dann jedes in die Leerheit auflöst und wie schließlich nacheinander die verschiedenen Zeichen erscheinen, wird im Kālacakra-*Wurzel-Tantra* genau dargelegt.

Im Cakrasaṃvara- und Guhyasamāja-System tritt einhergehend mit der Auflösung des Erdelements ins Wasser als erstes Anzeichen eine Luftspiegelung auf und nicht Rauch wie im Kālacakra-System. Es heißt hierzu, dass auch im Guhyasamāja- und Cakrasaṃvara vor der Luftspiegelung eigentlich das Zeichen des Rauches auftritt; er ist hier nur verborgen, jedoch tatsächlich vorhanden. Daher ist in Wirklichkeit auch hier das erste Anzeichen der Rauch.

Dabei entsteht aus der Erfahrung des meditativen Gleichgewichts im Dharmakāya eine rauchgleiche Erscheinung, die offenbar unterschiedlich erfahren wird: Manche Leute erleben diese rauchgleiche Erscheinung als das Umhertreiben von Rauchschwaden im Raum, andere haben eher die Wahrnehmung von Rauch, der aus einem Schornstein kommt.

Die Erscheinung, die einer Luftspiegelung gleicht, ist einfach wie eine normale Erfahrung einer Luftspiegelung, von einer Art Flimmern gekennzeichnet.

Die Glühwürmchen scheinen auf zweierlei Art wahrgenommen zu werden: einmal als Glühwürmchen, die man in der Dunkelheit umherfliegen sieht, und einmal als kleine Lichtblitze, die ebenfalls eine gewisse Ähnlichkeit mit Glühwürmchen haben.

Auch die Vision einer Lampe oder Leuchte kommt in zweierlei Form vor: einerseits als Vision einer ganz geraden, nicht flackernden Flamme; andererseits als Flamme, die einen lichtdurchlässigen, sie selbst verhüllenden Schatten um sich herum hat und dadurch ein etwas diffuseres Licht gibt.

Das Kālacakra-System spricht insgesamt von zehn Zeichen. Die ersten vier heißen einfach: die vier Zeichen. Da man die Praxis der Erzeugungsstufe, bei der diese zehn Zeichen auftreten, im Dunkeln durchführt, spricht man von den so genannten nächtlichen Zeichen. Es ist nicht unbedingt notwendig, in der Nacht zu praktizieren, man sollte aber zumindest den Raum abdunkeln.

Die vier Zeichen bei Nacht sind wie bereits genannt:

1. Eine Erscheinung von Rauch.
2. Eine Erscheinung, die einer Luftspiegelung gleicht.
3. Eine Erscheinung von Glühwürmchen.
4. Eine Erscheinung einer Lampe oder Flamme.

Die nächsten sechs Zeichen sind die so genannten Zeichen bei Tag. Die Meditation, in der wir sie visualisieren, ist bei Licht durchzuführen. Diese Zeichen sind:

5. Das Lodern von Feuer. Einige Leute haben vielleicht eine Vision, bei der sie nicht nur loderndes Feuer sehen, sondern auch, wie etwas dabei verzehrt wird – zum Beispiel Holz, das in den Flammen aufgeht.
6. Die Wahrnehmung der runden Vollmondscheibe.
7. Die Sonnenscheibe.
8. Rāhu in Form einer blauen Scheibe. Normalerweise ist er grün, aber in diesem Fall ist er blau.
9. Die Vision eines sich gabelnden Blitzes.
10. Ein Tropfen oder ein Samenkörnchen. Das ist ebenfalls eine blaue Scheibe, mit einer Art schwarzem Zeichen darauf.

Sobald die ersten vier Zeichen – der Rauch und so weiter – der Reihe nach auftreten, sollten wir göttlichen Stolz entwickeln. Wenn zum Beispiel der Rauch auftaucht, sollten wir uns vorstellen: „Nun habe ich Erleuchtung in der Form von Dhūmā erlangt.“ Als Nächstes kommt Marīci, dann Khagamanā – die Glühwürmchen-Göttin – und schließlich Marmema, die Lampen-Göttin. In jedem einzelnen Fall denken wir uns, in der jeweiligen Form Erleuchtung erlangt zu haben.

Bei den nächsten vier Zeichen – Flamme, Mond, Sonne und Rāhu – stellen wir uns wiederum der Reihe nach vor, in Form der vier lodernden Göttinnen erleuchtet zu sein: den Śaktīs Kṛṣṇadīptā im Osten, Raktadīptā im Süden, Śvetādīptā im Norden und Pītadīptā im Westen. Diese vier Gottheiten beziehen sich auf die ersten vier der sechs Zeichen bei Tag. Beim fünften Zeichen, dem Blitz, denken wir uns, die Erleuchtung als Vajradhātvīśvarī und beim sechsten Zeichen, dem Tropfen oder Samenkörnchen, die Erleuchtung in Form von Viśvamātā zu erfahren.

Auf dieser Stufe der Transformierung des Dharmakāya in den Pfad auf der Grundlage des Todes lösen wir sowohl uns selbst als auch unsere gesamte Umgebung in die Natur der Leerheit auf. Die Art und Weise der Auflösung des Körpers wurde bereits kurz erklärt.

Die Auflösung und Erschaffung des Universums

Bei der Auflösung der restlichen Welt außerhalb unseres Körpers löst sich zuerst das Erdelement in das Wasser auf, dann verdunstet das Wasser und verflüchtigt sich in das Feuer. Das Feuer löst sich in die Luft auf und die Luft schließlich in den Raum. Daraufhin entwickeln wir den Stolz der Ursprünglichen Weisheit der großen Glückseligkeit, in der alle dualistischen Erscheinungen von Subjekt und Objekt aufgehoben sind. Das ist in Kurzform, was als „Integration des Dharmakāya in den Pfad auf der Grundlage des Todes" bezeichnet wird.

Nach dieser kompletten Auflösung der Welt mit all ihren belebten und unbelebten Phänomenen bleibt, wie es heißt, einzig das Klare Licht, der natürlich vorhandene Geist, übrig. Auch wenn man stirbt, verschwindet offenbar die Umgebung, die man erfährt, zusammen mit ihren Bewohnern. Wie es weiterhin heißt, gehen immer, wenn der natürlich vorhandene Geist Gedanken hervorbringt, auch Energien von den sehr subtilen Energien aus, die jeweils mit diesen Gedankengängen verbunden sind. Diese Energien gehen also mit den begrifflichen Bewusstseinszuständen in uns einher; insgesamt spricht man von zwölf dieser Energien: Sowohl den Gedankengängen in uns als – also dem Erfassten – wie auch den diese Gedanken erfassenden Energien [– also dem begrifflichen Bewusstsein –] werden jeweils sechs objektive [oder erfasste] und sechs subjektive [oder erfassende] Energien zugeordnet. Folgt man diesen Erklärungen, so scheint es fast, als sei das Bewusstsein selbst Energie.

Reflektieren wir über diese sechs erfassenden subjektiven und sechs erfassten objektiven Energien[26] wird deutlich, dass die sechs objektiven Energien unseren Sinnen als die verschiedenen Sinnesobjekte erscheinen. Die sechs subjektiven Energien sorgen für das klare Erfassen dieser Objekte. Wenn diese zwölf objektiven und subjektiven Energien gereinigt sind, manifestiert sich die resultierende Ursprüngliche Weisheit der großen Glückseligkeit.

Entsinnt euch, dass wir bei der Initiation der Lebensführung unsere zwölf Sinnesquellen als die sechs männlichen und die sechs weiblichen Bodhisattvas erzeugen, um unseren Geist dadurch zu reinigen. Im Kālacakra-System sind jene zwölf subjektiven und objektiven Energien wiederum von der Natur der sechs Elemente [Erde, Wasser, Feuer, Luft, Raum und Bewusstsein]. Es gibt keine zusammengesetzten Phänomene, die nicht in den sechs Elementen enthalten wären. Die Erdenergie manifestiert sich als das Erdelement; gleichermaßen manifestiert sich die Wasserenergie als Wasser, die Feuerenergie als Feuer und die Luftenergie als Luft. Die Energie des Raums erscheint als Raum. Die Energien zeigen sich uns als die verschiedenen Farben und Formen. Dabei gehen aus dem natürlich vorhandenen Geist jene konzeptuellen Energien hervor, die dann wiederum, je nachdem welche Energie gerade vorherrscht, die verschiedenen Elemente, Formen, Gestalten und Farben erzeugen.

Für hoch entwickelte Yogis oder Yoginis ist es möglich, der Kraft dieser verschiedenen Elementen dergestalt entgegenzutreten, dass Feuer zum Beispiel sie nicht verbrennt. Auch den Eigenschaften der anderen Elemente ist ein Yogi nicht im normalen Sinne unterworfen.

Das gesamte Universum mit allen belebten und unbelebten Dingen darin entsteht also aus diesem Energie-Geist. Den Tantras zufolge durchdringt diese gewaltige Energie, die vollständig frei von jeder Konzeptualisierung ist, alles Existierende. In ihr gibt es keinen Erkennenden und nichts, was erkannt wird; sie entbehrt jeglicher Dualität.

Diese Welt der scheinbar konkreten, greifbaren Phänomene mit all ihren Einschränkungen und Begrenzungen, die wir jetzt gerade erleben, erwächst aus der unreinen Energie und dem unreinen Geist. Eine Welt belebter und unbelebter Phänomene hingegen, die aus dem reinen Energie-Geist hervorgeht, ist eine Welt, welche selbst eine Manifestation dieser die Leerheit erkennenden Ursprünglichen Weisheit ist. Die Erkenntnis der Leerheit mittels der Ursprünglichen Weisheit wird hier im Zusammenhang mit Buddhaschaft gesehen.

Würde uns tatsächlich ein wirklicher Buddha-Körper erscheinen, wäre es für uns – auch wenn diese Form noch so klein wäre

– unmöglich, ihre Begrenzungen zu sehen. Zur Veranschaulichung dient eine Geschichte über die *Uṣṇīṣa* beziehungsweise Scheitelerhebung von Buddha Śākyamuni: Ein Bodhisattva, dessen Name auf Tibetisch Shugs 'Chang lautet, hatte paranormale Fähigkeiten und wollte herausfinden, wo die Uṣṇīṣa des Buddha aufhört, das heißt, wie hoch sie in den Himmel hinaufragt. Mit seinen übernatürlichen Kräften flog er nach oben, aber er konnte die Spitze der Uṣṇīṣa nie entdecken.

Ein weiteres Merkmal des Buddha ist ein eingerolltes Haar zwischen den Augenbrauen. Śariputra wollte sehen, wie lang es war und begann daran zu ziehen. Er zog immer weiter und weiter, aber er kam nie an das Ende. Und Maudgalyāyana wollte wissen, wie weit weg man gehen musste, um die Rede des Buddha nicht mehr zu hören. Mit seinen übernatürlichen Fähigkeiten legte er eine extrem weite Strecke zurück, aber er stellte fest, dass – so weit er auch lief – Lautstärke und Klarheit der Rede gleich blieben.

Bei unserer Praxis lösen wir in unserer Meditation die Opfergaben in die Leerheit auf und erschaffen sie wieder in der Natur der Ursprünglichen Weisheit von Glückseligkeit und Leerheit. So erzeugen wir sie in einer Art und Weise, die unerschöpflich ist sowohl für die Buddhas als auch für die fühlenden Wesen im Saṃsāra.

Dazu noch eine Geschichte: Der große Yogi Drukpa Künlek, der ungefähr vor sechs Generationen lebte, kam einmal zu dem großen Tashilhünpo-Kloster in Shigatse, wo etwa 3.300 Mönche wohnten. Er erzählte den Verwaltern, er wolle für alle ansässigen Mönche Tee ausschenken. Das war die große Tee-Opfergabe, wie sie der tibetischen Tradition entspricht. Man antwortete ihm: „Fein, das nehmen wir gerne an. Wieviel Butter hast du und wieviel Tee?" Die Buttermenge, die er besaß, war nur so viel, wie in den Finger eines Handschuhs hineingepasst hätte, und er hatte auch nur die gleiche Menge an Tee. Er sagte: „Das ist, was ich zu geben habe." Sie entgegneten, er solle aufhören, den Narren zu spielen. Er meinte: „Fangt einfach an, den Tee auszugeben, und ihr werdet sehen, dass für alle genügend da sein wird." Sie begannen, den Tee zu verteilen – er reichte für alle Mönche, und es blieb sogar noch etwas übrig. Das Ganze erwies sich als eine unerschöpfliche Gabe von tibetischem Tee. Wenn wir unsere Gaben aus der Natur der Ursprünglichen Weisheit von Glückseligkeit und Leerheit hervorbringen können, dann werden sie einen Aspekt der Unerschöpflichkeit annehmen.

Die Welt wird also durch den Energie-Geist erschaffen, und ohne ein Verständnis hiervon scheint der meditative Prozess der Visualisierung eines Palastes oder Maṇḍala ziemlich sinnlos. Wenn wir jedoch das unreine Universum in die Leerheit auflösen, über die Leerheit meditieren und dann den Palast samt dem ganzen Maṇḍala aus der Ursprünglichen Weisheit von Glückseligkeit und Leerheit heraus erzeugen können, sehen wir, wie dies der natürlichen Evolution des Universums entspricht.

Dieser Erschaffungsprozess des reinen und unreinen Kosmos ist auf wissenschaftliche Art und Weise, unter Einsatz physikalischer Instrumente, nicht nachzuvollziehen. Wenn wir ihn begreifen wollen, so geht das nur über den Weg der Meditation. In dem Maße, wie wir durch unsere Meditation zu einer immer tiefgründigeren Erkenntnis der Leerheit kommen, wird auch der ganze Evolutionsprozess immer klarer. Westliche Kosmologen, die auf ein präzises Verständnis der Evolution des Kosmos bedacht sind, sollten zuerst eine Erkenntnis der Leerheit sowie den Erleuchtungsgeist in sich entwickeln und dann die Erzeugungs- und die Vollendungsstufe praktizieren – das dürfte sie zufrieden stellen.

Um zur Erzeugungsstufe zurückzukehren: Es gibt drei verschiedene Arten, wie die Maṇḍala-Gottheiten erschaffen werden. Die erste wird spontanes Entstehen genannt; dabei erhebt sich das gesamte Maṇḍala mit einem Mal aus der Leerheit. Die zweite heißt „Erzeugung in drei Schritten" oder einfach: „dreifacher Prozess": Dabei erschaffen wir aus der Leerheit heraus zuerst die Keimsilbe, dann das zugehörige Symbol und schließlich die Gottheit. Im Fall von Vajrasattva bringen wir zunächst die Silbe *Hūṃ* auf einem Lotus hervor, dann wird das *Hūṃ* zu einem Vajra auf dem Lotus, und dieser Vajra verwandelt sich wiederum in Vajrasattva. Die dritte Art ist das Erschaffen mittels der fünf Reinigungen[27]. Das beinhaltet das Hineinnehmen des Dharmakāya in den Pfad im Zusammenhang mit dem Tod. In dieser Phase meditiert man über die Leerheit, die frei ist von dualistischen Erscheinungen von Subjekt und Objekt.

Die Gewissheit des Todes

In einem Vers des tibetischen Weisen Ngulchu Dharma Bhadra (tib. *dngul chu dharma bhadra*) ist davon die Rede, dass unser großer Widersacher, der Tod, Menschen wie uns mit absoluter Sicherheit heimsuchen wird. Wie es darin heißt, ist es möglich, dass der Herr des Todes schon heute zu uns kommt. Offensichtlich besteht absolut keine Gewissheit hinsichtlich unseres Todeszeitpunktes. Wir können nicht wissen, ob der Tod in naher oder in ferner Zukunft kommt. Wenn wir dann gezwungen sind, alle Angelegenheiten dieses Lebens von einem Moment auf den anderen einfach aufzugeben und in das nächste Leben überzugehen, dann müssen wir alles in dieser Welt – all unsere Besitztümer, Interessen, Freunde und Fähigkeiten – zurücklassen. Nichts davon gereicht uns noch zu irgendeinem Nutzen. Die letzte Verszeile heißt: „Segne mich, dass ich das vervollkommnen möge, was von wahrem Nutzen ist." Zum Zeitpunkt des Todes ist unsere Dharma-Praxis das einzig Nützliche.

Führen wir uns vor Augen, dass jeder der sechs Milliarden Menschen auf diesem Planeten jederzeit sterben kann und ihm der Tod gewiss ist, erkennen wir, dass es zwar so aussieht, als gäbe es viele Menschen auf dieser Welt, sie sich aber tatsächlich in einem Zustand unaufhörlichen Wandels befinden. Wie bei schichtweise übereinander liegenden Zwiebelhäuten stirbt eine Generation aus und wird durch die nächste ersetzt. Wir sind nur eine dieser Zwiebelhäute. Wenn unsere Schicht sich abschält, dann bleibt nur noch ein Ort, wo wir hingehen können, und zwar ein weiteres Leben im Daseinskreislauf. Dabei gibt es auch nur eine einzige Sache, die uns dann wirklich von Nutzen ist, nämlich das Dharma [, das wir in uns entwickelt haben].

Zukünftige Leben folgen immer weiter aufeinander, ohne Ende. Da wir uns in diesem Leben zum Dharma hingezogen fühlen und in der Lage sind, es zu praktizieren, haben wir eine gute Chance, diese Gelegenheit zur spirituellen Praxis [auch in zukünftigen Existenzen] fortzuführen. Durch zunehmende Hingabe zum Dharma ist es möglich, von einem Leben zum anderen eine gewisse Kontinuität unserer Dharma-Praxis aufzubauen und unsere spirituellen Einsichten immer mehr auszuweiten. Schließlich führt das zu dem Punkt, an dem wir nicht mehr gezwungen sind, diesen Daseinskreislauf unfreiwillig fortzusetzen.

Wenn wir nicht mehr dem Zwang der Wiedergeburt unterliegen, sondern die Freiheit der Wahl haben, sind alle unsere Leiden beendet. Das ist natürlich sehr erstrebenswert, und daher ist es so wichtig, uns unermüdlich unserer Dharma-Praxis hinzugeben, speziell der Umwandlung unseres Geistes. Geistesplagen wie Begierde, Hass und Verblendung bringen Unglück über uns, nicht nur in zukünftigen Leben, sondern auch schon in diesem. Es ist deshalb außerordentlich wichtig, diese Geistesplagen in uns als unsere Gegner und Schädiger zu betrachten und auch schon den allersubtilsten Anzeichen ihres Entstehens im Geist entgegenzuwirken.

Umgekehrt ist es wichtig zu erkennen, in welcher Weise heilsame Geistesfaktoren wie liebende Güte und Mitgefühl uns nicht nur in zukünftigen Leben Wohlbefinden bringen, sondern auch schon in diesem. Wir sollten uns daher sehr sorgsam der Entwicklung dieser heilsamen Qualitäten widmen.

11. Kapitel

Sich selbst als Kālackara hervorbringen

Der Geburtsvorgang

Wie eine aufsteigende Blase erscheint aus der Sphäre der Leerheit
der Mond, die Sonne, Rāhu und Kālāgni
in der Mitte einer blühenden Lotusblume.

Die Ursprüngliche Weisheit von Glückseligkeit und Leerheit wird mit Bläschen verglichen, die im Wasser emporsteigen. Und wie Blasen, die im Wasser aufsteigen, genau die Natur dieses Wassers besitzen, so sind die Gottheit, der Thron, die Gewänder und die Opfergaben von gleicher Natur wie die Ursprüngliche Weisheit.

Die Erzeugungsstufe löst die gewöhnlichen Erscheinungen und das gewöhnliche konzeptuelle Greifen auf. Normalerweise erleben wir die Welt, als wäre sie etwas Stabiles, Greifbares und Stoffliches. In der tantrischen Übung jedoch unterbinden wir diese gewöhnlichen Erscheinungen und unser Greifen nach einer vermeintlich wahren Existenz, indem wir uns vorstellen, die Erscheinungen seien von der Natur der Ursprünglichen Weisheit. Über die Leerheit zu meditieren wirkt dem Greifen nach wahrer Existenz entgegen, und die Vorstellung, alles, was dem Geist erscheint, sei von der Natur der Ursprünglichen Weisheit, unterbindet die gewöhnlichen und unreinen Erscheinungen. Das Greifen nach wahrer beziehungsweise inhärenter Natur der Phänomene bildet die Grundlage für Handlungen, die zu leidhaften Erfahrungen führen. Die Einsicht in das Nichtvorhandensein von inhärenter Existenz der Phänomene stellt hingegen die Basis dafür dar, dass wir Handlungen ausführen, die Glück und Wohlergehen hervorbringen.

Der Mond, die Sonne, Rāhu und Kālāgni entstehen aus der Sphäre der Leerheit und erscheinen auf einem Lotus. Stelle dir vor, der Lotus sei von der Natur der Weisheit. Im Allgemeinen ist der Lotusthron im Maṇḍala von grüner Farbe und befindet sich im

Geist-Maṇḍala von Kālacakra. In anderen tantrischen Systemen weist der achtblättrige Lotus, der als Sitz für die Hauptgottheit im Maṇḍala fungiert, verschiedene Farben auf. In jenen Systemen sind die Blütenblätter in den vier Kardinalrichtungen rot, die in südöstlicher und nordwestlicher Richtung gelb, das Blütenblatt im Südwesten ist grün, und das Blütenblatt im Nordosten ist schwarz gefärbt. Die Bedeutung der Anordnung und der Farbgebung der Blütenblätter des Lotus hat mit den sekundären Energiekanälen und dem Läuterungsprozess der Energien in ihnen zu tun.

Im Kālacakra-System ist das Geist-Maṇḍala grün. Da es nicht nur eine richtige Darlegung dieser Lehren gibt, können wir wählen, wie wir uns den Lotus vorstellen. Im Folgenden wird die wohl praktikabelste Visualisierung dargestellt. Stelle dir das östliche und südöstliche Blütenblatt als schwarz vor, das südliche und südwestliche als rot, das nördliche und nordöstliche Blütenblatt als weiß und das westliche und nordwestliche als gelb. Dann visualisiere das Zentrum des Lotus auf der Oberfläche als grün und auf der Unterseite als blau. Diese Visualisierung des Lotus steht für alle zehn Energien.

Der Lotus mit seinen acht Blütenblättern symbolisiert die primären und sekundären Kanäle, zusammen mit dem mittleren Kanal im Zentrum. Die Göttinnen, die wir auf diesen Blütenblättern entstehen lassen, wie es in der Folge erläutert wird, repräsentieren die Energien, welche in diesen Kanälen zirkulieren.

Oberhalb des Lotus visualisieren wir den Mond, die Sonne, Rāhu und Kālāgni, die übereinander angeordnet sind. Der Mond repräsentiert den linken Kanal; die Sonne den rechten Kanal; Rāhu steht für jenen Teil des mittleren Kanals, der sich oberhalb des Herzens befindet; und Kālāgni symbolisiert den Abschnitt des zentralen Kanals unterhalb des Herzens. Diese vier Scheiben repräsentieren die vier Tropfen in folgender Weise: Der Mond symbolisiert den Tropfen an der Stirn, der den Wachzustand hervorruft; die Sonne steht für den Tropfen an der Kehle, der den Traumzustand erzeugt; Rāhu symbolisiert den Tropfen am Herzen, der den Tiefschlaf hervorbringt; und Kālāgni repräsentiert den Tropfen am Nabel, der die Vierte Gelegenheit entstehen lässt.

Welcher Interpretation dieser Symbolik wir auch immer folgen mögen, die eigentliche Bedeutung der vier Tropfen, der Kanäle und Energien liegt darin, dass sie die zu läuternde Basis darstellen. Ausgeführt wird die Reinigung von denjenigen, die du in diesem achtblättrigen Lotus und seinem Zentrum visualisierst: nämlich den Göttinnen, die auf diesen Blütenblättern verweilen.

Über ihnen befinden sich der Mond und die Sonne,
von der Natur der weißen und roten Elemente,
geschmückt mit der Girlande der Vokale und Konsonanten,
von der Natur der Merkmale und Symbole eines Buddha.

Die weiße Mondscheibe ruht auf den bereits visualisierten Scheiben von Mond, Sonne, Rāhu und Kālāgni. Die Mondscheibe symbolisiert den weißen Bodhicitta, den wir von unserem Vater erhalten haben. Die Sonnenscheibe ist unter der Scheibe des Mondes gelagert und repräsentiert den roten Bodhicitta, welchen wir von unser Mutter bekommen haben.

Als Symbol für das zukünftige Erlangen der zweiunddreißig Merkmale eines Buddha visualisiert man am Rand der zweiten Mondscheibe zwei Gruppierungen der sechzehn Vokale des Sanskrit-Alphabets. Beide Gruppierungen verlaufen von hinten nach vorne, wo sie aufeinander treffen, wobei die eine Gruppierung im Uhrzeigersinn und die anderen gegenläufig angeordnet ist. Die Kurzvokale *a i ṛ u* und *a e ar o al ha ya ra va la anusvāra aṃ* verlaufen gegen den Uhrzeigersinn von hinten nach vorne. Im Uhrzeigersinn von hinten zur Vorderseite verlaufen *lā vā rā yā hā ā āu ār ai ā l ū r ā āh.*

Unterhalb der Mondscheibe visualisieren wir eine zweite Sonnenscheibe, welche roten Bodhicitta symbolisiert, den wir von der Mutter erhalten haben. Diese Sonnenscheibe repräsentiert die achtzig Symbole eines Buddha, die wir letztlich erlangen werden. Zu diesem Zweck stellen wir uns zwei Mal die vierzig Konsonanten des Sanskrit-Alphabets vor.

Diese erste Gruppierung der vierzig Konsonanten verläuft im Uhrzeigersinn von hinten nach vorne. Jeder Konsonant besitzt einen langen Vokal: *lā vā yā ḍā ḍhā / llā vvā ḍḍā ḍhḍhā llā / vvā rrā yyā ssā ffppā / śśā xxkkā ttā ththā ddā dhdhā nnā / ppā phphā bbā bhbhā mmā / ṭṭā ṭhṭhā ḍḍā ḍhḍhā ṇṇā / ccā chchā jjā jhjhā ṇṇā / kkā khkhā ggā ghghā nnā.*

Der zweite Satz von vierzig Konsonanten erstreckt sich ebenfalls von hinten nach vorne, dieses Mal jedoch gegen den Uhrzeigersinn. Jeder Konsonant weist einen kurzen Vokal auf: *ṇa gha ga kha ka / ña jha ja cha ca / ṇa ḍha ḍa ṭha ṭa / ma bha ba pha pa / na dha da tha ta / xka śa ṣa fpa sa / ha ya ra va la / ḍha ḍa ya va la.*

Die Mondscheibe symbolisiert auch die Spiegelgleiche Weisheit, die entsteht, wenn das Aggregat der Form gereinigt wird. Es heißt, man bringe Kālacakra mittels fünf Bereinigungen hervor; die zuvor Genannte ist eine davon. Die Sonne symbolisiert die Ursprüngliche Weisheit der Gleichheit, welche durch die Reinigung des Aggregats der Empfindung entsteht. In beiden Fällen wird die Läuterung durch die Mittel der Vollendungsstufe herbeigeführt.

> *Im Zentrum befinden sich die Silben der Vitalenergie und des Geistes*
> *Hūṃ und* Hi,
> *die in der Silbe* Haṃ *vereint werden.*
> *Aus dieser wandle ich mich selbst zu* Kālacakra.

Eingebettet in diese beiden letzten Scheiben von Sonne und Mond sind zwei Silben, die aufrecht stehen und nach vorne weisen. Es gibt ein *Hūṃ* und genau davor befindet sich ein *Hi.* Diese Silben ragen nicht über die Mondscheibe hinaus, sondern sind in beide Scheiben eingelassen. Die Mond- und die Sonnenscheibe sind wie zwei übereinander gestapelte Münzen, und das *Hūṃ* ist in beiden von ihnen eingebettet, genauso wie das *Hi*, welches sich vor ihm befindet. Das *Hūṃ* symbolisiert die Energie, welche der Träger des Bewusstseins ist, und das *Hi* repräsentiert das Bewusstsein, das auf dieser Energie „reitet".

Dies symbolisiert den Eintritt der Energie-Geist-Einheit in die Verbindung aus den roten und weißen Bodhicitta-Tropfen während der Empfängnis. Der Mond und die Sonne repräsentieren diese beiden Flüssigkeiten oder Tropfen. Das Eingebettetsein der *Hūṃ* und *Hi*-Silbe symbolisiert den Eintritt der Energie-Geist-Komponente in diese Verbindung [der beiden regenerativen Flüssigkeiten].

Das *Hūṃ* steht für die Ursprüngliche Weisheit der Unterscheidung, welche durch die Läuterung des Aggregats der Unterscheidung während der Vollendungsstufe erzielt wird. Das *Hi* symbolisiert die Ursprüngliche Weisheit der Vollendung, welche während der Vollendungsstufe aus der Bereinigung des Aggregats der gestaltenden Faktoren hervorgeht.

Die vorangegangenen vier Elemente – die oberste Mondscheibe, die Sonnenscheibe darunter, das *Hūṃ* und das *Hi* – vermengen sich miteinander, und aus ihnen entsteht die Silbe *Haṃ.* Das *Haṃ* erscheint in sichtbarer Form als Silbe *Hā* mit einer Mondsichel und einem kleinen Kreis darüber und symbolisiert die Ursprüngliche Weisheit der absoluten Natur der Wirklichkeit. Diese Weisheit entsteht aus der Läuterung des Aggregats des Hauptbewusstseins und wird ebenfalls auf der Vollendungsstufe erzielt.

Aus dem *Haṃ* entsteht Kālacakra mit vier Gesichtern und vierundzwanzig Armen, zusammen mit der Gefährtin (siehe Übersichtstabelle 10).

Eine noch detailliertere Erklärung der symbolischen Bedeutung der Silbe *Haṃ*: der Bestandteil *H* innerhalb dieser Silbe bezeichnet das Bewusstsein eines Bardo-Wesens. Um diesen Bestandteil aussprechen zu können, muss er mit einem *A* verbunden werden, so dass sich der Konsonant *Hā* ergibt. Konsonanten im Tibetischen, Sanskrit und Pāli schließen den Vokal *A* mit ein. Das *A* der Silbe *Hā* symbolisiert die Energie des Bardo-Wesens, genauer gesagt, die Energie, welche der Träger des Bewusstseins im Zwischenzustand oder Bardo ist. Die Mondsichel über dem *Hā* repräsentiert den roten Bodhicitta, den man von der Mutter erhält; und der kleine Tropfen beziehungsweise Kreis darüber symbolisiert den weißen Tropfen.

Die gesamte Silbe *Haṃ* steht für Körper, Rede und Geist des Bardo-Wesens, welches in die Vereinigung der männlichen und weiblichen regenerativen Flüssigkeiten eintritt. Die roten und weißen Tropfen deuten auf den Körper hin, und der Bestandteil *H* der Silbe *Hā* symbolisiert das Bewusstsein des Bardo-Wesens. Das *A* der Silbe *Hā* bezieht sich auch auf die Energie, welche die Sprache symbolisiert.

In der Vollendungsstufe repräsentiert die Mondsichel das Tummo-Feuer, und der Tropfen beziehungsweise der Kreis darüber symbolisiert den weißen Tropfen, der vom Scheitel des Kopfes herunter „schmilzt". Die Silbe *Hā*, die sich aus *H* und *A* zusammensetzt, steht für die Wandlung der Energie-Geist-Komponente in die Natur der großen Glückseligkeit. Hinsichtlich ihrer symbolischen Bedeutung für das Resultat des Pfades, weist die vollständige Silbe *Haṃ* auf Kālacakra hin.

Im Zusammenhang mit dem gewöhnlichen Leben symbolisiert der Umstand, dass Kālacakra aus der Silbe *Haṃ* hervorgeht, die Empfängnis oder das Eintreten in den Mutterleib und ist damit auch ein Gleichnis für den Geburtsvorgang.

Diese eine Silbe *Haṃ* kann in Hinblick auf ihre Symbolik auf vier verschiedene Weisen interpretiert werden, die sich an Folgendem orientieren: der Basis, die zu läutern ist; der Erzeugungsstufe; der Vollendungsstufe und dem Zustand des Resultats.

Die Gestalt von Kālacakra

In Hinblick auf die Praxis von Kālacakra können wir uns glücklich schätzen, in einer Zeit zu leben, in der man im Fernsehen sehen kann, wie Formen zusammenfließen, sich in andere Dinge transformieren und ein Bild über ein anderes geblendet wird. Dies ist analog zu der Art von Bildern, die man in der Kālacakra-Praxis erschafft. Wenn sich der äußerst subtile Energie-Geist manifestiert, ist es tatsächlich möglich, seinen eigenen Körper in einem Moment in verschiedene Gestalten zu transformieren.

• Der Körper, die vier Gesichter und die sechs Mudrās

Vom Funkeln von Saphiren erfüllt und vom Glanz der Glorie erstrahlend,
besitze ich vier Häupter und vierundzwanzig Hände.
Die ersten beiden umarmen meine Gefährtin und halten Vajra und Glocke,
welche den Vajra der höchsten unwandelbaren Glückseligkeit symbolisieren,
sowie die Wirklichkeit der Leerheit einer Natur frei von konzeptuellen Fabrikationen.
Die verbleibenden rechten und linken Lotushände sind mit solchen Handsymbolen wie einem Schwert und einem Schild geziert.

„Funkeln von Saphiren" bezieht sich auf die blaue Farbe von Kālacakras Körper, und „vom Glanz der Glorie strahlend" nimmt auf die ihn umgebende Lichtaura Bezug. Die körperliche Erscheinung ist blau, jedoch mit der lichten Strahlkraft der Sonne. Kālacakra besitzt vier Gesichter, von denen das vordere schwarz ist; das rechte rot; das hintere gelb; und das linke weiß. Das vordere Gesicht erscheint leicht zornvoll, so dass die Zähne ein wenig zum Vorschein kommen. Das rechte, rote Gesicht drückt eine gewisse Begierde aus. Das hintere, gelbe Gesicht zeigt das Verweilen im Samādhi. Und das linke, weiße Gesicht besitzt einen sehr ernsthaften Ausdruck. Jedes der Gesichter weist drei Augen auf.

Es heißt, Kālacakra trage eine Krone aus geflochtenem Haar. Auf dem Scheitel seines Hauptes befindet sich ein achtspeichiges Rad, das die Haut berührt. Das Haar führt durch die Öffnungen zwischen den Speichen und wird nach oben gezogen. Die Haarenden sind zur Mitte zurückgeführt und in Knoten zusammengebunden. Diese Haartracht wird als Krone aus geflochtenem Haar bezeichnet.

Im Zentrum dieses achtspeichigen Rades residiert Vajrasattva, der Herr der Familie. Von den acht Speichen weisen fünf nach vorne und zu den Seiten. An der Spitze jeder der fünf Speichen, die nach vorne gerichtet sind, befindet sich eine Abplattung, so dass eine Krone aus fünf [aufrecht stehenden] Schildchen entsteht.

Ganz an der Spitze der Krone aus geflochtenem Haar befindet sich ein kostbares Vajra-Juwel. Direkt vor der Haarkrone, auf dem Kopf, ist ein vielfarbiger Doppel-Vajra angeordnet. Die vier Stege des mehrfarbigen Vajra entsprechen den Farben der vier Gesichter – das heißt, die Stege sind schwarz, rot, gelb und weiß – von vorne im Uhrzeigersinn verlaufend.

Der vielfarbige Doppel-Vajra ist vertikal angeordnet. Die schwarze hervorstehende Spitze zeigt nach unten und die gelbe nach oben, genauso wie im vertikalen Maṇḍala. Die rote Spitze weist nach rechts und die weiße nach links. Dieser Doppel-Vajra ist nicht in das Haupt eingebettet, sondern steht eher auf dem Kopf.

Kālacakra trägt einen Vajra-Ohrschmuck, der aus kleinen Ringen besteht. Die Schmuckringe an den verschiedenen Körperstellen besitzen im Allgemeinen acht Speichen; das Rad-Ornament an der Kehle soll jedoch, wie es manchmal heißt, sechzehn Speichen haben.

Kālacakra trägt verschiedene Reife an den Handgelenken, an den Armen sowie an den Füßen. Die Armreife befinden sich an den Handgelenken und an den Oberarmen. An jedem Knöchel ist ein Fußring. Einige sprechen davon, dass auch die Oberschenkel von Ringen umschlossen sind, aber dies ist nicht gewiss. In einigen Beschreibungen ist die Rede von zwei Armreifen an jedem Handgelenk mit Vajras oben und unten sowie an den beiden Seiten, so dass jeder Reif insgesamt vier Vajras aufweist. Auf der Brust befindet sich ebenfalls ein Ornament mit acht Speichen. Der Gurt um die Hüfte ist mit einem Schmuckstück besetzt, welches ein Rad an der Vorderseite, ein Rad an der Rückseite und Vajras auf der linken und der rechten Seite besitzt. Vom Gurt hängt zudem ein Gewebe mit Quasten oder Troddeln herab.

Man spricht von sechs Mudrās oder Ornamenten. Einige sagen, dies seien die Schmuckstücke für das Haupt, die Ohren, die Kehle und die Glieder – einschließlich der Ornamente für die Handgelenke, die Oberarme und die Knöchel. All die Ornamente für die Gliedmaßen werden zusammen als ein Schmuckstück gezählt. Auf der Brust trägt Kālacakra eine Platte mit gekreuzten Bändern. Dies ergibt insgesamt fünf verschiedene Arten von Ornamenten. Das Sechste wird folgendermaßen hergestellt: Man nimmt einen menschlichen Knochen, verbrennt ihn und zermahlt die Überreste zu Puder; dann steckt man drei Finger [in dieses Gemisch] und markiert damit den Körper an verschiedenen Stellen. Dies bildet die sechste Mudrā. Andere Leute zählen die Brustplatte nicht zu diesen Sechs hinzu, sondern stattdessen den Gurt. Es gibt also verschiedene Möglichkeiten, die Mudrās aufzulisten.

Der Unterschied ist folgender: die männliche oder väterliche Gottheit besitzt sechs Mudrās, einschließlich der Markierungen mit den drei Fingern. Die weibliche oder mütterliche Gottheit, die Gefährtin also, weist nicht die Markierungen durch die drei Finger auf, denn diese symbolisieren das weiße Bodhicitta.

Kālacakra trägt einen Vajra-Gebetskranz und einen Vajra-Schal, der von grüner Farbe und etwa dreieinhalb Meter lang ist. Auch trägt Kālacakra etwas, das wie ein Tigerfellschurz aussieht. Dieser Schurz weist sowohl an der Vorder- als auch an der Rückseite jeweils eine Längsfalte auf. Er wird durch einen Ring um die Taille zusammengebunden und hängt lose herab.

• Die vierundzwanzig Arme und Hände

Kālacakra besitzt drei Hälse und sechs Schultern, jeweils drei auf jeder Seite. Die vorderen beiden Schultern sind blau, die mittleren sind rot und die beiden rückwärtigen weiß. Diese gabeln sich in zwölf Oberarmknochen, und zwar in sechs auf jeder Seite. Die blaue Schulter teilt sich zum Beispiel in zwei Oberarmknochen, und auf der Höhe der Oberarme gabeln sich diese weiter in vier Arme. Das Gleiche trifft auf die andersfarbigen Arme auf beiden Seiten zu.

Bei allen Händen sind die Daumen gelb, die Zeigefinger weiß, die Mittelfinger rot, die Ringfinger schwarz und die kleinen Finger grün. Dies sind die Farben auf der Rück- bzw. Außenseite der Hände. Jeder Finger ist auf der Innenseite von der Fingerwurzel bis zu dem ersten Gelenk von schwarzer Farbe. Dabei ist nicht nur das Gelenk, sondern der ganze jeweilige Abschnitt des Fingers schwarz. Das zweite Glied des Fingers ist rot und das dritte ist bis hin zur Spitze weiß. Zudem trägt Kālacakra Ringe, die Licht ausstrahlen.

Einige sagen, die Daumen wären vollständig gelb, die Zeigefinger vollständig weiß, die Mittelfinger rot, die Ringfinger schwarz und die kleinen Finger grün. Demnach besäßen die Finger auf der Handinnenseite und der Rückseite jeweils die selbe Farbe. Laut der zweiten Interpretation sind es nicht die Segmente der Finger, die schwarz, rot oder weiß sind, sondern nur die Gelenke. Eines wäre demnach schwarz, das nächste rot und das dritte weiß.

Der Begriff „Lotus-Hände" bezieht sich auf die Hände – von den Handgelenken bis hin zu den Fingerspitzen –, die verschiedenartige Gegenstände halten. Die drei Gruppen von Händen auf der rechten Seite – von unten nach oben gesehen – tragen die folgenden Utensilien:

- ❖ Die blauen Hände halten 1. einen Vajra und umfassen dabei die Gefährtin, 2. ein Schwert, 3. einen Dreizack und 4. ein gekrümmtes Messer.
- ❖ Die roten Hände halten 1. drei Feuerpfeile, 2. einen Vajra-Haken mit einem Vajra auf der Rückseite, 3. eine rasselnde Ḍāmaru-Trommel und 4. einen Hammer mit zwei Vajras, einen davon auf dem Kopfteil und den anderen am Stiel. Die drei Pfeile werden zwar Feuerpfeile genannt, aber sie lodern nicht. Feuer bezieht sich in seinem Symbolgehalt oft auf die Zahl drei, so zum Beispiel das Dreieck, welches sich in das Feuer-Maṇḍala transformiert.
- ❖ Die weißen Hände halten 1. ein Rad, 2. einen Speer, 3. eine Keule und 4. eine Axt.

Die drei Gruppierungen von jeweils vier Händen auf der linken Seite halten – von unten nach oben gesehen – folgende Gegenstände:

- ❖ Die blauen Hände halten 1. eine Glocke mit einer Vajra-Spitze, 2. einen Schild, 3. einen Khaṭvāṅga mit einem Vajra an der Spitze des Stegs und 4. eine mit Blut gefüllte Schädelschale. Die Stege des Vajra an der Spitze des Khaṭvāṅga sind ein wenig geöffnet. An der Unterseite des Khaṭvāṅga-Oberteils befindet sich ein Vajra, darüber eine gelbe Vase und darüber wiederum ein mehrfarbiger Doppel-Vajra. Oberhalb dessen sind drei Köpfe angeordnet, wobei der erste ein blauer, erst vor kurzem abgeschnittener Kopf ist. Der zweite Kopf ist rot und halb getrocknet. Der dritte ist von weißer Farbe und so stark getrocknet, dass er nur noch ein Schädel ist. Diese Köpfe befinden sich demnach in drei unterschiedlichen Stadien: frisch, ein wenig verfallen und gut getrocknet. Die Köpfe symbolisieren in der gegebenen Reihenfolge: Geist, Rede und Körper des Buddha. Über diesen Köpfen befindet sich am Khaṭvāṅga ein Vajra mit fünf Stegen. An der Unterseite der Vase am Khaṭvāṅga, sind ein Ḍāmaru und eine Glocke mit drei nach unten hängenden Stoffbahnen befestigt.

- ❖ Die roten Hände halten 1. einen Bogen, 2. ein Vajra-Lasso mit einem Haken an einem Ende und einem Vajra an dem anderen, 3. einen Juwel und 4. einen weißen Lotus.
- ❖ Die weißen Hände halten 1. eine Seemuschel, in der eine bestimmte Art von Kreatur fünf Mal geboren wird, 2. einen Spiegel, 3. eine Vajra-Kette und 4. das Haupt von Brahma mit vier Gesichtern, eines in jeder Himmelsrichtung.

In Hinblick auf die ersten beiden Hände, welche Glocke und Vajra halten und die Gefährtin umarmen, symbolisiert der Vajra die große, unübertroffene unwandelbare Glückseligkeit, und die Glocke symbolisiert die Wirklichkeit der Leerheit, die in ihrer Natur frei ist von konzeptuellen Fabrikationen. Die Vereinigung von Ursprünglicher Weisheit der Leerheit und Glückseligkeit wird sowohl durch Vajra und Glocke als auch durch die Umarmung von Gottheit und Gefährtin angezeigt. Kālacakra in Umarmung mit seiner Gefährtin stellt die vorläufige Bedeutung dar, in der Hinsicht, dass sie die Unwandelbare Glückseligkeit und leere Form symbolisieren. Die definitive Bedeutung ist die nicht-duale Natur dieser beiden. Deshalb bezieht sich der eigene göttliche Stolz gleichermaßen auf die Gottheit wie auf die Gefährtin.

• Die Beine

Mein rechtes, rotes Bein ist ausgestreckt,
mein weißes, linkes Bein gebeugt,
auf hundert Arten tanze ich auf Māra und Rudra.

Das Wort „Tanz" bedeutet in diesem Kontext, dass Kālacakra in einer stolzen Haltung auf diesen beiden Göttern steht. Kālacakras rechtes Bein ist rot und ausgestreckt. Unter dem rechten Fuß befindet sich der rote Gott der Begierde, Māra. Dieser Gott der Begierde hat ein Gesicht und vier Hände, in denen er Folgendes hält: 1. in der ersten rechten Hand fünf Blumen-Pfeile, 2. in der ersten linken Hand einen Bogen, 3. in der unteren linken Hand ein Fangseil und 4. in der rechten unteren Hand einen Haken.

Die Pfeile werden „Blumen-Pfeile" genannt, da sie zu den fünf Giften, das heißt, den fünf Geistesplagen, anstacheln. Der Gott der Begierde schießt mit solchen Pfeilen auf die Dharma-Praktizierenden, um in ihnen die fünf Leidenschaften zu entfachen.

Das linke Bein von Kālacakra ist weiß und gebeugt. Unter dem linken Fuß liegt Rudra, mit einem Gesicht, drei Augen und vier Händen, die Folgendes halten: 1. in der ersten rechten Hand einen

Dreizack, 2. in der ersten linken Hand eine Ḍāmaru, 3. in der unteren rechten Hand eine Schädelschale und 4. in der unteren linken Hand einen Khaṭvāṅga.

Die Gefährtin von Māra ist Priyā. Sie ist rot und hält sich an einem Fuß von Kālacakra fest. Die Gespielin von Rudra wird Madhyamā genannt. Beide von ihnen zerren an den Füßen von Kālacakra, wobei sich ihre Häupter etwas nach unten neigen.

• Die Erscheinung

Mein Körper ist mit einer Vielzahl von Ornamenten geschmückt
wie die Weiten des Raumes, die durch die Konstellationen der [Sterne] so bezaubernd wirken – steht er inmitten der Strahlenpracht von fünffachem, reinem Licht.

Die Erscheinung der Gottheit ist mit einer äußerst klaren Nacht, in der die Sterne sehr hell scheinen, vergleichbar. Die „Strahlenpracht von fünffachem, reinem Licht" bezieht sich auf die fünffarbigen Lichtstrahlen, die in alle Richtungen scheinen. Dieses Licht geht vom Körper aus und repräsentiert die fünf Arten Ursprünglicher Weisheit.

• Die Gefährtin

Viśvamātā ist dem Herrn zugewandt,
sie besitzt die Farbe von Kampfer, vier Gesichter und acht Hände,
in denen sie verschiedene Symbole wie etwa ein gekrümmtes Messer und eine Schädelschale hält.
Mit ihrem linken Bein ausgestreckt umarmt sie den Herrn.

Die Gefährtin wird durch den dreifachen Prozess hervorgebracht. Zu Beginn befindet sich vor der Gottheit Kālacakra die Silbe *Phreṃ*, welche sich in ein gekrümmtes Messer verwandelt. Das Messer löst sich in Licht auf, und das Licht wird zu Viśvamātā. Sie ist Kālacakra zugewandt und besitzt eine gelbe Körperfarbe. Da die männliche Gottheit Kālacakra ihr rechtes Bein ausgestreckt hält, streckt die Gefährtin ihr linkes Bein aus, und beide befinden sich in Vereinigung miteinander. Im Vers heißt es, sie „besitzt die Farbe von Kampfer", also gelb-rot oder orange. Im *Vimalaprabhā* hingegen wird von ihrer gelben Farbe gesprochen.

Sie besitzt vier Gesichter, die im Uhrzeigersinn betrachtet gelb, weiß, blau und rot sind. Diese Farben sind denen von Kālacakra genau entgegengesetzt. Jedes ihrer Gesichter hat drei Augen. Bei männlichen Gottheiten mit einem dritten Auge an der Stirn sieht dieses dritte Auge wie ein linkes Auge aus und ist nach oben gedreht. Bei den weiblichen Gottheiten ist das dritte ein rechtes Auge, das nach oben gedreht ist. Die Augenlider befinden sich jeweils an den gegenüberliegenden Seiten.

Viśvamātā hat acht Hände. In ihren rechten Händen, die sich auf der linken Seite von Kālacakra befinden, hält sie 1. ein gekrümmtes Messer in der Hand, mit der sie Kālacakra umarmt; 2. einen Haken, den sie hoch hält; 3. eine Ḍāmaru-Trommel und 4. eine Gebetskette.

In den vier linken Händen hält sie: 1. eine Schädelschale in der Hand, mit der sie Kālacakra umarmt; 2. eine Fangschlinge; 3. einen Lotus mit einhundert Blütenblättern und 4. ein Juwel. Dieses Juwel besteht eigentlich aus drei Juwelen, die einander zugewandt sind. Es sieht wie eine Gruppe von drei Juwelen aus, bei denen das mittlere erhabener ist als die anderen beiden.

Die Gefährtin ist mit den fünf Mudrās oder Ornamenten ausgestattet, einschließlich des Scheitelornaments. Viśvamātā trägt genau wie Kālacakra ein achtspeichiges Rad auf dem Scheitel ihres Hauptes. Die fünf Speichen, die nach vorne gerichtet sind, enden in den fünf Abplattungen der Schilder der Krone. Ihre Haare sind ähnlich wie bei Kālacakra hoch gebunden.

Sich selbst als Gottheit mit Gefährtin hervorzubringen heißt nicht, dass wir uns selbst nur als männliche Gottheit und nicht gleichzeitig auch als Gefährtin erzeugen würden. Vielmehr bezieht sich unser Göttlicher Stolz auf beide gleichermaßen – wir sind sowohl der männliche als auch der weibliche Aspekt.

Die acht Śaktīs

Umgeben von den acht Śaktīs,
die sich auf den Glück verheißenden Blütenblätter-Kissen
in jeder der Haupt- und Nebenrichtung befinden...

Obwohl hier der Begriff „Glück verheißende Blütenblätter" verwendet wird, ist doch nichts wirklich Glück verheißendes an diesen Blütenblättern. Das tibetische Wort für „Glück verheißend" ist ein symbolhafter Begriff, der sich auf die Zahl Acht bezieht, da es acht Glück verheißende Zeichen gibt. In esoterischen Schriften kommt eine solche Symbolsprache öfters vor. Zum Beispiel bezieht sich „Hase" auf die Zahl Eins, da der Hase mit dem Mond in Verbindung gebracht wird und es nur einen einzigen Mond gibt.

In gleicher Weise verweist „Feuer“ auf die Zahl Drei, da es sich auf das Dreieck bezieht, welches sich zu dem Feuer-Maṇḍala wandelt.

Es gibt acht Śaktīs, eine auf jedem Blütenblatt, und sie gehen aus dem dreifachen Prozess hervor. Die ersten vier Śaktīs verweilen in den vier Kardinalrichtungen:

- Auf dem östlichen Blütenblatt befindet sich Kṛṣṇadīptā. Auf diesem Blütenblatt entsteht die kurze Silbe *A*. Aus diesem *A* entsteht ein Behälter für Räucherwerk, und aus diesem wiederum erwächst Kṛṣṇadīptā, von schwarzer Körperfarbe und mit vier Gesichtern. Wenn man im Uhrzeigersinn von vorne um sie herum zur rückwärtigen Seite geht, weisen ihre Gesichter folgende Farben auf: schwarz, rot, gelb und weiß. Diese Sakti besitzt acht Hände. Die vier rechten Hände, von oben nach unten gesehen, halten Folgendes: 1. einen mit Räucherwerk gefüllten Behälter, 2. einen Behälter, der mit Sandelholzpuder oder -paste und mit Safran gefüllt ist, 3. ein Gefäß mit Kampfer und 4. ein Behältnis mit Moschus.
- Die vier linken Hände halten – wiederum von oben nach unten betrachtet – Folgendes:
  1. eine Glocke, 2. einen Lotus, 3. einen himmlischen Baum und 4. eine Girlande aus bunten Blumen. Hinsichtlich des göttlichen Baumes wird in den buddhistischen Beschreibungen des Deva-Bereiches von einem Baum gesprochen, der im Bereich der *Asuras* wurzelt und im Deva-Bereich [seine Früchte hervorbringt] und von beiden – das heißt den Devas und Asuras – umkämpft wird. Dieser Baum sollte nicht mit dem Wunsch erfüllenden Baum verwechselt werden.
- Auf dem südlichen Blütenblatt verweilt Raktadīptā. Auf diesem Blütenblatt entsteht die Silbe *Āḥ*. Aus dieser Silbe *Āḥ* formt sich eine Butterlampe, und aus dieser erhebt sich Raktadīptā. Sie besitzt vier Gesichter, die im Uhrzeigersinn rot, gelb, weiß und blau sind. Sie hat acht Hände, die von oben nach unten gesehen Folgendes halten: 1. eine Lampe, 2. eine Juwelenhalskette, 3. eine Krone und 4. einen Armreif. Die vier linken Händen halten – von oben nach unten gesehen: 1. ein Gewand, 2. einen Gurt, 3. einen Ohrring und 4. Fußreife.
- Auf dem nördlichen Blütenblatt befindet sich Śvetādīptā. Auf diesem Blütenblatt entsteht die kurze Silbe *Aḥ*. Aus die-

sem *Aḥ* entsteht Speise, und aus dieser Speise erwächst Śvetādīptā. Ihre vier Gesichter sind weiß, schwarz, rot und gelb. Diese Sakti besitzt ebenfalls acht Hände. Die vier rechten Hände, von oben nach unten gesehen, halten Folgendes: 1. einen mit Milch angefüllten Behälter, 2. ein Gefäß voller Wasser, 3. ein Behältnis, welches mit höchst erlesener Medizin gefüllt ist und 4. einen mit Alkohol angefüllten Behälter. Ihre linken Hände tragen – abermals von oben nach unten betrachtet: 1. Ambrosia, das sich auf den Stamm des *Arura*-Baumes bezieht, der große Heilkräfte in sich trägt, 2. den Geschmack von Siddhi, eine Art von Elixier, das im Kālacakra Tantra beschrieben wird und Eisen in Gold verwandeln kann und – wenn es eingenommen wird – die eigene Lebensspanne verlängert, 3. eine Arura-Frucht und 4. eine Schüssel mit Getreidebrei.

❖ Auf dem westlichen Blütenblatt verweilt Pītadīptā. Auf diesem Blütenblatt entsteht die Silbe *A,* welche sich in eine Muschel verwandelt, aus der Pītadīptā hervorgeht. Auch sie besitzt vier Gesichter, die gelb, weiß, blau und rot sind. Sie hat acht Hände, die vier rechten – von oben nach unten gesehen – halten Folgendes: 1. eine Muschelschale, 2. eine Flöte, 3. ein Juwel und 4. eine Ḍāmaru. Die vier linken Händen halten – von oben nach unten: 1. eine Laute, 2. eine Trommel, 3. einen Gong und 4. eine Trompete.

Dies bezog sich auf die vier Kardinalrichtungen. Es gibt aber auch die Zwischenrichtungen, welche als Feuer-Richtung, Wind-Richtung und so fort bezeichnet werden.

❖ Āgnneya ist der Sanskrit-Name für den Südosten und bezieht sich auf die Beschützerin dieser Richtung. Auf dem südöstlichen Blütenblatt verweilt Dhūmā. Auf diesem Blütenblatt erscheint die Silbe *Hā.* Aus diesem *Hā* entsteht ein schwarzer Yak-Schwanz-Wedel, und aus diesem formt sich Dhūmā. Ihre vier Gesichter sind schwarz, rot, gelb und weiß. Diese Sakti besitzt ebenfalls acht Hände, die allesamt einen schwarzen Yak-Schwanz-Wedel halten.

❖ Nairṛtya zeigt den Südwesten an und ist die Bewahrerin dieser Richtung. Auf dem südwestlichen Blütenblatt befindet sich Marīci. Auf diesem Blütenblatt entsteht die Keimsilbe *Haḥ.* Aus diesem *Haḥ* entsteht ein roter Yak-Schwanz-Wedel, und aus diesem wiederum geht Marīci hervor. Sie besitzt vier Gesichter, die rot, gelb, weiß und blau sind. Sie hat acht Hände, die alle einen roten Yak-Schwanz-Wedel halten.

- ❖ Aiṣānī bezeichnet den Nordosten und ist die Beschützerin für diese Richtung. Auf dem nordöstlichen Blütenblatt ist Khagamanā. Auf diesem Blütenblatt entsteht die Keimsilbe *Haḥ*. Diese formt sich zu einem weißen Wedel um, und aus diesem geht Khagamanā hervor. Ihre vier Gesichter sind weiß, schwarz, rot und gelb. In ihren acht Händen trägt sie acht weiße Yak-Schwanz-Wedel.
- ❖ Vāyavya bezieht sich auf den Nordwesten und ist die Beschützerin dieser Richtung. Auf dem nordwestlichem Blütenblatt befindet sich Pradīpā. Auf diesem Blütenblatt bildet sich die Silbe *Ha*, die sich zu einem gelben Wedel umformt, und dieser wandelt sich zu Pradīpā. Ihre vier Gesichter sind gelb, weiß, blau, und rot, und in ihren acht Händen hält sie acht gelbe Yak-Schwanz-Wedel.

Die Gottheiten der Zwischenrichtungen sind die Richtungs-Beschützerinnen für die Praxis von Kālacakra. Zusammengenommen gibt es zehn Schutzgottheiten der Richtungen: eine für jede der Kardinalrichtungen, eine für jede Zwischenrichtung, eine für oben und eine für unten. All ihre Gesichter haben drei Augen. Sie alle sind mit den fünf Mudrās geschmückt und stehen aufrecht.

12. Kapitel

Unser Verständnis vertiefen

Anweisung für die Übung

Der große indische Heilige Āryadeva bemerkt, dass man zwar die altruistische Motivation, dem Wohl der anderen zu dienen, besitzen mag, aber nicht die Fähigkeit dazu. Er meint damit, dass man durchaus die Absicht hegen mag, anderen zu helfen, der eigene Altruismus jedoch nur mit Anstrengung hervorgebracht wird.

Wenn wir die Schulungen des gewöhnlichen Pfades, der Erzeugungs- und der Vollendungsstufe betrachten, können die Übungen uns als ziemlich umfangreiches und abgehobenes Vorhaben erscheinen. Wenn wir jedoch gleichmäßig und ausdauernd üben, rückt der Pfad näher und näher. Dies bedeutet: Selbst wenn wir das Gefühl haben, wir würden uns nicht auf authentische Weise im Erleuchtungsgeist oder in der Erzeugungsstufe schulen, so wird doch unsere anfängliche Imitation einer wirklichen Praxis schrittweise zu einer realen Sache, wenn wir eifrig bei der Sache bleiben. Wenn wir beispielsweise über Vergänglichkeit, Leerheit oder irgendein anderes Thema meditieren, wird uns die Meditation zu Beginn nicht sehr authentisch vorkommen. Mit zunehmender Vertrautheit wird die Praxis jedoch immer realistischer und wirklichkeitsgetreuer.

Dies bewahrheitet sich in Hinblick auf jegliche Form von Aktivität. Wenn wir etwas beginnen, werden wir es wahrscheinlich noch nicht korrekt durchführen, sondern nur ungefähr. Allmählich, mit fortschreitender Übung wird aus bloßer Imitation etwas Authentisches. Die Tür bleibt verschlossen, wenn wir dies nicht erkennen und stattdessen meinen: „Wie könnten wir jemals eine wirkliche Realisation, wie sie beschrieben wird, erlangen? Wie könnten wir auch nur verstehen, was vor sich geht? Wer könnte dies jemals bewerkstelligen?“ Auch wenn die Praxis zu Beginn nicht sehr gut verlaufen mag, wird sie sich in den Monaten und

Jahren, in denen wir uns bemühen, immer weiter verbessern. Dies liegt in der Natur der Wirklichkeit begründet. Wenn wir dies bedenken, wird uns das sehr ermutigen.

Andere Gesichtspunkte des Äusseren und Inneren Kālacakra

Wenn wir die Etymologie von Kālacakra auf das äußere Universum beziehen, steht Kāla (Zeit) für ein Jahr, und Cakra (Rad oder Zyklus) bezieht sich auf einen Zyklus von zwölf Monaten. Verbinden wir die Etymologie mit der inneren Wirklichkeit, bedeutet Kāla einen einzigen vollständigen Atemzug. In einem Atemzug – vergleichbar mit der äußerlichen Unterteilung des Jahres in Monate – gibt es zwölf hauptsächliche Wechsel oder Veränderungen in der inneren Bewegung des Atems oder der vitalen Energie. Diese Zwölf werden noch weiter untergliedert. Bei jedem der zwölf Wechsel treten fünf mindere Wechsel der Energie auf, was insgesamt sechzig ergibt. Diese hauptsächlichen und sekundären Wechsel während jedes Atemzuges werden auch „Cakra" genannt.

Der gereinigte äußere Aspekt der Zeit im Allgemeinen, oder in anderen Worten, der externe Kāla-Aspekt von Kālacakra, ist die männliche Gottheit Kālacakra. Der geläuterte innere Aspekt des Atems ist ebenfalls Kālacakra. Der gereinigte äußere Aspekt von Cakra – der vollständige Zyklus von zwölf Monaten – ist die weibliche Gottheit Viśvamātā. Der geläuterte innere Aspekt des Zyklus der zwölf hauptsächlichen oder der sechzig minderen Wechsel ist auch Viśvamātā.

Im astrologischen Zusammenhang bewegt sich die Sonne auf ihrer Laufbahn durch die zwölf Sternzeichen, welche in zwei Gruppen von jeweils sechs untergliedert werden können. Die erste Gruppierung gehört zu den Tagen, die länger oder kürzer werden, und die zweite Gruppe wird der Sonne, die sich nach Norden oder Süden bewegt, zugeordnet. Im Inneren finden wir die zwölf Energie-Wechsel, die den zwölf Häusern der Sternbilder entsprechen. Sechs der Wechsel vollziehen sich durch das linke Nasenloch und die anderen sechs durch das rechte Nasenloch. Die Dauer der Atemzüge im Inneren entspricht der Dauer der Tage im Äußeren. Die inneren zwei Gruppen von jeweils sechs korrespondieren in ihrem gereinigten Aspekt mit den beiden Beinen von Kālacakra im Äußeren. Die zwölf Wechsel der Energie werden mit den Zwölf Gliedern des Abhängigen Entstehens in Verbindung gesetzt.

Zwölf in drei Gruppen von jeweils vier unterteilt ergibt eine Triade, welche in ihrem geläuterten äußeren und inneren Aspekt durch die drei Kehlen von Kālacakra dargestellt wird. Zwölf kann aber auch in vier Dreiergruppen untergliedert werden, welche in ihrem gereinigten Zustand als die vier Gesichter von Kālacakra dargestellt werden. Wir können zwölf auch in sechs Gruppen zu je zwei aufteilen, diese korrespondieren dann mit den sechs Schultern auf beiden Seiten. Dann gibt es noch eine Gruppe, die aus insgesamt zwölf gebildet wird, sie bezieht sich auf die tatsächlichen Hände auf beiden Seiten. Diese wiederum stehen sowohl für die zwölf Wechsel als auch für die zwölf Sternzeichen.

Jedes der Sternzeichen entspricht einem Monat; und während eines Monats nimmt der Mond zunächst zu und dann wieder ab. Daher werden die Monate mit zwei multipliziert, was vierundzwanzig ergibt. Im gereinigten Zustand wird dies als die vierundzwanzig Hände von Kālacakra dargestellt.

In der äußerlichen, geläuterten Periode von zwölf Sternzeichen gibt es 360 Tage. Der innere Aspekt – wenn gereinigt – bezieht sich auf die fünfzehn Gelenke an jeder der insgesamt vierundzwanzig Hände, was insgesamt 360 Gelenken gleichkommt. Auf der inneren Ebene symbolisieren die Gelenke die sechzig Wechsel. Indem man die 360 Gelenke mit den sechzig sekundären Wechseln multipliziert, erhält man die Zahl 21.600.

Mit den vitalen Energien arbeiten

Wird eine Handlung vom Greifen nach wahrer Existenz motiviert, sammeln wir damit Energien an, die uns in zukünftige Leben hineinführen. Mit anderen Worten: Wir schaffen karmische Energien, [die uns weiter im Daseinskreislauf gefangen halten]. Durch die Läuterung der 21.600 karmischen Energien erscheint hingegen Kālacakra.

Um diese Läuterung oder Beendigung der 21.600 karmischen Energien auf der Vollendungsstufe herbeizuführen, muss man in unmittelbarer Weise 21.600 unwandelbare Glückseligkeiten erzeugen. Um diese Glückseligkeiten, die direkten Gegenmittel auf der vorhergehenden Erzeugungsstufe, auszulösen, bringt man den vollständigen Körper von Kālacakra hervor.

Jetzt können wir sehr deutlich eine Folge voneinander abhängiger Ereignisse beobachten. Die Hervorbringung des vollständigen Körpers von Kālacakra stellt die Ursache dafür dar, dass die 21.600 großen Glückseligkeiten entstehen, die infolgedessen als eine Gegenkraft gegen die 21.600 karmischen Energien wirken und zur eigentlichen Verwirklichung von Kālacakra führen. Die kausale Abfolge beginnt auf der Erzeugungsstufe und setzt sich über die Vollendungsstufe fort bis zum letztendlichen Resultat. Während der Erzeugungsstufe muss man ein Gewahrsein der zu bereinigenden Basis, der Mittel zur Bereinigung und ihrer Funktionen sowie Resultate auf das Verständnis, die Praxis und die Meditation anwenden. All dies muss man sehr bewusst durchführen, sonst werden die verschiedenen Formen der unwandelbaren Glückseligkeit während der Vollendungsstufe nicht entstehen.

Die Erläuterung der Bereinigung in Bezug auf die Symbolik der verschiedenen Aspekte des Körpers ist noch nicht vollständig. Das rote rechte Bein, das weiße linke Bein und der blaue Körper werden folgendermaßen zugeordnet: Bei einem gewöhnlichen Wesen spaltet sich zur Zeit des Todes der unzerstörbare Tropfen in seine roten und weißen Komponenten auf. Der weiße Tropfen bewegt sich abwärts und tritt durch die unteren Öffnungen aus, während der rote Tropfen hinaufsteigt und durch die Nasenlöcher ausgeschieden wird. Während dieses Vorgangs trennt sich das Bewusstsein vom Körper und wandert zur nächsten Wiedergeburt.

Selbst wenn eine Person gestorben zu sein scheint – wenn also alle Lebenszeichen erloschen sind – ist nicht sicher, dass das Bewusstsein tatsächlich den Körper verlassen hat. Die Person erscheint vielleicht seit einer oder gar zwei Wochen bereits mausetot, aber das Bewusstsein hat sich vielleicht noch nicht vom Körper gelöst, da sich der unzerstörbare Tropfen noch nicht aufgelöst hat. Solange das Bewusstsein noch präsent ist, kann der Körper nicht verwesen. Ist es jedoch ausgetreten, trennen sich der rote und der weiße Tropfen und bewegen sich nach oben beziehungsweise unten; nun beginnt sich der Körper zu zersetzen. Tibeter werden oft von Ehrfurcht ergriffen, wenn ein großer Guru stirbt und beobachtet wird, wie die Tropfen aus den Nasenlöchern und den unteren Öffnungen austreten. Aber dies kommt keineswegs ausschließlich bei hoch verwirklichten Gurus vor, sondern bei jedem. Wird der Körper jedoch während dieses Prozesses bewegt, eingeäschert oder einer Autopsie unterzogen, ist nicht gewiss, ob die Tropfen zutage treten.

Der Yogi kehrt diesen Prozess durch Meditation um. Er oder sie schichtet die weißen Tropfen vom Genital-Cakra den ganzen Weg hinauf zum Scheitel des Kopfes übereinander, so als würde man Geldmünzen stapeln. Gleichzeitig schichtet er oder sie umgekehrt die roten Tropfen vom Scheitel bis zum Genitalbereich abwärts übereinander. Dadurch erlebt der Yogi oder die Yogini die

21.600 Glückseligkeiten und löst damit die 21.600 karmischen Energien auf.

Die Farben des roten rechten Beines, des weißen linken Beines und des blauen Körpers symbolisieren den Prozess, der zur Erlangung der 21.600 Glückseligkeiten führt, zur Auflösung der 21.600 karmischen Energien und zum Zustand von Kālacakra.

Das Übereinanderschichten der zwei Arten von Tropfen wird während der Vollendungsstufe vollzogen. Um dies zu meistern, übt man sich in der Erzeugungsstufe, indem man die verschiedenen Körperteile [der Gottheit] visualisiert, denn dies bringt das eigene Wesen zur Reife, so dass die 21.600 unwandelbaren Glückseligkeiten auf der Vollendungsstufe aufkommen. Die Initiation erleichtert die Meditation auf der Erzeugungsstufe, besonders hilfreich sind die Weisheits-Wissens- und geheime Initiation sowie die anderen Einweihungen, in denen die Kanäle und die Energien gesegnet werden.

Der zu interpretierende Kālacakra – das heißt, Kālacakra mit Gefährtin in sexueller Vereinigung – ist ein Symbol für den definitiven Kālacakra, welcher die Untrennbarkeit von Ursprünglicher Weisheit der unwandelbaren Glückseligkeit und der Weisheit, welche die Leerheit erkennt, ist. In diesem Zustand treten keine dualistischen Erscheinungen auf. Es ist so, als würde das Wasser eines Glases mit dem Wasser in einem anderen vermengt. Die eigentliche Natur der Wirklichkeit bringt unausweichlich diese Untrennbarkeit von unwandelbarer Glückseligkeit und Erkenntnis der Leerheit hervor. Sie muss zwangsläufig vorkommen.

Die definitive Bedeutung von Kālacakra mit Gefährtin wird anfänglich in der Samādhi-Phase erreicht – der letzten im Sechs-Phasen-Yoga auf der Vollendungsstufe – nämlich dann, wenn man die Vereinigung von Körper und Geist Kālacakras erlangt. Zuerst erzielt man den körperlichen Aspekt der Körper-Geist-Vereinigung in der Phase der Vergegenwärtigung des Sechs-Phasen-Yoga. Um für solche Praktiken den nötigen Reifegrad zu erzielen, meditiert man auf der Erzeugungsstufe, indem man die Gottheit und die Gefährtin in Umarmung visualisiert, und man stellt sich vor, unwandelbare Glückseligkeit und Weisheit zu erfahren.

Der Symbolgehalt von Kālacakra

Das Kālacakra-System weist einen einzigartigen Symbolgehalt auf, der sich weder im Cakrasaṃvara- noch im Guhyasamāja-System finden lässt, so zum Beispiel die verschiedenen Aspekte von Kåla und Cakra hinsichtlich der äußeren Umgebung, des Jahres und anderem. Im Folgenden wird eine Reihe weiterer einzigartiger Aspekte des Kālacakra-Systems erwähnt. Da ist zunächst die Darstellung der vier Tropfen zusammen mit der Art und Weise, wie diese vier Tropfen während der Initiation geläutert werden. Danach folgt die Art und Weise, wie man die Einweihung in Abhängigkeit von den vier Maṇḍalas von Körper, Rede, Geist und Ursprünglicher Weisheit erhält, was ausschließlich für Kālacakra gilt. Man empfängt die Initiation gestützt auf die vier Maṇḍalas, um anschließend die Übungen der Erzeugungs- und der Vollendungsstufe durchführen zu können. Gestützt auf die während der Initiation stattfindenden Reifeprozesse geht man auf der Erzeugungsstufe dazu über, die vier Gesichter und die anderen Attribute von Kālacakra zu visualisieren.

In Hinblick auf die Untergliederung in Methode und Weisheit wird die männliche Gottheit Kālacakra dem Element des Bewusstseins zugerechnet, während die weibliche Gottheit Viśvamātā im Element der Ursprünglichen Weisheit inbegriffen ist. Die Tatsache, dass männliche Gottheit und Gefährtin insgesamt zweiunddreißig Hände – beziehungsweise vier Gruppen von jeweils acht Händen – aufweisen, ist ein Symbol für die Reinigung der vier Tropfen.

Die ersten beiden Phasen des Sechs-Phasen-Yoga der Vollendungsstufe, Zurückziehen und meditative Festigung, reinigen den Tropfen an der Stirn, welcher den Wachzustand hervorbringt, und sie beide führen zum Erlangen des körperlichen Vajra. Die dritte und vierte Phase, Prāṇayāma und Einbehaltung, läutern den Tropfen an der Kehle, welcher den Traumzustand erzeugt. Diese beiden Phasen ergeben den Vajra der Rede. Die fünfte Phase, Vergegenwärtigung, reinigt den Tropfen am Herzen, der den Zustand des Tiefschlafs entstehen lässt, und führt zum Vajra des Geistes. Die sechste Phase, Samādhi, läutert schließlich den Tropfen am Nabel, welcher die Vierte Gelegenheit hervorbringt, und führt zum Vajra der Ursprünglichen Weisheit. Wenn man dann letztendlich die Erleuchtung in manifester Weise erlangt, drückt sich dies in Form der vier Vajras von Körper, Rede, Geist und Ursprünglicher Weisheit aus. Durch denselben Prozess werden auch die sechs Elemente gereinigt. Damit ist die Erläuterung der symbolischen Bedeutung von Kālacakra und Gefährtin beendet.

Die Visualisierung, die bisher im Zusammenhang mit dem sechsfachen Guru-Yoga dargestellt wurde, beinhaltet auch, dass man sich selbst als Gottheit mit Gefährtin und umgeben von den acht Śaktīs visualisiert. Die acht Blütenblätter des Lotus, auf dem Kālacakra und Gefährtin stehen, symbolisieren die acht abzweigenden Kanäle des Herz-Cakra. Die acht Śaktīs, welche auf jenen acht Blütenblättern stehen, stehen für die acht Energien, die durch die acht Nebenkanäle strömen. Diese Göttinnen werden in den Farben visualisiert, die den jeweiligen Energien entsprechen.

Der untere Teil der Mitte des Lotussitzes steht für den unteren Abschnitt des mittleren Kanals, also den Teil unterhalb des Herzens. Hier hindurch fließt die herabsteigende Energie, welche dem Element der Ursprünglichen Weisheit zugeordnet und durch Viśvamātā symbolisiert wird. Das Element der Ursprünglichen Weisheit wird der Farbe Gelb zugeordnet und durch Viśvamātā repräsentiert. Ursprüngliche Weisheit bedeutet in diesem Falle unwandelbare Glückseligkeit, die durch das Herabsteigen des Bodhicitta ausgelöst wird.

Der obere Teil der Lotusmitte symbolisiert den oberen Abschnitt des mittleren Kanals, den Teil oberhalb des Herzens. Durch diesen fließt die lebenserhaltende Energie, welche dem Element des Raumes angehört und durch Kālacakra symbolisiert wird. Das Element Raum wird mit der Farbe Blau assoziiert und in diesem Sinne durch Kālacakra zum Ausdruck gebracht. Zuweilen wird gesagt, Kālacakra stelle den geläuterten Aspekt des Elementes Bewusstsein dar. Und in der Tat ist Blau die Farbe, welche sowohl mit dem Element Bewusstsein als auch mit dem Element Raum verbunden wird.

Sich auf die Vollendungsstufe vorbereiten

Zur Zeit der Initiation bringt man die zehn Energien in Gestalt der zehn Śaktīs hervor und bringt sie dadurch zur Reife. Die beiden Hauptgottheiten, Kālacakra und Gefährtin, reinigen unmittelbar den linken und rechten Kanal, indem sie den hindurchlaufenden Energiefluss blockieren. Dies reinigt indirekt auch den mittleren Kanal. Die primären Gottheiten läutern also direkt den linken und rechten Kanal und indirekt den zentralen Kanal.

Während der Initiation treten zwölf Gottheiten auf, nämlich die zehn Śaktīs und Kalacakra mit Gefährtin. Die zwei zusätzlichen Śaktīs sind Vajradhātivīśvarī und Viśvamātā, wobei Letztere die Gefährtin von Kālacakra ist. In diesem Zusammenhang symbolisieren sowohl Vajradhātivīśvarī als auch Kālacakra die Reinigung des Raum-Elements. Auf der Erzeugungsstufe treten zehn Gottheiten auf, nämlich die acht Śaktīs zusammen mit Kālacakra und

Gefährtin. Auf der Erzeugungsstufe schließt Kālacakra auch Vajradhatīśvarī mit ein, da Kālacakra als Hauptgottheit die Läuterung des Elements Raum repräsentiert. In dieser Weise sind alle zwölf Gottheiten, die während der Einweihung visualisiert werden, in den zehn Gottheiten auf der Erzeugungsstufe enthalten. Im Zusammenhang mit den zehn Arten der Energie wird die lebenserhaltende Energie normalerweise durch Vajradhātivīśvarī symbolisiert. Das dem zugehörige Element Bewusstsein, das die lebenserhaltende Energie mit einschließt, wird aber durch Kālacakra repräsentiert: so besteht hier kein Widerspruch.

Darüber hinaus segnet diese Praxis die zehn Energien, welche in den mittleren Kanal eintreten, dort verweilen und sich dort auflösen. So wird man durch diese Übung für die Praxis der Vollendungsstufe befähigt, bei der die Hauptgottheit mit Gefährtin und allen zehn Śaktīs erscheint. Daher entsteht aus der Diskrepanz zwischen der Initiation und der Erzeugungsstufe, welche zur Vollendungsstufe führt, kein wirklicher Widerspruch.

Die karmischen Energien in den mittleren Kanal eintreten zu lassen, ist das vorrangige Mittel, um Körper und Geist von Kālacakra zu erlangen. Indem man die karmischen Energien in den zentralen Kanal eintreten lässt, verwirklicht man die leere Form der Hauptgottheit mit Gefährtin. Zu Beginn der Übung ahmt man diese Verwirklichung nur nach. Die ersten beiden Phasen des Sechs-Phasen-Yoga, Zurückziehen und meditative Festigung, bringen diese Nachahmung der leeren Form von Kālacakra und Gefährtin an der Stirn hervor. Anschließend übt man sich in der dritten und vierten Phase, Prāṇayāma und Einbehaltung. Dadurch wird die leere Form der Gottheit mit Gefährtin am Nabel-Cakra erzeugt, und man hält die Energien am Nabel-Cakra fest, so dass sie sich nicht bewegen können. Inmitten des auflodernden Tummo-Feuers entsteht dann die wirkliche leere Form der Hauptgottheit mitsamt Gefährtin.

Während der fünften Phase, Vergegenwärtigung, befindet sich die leere Form von Gottheit und Gefährtin in sexueller Vereinigung, aus welcher Glückseligkeit entsteht. Von der Gottheit und der Gefährtin gehen Lichtstrahlen aus, welche das Universum erleuchten. Dies geschieht, wenn man den Körper von Kālacakra erlangt. Während der sechsten Phase, Samādhi, erlebt man – gestützt auf die Vereinigung der leeren Form der Gottheit und der leeren Form der Gefährtin – unwandelbare Glückseligkeit. Zur Zeit der Vergegenwärtigung erlangen wir den Körper [von Kālacakra], und in der unmittelbar daran anschließenden Phase erreichen wir den Geist. Schließlich löschen die 21.600 unwandelbaren Glückseligkeiten die 21.600 karmischen Energien aus und man erlangt die Verwirklichungen von Kālacakra. Durch die Läuterung der vier Tropfen verwirklicht man in manifester Weise die vier Körper und erreicht damit den Zustand von Kālacakra.

Das kurze Sādhana des Sechsfachen Guru-Yoga beinhaltet alle essentiellen Punkte des Pfades und ist die Kālacakra-Praxis, welche Seine Heiligkeit der Dalai Lama regelmäßig durchführt. Wenn Seine Heiligkeit der Dalai Lama die Einweihung verleiht, führt er jedoch weitaus umfassendere Praktiken durch, die Körper, Rede und Geist, die Visualisierung und Vorbereitung des Maṇḍala, die Selbst-Einweihung und anderes betreffen.

Dies war eine skizzenhafte Erklärung des Symbolgehaltes. Es gibt noch ausführlichere Erläuterungen der symbolischen Bedeutung all der Gottheiten des Maṇḍalas, aber diese müssen in diesem Zusammenhang nicht gegeben werden.

Es gibt einen geringfügigen Unterschied zwischen den Texten für das Sechsfache Guru-Yoga und für die Einweihung. Dieser Unterschied bezieht sich auf die beiden Elemente Raum und Ursprüngliche Weisheit. Es heißt, das Element Raum gehöre zum Element der Ursprünglichen Weisheit. Der Buddha, welcher mit dem Element Raum assoziiert wird, ist Akṣobhya, während Vajrasattva mit der Ursprünglichen Weisheit in Verbindung gebracht wird. Der Text des Sādhana spricht ausdrücklich davon, dass Vajrasattva die Gottheit ist, die man auf Kālacakras Scheitel visualisiert. Ich weiß nicht, ob diese Vajrasattva-Krone eine spezielle Bedeutung hat, oder ob es sich schlichtweg um einen Fehler im Text handelt. An der Stelle des Initiationstextes, welche die Verleihung der Einweihung beschreibt, wird jedoch Akṣobhya als die Gottheit benannt, welche sich auf Kālacakras Scheitel befindet. In dem vergleichbaren Prozess bei Vajravega, der zornvoll erscheinenden Form von Kālacakra, geht ebenfalls Akṣobhya aus dem Scheitel hervor. Ich vermag nichts Definitives über Vajrasattva auszusagen, aber von der Bedeutung her scheint Akṣobhya hier angemessener. Dem Text des Sādhana und dem Initiationstext zufolge ist Vajrasattva die Gottheit über dem Scheitel von Viśvamātā und den acht Śaktīs.

Die fünf Tathāgatas und ihre Attribute

Einige wenige Ausführungen hinsichtlich der fünf Tathāgatas oder der fünf Buddha-Familien mögen von Nutzen sein. Es gibt einige

Unterschiede zwischen der allgemeinen Darstellung und jener Darlegung, die sich im *Kālacakra-Tantra* findet. Die hier angeführten Erörterungen folgen der generellen Darstellungsweise und stimmen daher nicht notwendigerweise mit dem *Kālacakra-Tantra* überein.

Wenn die beiden Hindernisse, die erkenntnismäßigen und die durch Leidenschaften bedingten, vollständig ausgelöscht wurden, sind die fünf Aggregate gereinigt. Zur Zeit des Resultats besitzen wir die fünf Arten von Ursprünglicher Weisheit und die fünf Tathāgatas, welche von derselben Natur sind:

1. Verblendung erzeugt das Aggregat der Form. Durch Läuterung wird die Leidenschaft der Verblendung in die Spiegelgleiche Ursprüngliche Weisheit umgewandelt[28], welche das gleichzeitig auftretende allgemeine Erscheinen von Objekten ermöglicht. Das Form-Aggregat wandelt sich zu Vairocana. Vairocanas Körper besitzt eine weiße Farbe, und er hält ein Rad in seinen Händen. Der Symbolgehalt liegt darin, dass das Rad des Dharma gedreht werden muss, um Unwissenheit und Verblendung auflösen zu können.
2. Wenn das Aggregat der Empfindung geläutert ist, wandelt es sich zu Ratnasambhava. Stolz ruft das Gefühl von Glück und Schmerz hervor. Indem man sich von der Geistesplage Stolz reinigt, wird das Aggregat Empfindung in die Ursprüngliche Weisheit der Gleichheit transformiert, welche Ausgeglichenheit zur Folge hat. Ratnasambhava ist gelb, und in seinen Händen hält er ein Juwel, welches das Anwachsen von Dharma und Reichtum symbolisiert.
3. Durch Läuterung wandelt sich das Aggregat der Unterscheidung zu Buddha Amitābha. Es ist vornehmlich Begierde, welche das Aggregat der Unterscheidung hervorbringt. Durch die Läuterung von Begierde wandelt sich dieses Aggregat in die Ursprüngliche Weisheit der Unterscheidung, welche die diversen Objekte unterscheidet. Amitābha ist rot und hält einen Lotus. Ein Lotus erwächst aus Schlamm und symbolisiert, dass die fünf Arten von Ursprünglicher Weisheit zwar aus der Begierde nach Sinnesobjekten entstehen, aber dennoch nicht durch solche Begierde befleckt sind.
4. Durch Läuterung wandelt sich das Aggregat der gestaltenden Faktoren in Buddha Amoghasiddhi. Es heißt, das Aggregat der gestaltenden Faktoren werde hauptsächlich durch Eifersucht erzeugt. Eifersucht wird in die Ursprüngliche Weisheit

der Vollendung verwandelt – jene Weisheit, welche erkennt, was vollbracht werden muss. Amoghasiddhi ist grün und hält ein Schwert. Das Schwert symbolisiert das Ausführen verschiedener Handlungen, und es bezieht sich auf das Durchtrennen des Knotens der Eifersucht.

5. Das Aggregat des Bewusstseins wandelt sich in Buddha Akṣobhya. Die Aussage, dass Hass das Aggregat des Bewusstseins hervorbringt, ist schwer nachzuvollziehen. Wie auch immer, Hass wandelt sich zur Ursprünglichen Weisheit der endgültigen Natur der Realität. Diese Ursprüngliche Weisheit beinhaltet alle fünf Arten von Ursprünglicher Weisheit, ist jedoch die zentrale. Die anderen vier Formen von Ursprünglicher Weisheit sind Aspekte oder Funktionen, welche von ihr ausgeführt werden. Akṣobhya ist von blauer Farbe und hält einen Vajra, welcher eine Ursprüngliche Weisheit symbolisiert, die nicht durch Hass beeinträchtigt werden kann. Akṣobhya bedeutet „unbeweglich", und der Vajra selbst ist ein Symbol der Unwandelbarkeit.

Unter den fünf Geistesplagen bildet Verblendung die Basis für die anderen vier. Innerhalb der fünf Aggregate ist es Form, welche die Grundlage für die anderen liefert. In Abhängigkeit vom Form-Aggregat entstehen Stolz, Eifersucht, Hass und Begierde.

Vajrasattva ist nicht in den fünf Tathāgatas inbegriffen, sondern steht für sich. Trotzdem krönt er die Gefährtin. Ich nehme an, dass Vajrasattva mit besonders starker Begierde nach sexuellem Orgasmus in Verbindung gebracht wird.

Die äußerst subtile lebenserhaltende Energie zirkuliert durch den mittleren Kanal. Es heißt, der zentrale Kanal sei mit den Lichtstrahlen der fünf Farben ausgestattet. Blau wird mit Akṣobhya assoziiert und symbolisiert die Energie, welche durch den zentralen Kanal fließt. Der weiße Lichtstrahl steht für Vairocana, und die anderen Buddha-Familien besitzen eine entsprechende Verbindung zu den übrigen Farben. Die fünf sekundären Lichtstrahlen, welche der äußerst subtilen lebenserhaltenden Energie entspringen, korrespondieren mit den fünf Tathāgatas.

Die fünf Elemente werden von den fünf Gefährtinnen symbolisiert. Das Erdelement wird der Familie von Vairocana zugeordnet. Wasser wird zwei Familien, nämlich Ratnasambhava und Akṣobhya, zugerechnet. Feuer wird mit der Familie von Buddha Amitābha assoziiert und Luft mit Amoghasiddhi. Wir können sagen, dass Raum und Bewusstsein mit Akṣobhya verbunden sind.

So beziehen sich die Elemente auf diese Tathāgata-Familien, und im geläuterten Zustand werden sie zu den Gefährtinnen.

Wenn die eigene Meditation ein hohes Niveau erreicht, ist es möglich, die fünf Farben der Lichtstrahlen zu sehen, welche mit der äußerst subtilen lebenserhaltenden Energie zusammenhängen.

13. Kapitel

Die Herzen aller Kālacakras heranziehen

WIE WIRKEN WIR ZUM WOHL DER ANDEREN?

In einem Sūtra heißt es sinngemäß: „Ich verneige mich vor Gautama, dem Buddha. Mit großem Mitgefühl lehrte er das Dharma, um die Geistesschleier und die Unwissenheit der fühlenden Wesen aufzulösen."

Wir wollen vollkommene Erleuchtung erlangen, um den fühlenden Wesen dienlich zu sein, indem wir ihre Leiden lindern und sie zu einem Zustand wirklichen Glücks führen. Soll das heißen, wir sollten versuchen, jegliche Wünsche aller Lebewesen zu erfüllen? Nicht unbedingt. Es gibt keine Gewähr dafür, dass das Erfüllen eines jeglichen Wunsches einer Person auch einen wahrhaften Nutzen für sie darstellt. Wenn die Befriedigung unserer Begierden uns tatsächlich zum Ziel unseres Pfades brächte, würden sich alle Buddhas und Bodhisattvas als unsere Diener um uns scharen. Würden jedoch all unsere Begierden befriedigt, würden unsere Schwierigkeiten nur noch weiter anwachsen, so dass wir immer mehr Probleme hätten. Jeden unserer Wünsche zu erfüllen, wäre keinesfalls das Nützlichste für uns.

Vielmehr dienen und nutzen uns die Buddhas und Bodhisattvas, indem sie uns auf die Ursachen für unsere Leiden hinweisen – nämlich all das, was unseren Geist wirklich zerrüttet, wie beispielsweise Begierde, Hass und Verblendung. Sollten wir diese Störfaktoren und Verzerrungen unseres Geistes nicht erkennen, können uns die Buddhas und Bodhisattvas auch keine Hilfe zukommen lassen. In einem oft zitierten Ausspruch sagt der Buddha, dass die Erwachten weder in der Lage sind, unsere unheilsamen Taten oder gewohnheitsmäßigen Anlagen mit Wasser hinwegzuwaschen, noch unsere Leiden so zu beseitigen vermögen, als würde man einen Dorn herausziehen. Vielmehr dienen sie uns dadurch, dass sie das Dharma lehren. Die Buddhas und Bodhisattvas erklären, wie wir unseren gegenwärtigen Geisteszustand überwinden können, indem wir einen heilsamen Geistzustand entfalten, der uns in der Folge Wohlbefinden gewährt. Obwohl alle Phänomene in Wirklichkeit leer von inhärenter Existenz sind, greifen wir fälschlicherweise dennoch nach ihnen, als wären sie wahrhaft existent. Die Buddhas zeigen uns diesen Fehler und offenbaren uns die endgültige Natur der Existenz, welche darin besteht, dass alle Phänomene leer von inhärenter Existenz sind.

Solange man noch den Geistesplagen ausgesetzt ist, ist es schwierig, die Leiden der anderen beziehungsweise die Ursprünge der Leiden, die in den Geistesplagen bestehen, zu lindern. Deshalb besteht die dringlichste Aufgabe darin, die Verzerrungen im eigenen Geistes abzubauen. Dies ist die beste Methode, um anderen wirklich zu dienen.

Vajravegas aussenden

Die Hauptgottheiten senden von ihren Herzen äußerst Furcht erregende Vajravegas aus,
die verschiedene Waffen tragen und eine Schar von Beschützern herbeiziehen,
die in den unzähligen Bereichen verweilen;
diese werden von einem Geschmack mit den Samayasattvas.

Die „Hauptgottheiten" sind Kālacakra, seine Gefährtin und die acht Śaktīs. Dass die Gottheiten „von ihren Herzen äußerst furchterregenden Vajravegas aussenden" symbolisiert, dass die Energie der Ursprünglichen Weisheit zu strömen beginnt, sobald wir aus dem Mutterleib geboren sind. Auf allen ausgesandten Vajravegas visualisieren wir die vier Silben: das weiße *Oṃ* auf der Stirn, das rote *Āḥ* an der Kehle, das blaue *Hūṃ* am Herzen und das gelbe *Ho* am Nabel.

• Die Gestalt von Vajravega

Die vollständige Form von Vajravega ist identisch mit der Kālacakras, mit der Ausnahme, dass Vajravega zwei zusätzliche Hände besitzt. Die rechte ist rot und die linke ist gelb, und er hält mit ihnen hinter sich eine Elefantenhaut hoch. Die rechte Hand von Vajravega hält das linke Vorderbein des Elefanten, die linke Hand das linke Hinterbein des Elefanten. Der Symbolgehalt dieser beiden zusätzlichen Hände ist wie folgt: Rufe dir in Erinnerung, dass Kālacakra vierundzwanzig Hände besitzt, welche die zunehmenden und abnehmenden Mondphasen während der zwölf Monate repräsentieren. Entsprechend dem astrologischen System, welches sich am Mond orientiert, gibt es gelegentlich einen zusätzlichen Monat im Jahr. Dieser Extra-Monat hat ebenfalls eine zunehmende und eine abnehmende Phase des Mondes, und diese werden durch die zwei zusätzlichen Hände von Vajravega symbolisiert.

• Die zehn Nāgas

Vajravega hat sechs Arten von Knochenornamenten, und um diese Ornamente winden sich Schlangen. Wenn wir von den sechs Arten von Ornamenten sprechen, sollten wir erinnern, dass die Fuß- und Armreife zu einer Klasse von Schmuckstücken zusammengefasst werden. Sollten wir diese jedoch als zwei Paare auflisten, hätten wir vier zusätzliche Schlangen, was insgesamt zehn Schlangen für die sechs Arten von Ornamenten ergibt. Die zehn Schlangen erscheinen als Nāgas, wie sie in der Tafel 11 beschrieben werden.

Tafel 11: Die zehn Nāgas

Nāga	Ort	Farbe
Jaya (tib. *rgyal ba*)	Scheitel	grün
Vijaya (tib. *rnam rgyal*)	Band	blau
Kulika (tib. *rig ldan*)	Halskette	weiß
Ananta (tib. *mtha' yas*)	Gurt	weiß
Karkoṭa (tib. *stobs rgyu*)	Ohr	schwarz
Padma (tib. *pad ma*)	Ohr	schwarz
Vāsuki (tib. *nor rgyal*)	Armreif	rot
Śaṅkhapāla (tib. *dung skyong*)	Armreif	rot
Takṣaka (tib. *'jog po*)	Knöchel	gelb
Mahāpadma (tib. *pad ma chen po*)	Knöchel	gelb

• Die sechs Arten von Knochenornamenten

Auf dem Scheitel von Vajravega befindet ein Rad mit acht Speichen. In der Nabe des Rades ist ein blauer halber Vajra mit fünf Stegen. Drei der Speichen des Rades zeigen nach vorne, drei weisen nach hinten, und eine Speiche ragt über die Ohren hinaus. An den äußeren Enden der Radspeichen befinden sich fünf menschliche Schädel. Die Augenhöhlen sind riesig, und in Mund sieht man Fangzähne. Auf jedem der Schädel sind fünf Knochenzacken angeordnet, aus denen die fünf Buddha-Familien hervorgehen. Zwei Schnüre aus Knochenperlen sind zwischen den Menschenschädeln von Mund zu Mund gespannt. Zusätzlich pendeln jeweils drei Knochenanhänger von der Stelle oberhalb der Augenbrauen herab. Das linke Gehänge ist ein Yak-Schwanz, dessen Griff mit einem goldenen Faden umwickelt ist; das mittlere Gehänge ist eine Glocke und das rechte Gehänge besteht aus einem Lotus.

Auf dem Scheitelpunkt des Kopfes fallen die Haare locker durch die Speichen des Rades hindurch. Sowohl das Rad als auch die Haare sind durchsichtig. An jedem Ohr befindet sich ein Rad aus Knochen mit sechs Speichen, von dem drei Knochengehänge herabbaumeln. Auch am Hals befindet sich ein Rad aus Knochen, hier mit sechzehn Speichen. An der Rückseite des Halses und an jeder der beiden Schultern befindet sich ein weiteres Rad aus Knochen mit jeweils sechs Speichen. Die Litzen aus Knochenperlen, welche die Räder zusammenhalten, formen ein diagonal geflochtenes Band. Jeweils drei Gehänge baumeln von jedem der vier Knochen-Räder herab. Der Armreif an der Innenseite des Armes weist ein Rad aus Knochen mit sechs Speichen auf und dasjenige an der Außenseite des Armes hat ein Knochen-Rad mit drei Speichen. Die zwei Räder sind wiederum durch Knochenketten verbunden, welche ein diagonal gewobenes Band ergeben. Wiederum hängen drei Gehänge von der Innenseite der Armreife herab.

Zudem gibt es an jedem der Oberarme Reife mit zwei Rädern aus Knochen. Das äußere Rad besitzt sechs Speichen, und dasjenige an der Innenseite weist drei Speichen auf. Auch diese sind mit kreuzweise gewobenen Bändern aus Perlen verbunden. Drei Gehänge baumeln von dem Rad an der Vorder- und dem an der Rückseite herab.

Des Weiteren sind zwei Fußreife vorhanden, die mit Rädern versehen sind. Der Reif an der Außenseite besitzt sechs Speichen, und das innere Rad hat drei Speichen. Die Verbindung zwischen den beiden Rädern wird durch das diagonal geflochtene Band aus zwei perlenbesetzten Strängen gewährleistet. An der Oberseite der Fußreife befinden sich drei nach oben gerichtete Zierornamente.

Die Brustplatte hat die Form eines Rades mit acht Speichen. Ein weiteres Rad auf der Rückseite weist ebenfalls acht Speichen auf. Zwei diagonal gewobene Perlenstränge überkreuzen sich wiederholt von der Vorder- zur Rückseite und halten die Räder zusammen. Einer dieser Stränge verläuft unter den Armen und der andere oberhalb der Schulter. Von der Unterseite des Rades hängen drei Verzierungen nach unten herab und drei sind aufwärts gerichtet. Dieselben Gehänge befinden sich auch an dem Rad auf der Rückseite.

Vajravega besitzt einen Gurt aus Knochen, welcher ein Rad mit vier Speichen auf der Vorderseite und ein Rad mit sechs Speichen auf der Rückseite ausweist. Über jeder seiner Hüften liegt ein Rad mit jeweils sechs Speichen. So ergibt sich eine Gesamtzahl von vier Rädern, die diagonal mit drei miteinander verwobenen Perlensträngen verbunden werden. Von dem Gurt hängen Knochenperlenketten herab, die lang genug sind, un einen kurzen Schurz zu bilden. An den Enden dieser Stränge befinden sich wiederum die Gehänge aus Yak-Schwänzen, Glocken und Lotussen.

Diese Ornamente werden in der Yamāntaka-Erzeugungsstufe beschrieben. Der Beschreibung des Schutzrades beziehungsweise -kreises zufolge, die sich nicht im Kālacakra-Text findet, scheint Vajravega keine Gefährtin zu besitzen.

• Die Handlungen von Vajravega

Genau wie Kālacakra hält Vajravega mit seinen beiden Füßen Māra und Rudra nieder. Diese Art zornvoller Aktivität bezieht sich von der Bedeutung her indirekt sowohl auf Kālacakra als auch auf Vajravega. Das Niederdrücken von Māra symbolisiert die Überwindung der vier *Māra*s. Im Kālacakra-System werden die vier Māras anders beschrieben in den übrigen Systemen:

1. Die körperlichen Schleier werden „Māra der Aggregate" genannt.
2. Die sprachlichen Schleier heißen „Māra der Geistesplagen".
3. Der „Māra des Herrn des Todes" bezieht sich auf die Schleier des Geistes.
4. Und der Māra, der als Devaputra bekannt ist, bezieht sich auf die Unwissenheit, die Karma entstehen lässt.

Das Niederdrücken des Gottes Rudra unter dem linken Fuß symbolisiert die Überwindung der vier Geistesplagen von Begierde, Hass, Unwissenheit und Stolz.

Das Niederzwingen von Māra und Rudra mit den Füßen steht aber auch für die Blockierung des linken und rechten Kanals. Die Energien im linken und im rechten Kanal werden in den mittleren Kanal eingebracht, und so leeren sich der linke und rechte Kanal, denn die Energien zirkulieren nun vollständig im zentralen Kanal.

An dieser Stelle der Praxis visualisieren wir uns selbst als Kālacakra mit Gefährtin. An der Silbe *Hūṃ* im Herzen stellen wir uns Vajravega vor, welchen wir mit einer Ausatmung aussenden. Ich vermute, dass er – da er mit der Ausatmung ausgesandt wird – durch unsere Nasenlöcher austritt. Wir können entweder *einen*

Vajravega oder viele Emanationen von ihm aussenden. Bei letzterer Visualisierung werden unzählige Vajravegas in alle Richtungen ausgeschickt, so wie Bienen aus ihrem Stock fliegen. Alternativ dazu kannst du dir auch einfach vorstellen, dass ein Vajravega ausgeht, welcher jedoch unzählige Lichtstrahlen von seinem Herzen aussendet. Ganz gleich, auf welche der beiden Weisen man es sich vorstellt, Vajravega lädt sämtliche Kālacakras mit Gefährtinnen aus allen Richtungen ein. Vajravega hält in seiner rechten, dominanten Hand einen Haken und in der linken Hand eine Fangschlinge. Er zieht auf symbolische Weise die Herzen der Kālacakras aller Himmelsrichtungen herbei und bindet sie mit seinem Lasso. All diese Kālacakras mit den Gefährtinnen und den acht Śaktīs werden in den Raum vor dir eingeladen. Opfergaben werden dargebracht, und dann verschmelzen die Gottheiten mit dir, der Hauptgottheit mit Gefährtin.

Die Gottheiten, die wir bereits hervorgebracht haben, werden „Samayasattvas" genannt. Jene, die wir eingeladen haben, nennt man die „Jñānasattvas". Dann nehmen sie alle einen einzigen Geschmack an, was bedeutet, dass sie dieselbe Natur annehmen.

Die Jñānasattvas können auf zwei Weisen in die Samayasattvas aufgelöst werden. Wir können unzählige Wesen einladen und uns vorstellen, sie würden sich in zehn Gruppen von jeweils zehn sammeln, was Kālacakra mit Gefährtin und den acht Śaktīs entspricht. Anschließend lassen wir dann jedes der zehn Wesen mit jedem der zehn Samayasattvas verschmelzen. Dies ist die eine Möglichkeit. Alternativ dazu können wir sie alle zu einer Gruppe von zehn vereinen, so als wäre jedes Jñānasattva eine Replik eines Samayasattva. Dabei kommt ein Wesen direkt über das entsprechende andere Wesen, und dann verschmelzen sie miteinander. Die wilde Art und Weise, in der Vajravega die Wesen einlädt – nämlich mit einen Haken und einer Fangschlinge – soll wahrscheinlich darauf hindeuten, dass die beiden Wesen sehr schnell ineinander aufgehen. Wenn Vajravega all diese beeindruckenden Dinge vollführt, wirkt er sehr Ehrfurcht einflößend. Wenn er dann wieder zu seiner Heimstätte zurückgelangt, kann er nur in unser Herz zurückgehen, und dort löst er sich wieder auf.

Die Initiationsgottheiten einladen

Die ermächtigenden Gottheiten gewähren die Einweihung,
und der Herr der Familie kennzeichnet die Scheitel der Häupter der Hauptgottheit und der gesamten Begleitung.

Erneut gehen Lichtstrahlen vom *Hūṃ* in unserem Herzen aus und laden alle Buddhas der zehn Richtungen in Gestalt der Initiationsgottheiten ein. Diese Gottheiten besitzen verschiedene Ornamente, mit denen sie die Einweihung verleihen. Wir können uns die Initiation in einer umfassenden Weise vorstellen, in der alle sieben Ermächtigungen inbegriffen sind, oder aber in einer simplen Weise, bei der nur die Wasser-Initiation vorkommt.

Durch den Einweihungsprozess werden alle inneren Unreinheiten aufgelöst und alle Befleckungen geläutert. Der Ambrosia, mittels dem man initiiert wird, fließt auf den Scheitel unseres Hauptes als Kālacakra, läuft dann über und formt sich zu Akṣobhya, welcher das Oberhaupt dieser Familie von Kālacakra ist. Ein vergleichbarer Prozess vollzieht sich bei der Gefährtin; hier ist jedoch Vajrasattva das Oberhaupt der Familie, wobei zu beachten gilt, dass es sich nicht nur um die Häupter von Akṣobhya und Vajrasattva handelt, sondern um ihre vollständige Gestalt. Sie zeigen sich allerdings in ihrem Nirmāṇakāya-Aspekt, und so sind sie nicht mit der ganzen Fülle von Schmuckstücken und Ornamenten des Sambhogakāya ausgestattet.

Vergegenwärtige dir die Phase der Praxis mit den acht Śaktīs auf den Lotusblumen, welche Geburt symbolisieren, das heißt das Austreten aus dem Mutterleib. Der Abschnitt der Praxis, der damit beginnt, dass Vajravega vom Herzen Kālacakras ausgeht, bis hin zur gegenwärtigen Stelle entspricht den gewöhnlichen Handlungen eines Kindes, welches lernt, wie es seine Handlungsfähigkeit einsetzen kann.

Die Erschaffung des Maṇḍala bis zu dieser Stelle innerhalb des eigentlichen Sādhana wird das „Höchst siegreiche Maṇḍala" (tib. *dkyil 'khor rgyal mchog*) genannt. Der Ablauf ist innerhalb des eigentlichen umfassenden Maṇḍala noch ausführlicher und erfordert eine ausgefeilte Darstellung der „Höchst siegreichen Handlungen" (tib. *las kyi rgyal mchog*) des Aussendens von Licht und anderem. Die hier angeführte Darstellung bietet nur die Quintessenz der Höchst siegreichen Handlungen.

14. Kapitel

Bindu-Yoga und Subtiles Yoga

Im Folgenden sind zwei Arten von Yoga zur Anwendung zu bringen, das Yoga der Tropfen oder Bindu-Yoga (tib. *thig le'i rnal 'byor*) und Subtiles Yoga (Skt. *sūkṣma yoga*; tib. *phra mo'i rnal 'byor*). Sowohl das Bindu-Yoga als auch das Subtile Yoga bereiten auf die Übungen der Vollendungsstufe vor. Beide Yogas umfassen eine Übung, die ausschließlich im Tantra zu finden ist und in welcher das Erleben von Sinnesobjekten in den Pfad transformiert wird. Für uns stellt sich die Übung so dar, dass wir mittels der Vorstellungskraft in jede dieser Phasen eintreten.

Das Bindu-Yoga

In der Ausübung des Bindu-Yoga visualisiert man bei sich selbst als Hauptgottheit und bei der Gefährtin ein weißes *Oṃ* an der Stirn, ein rotes *Āḥ* an der Kehle, ein dunkelblaues *Hūṃ* am Herzen, ein gelbes *Ho* am Nabel, ein blaues *Haṃ* am Genital-Cakra und ein grünes *Hā* am Scheitel.

Dann löst man – wie bei der Weisheits-Wissens-Initiation – die Genitalregion in die Leerheit auf. Nun stellt man sich vor, dass aus der Leerheit die Silbe *Hūṃ* entsteht, die sich in einen blauen Vajra mit fünf Stegen transformiert. Die Spitze des Vajra ist durch die gelbe Silbe *Phaṭ* blockiert, und die Spitze des *Phaṭ* ist in die Spitze des Vajra eingeführt, um die herabsteigenden Energien zu blockieren. Sämtliche Absonderungen nach unten wie beim Urinieren und das Ausscheiden von Exkrementen werden von den herabsteigenden Energien zustande gebracht. Hier setzt man sich zum Ziel, dieser abwärts verlaufenden Bewegung Einhalt zu gebieten.

Dann löst man die Genitalregion der Gefährtin in die Leerheit hinein auf und aus der Leerheit entsteht die Silbe *Āḥ*. Diese wandelt sich zu Licht, welches sich wiederum in eine rote, achtblättrige Lotusblume transformiert. Das Zentrum dieses roten achtblättrigen Lotus ist in ähnlicher Weise durch die gelbe Silbe *Phaṭ* blockiert. Man stimmt die Silbe *Hūṃ* an, als würde man ein Lied singen. Dann vereinigt man sich, mit dem Stolz Vajradhara zu sein – und Vajradhara bezieht sich hier auf Vajrasattva – mit seiner Gefährtin. Man sollte bei der Vereinigung die drei zuvor erwähnten inneren Geisteshaltungen beibehalten. Wenn man Glückseligkeit erlebt, sollte man unbedingt über die Leerheit meditieren.

Der mündlichen Überlieferung von Kyabdsche Tridschang Rinpotsche, des Junior-Tutors Seiner Heiligkeit des Dalai Lama, zufolge, treffen sich die mittleren Kanäle der Gottheit und der Gefährtin, und die herabsteigende Energie tritt aus dem zentralen Kanal der Gefährtin aus. Kraft der Vereinigung wird die absteigende Energie tatsächlich aus dem mittleren Kanal der Gefährtin ausgestoßen und mündet in den zentralen Kanal der männlichen Gottheit. Die Energie trifft auf die Silbe *Ho* im Nabel-Cakra der männlichen Gottheit, und dies veranlasst die Tummo-Flamme wie ein reiner Blitz von Nabel aufwärts zu lodern.

Der Strom der herabsinkenden Energie bewegt sich nun aufwärts und drängt das Tummo-Feuer durch den zentralen Kanal nach oben. Die fünf Energie-Maṇḍalas von der Natur der fünf Aggregate zirkulieren durch den linken Kanal. Im rechten Kanal fließen die Energie-Maṇḍalas der fünf Elemente, welche in ihrer göttlichen Form die fünf Gefährtinnen darstellen. Die Hitze des Tummo-Feuers verbrennt die Energien in den Seitenkanälen, wodurch der gewöhnliche Fluss dieser Energien blockiert wird. Deswegen sind die Sinneskräfte für die visuelle und die anderen Wahrnehmungen nicht funktionstüchtig. Das Tummo-Feuer gelangt dann bis zu der Silbe *Hā* am Scheitel.

Die Silbe *Hā* symbolisiert den weißen Bodhicitta. So als würde der Mond schmelzen und Mond-Tropfen herabfallen lassen, so wird der weiße Bodhicitta im Scheitel von dem Tummo-Feuer erhitzt bis er schließlich schmilzt. Wenn die Tropfen des weißen Bodhicitta vom Scheitel des Kopfes zur Kehle herabfließen, erfährt man Glückseligkeit. Wenn sie von der Kehle zur Ebene des Herzens gelangen, erlebt man höchste Glückseligkeit. Und wenn die Tropfen des weißen Bodhicitta bis zur Nabelhöhe herabfallen, wird man von außergewöhnlicher Glückseligkeit ergriffen. In jedem der Stadien erhöht sich die Intensität der Glückseligkeit, weshalb jeder Form ein spezifischer Name verliehen wird. Wenn der Tropfen des weißen Bodhicitta an der Spitze des Vajra angelangt ist, wird er durch die Silbe *Phaṭ* blockiert, und weil er nicht ausgestoßen wird, erfährt man innewohnende oder angeborene Glückseligkeit. Diese Praxis nennt man Bindu-Yoga. Auf der Erzeugungsstufe werden die vier Arten von Glückseligkeit, die man dabei erlebt, „vier herabsteigende Glückseligkeiten" genannt.

Das Subtile Yoga

Ein Großteil der Übungen des Subtilen Yoga ist, was die Visualisierung, die Vereinigung und andere Aspekte betrifft, mit den Praktiken des Bindu-Yoga identisch. Im Subtilen Yoga jedoch steigt der weiße Bodhicitta, nachdem er an der Spitze des Juwels des Vajra angelangt ist, nun nach oben. Wenn er bis zur Höhe des Nabels aufsteigt, erlebt man Glückseligkeit. Wenn er das Herz erreicht, erfährt man höchste Glückseligkeit. Gelangt er bis zur Kehle, wird man von außergewöhnlicher Glückseligkeit ergriffen. Und erreicht er den Scheitel, entsteht die angeborene Glückseligkeit. Vergegenwärtige, dass es sich dabei nicht um einen Prozess des Übereinanderschichtens, sondern um die bloße Bewegung der Tropfen nach oben beziehungsweise nach unten handelt. Wenn man gute gewohnheitsbedingte Veranlagungen für die Praxis der Visualisierung verbunden mit dem göttlichen Stolz besitzt, wird dies tatsächlich zu solchen Formen von Glückseligkeit führen.

In dieser Übung gibt es eine spezielle essentielle Anweisung, die dazu dient, das Ausstoßen von weißem Bodhicitta zu verhindern. Die beiden Hände werden zu Vajra-Fäusten geballt. Die linke Hand befindet sich innen und die rechten Hand außen, und man legt sich beide Hände auf die Brust. Man zieht seinen Bauch ein, so dass er sich zur Wirbelsäule hin verflacht, und blickt zum Himmel empor. Dann ballt man mit aller Kraft die Zehen, und stößt sehr vehement entweder *Hūṃ* oder *Phaṭ* aus. Mit ein wenig Übung wird dies sicherlich den weißen Bodhicitta dazu bringen, in umgekehrte Richtung zu fließen – und sollte dies nicht beim ersten Mal geschehen, so doch bei den nächsten Malen. Es wird im Verlauf der Praxis erreicht.

Die Situation stellt sich wie folgt dar. In der ersten Zeit besteht tatsächlich die Gefahr, dass der weiße Bodhicitta austritt; in der zweiten Phase führst du alle die vorangegangenen Übungen durch und erreichst damit, dass der weiße Bodhicitta zurückfließt. Alles in dieser Weise zusammenzuziehen, macht jedoch krank. Deshalb folgt in der dritten Phase das so genannte Yoga der Ausbreitung. Dieses Ausbreitungs-Yoga wird in folgender Weise durchgeführt: Balle deine beiden Hände zu Vajra-Fäusten und lege sie auf den

Ansatz der Oberschenkel. Dann schüttele deinen Körper ein bisschen und mache gleichzeitig ein wenig Vasen-Meditation in deinem Unterleib. Dadurch wirst du ein Gefühl bekommen, dass sich der weiße Bodhicitta verteilt.

Obwohl der Text es nicht sehr klar fasst, folgere ich, dass die Übung des „Höchst siegreichen Maṇḍala" den Tropfen des Wachzustand an der Stirn läutert und die „Höchst siegreiche Handlung" den Tropfen des Schlafzustands an der Kehle. Das Bindu-Yoga läutert den Tropfen des Schlafzustands am Herzen, und das Subtile Yoga reinigt den Tropfen der Vierten Gelegenheit am Nabel. Dies sind logische Folgerungen, die im Text jedoch nicht explizit genannt werden.

Glückseligkeit entsteht, und man meditiert über die Leerheit. Man visualisiert, wie sich aus dieser Leerheit wieder der eigene Lotus-Sitz, der eigene Körper als Gottheit mit Gefährtin und die mannigfaltigen Śaktīs formen. Man denkt sich, all dieses sei von der Natur von Glückseligkeit-Leerheit.

Es heißt, die eigene Ursprüngliche Weisheit von Glückseligkeit und Leerheit solle genau in der Form der Maṇḍala-Gottheiten erscheinen. Andere sagen, man konzentriere sich auf die göttliche Gestalt und erfasse sie dabei als nicht inhärent existent. Die Umschreibung mag unterschiedlich sein, nicht so die essentielle Bedeutung, die ein und dieselbe ist.

Das Gottheiten-Yoga auf der Erzeugungsstufe kann auf zweierlei Weise geübt werden. Die eine Vorgehensweise betont den tiefgründigen Aspekt und die andere den ausgedehnten oder umfassenden Aspekt des Pfades. Die Tiefgründigkeit wird durch die Meditation über die Leerheit betont und besteht darin, genau diese Erkenntnis von Leerheit in der göttlichen Form manifest werden zu lassen. In der Übung des tiefgründigen Aspekts wird durch die Erkenntnis der Leerheit die Ansammlung von Weisheit vervollständigt. Um den umfassenden Aspekt der Praxis hervorzuheben, meditiert man über die Leerheit, und wenn die Erkenntnis sich in den verschiedenen Formen der Gottheiten manifestiert, lässt man sie über alle Begrenzungen durch Raum und Zeit hinauswachsen. Mit anderen Worten: Die göttlichen Erscheinungen besitzen keine Begrenzungen oder Einschränkungen. Durch diese Erscheinung der Erkenntnis der Leerheit in Form von göttlichen Gestalten häufst du Verdienst an.

Weisheit wird auf die eine Art und Weise angesammelt, und heilsames Verdienst auf eine andere Art. Ein einzigartig tiefgründiger Aspekt der tantrischen Praxis besteht darin, dass zur Zeit des Resultats der Körper und der Geist eines Buddha von derselben Natur sind und dass dementsprechend auch während des Übungspfades die Ansammlungen von Weisheit und Verdienst untrennbar miteinander vereint sind.

15. Kapitel

Mantra-Rezitation

Reine Wahrnehmung und Göttlicher Stolz

An dieser Stelle der Praxis ist es von Vorteil die so genannte „reine Wahrnehmung“ hervorzubringen. Reine Wahrnehmung und Göttlicher Stolz auf der Erzeugungsstufe erfordern, dass man die gewöhnliche Wahrnehmung und den gewöhnlichen Stolz unterdrückt. Zur Zeit haben wir eine gewöhnliche Sichtweise unserer Umwelt, unseres Körpers und unserer Güter. Diese werden durch die Visualisierung des Maṇḍala und seiner Gottheiten ersetzt, und damit werden die vorherigen gewöhnlichen Erscheinungen unterbunden. Die Visualisierungen überwältigen gewöhnliche Erscheinungen, und der Göttliche Stolz – das heißt der Gedanke, „Ich bin Kālacakra und das gesamte Maṇḍala ist von der Natur meiner Ursprünglichen Weisheit von Glückseligkeit und Leerheit“, setzt den gewöhnlichen Stolz außer Kraft.

Indem man die reine Wahrnehmung und den göttlichen Stolz entwickelt, wird die unmittelbare Voraussetzung für den gewöhnlichen Stolz und für die gewöhnliche Sichtweise außer Kraft gesetzt. Diese gewöhnlichen Zustände werden durch die reine Vision und den göttlichen Stolz überwältigt und ersetzt. Von den beiden Faktoren, reine Wahrnehmung und Göttlicher Stolz, ist Letzteres von größerer Bedeutung, und die reine Vision der göttlichen Form bringt einen stabilen Göttlichen Stolz hervor.

Normalerweise häufen wir Karma an, indem wir ständig zwischen dem Einen und dem Anderen unterscheiden. Es heißt, auf der Erzeugungsstufe gäbe es vier Arten von Praktizierenden: jene, denen es sowohl an göttlichem Stolz als auch an reiner Wahrnehmung mangelt; jene, die sich durch göttlichen Stolz auszeichnen, denen jedoch die reine Wahrnehmung fehlt; jene die zwar reine Wahrnehmung besitzen, aber keinen göttlichen Stolz und jene, die sowohl göttlichen Stolz als auch die reine Wahrnehmung aufweisen. Was immer man auch an Voraussetzungen oder Begabungen mit sich bringt, man bedarf im Verlauf der Erzeugungsstufe sowohl des Göttlichen Stolzes als auch der reinen Wahrnehmung. Die Übung wird einem dazu verhelfen, beide Aspekt zu entwickeln.

Willst du reine Wahrnehmung entwickeln, solltest du eine grobe Übersichts-Visualisierung vollziehen, die alles mit einbezieht, und darauf achten, was sich am klarsten vor deinem geistigen Auge abzeichnet. Konzentriere dich darauf, dann wirst du mit der Entfaltung von Stabilität die gewonnene Klarheit schrittweise ausweiten. Wenn du dich zu sehr anstrengst, eine lebendige Vorstellung zu erzielen, wird dies eher zu einem Hindernis, denn zu einem Hilfsmittel für eine tatsächliche, reine Wahrnehmung.

Es heißt, wenn es dir nicht gelingt, eine reine Wahrnehmung zu erlangen, solltest du das Problem untersuchen und eingehend prüfen. Wenn das Visualisierte verloren gegangen sein sollte, vergegenwärtige dir erneut die Form des Hauptes, der Hände, der Beine und der anderen Attribute der Gottheit. Nachdem du so deine Vergegenwärtigung aufgefrischt und etwas Stabilität erzielt hast, verweile in dieser Wahrnehmung. Wenn sie sich wieder zu verflüchtigen beginnt, wiederhole die Übung Schritt für Schritt, um so die Visualisierung wieder herzustellen. Wenn du eine gewisse Festigkeit in der Vorstellung erzielt hast, füge ihr Bewusstheit und Weisheit hinzu, indem du erkennst, dass die Erscheinungen aus der Natur von Leerheit und Glückseligkeit bestehen, und indem du dich mit ihnen identifizierst und Göttlichen Stolz entwickelst.

Die Maṇḍala-Gottheiten und ihre Mantras

Die Keimsilben am Herzen der Hauptgottheit und der Begleitung sind jeweils von ihren entsprechenden Mantra-Girlanden umgeben.
Von diesen gehen die Scharen der Maṇḍala-Gottheiten aus,
welche zum Wohle der Lebenwesen wirken.
Danach kehren sie zurück und verschmelzen mit der Keimsilbe im Herzen.

Die Hauptgottheit ist natürlich Kālacakra und die Gefährtin, und ihr Gefolge besteht aus den acht Śaktīs. Die Maṇḍala-Gottheiten werden von den Keimsilben ausgesandt, begeben sich in Vereinigung, verleihen den fühlenden Wesen die Initiation des Bodhicitta und bringen den Buddhas und Bodhisattvas der zehn Richtungen Opfergaben dar. Sie bringen alle Lebewesen zum Zustand ihrer jeweiligen Erleuchtung.

Das Mantra von Kālacakra

Oṃ āḥ hūṃ ho haṃkṣamalavaraya hūṃ phaṭ

Falls wir uns nicht bereits sehr im allgemeinen Pfad geübt haben, ist es gut, dessen Aspekte zu bedenken, während wir die Mantras rezitieren. Dadurch wird es wahrscheinlicher, dass unsere Praxis zu etwas Heilsamem wird. Außerdem ist es wichtig, sich selbst unmittelbar vor der Rezitation der Mantras als Gottheit zu visualisieren und sich mit ihr zu identifizieren.

Bevor du *Oṃ āḥ hūṃ ho haṃkṣamalavaraya hūṃ phaṭ* rezitierst, kannst du die so genannte „geistige Rezitation" durchführen. In dieser Übung atmest du ein und stellst dir vor, dass die Energie des Atems eintritt und den Klang *Oṃ* verursacht; du stellst dir weiterhin vor, dass die Energie in deinem Herz verweilt und dies den Klang *Hūṃ* auslöst; und wenn du ausatmest, denkst du dir, dass der Atem den Klang *Āḥ* hervorruft. Es ist vorteilhaft, dies einundzwanzig Mal durchzuführen.

Man visualisiert am Herzen der Hauptgottheit die Keimsilbe *Hūṃ* umgeben von *Oṃ āḥ hūṃ ho haṃkṣamalavaraya hūṃ phaṭ*. Alternativ dazu kann man das *Haṃkṣamalavaraya* in der Mitte visualisieren und das *Oṃ āḥ hūṃ ho phaṭ* um dieses herum angeordnet an der Peripherie. Obwohl sie sinnvoll wäre, ist es nicht ganz eindeutig, ob die zweite Vorgehensweise korrekt ist.

Wenn wir auf das vielfarbige Bild des Mantra in der Lanca-Schrift schauen, finden wir innerhalb des *Haṃkṣamalavaraya* die Keimsilben der vier Elemente. Der innere Bezug besteht zu den Keimsilben und der äußere Bezug richtet sich auf die vielfachen Maṇḍalas der vier Elemente. Wir finden die folgenden Teile im *Haṃkṣamalavaraya*:

- Das schwarze *Ya*. Dies symbolisiert das Wind-Maṇḍala und das Wind-Element, welche mit dem Herzen verbunden sind.
- Das rote *Ra*. Das Feuer-Maṇḍala und das Feuer-Element, welche mit der Kehle assoziiert werden.
- Das weiße *Va*. Das Wasser-Maṇḍala und das Wasser-Element, welche mit der Stirn verbunden sind.
- Das gelbe *La*. Das Erd-Maṇḍala und Erdelement, die sich auf den Nabel beziehen.
- Das vierfarbige *Ma*. Es steht für den Berg Meru und wird der Wirbelsäule oder dem Bereich zwischen den Genitalien und dem Nabel zugeordnet.
- Das grüne *Kṣa*. Es steht für Bewusstsein und den vielfarbigen Lotus, der auf der Spitze des Berges Meru visualisiert wird,

auch wenn er dort nicht tatsächlich vorhanden ist. Dies entspricht den Bereichen der Begierde und der Form, die mit den Genitalien in Verbindung gebracht werden.

- Das blaue *Ha*, welches Raum und Mond symbolisiert, dem Bereich der Formlosigkeit entspricht und mit dem linken Kanal assoziiert ist.
- Der Halbmond steht für die Sonne, die mit dem rechten Kanal verbunden ist.
- Das Bindu symbolisiert Rāhu, der mit dem oberen Abschnitt des mittleren Kanals korrespondiert.
- Das *Nāda* steht für Kālāgni, der dem unteren Teil des mittleren Kanals entspricht.
- *Evam* repräsentiert Methode und Weisheit.

Die Form-Maṇḍalas sind ein Symbol für die vier Tropfen, und die zehn Zeichen stellen die zehn Energien dar. Auf der Grundlage all dessen wird man die Erfahrung von Glückseligkeit und Leerheit auf der Vollendungsstufe erzeugen. Zur Zeit des Resultats können diese Symbole auf die Form-Körper und die zehn Göttinnen angewendet werden.

Ich bin nicht ganz mit der hier gegebenen Darstellung zufrieden, speziell mit der Aussage, dass die Farbe Blau den Mond und den Bereich der Formlosigkeit symbolisiert. Auch denke ich, dass der Kopf der Silbe *Hūṃ* weiß, der Halbmond darüber rot, der Bindu blau und das Nāda gelb sein sollten.

Das Mantra von Viśvamātā

Oṃ phreṃ Viśvamātā hūṃ hūṃ phaṭ

Am Herzen von Viśvamātā visualisierst du die Keimsilbe *Phreṃ*, die vom gesamten Mantra umgeben ist, das am Rand steht. Das *Oṃ* symbolisiert den Körper, das erste *Hūṃ* die Rede, und das zweite *Hūṃ* den Geist.

Die Mantras der Göttinnen

Oṃ dāna pāramitā hūṃ hūṃ phaṭ

Dies Mantra ist mit Dhūmā verbunden, die sich im Südosten befindet. Im Herzen dieser Göttin befindet sich die Keimsilbe *Hā* umgeben vom Mantra.

Oṃ ṣila pāramitā hūṃ hūṃ phaṭ

Dies Mantra ist mit Marīci verbunden, die sich im Südwesten aufhält. An ihrem Herzen befindet sich die Keimsilbe *Haḥ*, die vom vollständigen Mantra umgeben ist.

Oṃ kṣānti pāramitā hūṃ hūṃ phaṭ

In nordöstlicher Richtung befindet sich Khagamanā. In ihrem Herzen ist die Keimsilbe *Haṃ*, umgeben vom entsprechenden Mantra

Oṃ vīrya pāramitā hūṃ hūṃ phaṭ

Im Nordwesten verweilt Pradīpā. In ihrem Herzen, umgeben vom Mantra, befindet sich die Keimsilbe *Ha*.

Oṃ dhyāna pāramitā hūṃ hūṃ phaṭ

Im Osten finden wir Kṛṣṇadīptā. Im Herzen der Göttin ist die Keimsilbe *A*, und um diese herum ist das Mantra angeordnet.

Oṃ prajñā pāramitā hūṃ hūṃ phaṭ

Im Herzen der Göttin Viśvamātā haben wir bereits die Keimsilbe *Phreṃ* visualisiert. Diese Silbe bleibt bestehen, aber das umgebende Mantra wandelt sich in *Oṃ prajñā pāramitā hūṃ hūṃ phaṭ.*

Oṃ upāya pāramitā hūṃ hūṃ phaṭ

Im Süden ist Raktadīptā gegenwärtig, und in ihrem Herzen befindet sich die Keimsilbe *Āḥ*, umgeben vom Mantra.

Oṃ praṇidhāna pāramitā hūṃ hūṃ phaṭ

Im Norden ist Śvetādīptā, in deren Herzen wir die Keimsilbe *Aṃ* inmitten des Mantras visualisieren.

Oṃ bala pāramitā hūṃ hūṃ phaṭ

In westlicher Richtung hält sich Pītadīptā auf, in deren Herzen die Keimsilbe *A* von dem Mantra umgehen wird.

Oṃ jñāna pāramitā hūṃ hūṃ phaṭ

Dann belasse noch einmal die Silbe *Phreṃ* wie zuvor im Herzen von Viśvamātā und wandle das vorgehende Mantra in *Oṃ jñāna pāramitā hūṃ hūṃ phaṭ* um.

Das Einhundert-Silben-Mantra

Oṃ vajrasattva samayam anupālaya vajrasattva tvenopatiṣṭha dṛḍho me bhava sutoṣyo me bhava supoṣyo me bhava anurakto me bhava sarva siddhiṃ me prayaccha sarva karmeṣu ca me cittaṃ śrīyam kuru hūṃ ha ha ha ha hoḥ bhagavan sarvatathāgata vajra mā me muñca vajri bhava mahāsamaya sattva āḥ hūṃ phaṭ

Während der Rezitation des Einhundert-Silben-Mantra visualisieren wir Vajrasattva über dem Scheitel einer jeden der neun Gottheiten (wobei Kālacakra und seine Gefährtin als eine gezählt und die acht Śaktīs hinzugerechnet werden). Im Herzen von Vajrasattva stellen wir uns die Silbe *Hūṃ* umgeben vom Einhundert-Silben-Mantra vor. Wenn wir das Mantra rezitieren, stellen wir uns vor, wie Ambrosia herabfließt und jede der Gottheiten läutert, wodurch jegliche unheilsame gewohnheitsmäßige Neigung zu fehlerhafter Aussprache gereinigt wird – ob es sich um Hinzufügungen oder Auslassungen handelt –, die bei der vorherigen Rezitation der Mantras auftrat.

Die Mantras rezitieren

Du kannst das Kālacakra-Mantra etwas öfter rezitieren als das der Gefährtin. Wenn du die Rezitationen in Übereinstimmung mit dem Sādhana durchführen möchtest, visualisierst du während der Mantra-Rezitation, dass von den Mantras in den Herzen der Gottheiten Licht ausstrahlt, welches dem Wohl der Lebewesen dient und den Buddhas und Bodhisattvas der zehn Richtungen Opfergaben darbringt. Führst du diese Opferungen durch, ist es ratsam, drei Mal *Oṃ āḥ hūṃ ho* zu rezitieren. Da es nicht angebracht ist, gewöhnliche Gaben zu offerieren, stelle dir vor, wie die Gaben sich in die Leerheit auflösen und dann aus der Natur der Ursprünglichen Weisheit in der Natur von Ambrosia entstehen.

Alternativ dazu rezitierst du die Mantras und denkst dabei über andere Themen nach, etwa die Entfaltung von liebender Güte, Mitgefühl oder die Sicht der Leerheit.

Innerhalb des *Hūṃ hūṃ phaṭ* am Ende eines jeden Mantras repräsentiert das zweite *Hūṃ* stets den Geist. Die Silbe *phaṭ* bedeutet im Allgemeinen „setzen" oder „platzieren", hier steht sie jedoch für „auslöschen" oder „entwurzeln" und bezieht sich auf die Auslöschung beziehungsweise Entwurzelung der begrifflichen Vorstellungen und dualistischen Erscheinungen. Einige interpretieren dies als eine flehentliche Bitte, die bedeutet: „Bitte, gewähre uns die Siddhis". Diese beiden Interpretationen sind jedoch fast bedeutungsgleich.

Die Mantra-Rezitation bei der Klausur zur Annäherung

In einer Klausur zur Annäherung (tib. *snyen pa*) an die Gottheit rezitierst du das Kālacakra-Mantra *Oṃ āḥ hūṃ ho haṃkṣamalavaraya hūṃ phaṭ* 100.000 Mal. Wahrscheinlich ist es ausreichend, das Viśvamātā-Mantra *Oṃ phreṃ Viśvamātā hūṃ hūṃ phaṭ* 10.000 Mal zu rezitieren, und dies sollte implizit all die anderen Mantras mit abdecken. Andererseits behaupten einige, man brauche keine besondere Betonung auf das Viśvamātā-Mantra legen, sondern sollte all zehn Mantras rezitieren.

Wenn du die Klausur zur Annäherung an die Gottheit abgeschlossen hast, ist es dir gestattet, andere Praktiken wie die Selbst-

Einweihung durchzuführen. Eine solche Annäherungs-Klausur kann mit Hilfe des Sechsfachen Guru-Yoga-Textes durchgeführt werden. Jedoch ist fraglich, ob dies als eine vollkommen authentische Klausur zur Annäherung gewertet werden kann, die dir erlaubt, in die Praxis der Selbst-Einweihung einzutreten. Dazu müsstet ihr Seine Heiligkeit den Dalai Lama befragen.

Für die Durchführung einer Klausur zur Annäherung schlage ich vor, das vollständige Guru-Yoga ein Mal am Morgen durchzuführen; für die späteren Übungsphasen während des Tages genügt eine kürzere Form. Nachdem du das Haupt-Mantra 100.000 Mal und das *Oṃ phreṃ* Mantra 10.000 Mal rezitiert hast, solltest du gemächlich 10.000 Mal ein weiteres Mantra rezitieren, welche „das Mantra der herabkommenden Weisheit" genannt wird:

Oṃ āḥ hūṃ ho haṃkṣamalavaraya hūṃ ha a je hūṃ phaṭ

Dann stimme das Einhundert-Silben-Mantra ein oder drei Mal an, ganz nach Belieben.

16. Kapitel

Darbringungen

Als Nächstes bringe Opfergaben dar, welche jedoch als Erstes gesegnet werden müssen. Rezitiere die Silben *Oṃ āḥ hūṃ ho* und stelle dir vor, wie sich die Opfergaben in das Ambrosia der Weisheit verwandeln. In diesem Prozess löst du die Gaben in Leerheit auf, und aus der Leerheit heraus entstehen sie als Weisheit der Glückseligkeit und Leerheit in Gestalt von göttlichem Nektar oder Ambrosia.

Die Opfergaben besitzen drei Qualitäten: Sie sind von der Natur der Weisheit, sie erscheinen in dem Aspekt der Opfersubstanzen und sie erfüllen die Funktion, unbefleckte Glückseligkeit (tib. *zag med kyi bde ba*) hervorzubringen.

Die Opfersubstanzen

Vom Herzen werden die Opfergöttinnen ausgesandt, welche die Gaben darbringen:
Oṃ śrī kālacakra saparivāra arghaṃ pracītccha namaḥ
Oṃ śrī kālacakra saparivāra pādyaṃ pracītccha namaḥ
Oṃ śrī kālacakra saparivāra prokṣaṇaṃ pracītccha namaḥ
Oṃ śrī kālacakra saparivāra aṃcamanaṃ pracītccha namaḥ
Oṃ śrī kālacakra saparivāra puṣpe pracītccha namaḥ
Oṃ śrī kālacakra saparivāra dhūpe pracītccha namaḥ
Oṃ śrī kālacakra saparivāra āloke pracītccha namaḥ
Oṃ śrī kālacakra saparivāra gandhe pracītccha namaḥ
Oṃ śrī kālacakra saparivāra naividya pracītccha namaḥ
Oṃ śrī kālacakra saparivāra śabda pracītccha namaḥ
Oṃ śrī kālacakra saparivāra arghaṃ pracītccha namaḥ

Von unserem Herzen entsenden wir diese zehn Opfergöttinnen, welche die Substanzen der Opfergaben in ihren Händen halten. *Arghaṃ* ist das Wasser zum Trinken; *Pādyaṃ* ist Wasser zum Baden der Füße; *Prokṣaṇam* ist Wasser zum Waschen des Genitalbereiches; *Aṃcamanaṃ* ist Wasser zum Reinigen des Mundes; *Puṣpe* sind Blumen für die Haare; *Dhūpe* ist Räucherwerk; *Āloke* bedeutet Butterlampen; *Gandhe* ist Duftwasser, welches auf die Brust aufgetragen wird; *Naividya* ist Speise; *Śabda* bedeutet musikalische Wohlklänge.

Die Mudrās für die Darbringungen

Bei jeder Darbringung von Opfergaben schnipsen wir während der Rezitation von *Oṃ śrī kālacakra saparivāra* vor unserem Herzen mit unseren Fingern und entsenden damit die Göttinnen, welche uns selbst, die wir uns in der Form von Kālacakra befinden, die Opfergaben darbringen.

Anders als in anderen Tantras benutzen wir im Kālacakra-System unseren Zeigefinger, wenn wir mit den Fingern schnipsen. Bei der Aussendung einer Göttin, zeigt die rechte Hand nach vorne und die Linke ist rückwärtig, also nach innen gerichtet, wobei sich die linke Hand außen vor der rechten befindet. Stelle dir vor, dass du die Opfergöttinnen mit der rechten Hand aussendest. Dann änderst du die Haltung der Hände, so dass beide nach vorne weisen. Du rezitierst *Oṃ* und schnipst mit den Fingern. Dann drehst du die beiden Hände und fährst mit der Rezitation weiter fort, indem du *Arghaṃ* sprichst und dabei die Handflächen zusammengelegt nach oben richtest und die Daumen in die Handflächen einziehst. Sobald du *Arghaṃ pratīccha namaḥ* rezitiert hast, zeigen deine beiden Handflächen zu dir nach innen, wobei die rechte Hand außen und die linke nach innen zu deinem Körper hin gelegt sind. Schnipse noch einmal mit Hilfe deines Zeigefingers und ziehe die Opfergöttinnen wieder in dein Herz ein. Diese Bewegung nennt man den „Lotus-Kreis". Sobald du die erste Opfergöttin durch das Fingerschnipsen wieder zurückgeholt hast, schnipst du ein zweites Mal, um die nächste Göttin auszusenden. Dann vollführe den Lotus-Kreis, und so verfährst du mit jeder einzelnen Opfergöttin.

Die Mudrās oder Hand-Gesten für die jeweiligen Substanzen werden wie folgt durchgeführt:

- ❖ Bei *Arghaṃ* liegen die Handflächen aneinander und aufwärts gerichtet, wobei die Daumen nach innen weisen.
- ❖ Bei *Pādyaṃ* ist die linke Hand unten, wobei die Finger herab hängen und die Finger der rechten Hand sich zu einem Fächer öffnen.
- ❖ Bei *Prokṣaṇaṃ* werden die kleinen Finger und die Ringfinger von den Daumen nach innen gehalten. Dabei bewegst du

schnell den Zeige- und den Mittelfinger zusammen nach außen. Diese flimmernde Bewegung symbolisiert das reinigende Wasser.

- ❖ *Aṃcamanaṃ* steht für das Reinigen des Mundes. Dabei berühren sich der Ringfinger und der Daumen, und mit den übrigen Fingern fächelt man als würde man Wasser versprühen.
- ❖ Bei *Puṣpe*, den Blumen, spreizen sich die Finger in einer öffnenden Bewegung als würde man Blütenblätter in die Luft werfen.
- ❖ Bei *Dhūpe* spreize deine Finger nach unten, so als würdest du loses, puderähnliches Räucherwerk auf glühende Kohlen streuen, so dass der Duftrauch aufsteigt.
- ❖ Für *Āloke* ist der Mittelfinger aufgerichtet und wird vom Daumen berührt, und die restlichen Finger umschließen die beiden.
- ❖ Bei *Gandhe* zeigen die beiden Zeigefinger gerade nach vorn, die Daumen sind nach innen in die Handflächen gelegt, und die Hände und Finger sind nach oben gerichtet.
- ❖ Die Mudrā für *Naividya* ist sehr einfach durchzuführen: Die Daumen sind nach innen gesteckt, und die Handflächen zeigen nach oben. Der Unterschied zwischen dieser Mudrā und jener für *Arghaṃ* besteht darin, dass bei Letzterer die Finger gerade und bei *Naividya* ein wenig gekrümmt sind.
- ❖ Für *Śabda* sind die Zeige- und Mittelfinger aufwärts gerichtet, die Daumen berühren die Ringfinger, und der Ring- und der kleine Finger sind gebeugt. Dies symbolisiert Handtrommeln.

Bei diesen Beschreibungen wäre ein Bild so viel wert wie tausend Worte.

Die inneren Opfergaben

Die letzte Zeile *Oṃ śrī kālacakra maṇḍala saparivāribhyaḥ namaḥ* steht für die inneren Opfergaben, welche sich aus zwei Gruppen von Ingredienzen zusammensetzt, die durch die Silben *Oṃ āḥ hūṃ ho* gesegnet werden. Die Silben lösen die Opfergaben in die Leerheit auf und bringen sie dann aus der Sphäre der Ursprünglichen Weisheit hervor. Eine der Gruppen wird „die fünf Arten von Fleisch" genannt. Dabei handelt es sich um folgende Fleischsorten: Fleisch von einem Tier aus der Rinderfamilie, von einem Elefanten, einem Pferd, einem Hund und einem Menschen. Das Tier aus der Rinderfamilie ist ein machtvolles Wesen, gleich dem König der Tiere, das einen eckigen Kopf besitzt, wahrscheinlich ein Büffel. Der Elefant ist ziemlich außergewöhnlich, denn er stellt das Reittier für einen *Cakravartin*, einen Weltenherrscher, dar. Das Pferd wird „höchst erhabenes Ross" genannt. Was hier als Hund bezeichnet wird, ist in Wirklichkeit ein Löwe. Das menschliche Fleisch stammt von einem, „Brahmanen mit sieben Leben", was sich nicht auf einen tatsächlichen Brahmanen bezieht, sondern auf eine Person, die in sieben aufeinander folgenden Leben als Mensch geboren wurde.

Die andere Gruppe der inneren Opfergaben besteht aus den fünf Arten von Ambrosia: Samenflüssigkeit, Mark, Blut, Urin und Exkremente. Diese symbolisieren die fünf Tathāgatas, welche wiederum die fünf Elemente in folgender Weise repräsentieren: Im Körper besitzen wir Energien, die mit den fünf Aggregaten und den Energien der fünf Elemente verbunden sind. Mit Hilfe der Meditation versuchen wir, den Fluss dieser Energien durch die seitlichen Kanäle zu unterbinden, um sie statt dessen in den zentralen Kanal einzubringen, was wiederum zur Erfahrung von großer Glückseligkeit führt. Dies ist der Prozess, für den die verschiedenen Arten von Fleisch und Ambrosia und ihre Transformation symbolisch stehen. Im Kālacakra-System repräsentieren die fünf Arten von Fleisch die fünf Gefährtinnen, und die fünf Sorten von Ambrosia symbolisieren die fünf Tathāgatas.

Wir segnen die Ingredienzen der inneren Opfergaben, indem wir die vier Silben *Oṃ āḥ hūṃ ho* sprechen, lösen die Ingredienzen in die Leerheit auf und erzeugen sie wie zuvor erneut aus der Ursprünglichen Weisheit. Dadurch werden sie in die fünf Arten von Fleisch und die fünf Sorten von göttlichem Nektar ungewandelt.

Dann bringen wir die Gaben den Meistern der Übertragungslinie dar sowie Kālacakra und den verschiedenen anderen Gottheiten. Wir können die Opfergaben auch allen fühlenden Wesen darbieten, die wir uns als Kālacakra vorstellen. Denke dir, dass die Hauptgottheit und sämtliche umgebenden Gottheiten durch die inneren Opfergaben unbefleckte Glückseligkeit erfahren.

Geheime Opfergaben

Du kannst auch die geheimen Opfergaben in folgender Weise darbringen: Visualisiere dich selbst als Gottheit mit Gefährtin, wie du es zuvor beim Bindu-Yoga getan hast, und segne die beiden Genitalregionen. Dann, während der Vereinigung, erlebst du die vier aufsteigenden und die vier herabsteigenden Glückseligkeiten, und genau diese Erfahrung bringst du dar.

Rasavajrā, die Opfergöttin, die mit dem Geschmack assoziiert ist, wird für diese letzte Opfergabe ausgesandt. Nach Vollendung des geheimen Opfers wird sie zurück ins Herz gezogen.

17. Kapitel

Lobpreis und Widmung

Verehrung Kālacakra

Ich verneige mich vor dem glorreichen Kālacakra,
dessen Natur Leerheit und Mitgefühl ist,
der frei ist von Geburt oder Vernichtung innerhalb der Daseinsbereiche,
der Verkörperung der Vereinigung von Gewahrsein und den Objekten des Gewahrseins.

In diesem Kontext bezieht sich Mitgefühl auf die unwandelbare Glückseligkeit, welche die Leerheit erfasst. Der Ausdruck „frei von Geburt oder Vernichtung" steht in Verbindung mit dem Unterbinden der Extreme – sowohl von saṃsārischer Existenz als auch von rein persönlicher Befreiung. Wenn man davon spricht, dass Kālacakra frei von der Geburt im Daseinskreislauf ist, bedeutet das, dass Saṃsāra überwunden ist, eines der Extreme. Frei von Vernichtung zu sein bezieht sich auf die Abwesenheit der extremen Haltung des individuellen Nirvāṇa. Die Freiheit von diesen beiden Extremen stellt die Essenz von Leerheit und Mitgefühl dar.

Die vierte Zeile nimmt Bezug auf die speziellen Qualitäten von Körper und Geist von Kālacakra. Gewahrsein bezieht sich hier auf die unwandelbare Glückseligkeit, und „Objekte des Gewahrseins" bezieht sich auf die leere Form. Dies soll jedoch nicht heißen, dass die unwandelbare Glückseligkeit das Objekt der leeren Form erkennt, sondern dass unwandelbare Glückseligkeit und leere Form von ein und derselben Natur sind. Unwandelbare Glückseligkeit kann hier mit dem Bildschirm eines Fernsehapparats und leere Form mit den darauf erscheinenden Bildern verglichen werden.

Kālacakra als glorreich zu bezeichnen bedeutet, dass er nicht nur mit der Glorie des Körpers und des Geistes eines Buddha versehen ist, sondern zudem auch mit der Glorie der unwandelbaren Glückseligkeit.

Ich habe bereits den äußeren, inneren und den alternativen Aspekt von Kālacakra beschrieben. Hier bezieht sich Kālacakra nicht auf das äußere oder alternative Kālacakra, sondern auf das Kālacakra zur Zeit des Resultats, das heißt, auf Buddha Kālacakra.

Ich beuge mich vor Kālacakra,
dessen Verkörperung aus dem Unwandelbaren geboren wurde,
obwohl selbst die Verbindung von Āli und Kāli
als auch Silben wie Huṃ und Phaṭ aufgegeben wurden.

Āli symbolisiert das männliche Geschlecht, die Vokale und die wirkungsvollen Mittel. *Kāli* steht für das weibliche Geschlecht, für die Konsonanten und für Weisheit. Für den Übenden der Erzeugungsstufe entsteht der visualisierte Kalacakra aus *Āli* und Viśvamātā aus *Kāli*. Aus der Vereinigung dieser beiden entsteht *Hūṃ*, aus dem wiederum der Vajra der männlichen Gottheit hervorgeht, der an der Spitze durch die Silbe *Phaṭ* blockiert ist. Dies impliziert, dass der Lotus der Gefährtin aus *Āḥ* hervorgeht und ebenfalls durch *Phaṭ* blockiert ist.

Im Verlauf der Erzeugungsstufe werden sowohl die Gottheit und Gefährtin, als auch der Lotus und der Vajra aus den Silben *Āli* und *Kāli* hervorgebracht. Auf der Vollendungsstufe geht – selbst wenn dieser Vorgang nicht vorkommt – der Körper von Kālacakra aus der unwandelbaren Glückseligkeit hervor. Er entsteht in Abhängigkeit von der Übung der Vollendungsstufe durch das Erfahren der 21.600 Unwandelbaren Glückseligkeiten.

Verehrung der Gefährtin

Ich verneige mich vor Mahāmudrā,
welche die Realität der subtilen und groben Partikeln überschreitet
und die Natur einer magischen Erscheinung besitzt
sowie alle höchst erhabenen Qualitäten in sich trägt.

Der Ausdruck „magische Erscheinung“ (tib. *pra phab*) bezieht sich auf eine Art Illusion, welche durch den Gebrauch eines Mantra, irgendeiner materiellen Substanz, der Praxis von Samādhi und eines Spiegels, in dem man die Vergangenheit, Gegenwart und Zukunft sehen kann, erzeugt wird. Es erscheinen einem dabei Dinge, die nicht aus Atomen zusammen gesetzt sind. Dies beschreibt den Körper von Mahāmudrā, welche natürlich Viśvamātā ist, „welche die Realität der subtilen und groben Partikeln überschreitet“. Ihr Körper ist demnach nicht aus materiellen Partikeln zusammengesetzt. „Sie besitzt die Natur einer magischen Erscheinung“ deutet darauf hin, dass sie eine Natur hat, die mit den Bildern auf der Oberfläche des magischen Spiegels verglichen werden kann. Dass sie „alle höchst erhabenen Qualitäten in sich trägt“ bedeutet, dass ihr Körper nicht gemessen werden kann; es ist unmöglich, festzulegen, wo er beginnt und wo er endet.

Von den drei Arten von Mudrās bringen die Karma-Mudrā, die tatsächliche Gefährtin, und die Weisheits-Mudrā, die vorgestellte Gefährtin, nur wandelbare Glückseligkeit hervorbringen. Nur die Mahāmudrā ist fähig, die unwandelbare Glückseligkeit zu erzeugen. Und aus diesem Grund wird die Gefährtin Viśvamātā „Mahāmudrā“ genannt.

Verehrung der Viśvamātā,
der Mutter aller Buddhas,
welche Geburt und Vernichtung überwunden hat
und welche die Taten des Samantabhadra vollführt.

Im Kālacakra-System gibt es zwei Arten von Mutter-Gottheiten: Jene mit Aspekten und solche ohne Aspekte. Leerheit, die frei von dualistischen Erscheinungen ist und von unwandelbarer Glückseligkeit erkannt wird, ist die definitive Bedeutung der Mutter und zwar der aspektlosen mütterlichen Gottheit. Der vorangegangene Vers, mit dem wir uns vor Mahāmudrā verneigen, nimmt Bezug auf die Mutter mit Aspekten.

Der Text sagt, „Verehrung der Viśvamātā, der Mutter aller Buddhas“, denn vor ihrer Erleuchtung meditieren alle Buddhas über die Leerheit und entwickeln die Vollkommenheit der Weisheit. In diesem Sinne kann man sagen, dass Leerheit die Mutter aller Buddhas ist. Darüber hinaus entstehen alle Gottheiten des Maṇḍala aus der Weisheit von Leerheit und Glückseligkeit. Auch in diesem Sinne ist solche Weisheit die Mutter aller Erhabenen.

Viśvamātā ist frei von „Geburt und Vernichtung“, denn sie hat sich aller Arten dualistischer Erscheinungen entledigt. Daher wird sie die „All-Gute“ genannt.

Die konventionelle oder vorläufige Bedeutung der Gefährtin ist ein Symbol für den definitiven Gehalt, die Leerheit selbst. So vervollständigt der erste Vers, „Ich verneige mich vor Mahāmudrā“, den zweiten „Verehrung der Viśvamātā“.

Die etymologische Bedeutung von Viśvamātā ist wie folgt: *Viśva* bedeutet oft „Verschiedenes" und auch „Alles". *Mātā* bedeutet „Mutter". Auf der einen Seite entsteht Viśvamātā aus der Weisheit von Leerheit und Glückseligkeit und erscheint auf unterschiedliche Weise – in ihrer Hauptgestalt und in Form der acht Śaktīs. Auf der anderen Seite wird sie als die Mutter des gesamten Universums angesehen.

Da die Vereinigung von unwandelbarer Glückseligkeit und Erkenntnis der Leerheit frei von allen Ausformungen dualistischer Erscheinungen ist und da diese Vereinigung stets entsteht und für immer bestehen bleibt, wird sie zur Zeit des Resultats durch Kālacakra in Vereinigung mit seiner Gefährtin symbolisiert.

Man kann sich vorstellen, dass diese Verse der Lobpreisung entweder von den Opfergöttinnen gesungen werden oder aber aus dem Himmelsraum erschallen. Wenn du sie vernimmst, stelle dir vor, du würdest unwandelbare Glückseligkeit erfahren.

Das Maṇḍala auflösen

Die Śaktīs mitsamt ihren Unterlagen schmelzen zu Licht und lösen sich in mich auf.
Ich selbst schmelze ebenfalls zu Licht,
und aus der Natur der nicht objektbezogenen Leerheit
verwandle ich mich wieder in den Aspekt des großen Kālacakra
mit einem Gesicht und zwei Händen.

Dies beschreibt die Auflösung oder das Zurückziehen des Maṇḍala. Der Auflösungsprozess läuft wie folgt ab: Der Stängel des Lotus löst sich in den Lotus-Sitz auf, der Lotus löst sich in den Thron auf und der Thron löst sich in die Śaktīs auf. Oder aber, die Śaktīs und der Lotus lösen sich gleichzeitig in den Thron auf. Der Sitz schmilzt dann zu Licht, welches sich in die Haupt-Gottheit mit Gefährtin auflöst. Die Haupt-Gottheit und die Gefährtin befinden sich in Vereinigung, die Ursprüngliche Weisheit der großen Glückseligkeit entsteht, und man stellt sich vor, dass sich die Gefährtin in die Haupt-Gottheit auflöst. Danach löst sich auch die Haupt-Gottheit in die Natur der Ursprünglichen Weisheit von großer Glückseligkeit auf. Man meditiert eine Weile über diese Erfahrung von Leerheit und Glückseligkeit. Dann – wie eine Blase, die im Wasser aufsteigt – geht man daraus als Kālacakra hervor. Du kannst dich dabei als Kālacakra mit oder ohne Gefährtin hervorbringen. Sollte es dir ein wenig schwer fallen, dich als Gottheit mit Gefährtin hervorzubringen, dann visualisiere dich als einzelne Gottheit. Da Glückseligkeit und Leerheit aber für immer von derselben Natur sind – was durch die Vereinigung von Gottheit und Gefährtin gezeigt wird – ist es ratsamer, die beiden in Vereinigung zu visualisieren.

An dieser Stelle wird die Übung des Sechs-Phasen-Yoga der Vollendungsstufe eingeführt, falls du diese durchführen möchtest.

WIDMUNG

Durch die Kraft der reinen Tugend, die sich daraus ergeben hat,
möge ich durch den Einfluss von Vajradhara
zur Vollendung der Stufen des zweistufigen Pfades gelangen,
ohne jemals in irgend einem meiner Leben die ethische Disziplin zu übertreten.

Kurzum: Möge ich durch die Ansammlung umfangreicher reiner Tugenden dieser Art schnell in Śambhala geboren werden,
dem Juwelen-Schatzhaus,
und möge ich die Stufen des Pfades des Höchsten-Yoga-Tantra vollenden.

Möge ich mich in all meinen Leben an der Pracht des Dharma erfreuen,
ohne jemals von authentischen Meistern getrennt zu sein.
Und möge ich, indem ich die Tugenden der Stufen und Pfade vervollkommne,
geschwind den Zustand von Vajradhara erlangen.

Die Resultate des gewöhnlichen wie des außergewöhnlichen Pfades entstehen in Abhängigkeit von den spirituellen Mentoren, und so stellt dies das abschließende Widmungsgebet dar.

Teil 3

Die Übungen der Vollendungsstufe

18. Kapitel

Die Natur der Phänomene

Das System der feinstofflichen Kanäle

Im Körperinneren verlaufen drei feinstoffliche Kanäle oder Energiebahnen von der Ebene der Genitalien bis zum Scheitel. Der mittlere oder zentrale Kanal hat seine obere Öffnung in der Mitte der Stirn. Die oberen Öffnungen der beiden Seitenkanäle, des rechten und des linken, befinden sich an den beiden Nasenlöchern. Gewöhnlich spricht man von drei Energiekanälen, die von der Ebene des Nabels nach oben verlaufen, und von drei Kanälen, die von der Höhe des Nabels nach unten gehen. Dadurch ergeben sich sechs Kanäle.

Es heißt, dass die Energiekanäle durch das Zentrum des Körpers verlaufen, aber nicht genau in der Mitte des Körpers, wenn man von der Vorder- und Rückseite messen würde. Vielmehr sind die Energiebahnen ungefähr sechzig Prozent von der Vorderseite und dementsprechend vierzig Prozent von der Rückseite entfernt. Die Kanäle werden wie folgt beschrieben:

- ❖ Der Abschnitt des zentralen Kanals (skt. *avadhūtī*, tib. *rtsa dbu ma*), der von der Höhe des Nabels nach oben verläuft, ist grün und wird manchmal „Rāhu-Kanal" genannt. In ihm zirkuliert prinzipiell Energie, die sich oberhalb des Nabels durch diesen Kanal bewegt.
- ❖ Der rechte Kanal (skt. *rasanā*, tib. *ro ma*) verläuft vom Nabel aufwärts und wird auch der „Weisheits- oder Sonnenschein-Kanal" genannt und ist rot. Durch diesen rechten Kanal bewegt sich vorwiegend Blut.
- ❖ Der linke Kanal (*lalanā*, tib. *rkyang ma*) ist weiß, und durch ihn fließt hauptsächlich der weiße Bodhicitta. Dieser linke Kanal heißt auch „Kanal der wirkungsvollen Mittel" oder „Kanal des Mondlichtes".

- ❖ Der zentrale Kanal von der Ebene des Nabels bis hin zur Spitze des Sexualorgans wird gelegentlich als *Śaṅkhapāla* (tib. *dung skyong*) und Kālāgni (tib. *dus me*) bezeichnet. Dieser Kanal ist blau, und in ihm steigt weißer Bodhicitta herab.
- ❖ Unterhalb des Nabels wechselt der rechte Kanal über zur linken Seite und endet am Anus. Unterhalb des Nabels wird er *Piṅgalā* (tib. *dmar ser can ma*) genannt und wechselt die Farbe von rot nach gelb.
- ❖ Der linke Kanal verläuft unterhalb des Nabels zur rechten Seite und wird *Meṣa* (tib. *lug*) genannt. Er endet an der Öffnung zum Harnauslassen. Unterhalb des Nabels ist er schwarz, und Urin fließt durch ihn.

Entsprechend anderer tantrischer Systeme fließt zur Zeit der Grundlage, während man mit der Praxis beginnt, keinerlei Energie durch den mittleren Kanal. Im Kālacakra-System heißt es dagegen, dass sich selbst in unserem gegenwärtigen Zustand 675 Energien durch den zentralen Kanal hindurch bewegen, was einzigartig ist.

• Cakras und sekundäre Kanäle

Im Kālacakra-System gibt es sechs Cakras. Auf der Höhe eines jeden Cakras befindet sich eine Verknotung, was bedeutet, dass die beiden seitlichen Kanäle den zentralen Kanal umschlingen und ihn dadurch einschnüren. Eine solche Einschnürung findet sich bei jedem der Cakras. Diese Darstellung unterscheidet sich von der im Guhyasamāja-System, in dem man von nur drei solcher Knoten am Herzen ausgeht.

An jedem der Cakras gibt es dort, wo diese Einschnürungen auftreten, horizontale Kanäle, durch die sich die Energie – vom zentralen Kanal kommend – weiter verzweigt. Aufgrund dieser Tatsache, ist es bei geistiger Konzentration auf die Cakras möglich, durch die schmalen Öffnungen an der Seite Energie in den zentralen Kanal einzubringen. An jedem dieser Cakras gibt es viele weitere feine sekundäre Kanäle, die wie folgt vom primären horizontal verlaufenden Kanal abzweigen:

- ❖ Das Cakra ganz oben auf dem Scheitelpunkt des Kopfes besitzt vier Kanäle, die dem zentralen Kanal entspringen. Sie sind grün.
- ❖ Das Cakra an der Stirn weist sechszehn untergeordnete, sich weiter verzweigende Kanäle auf, die weiß sind. Diese sechszehn gehen in noch feineren Kanälen auf, und diese wiederum verzweigen sich in ein ganzes Netz von weiteren Kanä-

len. Das Stirn-Cakra befindet sich nicht auf der Stirn, sondern im mittleren Kanal auf der Höhe der Stirn. Das Stirn-Cakra ist kreisrund.

- An der Kehle entspringen zweiunddreißig Seitenkanäle, die von roter Farbe sind. Das Cakra ist dreieckig, wobei die Spitze nach vorne zeigt.
- Am Herzen sind vier schwarze Nebenkanäle, die sich jeweils teilen, so dass sich insgesamt acht sekundäre Kanäle ergeben. Das Herz-Cakra besitzt die Form eines Bogens, es sieht also mehr oder minder wie ein Halbkreis aus.
- Das Cakra am Nabel weist vierundsechzig gelbe Nebenkanäle auf. Dieses Cakra ist viereckig.
- Vom Genital-Cakra gehen zweiunddreißig sekundäre Kanäle aus, die von blauer Farbe sind.

In anderen Systemen, etwa Cakrasaṃvara und Guhyasamāja, ist die Anzahl der Nebenkanäle in der Stirn und am Hals-Cakra umgekehrt, so dass es sich um zweiunddreißig an der Stirn und sechszehn an der Kehle handelt.

Der Kommentar erwähnt nichts über die Form der Cakras am Scheitel des Kopfes und im Genitalbereich. Es ist nicht klar, was man aus diesen Auslassungen schlussfolgern soll. Im Cakrasaṃvara- und Guhyasamāja-System wird gesagt, dass die Cakras von oben betrachtet so ähnlich wie ein Regenschirm aussehen und dass es etwas dieser Form Entsprechendes auf der Unterseite gibt. Die Cakras sind im Großen und Ganzen horizontal gelagert.

Man kann die Gestalt der Cakras auch in anderer Weise betrachten, nämlich in Hinblick auf die Art und Weise, wie die Nebenkanäle in den zentralen Kanal einmünden. Stelle dir vor, der mittlere Kanal sei ein Rohr, in das die Nebenkanäle einmünden. Die Art und Weise, wie die Nebenkanäle in den zentralen Kanal münden, bestimmt die Form des jeweiligen Cakra.

• Das Netzwerk der Kanäle

Im Genitalbereich entspringen die sechs sekundären Kanäle direkt dem mittleren Kanal. Zwei von ihnen treten aus jeder der beiden Seiten aus, einer verläuft nach vorne und einer nach hinten. Der vordere und der rückwärtige Kanal verzweigen sich nicht weiter – im Gegensatz zu den seitlichen Kanälen, die sich jeweils in vier aufspalten. So ergeben sich zwei Mal acht seitliche Kanäle. Es gibt also sechs primäre Nebenkanäle und auf der nächsten Ebene zehn. Sie zusammen ergeben sechszehn. Diese sechszehn Kanäle teilen sich wiederum. Sechszehn plus sechszehn ergibt zweiunddreißig. Man zählt die vorderen und hinteren Kanäle bis einschließlich der zweiten Ebene der Verzweigung, schließt aber nicht die dritte Ebene der Aufgliederung mit ein.

Diejenigen Kanäle, die nach vorne und hinten austreten, sind recht kurz. Es gibt eine Vielzahl von sehr feinen Nebenkanälen; da diese aber so kurz sind, spricht man nicht davon, dass sie sich wie die anderen weiter verzweigen. Die sechszehn seitlichen sekundären Kanäle auf der dritten Ebene gehen in ein ganzes Netz über. Solche Verzweigungen treten bei allen Cakras auf, so dass die sehr subtilen Kanäle den gesamten Körper durchziehen.

• Die Kanäle der zwölf Wechsel

Im Kālackara-Tantra gibt es eine einzigartige Darstellung der so genannten „Kanäle der zwölf Wechsel". In unmittelbarer Nähe des zentralen Kanals befinden sich auf der Höhe des Nabels vier horizontal verlaufende Nebenkanäle, die sich jeweils in zwei teilen, was acht ergibt. Diese acht Energiebahnen verzweigen sich wiederum in jeweils zwei; was insgesamt sechszehn ergibt. Es wird angenommen, dass vier von diesen sechszehn sekundären Energiebahnen leere Kanäle sind. Dies lässt nur zwölf Kanäle übrig, sechs auf jeder Seite. Und diese sind die Kanäle, in denen die zwölf Wechsel auftreten. Jeder dieser zwölf Wechsel-Kanäle[29] verzweigt sich zu fünf feineren Energiebahnen. Zwölf multipliziert mit fünf ergibt sechzig, wobei dreißig Kanäle auf jeder Seite angeordnet sind. Wenn man diesen die vier leeren Kanäle hinzurechnet, haben wir eine Gesamtzahl von vierundsechzig Kanälen am Nabel.

Es gibt zwölf Energiewechsel, und mit jedem Wechsel sind 1.800 Energien verbunden. Die zwölf Wechsel treten in einem Zeitraum von vierundzwanzig Stunden auf und entsprechen den kompletten Zyklen der täglichen Atmung. Zwölf multipliziert mit 1.800 ergibt 21.600. Dies ist die Anzahl der Energien, welche pro Tag durch die zwölf Wechsel-Kanäle hindurchfließen. Von den 1.800 sich vollziehenden Wechseln, die in Abständen von zwei Stunden auftreten, treten 56,25 Energien in den zentralen Kanal ein. In einem Zeitraum von vierundzwanzig Stunden bewegen sich 675 Energien (12 x 56,25) durch den mittleren Kanal.

Wenn wir 56,25 von 1.800 subtrahieren, ergibt das 1.743,75. Wenn diese Zahl durch fünf dividiert wird, gelangen wir zu dem Ergebnis von 348,75 Energien. Diese repräsentieren die fünf Elemente von Erde, Wasser, Feuer, Wind und Raum und fließen in den entsprechenden subtilen Nebenkanälen. Mit anderen Worten, bei jedem Wechsel gibt es 348,75 Energien von jedem der fünf Elemente, die durch die wechselnden Kanäle in die linken und rechten Energiebahnen strömen, und wir haben 56,25 Energien, die sich durch die leeren Kanäle in den zentralen Kanal hinein bewegen, und dies innerhalb von jeweils zwei Stunden ((5 x 348,75) + 56,25 = 1.800).

Es gibt eine ganz bestimmte Abfolge für die Energiewechsel. Auf der rechten Seite befinden sich sechs Wechsel-Kanäle, und ebenso gibt es auf der linken Seite sechs solcher Kanäle. Während des ersten Wechsels fließen alle der 1.743,75 Energien durch den rechten Wechsel-Kanal auf der Rückseite (jeweils 348,75, die den Elementen Erde, Wasser, Feuer, Luft und Raum zugeordnet werden) in ihre entsprechenden subtilen Nebenkanäle. Wenn diese dort hindurch geströmt sind, fließen 56,25 durch die leeren Kanäle in den mittleren Kanal.

Der zweite Wechsel geht zum Wechsel-Kanal an der Rückseite und wiederholt den zuvor beschriebenen Prozess. Der dritte Wechsel vollzieht sich durch den rechten Wechsel-Kanal, der sich vor dem Kanal auf der Rückseite befindet. Der vierte Wechsel geht durch den linken Wechsel-Kanal hindurch, der sich neben dem hinteren Kanal befindet. Dies setzt sich in der beschriebenen Art solange fort, bis die Energien durch alle zwölf Wechsel-Kanäle – von hinten nach vorne, von rechts nach links, von links nach rechts und so weiter – hindurch geflossen sind.

Während das geschieht, geht der Atem für die Wechsel-Kanäle der rechten Seite durch das rechte Nasenloch und für die Wechsel-Kanäle der linken Seite durch das linke Nasenloch. Das ist die Grundlage dafür, dass man in der Gesamtrechnung die Summe von 21.600 Energien erhält.

Es wurde zwar zuvor gesagt, die Energie fließe nicht in den leeren Kanälen, doch das ist nicht völlig korrekt – die Energie der Ursprünglichen Weisheit (tib. *ye shes kyi rlung*) strömt durch sie hindurch. Sie heißt so, weil sie durch den leeren Kanal in den mittleren Kanal fließt. Wenn der Atem sich mit gleicher Intensität durch beide Nasenlöcher bewegt, ist dies ein Anzeichen dafür, dass sich die Energie der Ursprünglichen Weisheit in den zentralen Kanal hinein bewegt.

Die Energien, die sich in den Kanälen bewegen

Es gibt zehn Arten von Energien, zu denen die Leben erhaltende Energie gehört. Sie entstehen am Herz-Cakra. Im Folgenden wird vornehmlich erläutert, entlang welcher Bahnen sich die Energien bewegen. Kurz gesagt, zirkulieren die Energien wie folgt durch die subtilen Kanäle überall im Körper:

1. Die Leben erhaltende Energie bewegt sich durch alle drei Kanäle – den zentralen, den rechten und den linken – und zwar von der Höhe des Herzens aufwärts. Sie vollführt alle mit Aufwärtsbewegungen verbunden Funktionen, wie zum Beispiel die Artikulation, aber auch sämtliche Funktionen im oberen Bereich des Köpers, wie das Wackeln mit den Ohren. Sie ist grün.
2. Die absteigende Energie fließt von der Ebene des Herzens aus abwärts. Sie ist blau und erfüllt alle Ausscheidungsfunktionen.
3. Die Feuer-begleitende Energie tritt in östlicher Richtung aus den Nebenkanälen am Herzen aus und ist von schwarzer Farbe.
4. Die Schildkröten-Energie (skt. *kūrma*) bewegt sich durch die Nebenkanäle in eine südöstliche Richtung und ist ebenfalls schwarz.
5. Die aufsteigende Energie fließt in den Süden und ist rot.
6. Die Eidechsen-Energie (skt. *kṛkara*) strömt in südwestliche Richtung und ist gleichfalls von roter Farbe.
7. Die durchdringende Energie fließt in nördliche Richtung und ist weiß.
8. Die Devadatta-Energie bewegt sich in nordöstliche Richtung und ist ebenfalls weiß.
9. Die Nāga-Energie strömt nach Westen und ist gelb.
10. Die Dhanaṃjaya-Energie fließt nach Nordwesten und ist auch von gelber Farbe.

Die spezifischen Funktionen der letzten acht Energien sind im Text nicht angegeben.

Andere Systeme wie Guhyasamāja und Cakrasaṃvara sprechen von primären und sekundären Energien, die gewöhnlich zu jeweils fünf zusammengefasst werden. In Gegensatz dazu gibt es innerhalb des Kālacakra-Systems keine zweifache Klassifikation in primäre und sekundäre Energien. Tagtsang Lotsawa, ein großer tibetischer Meister, der einen allgemeinen Kommentar zum Kālackara verfasste, stellt explizit heraus, dass es eine solche zweifache Untergliederung nicht gibt.

Es heißt zwar einerseits, dass alle diese zehn Energien durch den gesamten Körper zirkulieren, aber andererseits auch, dass die

Leben erhaltende Energie sich vom Herzen an aufwärts bewegt und die absteigende Energie von Herzen her abwärts fließt.

Die Etymologie für die Namen der folgenden fünf Energien – Leben erhaltende Energie, absteigende Energie, Feuer-begleitende Energie, aufsteigende Energie und durchdringende Energie – lässt sich nicht im Kālacakra-System ausfindig machen. Daher sind die folgenden Erklärungen dem System von Guhyasamāja und Cakrasaṃvara entnommen:

1. Die Leben erhaltende Energie wird so genannt, weil es ihre Funktion ist, einen Ort für die Lebenskraft zu bieten. Diese Energie findet sich am Herzen.
2. Die absteigende Energie trägt ihren Namen, weil sie die Exkremente und den Urin nach unten hin ausscheidet. Sie bewegt sich von der Höhe des Herzens her abwärts.
3. Die Feuer-begleitende Energie bewirkt die Verdauung von Nahrung und ist auf der Höhe des Nabels ansässig.
4. Die aufsteigende Energie befindet sich zwischen Nabel und Kehle und ist an den aufwärts gerichteten oder nach oben hin verlaufenden Handlungen beteiligt wie Husten, Ausspucken und Sprechen. Alle diese nach oben gerichteten Aktivitäten werden mittels der aufsteigenden Energie vollzogen.
5. Die durchdringende Energie – wie der Name nahe legt – durchdringt den gesamten Körper und ist maßgeblich für solche Funktionen wie das Ausstrecken und Beugen der Gliedmaßen.

Die roten und weißen Bodhicitta-Tropfen

Die roten und weißen Bodhicitta-Tropfen befinden sich in den Kanälen. Hier ist eine Übersicht über die Funktionen der zuvor dargestellten vier Bindus oder Tropfen:

1. Die Funktion des Tropfens an der Stirn (manchmal heißt es, er befände sich am Scheitel) besteht darin, Verwirrung zu verhindern. Er bringt den Wachzustand hervor.
2. Der Tropfen an der Kehle erzeugt den Traumzustand.
3. Der Tropfen am Herzen führt den Zustand des Tiefschlafs herbei.
4. Der Tropfen am Nabel besitzt zwei Funktionen: sexuelle Vereinigung oder die Vierte Gelegenheit und den Wachzustand.

Im Kālacakra-Tantra heißt es außerdem:

- Es gibt einen Tropfen im Genitalbereich, der den Traumzustand hervorruft.

- Entlang des männlichen Gliedes gibt es einen Tropfen, der den Tiefschlafzustand erzeugt.
- Bei einem Mann ruft der Tropfen an der Spitze des Sexualorgans die Vierte Gelegenheit hervor, und bei einer Frau bewegt sich dieser Tropfen innerhalb des Sexualbereiches den zentralen Kanal entlang. Die Tropfen treten für Mann und Frau in der gleichen Abfolge auf. Der Tropfen ganz an der Spitze des weiblichen Sexualorgans entspricht dem Tropfen auf der Spitze des männlichen Juwels.

All diese Tropfen bestehen aus einer Mischung von roten und weißen Flüssigkeiten. Der weiße Bodhicitta ist vorherrschend in der Stirn, am Schaft sowie an der Spitze des Juwels, wohingegen die roten Bodhicitta-Tropfen weniger dominant sind. Aber am Nabel, im unteren Bereich der Genitalregion und an der Kehle ist der rote Bodhicitta stärker.

Das weiße Bodhicitta ist prinzipiell auf der Höhe der Stirn angesiedelt und das rote Bodhicitta am Nabel. Alle diese Tropfen befinden sich in den Cakras. Der Tropfen im Herzen soll roten und weißen Bodhicitta in gleichen Anteilen besitzen.

Jeder der vier Tropfen hat einen ungeläuterten Aspekt. Der Tropfen an der Stirn ruft unreine Erscheinungen von Objekten hervor. Aber durch Läuterung können diese unreinen Erscheinungen in die Ursprüngliche Weisheit jenseits jeder Begrifflichkeit transformiert werden. Der Tropfen an der Kehle steht für die Rede und erzeugt im unreinen Zustand unangemessene Rede. Der ungeläuterte Aspekt des Tropfens am Herzen offenbart sich im traumlosen Schlafzustand. Indem wir diesen Schlaf bereinigen, wandelt er sich in konzeptfreie Weisheit. Der unreine Zustand, der sich mit dem Tropfen am Nabel verbindet, ruft die Freuden des Orgasmus hervor. Indem wir die Unreinheiten der vier Tropfen läutern, werden sie in die vier Körper eines Buddha transformiert. Der Tropfen an der Stirn wandelt sich zum Vajra-Körper; der Tropfen an der Kehle wird zur Vajra-Rede; der Tropfen am Herzen transformiert sich in den Vajra-Geist und der Tropfen am Nabel wird zum Vajra der Ursprünglichen Weisheit.

Dies war eine kurzgefasste Darstellung der Bodhicitta-Tropfen, welche sich in den Kanälen befinden.

19. Kapitel

Das Sechs-Phasen-Yoga

Überblick

Ich möchte diese Erklärungen mit einer generellen Darstellung beginnen, welche alle sechs Abschnitte des Sechs-Phasen-Yoga der Vollendungsstufe in ausgewogener Weise berücksichtigt. Die Sechs Phasen sind: Zurückziehen (skt. *pratyāhāra*), meditative Festigung (skt. *dhyāna*), Prāṇayāma, Einbehaltung (skt. *dhārana*), Vergegenwärtigung (skt. *anusmṛti*) und Samādhi. Zu Beginn ist das Samādhi des Vajra-Körpers von Bedeutung, dann das Samādhi der Vajra-Rede und zuletzt das Samādhi des Vajra-Geistes.

Die ersten beiden der Sechs Phasen, Zurückziehen und meditative Festigung, sind in der ersten dieser drei zuletzt genannten Kategorien, nämlich im Vajra-Körper, enthalten. Diese beiden Phasen werden „die erste Tugend" genannt. In diesen beiden Phasen geht es vor allem um das Erlangen der leeren Form. Aus der Phase des Zurückziehens ergibt sich die erstmalige Verwirklichung der leeren Form, und die Phase der meditativen Festigung stabilisiert die bereits erzielte leere Form.

Die nächsten beiden Phasen sind Prāṇayāma und Einbehaltung, die als „die zweite Tugend" bezeichnet werden. Sie dienen der Verwirklichung der Vajra-Rede. Die hauptsächliche Funktion dieser beiden Phasen ist, Meisterschaft über die Energien zu erlangen. Prāṇayāma bewirkt, dass die Energien erstmalig durch den zentralen Kanal fließen, und die Übung der Einbehaltung dient dazu, diesen Fluss zu stabilisieren.

Schließlich gibt es noch die Phasen von Vergegenwärtigung und Samādhi, welche „die dritte Tugend" genannt werden und den Vajra-Geist verwirklichen. Die Funktion der Phase der Vergegenwärtigung besteht darin, die reine Sicht der Körper der leeren Form von Vater- und Mutter-Gottheit in Vereinigung hervorzubringen. Diese sind nicht bloß visualisiert oder kreiert, sondern erscheinen auf spontane Weise. Sie erscheinen dem geistigen Auge in einer Weise, die den Zeichen (skt. *nimitta*; tib. *mtshan ma*) ähnelt, welche bei der auf den Atem gerichteten Achtsamkeitsübung auftreten.

Die Vereinigung der leeren Formen der Vater- und Mutter-Gottheiten erzeugt unwandelbare Glückseligkeit, und indem diese unwandelbare Glückseligkeit zu ihrer Vollendung gebracht wird, transformiert sie sich in die Natur des Vajra-Geistes. Von diesem Moment an beginnt die Samādhi-Phase der Übung. Die Phase der Vergegenwärtigung erzeugt die tatsächliche Erscheinung der Vereinigung der leeren Formen von Vater- und Mutter-Gottheiten. Die Samādhi-Phase ruft die höchste unwandelbare Glückseligkeit hervor.

Damit die eigentliche, spontane Erscheinung der Vereinigung der leeren Formen von Vater- und Mutter-Gottheiten entsteht, muss man die Energien gemeistert haben. Und dies wird durch die Phasen von Prāṇayāma und Einbehaltung erreicht. Die Meisterschaft über die Energien wird dann erzielt, wenn man sie in den mittleren Kanal einzubringen vermag. Damit dies möglich wird, ist es zunächst erforderlich, den zentralen Kanal zu läutern. Und dies wiederum erzielt man, indem man die ersten beiden Phasen von Zurückziehen und meditativer Festigung anwendet. Die Meisterschaft über die Energien bewirkt die Reinigung des mittleren Kanals, was zur Folge hat, dass die Energien ungestört durch ihn hindurch fließen können.

Wir reinigen den zentralen Kanal, indem wir unser Gewahrsein auf seine obere Öffnung ausrichten. Dies lässt die zehn Anzeichen aufkommen, welche allesamt als leere Form auftreten. Die Erzeugung der leeren Form hat zwei Funktionen: den zentralen Kanal zu reinigen und eine Grundlage für spätere Erscheinungen der eigentlichen leeren Form der Vater- und Mutter-Gottheiten in Vereinigung bereitzustellen.

Dies zusammen wird als das Sechs-Phasen-Yoga der Vollendungsstufe bezeichnet. Yoga bedeutet, etwas zu verbinden oder zusammenzufügen. Diese Phasen werden Yoga genannt, weil sie einen notwendigen, in einer bestimmten Reihenfolge ablaufenden Prozess beinhalten. Sind die anfänglichen Phasen nicht verwirklicht, ergeben sich auch die anschließenden nicht.

Ich gebe nun eine detaillierte Darstellung jeder einzelnen der sechs Phasen des Yoga, wobei Folgendes erklärt wird: (1) die Etymologie, (2) die Zeit der Übung; (3) die Art und Weise, wie man meditiert, (4) eine Untersuchung, ob die gültige Erkenntnis, welche in jeder dieser Phasen hervorgerufen wird, eine unmittelbare oder schlussfolgernde gültige Erkenntnis ist, (5) die Art und Weise der Läuterung der zu bereinigenden Basis und (6) die vorläufigen wie auch endgültigen Resultate einer jeden Phase[30].

ZURÜCKZIEHEN

Für die anfängliche Phase des Zurückziehens sind sechs Bedingungen erforderlich. Die erste Bedingung ist ein geeigneter Ort. Zunächst meditiert man während der Phase des nächtlichen Yoga dieser Praxis in vollkommener Dunkelheit; später führt man die Meditationen des tageszeitlichen Yoga bei Licht, unter wolkenfreiem Himmel durch. Idealerweise sollte man das nächtliche Yoga in einem dreistöckigen Haus durchführen, wobei man im zweiten Stock, also über dem Erdgeschoss, meditiert. Der Meditationsraum kann sich auch auf Stelzen oder Blöcken befinden, solange sich ein Freiraum darunter befindet. Der Grund dafür ist, dass die Dämpfe des Untergrundes für die Praxis hinderlich sein können, und so ist es besser, man schafft eine Pufferzone. Außen um die Meditationsstelle herum sollte sich eine Wand als Umfriedung befinden, welche den Ort wie eine Muschel umschließt. Die Fenster dieser äußeren Umhüllung sollten nicht parallel zur Wand verlaufen, sondern in einem spitzen Winkel, so dass sie für Belüftung sorgen. Ein wenig Licht kann durch die Öffnung gelangen, aber nicht viel. Dies ist ein entscheidender Punkt. Es sollte sich um ein getöntes Fenster handeln. Wenn man in einem Raum ohne gute Ventilation meditiert, würde man erkranken, dennoch sollte kein Licht in den Raum dringen. Diese Phase der Übung kann sechs Monate dauern. Man muss zwar nicht die gesamte Zeit in diesem dunklen Raum verbringen, sollte sich aber doch eine geraume Spanne darin aufhalten.

Die zweite notwendige Bedingung ist die Körperhaltung. Die Beine werden in der Lotus-Haltung verschränkt, während man in der Haltung von Vairocana mit sieben Merkmalen sitzt. Diese bekannte Körperhaltung erfordert, dass man die Wirbelsäule aufrecht hält, den Kopf leicht nach vorne neigt, die Lippen in einer natürlichen Position belässt und bestimmte weitere Punkte beachtet. Die Hände werden zur Vajra-Faust geballt, wobei die Handrücken unterhalb des Nabels oder auf den Ansatz der Schenkel gelegt werden. Die Handinnenflächen weisen nach oben. Diese Mudrā wird als Mudrā von Vajrasattva bezeichnet.

Die dritte notwendige Bedingung betrifft den Blick. Man schaut aufwärts und richtet seine Achtsamkeit auf einen Punkt in der Mitte der Stirn. Speziell sollte man sich auf den leeren Raum innerhalb des mittleren Kanal konzentrieren.

Die vierte notwendige Bedingung betrifft die drei so genannten „Unbeweglichkeiten“: Der Körper sollte sich nicht bewegen; der Geist sollte sich nicht aufgrund von Konzepten bewegen, und auch die Augen sollten sich nicht bewegen. Mittels dieser drei Unbeweglichkeiten richtet man die Aufmerksamkeit auf den mittleren Kanal. Die Augenlider sollten sich ebenfalls nicht bewegen, da dies die Fähigkeit beeinträchtigen würde, genau zu erfassen, was vor sich geht. Zu Beginn und solange man sich noch nicht daran gewöhnt hat, wird dies ein wenig schwierig sein, denn die Augen neigen dazu, sich ständig nach oben und unten zu bewegen.

Die fünfte Voraussetzung besteht darin, den Geist in einem gedankenfreien Zustand zu halten. Die gesamte Aufmerksamkeit sollte sich auf die Öffnung des zentralen Kanals an der Stirn richten.

Die sechste Bedingung ist die Verwirklichung dieser Praxis in der Erfahrung (tib. *nyams rtogs*), wie sie unten beschrieben wird.

• Die Etymologie von Zurückziehen

In dem tibetischen Wort, das hier mit Zurückziehen (tib. *sor sdud*) übersetzt ist, bedeutet die erste Silbe „individuell“ oder „einzeln“, und die zweite Silbe gewöhnlicherweise „Zurückziehen“. In diesem Textzusammenhang bedeutet die zweite Silbe jedoch „Schneiden“, so dass das ganze Wort impliziert, dass die Verbindung zwischen den Sinneskräften und den Sinnesobjekten einzeln oder individuell durchtrennt wird.

Damit die Sinneskräfte operieren können, müssen die Energien durch den linken und rechten Kanal zirkulieren. In dieser Phase der Meditation ziehen wir die Energien aus dem linken und rechten Kanal zurück und bewirken, dass sie in den mittleren Kanal einmünden. Wenn diese aufhören in den beiden Seitenkanälen zu fließen, wird die Verbindung zwischen den Sinneskräften und den Sinnesobjekten durchtrennt.

• Der Zeitpunkt für die Praxis des Zurückziehens

Es wird gesagt, die Übungsphasen für diese Praxis sollten stets exakt dann begonnen werden, wenn der Atem durch das rechte Nasenloch zu strömen beginnt. Man sollte also nicht einfach dann anfangen, wenn man sich gerade danach fühlt. Vielmehr sollte man genau darauf achten, wie der Atem durch die Nasenlöcher fließt. Stellt man fest, dass er vornehmlich durch das rechte Nasenloch eingeht, kann man die Sitzung beginnen.

Wir tun das, weil der Atem im rechten Kanal mit der Erd-Energie verbunden ist. Wenn man die Übungsphase in dieser Weise beginnt, sind die Energien leichter zurückzuziehen. Erinnere dich, dass die Energien aller fünf Elemente in den Wechsel-Kanälen fließen, und die erste, die sich bewegt, ist die Erd-Energie. Es ist am vorteilhaftesten, die Meditation aufzunehmen, wenn die Erd-Energie sich in Bewegung befindet.

• Wie man über die Zurückziehung meditiert

Wenn wir die Übung der Zurückziehung getrennt vom Sechsfachen Guru-Yoga durchführen möchten, sollten wir – nachdem wir die rechte Motivation entfaltet haben – unseren Meister in Gestalt von Kālacakra mit Gefährtin vor uns im Raum visualisieren. Da wir im Begriff stehen, die Vollendungsstufe zu praktizieren, erneuern wir unsere vorherige Intention „Möge ich vollkommene Erleuchtung erlangen, indem ich die folgende Praxis der Vollendungsstufe übe“. Dann bringen wir die Opfergaben und Bittgebete dar. Die Bittgebete lauten: „Bitte wandle mich durch deine Segenkräfte, segne meine Kanäle und segne die Energien, so dass sie gefügig und dienlich werden. Möge dadurch unwandelbare Glückseligkeit aufkommen, und möge der Zustand der vollendeten Erleuchtung rasch verwirklicht sein.“

Daraufhin gelangt der Meister mit der Gefährtin zu unserem Scheitel und verschmilzt mit uns. Stelle dir vor, du würdest unwandelbare Glückseligkeit erfahren, konzentriere dich auf die Leerheit und bringe dich dann in der Form von Kālacakra mit Gefährtin hervor, mit jeweils einem Haupt und zwei Händen.

Wenn man seine eigene Gestalt als transparent, strahlend und vollständig aus Licht bestehend visualisiert und wenn man sich zudem auch die eigenen Kanäle, Energien und fünf Elemente so vorstellt, als seien sie von der Natur transparenten Lichts, erfährt man weniger Probleme hinsichtlich der eigenen Kanäle und Energien – so heißt es.

Nachdem man dies vollzogen hat, visualisiert man die drei Kanäle von den oberen bis zu den unteren Öffnungen, so wie es zuvor beschrieben wurde. Es heißt, es sei nicht notwendig, bei der tatsächlichen Meditationspraxis die vielfachen Umschlingungen an den Cakras zu visualisieren, doch wäre es gut, sich die sechs Cakras vorzustellen. Sollte man jedoch nur den mittleren Kanal visualisieren können, ist dies allein wahrscheinlich schon ausreichend für die Phase der Zurückziehung. Es wird einem jedoch leichter fallen, die diversen Energien zurückzuziehen, wenn man die ausführlichere Visualisierung all der Cakras durchzuführen vermag. Es wird gesagt, dass hoch verwirklichte Yogis tatsächlich in der Lage sind, die Cakras und die unterschiedlichen Energien mitsamt ihren Farbgebungen und den Kanälen zu sehen.

• Die Natur der Verwirklichung in der Erfahrung
Im Folgenden wird die Natur der sechsten Bedingung, der erfahrungsgemäßen Verwirklichung, beschrieben. Entsinne dich, dass der zentrale Kanal an der Stirn von grüner Farbe ist, aber visualisiere ihn nicht dergestalt. Konzentriere dich stattdessen auf das Innere des Kanals, welches hohl und dunkel ist. Es heißt, dass man beginnen wird, bestimmte Erscheinungen wahrzunehmen, wenn man sich eine Zeitlang auf diesen Punkt konzentriert. Fährt man beharrlich in dieser Praxis fort, beginnen die Energien, schrittweise in den mittleren Kanal einzutreten, wodurch verschiedene Visionen vom Geist erlebt werden. Hat man eine gewisse Stabilität in dieser Praxis gewonnen, treten bestimmte Anzeichen und Erscheinungen auf, wie die von Rauch und einer Luftspiegelung. Diese erscheinen so, als befänden sie sich außerhalb von einem im Raum. Wenn diese oder eine Vielzahl anderer Visionen aufkommen, sollte man diese – wie es heißt – jedoch nicht als authentische Erscheinungen der leeren Form betrachten.

Auch andere Ereignisse können auftreten. Der eigene Körper wird vielleicht anfangen zu zittern und irgendwo zu zucken oder sich vielleicht taub anfühlen. Eventuell wird man auch spontan Worte äußern. Auch können bestimmte geistige Ereignisse, Gedanken und so weiter in chaotischer Weise auftreten, so dass man eigentlich nicht sagen kann, ob sie nun einen Sinn ergeben oder nicht, ob sie gut oder schlecht sind. Es ist nicht so, als würde man einem klaren Gedankengang folgen. Es handelt sich vielmehr nur um eine Art geistiges Durcheinander.

All diese vielfachen Vorkommnisse sind ein Anzeichen dafür, dass die Energien anfangen, in den zentralen Kanal einzutreten. Jedoch sollte man ihnen kein Vertrauen in dem Sinne schenken, dass sie irgendeine Art von Realisation anzeigen würden. Tut man es doch, so verkehren sie sich in Hindernisse. Man sollte keine dieser Erscheinungen für etwas Außergewöhnliches halten. Der Yogi, der mit dieser Übung beginnt und mit dieser Praxis weder richtig vertraut ist, noch eine richtige Führung hat, mag genau diesen Fehler begehen, wenn all diese Dinge vorkommen. Dies kann jedoch sogar zu Geisteskrankheit führen. Und selbst wenn ein qualifizierter Lehrer zugegen ist und der Schüler die richtigen Anweisungen erhält, wird er vielleicht immer noch das ignorieren, was der Meister gesagt hat – auch in diesem Fall würde kein Vorteil aus der Übung erwachsen. Deshalb ist es das Beste, gleich zu seinem spirituellen Mentor zu gehen und ihn um Ratschläge zu bitten, sobald man auf Probleme in der Praxis stößt. Man muss seine Anweisungen beachten, dann können die Schwierigkeiten überwunden werden. Andernfalls wird man womöglich in ernsthafte Schwierigkeiten geraten.

Für diese Praxis ist es seitens des Schülers unerlässlich, den Instruktionen zu folgen. Mit anderen Worten, hast du einen qualifizierten Lehrer gefunden, tue, was der Meister dir aufgibt und unterlasse das, was der Meister dir empfahl zu unterlassen. Ist dein Lehrer nicht besonders qualifiziert, ist es nicht so wichtig, seinen Aussagen Folge zu leisten.

Man muss selbst die Verantwortung dafür übernehmen. Tritt man in die Meditation ein und stellt dann fest, dass sich bestimmte Verhaltensweisen einstellen, die nicht mit dem sonstigen Verhalten übereinstimmen, sollte man diesem ungewöhnlichen Handeln nicht nachgehen. Für jene, die ernsthaft die Meditation pflegen, ist dies sehr, sehr wichtig. Der entscheidende Punkt liegt darin zu erkennen, wann solch abnormes Verhalten entsteht, und den Versuchungen dann nicht nachzugeben. Identifiziere dich nicht mit ihnen, begebe dich nicht in sie hinein und verleihe ihnen keinerlei Kraft! Lasse von ihnen ab, aber fahre mit der Meditation fort. Wenn du mit diesen eben beschriebenen Erfahrungen umzugehen weißt, ist das nicht nur für den gesamten Pfad sehr hilfreich, sondern auch für das Aufgeben des Greifens nach den Belangen dieses Lebens.

Eventuell wirst du ein Jucken und emporschießende Schmerzen erfahren, so als würdest du von Nadeln im Oberkörper, am Kopf oder am ganzen Körper gestochen, aber dies wird wahrscheinlich nur während einiger Tage auftreten.

Die Zeichen feststellen

Schließlich werden die Anzeichen von Rauch und so weiter immer lebendiger. An diesem Punkt haben die Energien angefangen, in den zentralen Kanal einzutreten. Danach werden die Anzeichen von Rauch und so fort anfangen im zentralen Kanal aufzutauchen, wohingegen sie zuvor wahrscheinlich im Raum vor dir erschienen. Je weiter die Energien in den mittleren Kanal hineingezogen werden, desto intensiver werden diese Erscheinungen auch an den Öffnungen des zentralen Kanals auftreten. Dies soll allerdings nicht heißen, dass man bestrebt sein sollte, diese aufkommen zu lassen. Man sollte sie nicht visualisieren. Vielmehr werden sie an diesen Orten spontan entstehen. Wenn solche Visionen an der Öffnung des zentralen Kanals auftreten, verblassen die Erscheinungen der äußeren Umgebung.

Eventuell ist man nicht in der Lage, diese Anzeichen festzustellen, sobald sie entstehen, sondern erst unmittelbar nachdem sie wieder abgeklungen sind. Dies ist eine Art von verzögerter Reaktion. Je vertrauter man mit der Praxis wird, desto stetiger wird die Erkenntnis dessen, was dem Gewahrsein erscheint. In der Frühphase dieser Praxis sind die inneren Erscheinungen nur von sehr kurzer Dauer, wie Blitze. Später jedoch halten sie länger an, und man wird eventuell fähig, sie schon während ihres Auftretens wahrzunehmen.

Es mögen auch andere Empfindungen entstehen. Unter Umständen kommt es einem so vor, als würde sich eine Schlange durch den zentralen Kanal winden und sich dabei entweder von oben nach unten oder von unten nach oben bewegen. Solch eine Empfindung kann sich in jede Richtung ausbreiten. Vielleicht hat man aber auch ein Gefühl, als würde einem ein Stock durch den zentralen Kanal gesteckt. Oder es kommt der Eindruck auf, man selbst oder irgendeine andere Kreatur würde durch ein winziges Loch gepresst. Natürlich handelt es sich hierbei um bloße subjektive Gefühle oder Eindrücke.

Vielleicht stellt sich auch noch das Gefühl ein, der eigene Körper sei mit Insekten übersät, von denen einige stechen. Auch kann sich nachts im Schlaf die Empfindung einstellen, man würde von einer anderen Person umarmt. Zudem bekommt man während des Schlafs – allerdings nicht im eigentlichen Traumzustand – vielleicht das Gefühl, von allen Seiten bedrängt zu werden – von Lebewesen oder irgendwelchen Gegenständen, was beklemmend sein kann.

Zu diesem Zeitpunkt kommt große Angst auf. Es ist von entscheidender Bedeutung, solche Zustände und Erfahrungen im voraus zu erwarten und sich vorzunehmen, dass man sich – sollten sie auftreten – keinesfalls von Furcht, die ziemlich stark sein kann, überwältigen lässt. Andernfalls – sollte dies mitten in der Nacht geschehen – kann man erleben, dass man schreiend aus dem Haus rennt. Dies kann gefährlich sein. Es ist daher ausgesprochen nützlich diese Erfahrungen zu erwarten und sich selbst Mut zu machen, indem man denkt „Ich werde keine Angst haben, ich werde mich nicht von den Schrecken überwältigen lassen, ich werde stark sein".

Es gibt viele Berichte über Menschen, die große Angst verspürten, während sie Tantra praktizierten. Ein Mittel gegen diese Furcht ist die Übung des „Tschö", des Durchschneidens (tib. *gcod*). Einst gab es einen Praktizierenden, der Furcht einflößende Erfahrungen dieser Art hatte. Er besaß noch keinerlei tiefer gehenden Verwirklichungen, und er hatte das Gefühl, von Dämonen und Geistern heimgesucht zu werden. Einmal übte er sich unter einem Fenster, durch welches das Mondlicht fiel. Direkt vor ihm befand sich eine Säule, die das Dach stützte, und am Fuß dieser Säule waren Steinen, die durch die vielen Leute, die darauf gesessen hatten, ganz glatt poliert waren und daher eine schöne, sanft glänzende Oberfläche besaßen. Als das Mondlicht auf diese glänzende Oberfläche fiel, sah er dies während seiner Praxis und dachte, es handele sich um einen weiteren Dämon. Er fing an zu schreien „Phaṭ, phaṭ, phaṭ", und versuchte den vermeintlichen Dämon mit seiner Erkenntnis der Leerheit zu vertreiben, dieser jedoch machte keinerlei Anstalten, sich hinfort zu begeben.

Unter Umständen verwechselt man auch solche subjektiven Eindrücke mit der objektiven Realität. So befand sich beispielsweise einst ein Yogi in Meditation, und vor ihm war ein kleiner Wassertümpel, in dem ein Käfer rücklings hin- und herstrampelte, ohne sich aus dem Wasser befreien zu können. Vor dem geistigen Auge des Yogi erschien es nun so, als wäre da ein See, in dem ein großes Tier, etwa ein Yak, im Wasser hin und her trampeln würde.

Als hingegen der große buddhistische Meister Atiśa aus Indien einst meditierte, schien ein riesengroßer neunköpfiger Skorpion direkt vor ihm herunterzufallen. Als Reaktion darauf umarmte Atīśa ihn als seine auserwählte Meditationsgottheit, woraufhin sich der Skorpion unmittelbar in Tārā verwandelte.

Wenn man solche Erfahrungen anzunehmen und in den Pfad zu transformieren versteht, können sie von sehr großem Nutzen sein. Ist man jedoch nicht dazu in der Lage, kann das gefährlich werden. Dies sollte man sich gut einprägen. Man muss sich also wiederholt Mut zusprechen und sich vorher mit den möglichen Reaktionsweisen [auf solche ansonsten erschreckenden] Erscheinungen beschäftigen.

Nachdem all dies gesagt ist, sollte noch erwähnt werden, dass diese unangenehmen Empfindungen nicht unbedingt entstehen müssen – wie auch immer, je besser man auf diese Phase der Übung vorbereitet ist, desto einfacher wird man auch durch sie hindurch gehen können.

Ein Anzeichen dafür, dass die Energien in den zentralen Kanal eingetreten sind, ist der Umstand, dass die Kraft des Atems, der durch beide Nasenlöcher strömt, von gleicher Stärke ist. Wenn die Energien, welche mit den fünf Sinneskräften verbunden sind, aufhören zu funktionieren, lösen sich die Energien in den mittleren Kanal auf.

Wir sollten verstehen, dass das hier verwendete Wort „Auflösen" auch verwandt wird, wenn es heißt, die Erd-Energie löse sich in die Wasser-Energie auf. Dieser Ausdruck ist jedoch nicht wörtlich zu nehmen. Er soll nicht bedeuten, dass die Energie des einen sich wirklich mit der des anderen vermischt, so als würde Salz sich im Wasser auflösen. Vielmehr kommt die Erd-Energie zum Erliegen, und in ihrer Abwesenheit tritt die Energie des Wasserelementes dominant hervor.

Wenn die Energie der zwei Seitenkanäle sich in den zentralen Kanal auflöst, fließt sie nicht so aus den Seitenkanälen wie etwa Wasser aus einer Leitung. Vielmehr hören diese Energien auf, in die beiden Seitenkanäle zu strömen, und offenbaren sich im zentralen Kanal. Wenn sich die Energien in den mittleren Kanal hinein auflösen, bedeutet dies eigentlich, dass die Energien im rechten und linken Kanal verschwinden und neu im zentralen Kanal entstehen.

In ähnlicher Weise wird man zu einem anderen Zeitpunkt der Praxis von seinem Herzen aus Lichtstrahlen in alle Richtungen aussenden, um sie später wieder zurückzuziehen und in die Silbe *Hūṃ* einzubringen. Dies entspricht weniger dem Aufrollen eines Teppichs, sondern kommt eher dem Einholen oder Einziehen einer Schnur gleich, wobei diese Lichtschnur sich an dem eingeholten Ende wieder auflöst. Der Prozess der Auflösung setzt sich solange fort, bis alles verschwunden ist und nur noch die Silbe *Hūṃ* übrig bleibt. Dies ist die Bedeutung von „sie aufzulösen".

Die Zeichen zur Nachtzeit

Die ersten der zehn Anzeichen sind die vier Erscheinungen des Nacht-Yoga, nämlich Folgende:

1. Rauch
2. Luftspiegelung
3. Leuchtkäfer
4. Butterlampe

Auf einer bestimmten Stufe der Praxis erscheint nur das Anzeichen von Rauch, welches allerdings mit steigender Kontinuität auftritt. Einige sagen, man würde jedes der vier Anzeichen unmittelbar erleben, eines nach dem anderen. Nach meinem Dafürhalten jedoch treten die Anzeichen in Sequenz und allmählich [deutlich werdender] über eine gewisse Dauer hin auf. Unterschiedliche Personen mögen jedoch unterschiedliche Erfahrungen machen.

Ich gehe davon aus, dass der Prozess [des Auftretens dieser Anzeichen] normalerweise innerhalb einer Zeitspanne von mehreren Tagen stattfindet. Man erlebt vielleicht zunächst die Erscheinung von Rauch, und dann wird diese nach einigen Tagen durch die Erscheinung einer Luftspiegelung ersetzt. Nach einigen weiteren Tagen kommt gegebenenfalls eine Erscheinung auf, die Leuchtkäfern oder Glühwürmchen ähnelt, und schließlich wird nach einigen Tagen eine Art Butterlampe erscheinen.

Bei einigen Personen werden diese Zeichen eventuell auftreten, bevor die Energien aufgehört haben in den Seitenkanälen zu fließen und in den Hauptkanal eingetreten sind. Geschieht dies, erscheinen die Anzeichen vor einem im Raum. Sollte die spezielle leere Form tatsächlich aufzutreten beginnen, entsteht sie in der Öffnung des zentralen Kanals.

Wenn diese vier Nachtzeichen regelmäßig erscheinen – wenn also in jeder Sitzung, in der wir die Zurückziehung üben, die Anzeichen nacheinander auftreten – ist der Zeitpunkt gekommen, um mit der Tages-Praxis zu beginnen.

Warum unterscheiden wir Nacht- und Tages-Yoga? Weil es am Tag in der Regel schwieriger ist, die Anzeichen aufkommen zu lassen. Andererseits ist es aber nicht ausgeschossen, dass die sechs tageszeitlichen Anzeichen in der Nacht erscheinen. Wenn man im Tageslicht praktiziert, führt das Licht zu einer größeren Stabilität und Regelmäßigkeit bei den Zeichen der Tageszeit, welche schließlich nach der regelmäßigen Erfahrung der vier nachtzeitlichen Anzeichen auftreten.

Die Anzeichen des Tages

Die Körperhaltung für das Yoga des Tages, der Einstieg in die Übung, die Motivation und die Visualisierungen stimmen mit dem überein, was zuvor hinsichtlich des Yoga der Nacht beschrieben wurde. Natürlich ist der Ort ein anderer: Anstatt in der Dunkelheit zu meditieren, meditierst du nun im Licht unter einem wolkenfreien Himmel. Am Morgen meditiere nach Westen gewandt, so dass die Sonne dir im Rücken steht. Am Nachmittag oder Abend wende dich nach Osten. Die Sonne sollte sich immer hinter dir befinden.

Der Fokus der Meditation ist direkt am zentralen Kanal gelegen. Wenn du mit der Meditation während des Tages fortfährst, werden die entsprechenden Anzeichen wieder auftreten. Den vier nächtlichen Zeichen folgen dann die sechs Zeichen der Tageszeit [die folgenden Erscheinungen ähneln]:

1. einer Flamme.
2. einer Mondscheibe.
3. dem Sonnenlicht.
4. Rāhu, was laut Text eine Erscheinung von Dunkelheit darstellt. Manchmal wird sie als blau beschrieben und in anderen Fälle als dunkel oder schwarz, was gleichbedeutend ist.
5. einem zickzackförmigen Blitz, dem höchsten Aspekt.
6. einem fahlen blauen Tropfen in der Größe eines Sesamkornes, der an der oberen Öffnung des zentralen Kanals erscheint.

Des Weiteren erscheint ein feiner schwarzer Kreis, keine Scheibe, sondern eine dünne schwarze Linie um die Öffnung. Dies tritt in der Form von Klarem Licht auf. Bei einigen Menschen erscheint innerhalb dieses Tropfens der Sambhogakāya mitsamt den fünf definitiven Attributen, eingerahmt von der feinen schwarzen Linie. Aber dies ist nicht notwendigerweise bei jedem so. Laut den Schriften von Khedrub Dsche und einem Text von Dsche Tsongkhapa erscheint innerhalb des Tropfens der Sambhogakāya. In einer anderen Sammlung von Notizen Dsche Tsongkhapas bezeichnet er die Erscheinung des Tropfens und des schwarzen Kreises einfach als ein Anzeichen für die Vollendung der Phase der Zurückziehung. Folgt man Dsche Tsongkhapa, so tritt zunächst der Tropfen als zehntes Anzeichen auf, und erst danach der Sambhogakāya mit der schwarzen Linie darum.

Bei korrekter Übung werden die Anzeichen regelmäßig erfahren, und zudem erscheinen noch viele andere Formen von inneren Visionen. Unter den zehn Zeichen, welche während der Phase der Zurückziehung auftreten, zeigen die vier nächtlichen Anzeichen an, dass sich die Energien in die sekundären Kanäle der vier Nebenrichtungen am Herzen auflösen. Das Auftreten der ersten vier der sechs Anzeichen des Tages – Flamme, Mond, Sonne und Rāhu – deuten auf die Auflösung der Energien in die sekundären Kanäle der vier Hauptrichtungen am Herzen hin.

Die beiden verbleibenden Anzeichen des Tages – die Erscheinung des höchsten Aspektes, ein zickzackförmig verlaufender Blitz, und der Tropfen – sind die letzten beiden der zehn Anzeichen und deuten an, dass die Energien nach oben und nach unten fließen. Der zickzackförmige Blitz bezeugt die Auflösung der Leben erhaltenden Energie, und der Tropfen zeigt die Auflösung der herabsteigenden Energie.

Die zehn Anzeichen von Rauch und so weiter erscheinen während der ersten beiden Phasen – Zurückziehung und meditative Festigung. Innerhalb der Phase der Einbehaltung erscheinen die zehn Śaktīs. Besinne dich der Vollkommenheiten, die mit ihnen assoziiert werden: Freigebigkeit, ethische Disziplin, Geduld, Tatkraft, Konzentration und Weisheit. Während der Phase der Vergegenwärtigung erscheint der authentische Weisheits-Körper. Sollte diese Praxis keine Früchte hervorbringen, werden spezielle unterstützende Techniken gelehrt, die noch kraftvoller sind; allerdings gibt es keine solche Hilfstechnik für die Phase der Einbehaltung. Den zehn Anzeichen entsprechend kann auch eine zehnfache Untergliederung der Phase der Einbehaltung vorgenommen werden.

- Untersuchung der gültigen Erkenntnis während der Zurückziehung

Die gültige Erkenntnis (skt. *pramāṇa*), welche in der Phase der Zurückziehung erzeugt wird, nennt man „Sinneswahrnehmung", da sie sich auf die Visionen der oben erwähnten Anzeichen bezieht. Ich vermute, dass sie so genannt wird, weil die verschiedenen Anzeichen in der eigenen Erfahrung weitgehend so erscheinen, als würde man sie direkt mit den Augen wahrnehmen. Dennoch handelt es sich nicht tatsächlich um eine sinnliche Wahrnehmung, denn sie stützt sich nicht auf eine der fünf Sinneskräfte. Sie ähnelt zwar einer sinnlichen Wahrnehmung, aber ist in Wirklichkeit eine nicht-konzeptuelle geistige Wahrnehmung.

• Wie man die Grundlage läutert

Was ist der geläuterte Aspekt beziehungsweise das gereinigte Resultat dieser Praxis der Zurückziehung? Es ist sowohl die Läuterung des Aggregats der Ursprünglichen Weisheit und des Elements der Ursprünglichen Weisheit als auch die Läuterung zweier Gruppen von jeweils sechs Phänomenen. Es scheint, dass das Aggregat der Ursprünglichen Weisheit und das Element der Ursprünglichen Weisheit synonym sind. Die beiden beziehen sich auf die Ekstase des Orgasmus zur Zeit der Grundlage. Mittels dieser Praxis werden das Aggregat der Ursprünglichen Weisheit und das Elements der Ursprünglichen Weisheit – welche de facto eins sind – gereinigt und sublimiert.

Ich habe vier Kommentare zu Kālacakra geprüft, jedoch keine zwei Gruppen von jeweils sechs Phänomenen gefunden. Hier präsentiere ich eine mögliche Interpretation. Es gibt eine fünffache Untergliederung der einzelnen Buddha-Familien wie Vairocana und die anderen, und man könnte diese auf jedes der sechs Aggregate anwenden. Beginne beispielsweise mit dem Aggregat der Ursprünglichen Weisheit. Erinnere dich zunächst daran, dass das Form-Aggregat von der Natur der Ursprünglichen Weisheit ist. Dann gehe die anderen Aggregate durch – Empfindung, Unterscheidung, gestaltende Faktoren und Hauptbewusstsein – und untersuche, wie sie ebenfalls von der Natur der Ursprünglichen Weisheit sind. Daraus ergibt sich eine Gruppe von sechs. Dann besinne dich, dass die sechs Elemente – Erde, Wasser, Feuer, Luft, Raum und Bewusstsein – gleichfalls von der Natur der Ursprünglichen Weisheit sind, und so kann man eine weitere Gruppe, die aus sechs Aspekten besteht, erstellen. Vielleicht sind das die beiden Gruppen von jeweils sechs Phänomenen, auf die sich der Text bezieht.

• Die vorläufigen und endgültigen Resultate der Zurückziehung

Der zeitweilige oder vorläufige Nutzen, der sich aus der Vollendung der Phase der Zurückziehung ergibt, besteht in der Meisterung einer Stufe, die „Worte der Wahrheit“ genannt wird und bedeutet, dass alles, was man sagt, wahr wird. Ein Beispiel zur Verdeutlichung: Wenn ein Haus in Flammen aufgeht, braucht man nur zu sagen, „Möge das Feuer ausgehen“, und der Brand legt sich tatsächlich. Oder man hat irgendein Gift zu sich genommen, und man sagt nur, „Möge es neutralisiert werden“, und das Gift verliert seine Wirkung. Die Rede an sich besitzt diese Kraft der Wahrheit.

Es gibt Techniken, die speziell dafür konzipiert sind, die acht *Siddhis* oder übernatürlichen Fähigkeiten zu verwirklichen. Man muss sie aber nicht üben, wenn man diese Phasen praktiziert, denn sie werden automatisch als Nebeneffekt der primären Übung erlangt. Solche Fähigkeiten können ebenfalls durch die Anwendung von alchemistischen oder magischen Substanzen erlangt werden. Jedoch sind diese Techniken unwirksam, solange man nicht den höchsten Grad der Erzeugungsstufe erreicht hat.

Hat man die Worte der Wahrheit erlangt, dann kann man zum Beispiel eine Hungersnot allein durch die Macht der Rede vertreiben, allerdings muss eine karmische Bindung zu den Lebewesen bestehen, mit denen man zu tun hat.

Innerhalb des Sechs-Phasen-Yoga besteht das endgültige Resultat der Zurückziehung darin, dass man den Körper von Vajrasattva annimmt. Wie bereits zuvor erwähnt, kann man dann, wenn das zehnte Anzeichen, der Tropfen mit dem umrahmenden schwarzen Kreis und möglicherweise zusammen mit dem Sambhogakāya, erschienen ist, zur zweiten Phase, der meditativen Festigung, übergehen.

Meditative Festigung

• Die Etymologie der meditativen Festigung
Die zweite Phase wird „meditativen Festigung" genannt, weil sie die Errungenschaft der ersten Phase der Zurückziehung stabilisiert und weil sie der fünften der sechs Vollkommenheiten, nämlich der Vollkommenheit der meditativen Konzentration, ähnelt. Sie unterscheidet sich jedoch auch von ihr, da in dieser Phase der Praxis die Aufmerksamkeit des Meditierenden stabiler ist und viele weitere Qualitäten besitzt, die denen der Übung der meditativen Festigung im Sūtrayāna überlegen sind.

• Wann sollte man die meditative Festigung üben?
Der Zeitpunkt für die Meditation über die Phase der meditativen Festigung ist derselbe wie für die Phase der Zurückziehung.

• Wie man meditative Festigung praktiziert
Die Örtlichkeit und die Körperhaltung für die zweite Phase sind dieselben wie bei der ersten Phase. In der ersten Phase braucht man allerdings für das Nacht- und das Tages-Yoga zwei unterschiedliche Örtlichkeiten. Es scheint merkwürdig, dass diese bei-

den Orte auch in der zweiten Phase nötig sein sollen, denn nachdem man die Anzeichen für das Nacht-Yoga erlangt hat, erscheinen diese sowohl nachts als auch tagsüber. Dem Kommentar zufolge nutzt man aber weiterhin dieselben Lokalitäten. Während man sich also in dieser Übung befindet, übt man wahrscheinlich an beiden Orten – jenem in der Dunkelheit und jenem im Licht.

Die Motivation, die Körperhaltung und die Blickrichtung entsprechen alle denjenigen in der ersten Phase.

Während der Übung der meditativen Festigung treten alle zehn Anzeichen regelmäßig auf (einschliesslich des zehnten Anzeichens, dem die Erscheinung des schwarzen Kreises und des Sambhogakāya mit den fünf definitiven Attributen im Tropfen folgt). Zusätzlich wird man eventuell die verschiedensten Halluzinationen von solchen Dingen wie Töpfen, Kleidungsstücken und anderem erleben.

Während der Praxis der zweiten Phase ist der Geist so auf die Öffnung des mittleren Kanals konzentriert, dass jegliches Gefühl von Dualität vergangen ist. Kein geistiges Abbild vom eigenen Körper, Gesicht, Kopf und so weiter erscheint dem Bewusstsein, das ganz in die Öffnung des mittleren Kanal absorbiert ist. Wenn während solcher Zeit intensiver Konzentration innere Bilder aufkommen, erscheint es einem daher nicht so, als würden sie in der kleinen Öffnung an der eigenen Stirn entstehen. Damit sie überhaupt entstehen, muss man ein gewisses Gefühl für seinen eigenen Körper besitzen. Vielmehr scheinen die inneren Bilder – einschließlich, aber nicht ausschließlich der zehn Anzeichen – überall zu sein. Als Analogie kann hier gelten: Während man in einem sehr kleinen Raum schläft, mag man von Elefanten, Wäldern und anderen überdimensionalen Dingen träumen, ohne dass diese wirklich in jenen kleinen Raum hineinpassen könnten.

Die leeren Formen scheinen den gesamten Raum auszufüllen. Wenn diese unterschiedlichen Sinnestäuschungen erscheinen, verwandeln sie sich schrittweise in die verschiedenen Göttinnen, welche sich alle wieder in eine Göttin auflösen, die dann in den Sambhogakāya mit den fünf definitiven Attributen verschmilzt. Man identifiziert sich mit dieser Erscheinung des Sambhogakāya und entfaltet den göttlichen Stolz, indem man denkt, „Ich bin Kālacakra".

Wenn die verschiedenen Erscheinungen sich regelmäßig in die Göttinnen verwandeln und in den Sambhogakāya auflösen, entwickelt man durchgängig göttlichen Stolz, indem man sich mit diesem Sambhogakāya identifiziert. Und wenn man gut mit diesem Abschnitt der Übung vertraut ist, hat man die Phase der meditativen Festigung vervollständigt und ist bereit, zu der dritten Phase von Prāṇayāma überzugehen.

Es heißt zwar, die zweite Phase der meditativen Festigung weise fünf Teile auf, doch werden die unterschiedlichen Funktionen dieser fünf Teile nirgends in den Texten erörtert.

• Eine Untersuchung der Gültigen Erkenntnis bei der meditativen Festigung

Es gibt fünf Faktoren der meditativen Festigung: (1) Prüfung, die auftritt, wenn man grobe leere Formen wahrnimmt; (2) Analyse, welche subtiler als die Prüfung ist und dann aufkommt, wenn man subtilere leere Formen erfährt; (3) Glück, das heißt, mentales Glück, das durch geistige Gefügigkeit hervorgebracht wird; (4) Freude physischer Natur, welche aus körperlicher Gefügigkeit entsteht; (5) Samādhi, das aufkommt, wenn das eigene Gewahrsein untrennbar mit der Natur des Sambhogakāya, der die fünf definitiven Attribute besitzt, verschmilzt. In den großen Kommentaren wird der letzte Faktor „Weisheit" genannt.

Gültige Erkenntnis wird an diesem Punkt als „sinnliche Wahrnehmung" bezeichnet, obwohl es sich nicht tatsächlich um etwas Sinnliches handelt, wie etwa in der vorangegangenen Phase der Zurückziehung.

In Übereinstimmung mit dem Kommentar zu Kālacakra von Mahasiddha Śavaripa (tib. *śa ra ba*) entspricht die zehnfache Untergliederung der Phase der meditativen Festigung den zehn Anzeichen.

• Wie die Grundlage geläutert wird

Die zwei Gruppen von jeweils sechs Phänomenen werden wieder als die zu läuternden Objekte bezeichnet. Die eine der sechsfachen Klassifizierungen bezieht sich auf die Reinigung des Aggregats des Bewusstseins, und die andere sechsfache Untergliederung ist mit dem Element Raum verbunden. Die sechsfache Einteilung ähnelt jener in der ersten Phase, welche sich auf Vajrasattva bezog, während diese sich auf Akṣobhya bezieht. Die Läuterung dieses Elementes führt zur Realisation von Vajradhātvīśvarī.

• Die vorläufigen und endgültigen Resultate der meditativen Festigung

Das zeitweilige Resultat der Praxis besteht darin, dass alle fünf Arten der übersinnlichen Wahrnehmung erlangt werden, einschließlich der Fähigkeit, Schätze im Boden ausfindig zu machen. Letztlich wird man den Körper von Akṣobhya annehmen. Mit der Vollendung der letzten beiden Phasen, welche auch als die „erste Tugend" bezeichnet wird, erlangt man den Vajra-Körper.

• Unterstützende Techniken
Laut Dsche Tsongkhapa bedarf es weder bei der Zurückziehung noch bei der meditativen Festigung irgendeiner unterstützenden Technik; für die nächsten vier Phasen und speziell für die Phase der Einbehaltung gibt es jedoch solche Techniken.

In der ersten unterstützenden Technik wird die Ferse deines linken Fußes gegen den Anus gedrückt und blockiert diesen. Wenn das zu schwierig ist, presse die Ferse gegen einen Kanal, der sich direkt zwischen der Basis der Genitalien und dem Anus befindet. Drücke die linke Hacke gegen diese Stelle. Die rechte Ferse legt man unter das linke Knie.

In der zweiten Technik wird die linke Hacke entweder gegen den Anus gepresst oder auf den Kanal zwischen den Genitalien und dem Anus. Dann wird die rechte Hacke auf das linke Fußgelenk gelegt. Beide Hände werden zu Vajra-Fäusten zusammengeballt, wobei sich die linke Hand über der rechten Brustseite befindet und die rechte Hand darüber gelegt und vor der linken Seite der Brust gehalten wird. Man sitzt aufrecht und starrt mit den Augen nach oben. Dann visualisiert man auf der Spitze der Genitalien die Silbe *Hūṃ*, die nach innen gewandt ist. Während der Einatmung stelle dir vor, dass diese Silbe *Hūṃ* aufrecht im zentralen Kanal bis zum Nabel aufsteigt. Sobald das *Hūṃ* auf der Höhe des Nabels angelangt ist, konzentriere dich einfach darauf. Man kann diese unterstützende Technik anwenden, wann immer man das Gefühl hegt, keinen Fortschritt in der Praxis zu erzielen.

Prāṇayāma

• Die Etymologie von Prāṇayāma
Die etymologische Bedeutung von Prāṇayāma ist, dass man die Lebenskraft oder Vitalenergie davon abhält, in die beiden Seitenkanäle zu fließen.

• Der Zeitpunkt für die Praxis von Prāṇayāma
Der Zeitpunkt für die Anwendung dieser Übung ist gekommen, wenn man alle zehn Anzeichen während der Phase der meditativen Festigung erfahren hat.

• Wie man Prāṇayāma praktiziert

Die Körperhaltung ist wie zuvor, außer dass sich die Hände nun in der Mudrā der meditativen Versenkung befinden, das heißt, sie werden auf der Höhe des Nabels gehalten, mit der rechten Hand über der linken, die Handinnenflächen nach oben; die Daumen berühren sich.

In der Phase von Prāṇayāma geht es vor allem darum, die Energien in den mittleren Kanal zu bringen. Die Aufgabe der nächsten Phase, Einbehaltung, ist es, die Energien, welche mittels der Phase von Prāṇayāma in die Cakras gebracht wurden, zu stabilisieren. Dort muss man sie nun unbeweglich festhalten.

Man visualisiert die Cakras und die Kanäle wie in den vorangegangenen beiden Phasen. In den ersten beiden Phasen ist die Aufmerksamkeit auf die obere Öffnung des zentralen Kanals gerichtet. Während der Prāṇayāma-Phase konzentriert man sich auf das Nabel-Cakra, und zwar auf die so genannte „Vajra-Rezitation". Genau im Zentrum des Nabel-Cakra befindet sich der Tropfen der Vierten Gelegenheit. In dieser Praxis sollte man denken, dass man tatsächlich inmitten dieses Tropfens verweilt.

Diese Übung ist mit der Atmung verbunden. Bei Beginn der Einatmung richtet man seine Aufmerksamkeit auf die Nasenlöcher, durch die der Atem einströmt. Man identifiziert sich dort mit der Sambhogakāya-Form und sieht diese sich – verbunden mit dem Klang *Oṃ* – den zentralen Kanal hinunter bewegen. Während der gesamten Einatmung, steigt die Gottheit mit der Gefährtin herab, und man selbst identifiziert sich mit der sich bewegenden Gottheit und stellt sich vor, man befände sich in einem Fahrstuhl, mit dem man nach unten gleitet. Man vernimmt während des gesamten Weges nach unten den Klang *Oṃ*.

Wenn der „Fahrstuhl" beim Tropfen am Nabel ankommt, verschmilzt die Gottheit mitsamt der Gefährtin mit diesem Tropfen. Das heißt, man gelangt in der Form der Gottheit und Gefährtin nach unten, und sobald diese göttlichen Gestalten den Tropfen berühren, werden sie untrennbar eins mit ihm. Vor dem eigenen geistigen Auge löst sich die Form des Tropfens auf, so dass nur die beiden göttlichen Gestalten übrig bleiben. Solange die Untrennbarkeit des Tropfens und der Gottheit mit Gefährtin am Nabel bestehen bleibt, vernimmt man den Klang *Hūṃ*.

Beim Ausatmen steigen die göttlichen Gestalten nach oben, und sobald sie über die Ebene des Tropfens hinausgelangen, entsteht erneut die Form des Tropfens, und die beiden Gottheiten beginnen sich wie im „Fahrstuhl" nach oben zu bewegen. Wenn die Gottheit mit Gefährtin im zentralen Kanal nach oben gelangt, bringt der Atem den Klang *Āḥ* hervor.

Weder visualisiert man diese Silben noch rezitiert man sie, sondern man hört eher diesen Klängen zu. Wenn man den Klang *Oṃ* vernimmt, hat man nicht das Gefühl, dass man ihn mental rezitiert oder dass er vom Geiste hervorgerufen würde. Man hört ihn einfach. In dieser Praxis vermischt man die Energien mit seinem eigenen Geist und mit dem Mantra.

In der Anfangsphase dieses Abschnitts der Übung wechselt man zwischen zwei Arten von Vajra-Rezitationen hin und her. Die erste ist die gerade Beschriebene, die sich auf den Abschnitt des zentralen Kanals von der oberen Öffnung bis zum Nabel bezieht. Die andere ist die untere Vajra-Rezitation. Hierbei beginnt man die anfängliche Einatmung an der unteren Öffnung des zentralen Kanals und steigt von dort nach oben. Während dieses Aufsteigens hört man den Klang *Oṃ*. Wenn der Atem zum Nabel gelangt, vernimmt man ein *Hūṃ*, und wenn er wieder herabsteigt, hört man ein *Āḥ*.

Sobald man mit diesen beiden Übungen ein wenig vertrauter ist, kann man sie gleichzeitig durchführen. Während sich Energien vom Kopf nach unten bewegen, steigen beim Einatmen andere Energien von der unteren Öffnung des mittleren Kanals nach oben. Am Ende der Einatmung treffen diese Energien am Nabel aufeinander, aber trennen sich wieder während der Ausatmung. Es ist wie bei einem Tanz. Es gibt keine spezifische Visualisierung für das, was zwischen Nabel und der unteren Öffnung des mittleren Kanals vor sich geht. Stelle dir einfach nur vor, dass es sich dabei um die Vajra-Rezitation selbst handelt.

Wenn man in dieser Praxis Fortschritte erzielt, nimmt das Maß an vitalen Energien, die ausgestoßen werden, ab, so dass immer mehr Energie im Unterleib am Nabel bleibt. Letztlich wird die gesamte Energie im Nabel-Cakra verbleiben, und an diesem Punkt kommt dann die äußere Atmung zum Erliegen. Wenn man zu der Stufe gelangt, auf der der eigene Atem aufhört, ist man bereit, die Vasen-Meditation durchzuführen. Allgemein gesprochen sollte während der Vollendungsphase die Vasen-Mediation dann durchgeführt werden, wenn die Atemluft, die durch das rechte und das linke Nasenloch hindurch geht, gleichmäßig verteilt ist. In diesem Zusammenhang hat der Atem jedoch aufgehört; die allgemeinen Darstellungen der Vollendungsstufe unterscheiden sich also von diesen Beschreibungen.

In dieser Vasen-Meditation wird die Leben erhaltende Energie, die sich oberhalb des Nabels bewegt, und die herabsteigende Energie, die unterhalb des Nabels fließt, in dem Tropfen am Nabel vereint. Vergegenwärtige dir, dass sich dort ebenfalls die Erscheinung von Kālacakra mit Gefährtin befindet.

• Eine Untersuchung der Gültigen Erkenntnis beim Prāṇayāma
Wenn der Geist stabilisiert ist, lodert das Tummo-Feuer auf. Als Resultat dieses Aufflammens des Tummo-Feuers schmilzt der weiße Bodhicitta am Scheitel des Kopfes und fließt bis zur Ebene der Kehle herab, man erfährt Glückseligkeit. Gelangt der weiße Bodhicitta auf die Höhe des Herzens, erlebt man große Glückseligkeit; auf der Ebene des Nabels entsteht außergewöhnliche Glückseligkeit und an der Spitze des Vajra kommt angeborene Glückseligkeit auf.

Den Schriften von Khedrub Dsche zufolge entstehen diese Glückseligkeiten, weil man die herabsteigende Energie und die Leben erhaltende Energie fest miteinander verbindet, während man dabei durchgängig die Erscheinung von Gottheit und Gefährtin beibehält. An diesem Punkt hat man die Vasen-Meditation vervollkommnet und ist bereit, zur Phase der Einbehaltung überzugehen.

• Wie man die Grundlage reinigt
Das Aggregat der gestaltenden Faktoren ist geläutert, und die Energien fließen durch den mittleren Kanal. Der Zustand von Amoghasiddhi wird in dieser Phase von Prāṇayāma erreicht.

• Die vorläufigen und endgültigen Resultate von Prāṇayāma
Das vorläufige Resultat besteht darin, dass die Energien im zentralen Kanal fließen. Das endgültige Resultat zeigt sich darin, dass der linke und der rechte Kanal geläutert sind und dass die Bodhisattvas Lobpreise und Opfergaben darbieten.

Einbehaltung

• Die Etymologie von Einbehaltung
Die Etymologie von Einbehaltung besteht darin, dass die Energien ohne Bewegung in den Cakras gehalten werden.

• Der Zeitpunkt für die Praxis von Einbehaltung

Der Zeitpunkt für diese Praxis ist gekommen, wenn man zunächst die Vajra-Rezitation und dann die Vasen-Meditation innerhalb der Phase von Prāṇayāma vervollständigt hat.

• Wie man Einbehaltung praktiziert

Die Art und Weise, wie man Einbehaltung einübt, ähnelt sehr der vorangegangenen Vasen-Mediation, in dem Sinne, dass man die beiden Energien – die herabsteigende und die Leben erhaltende Energie – vermengt und sie mit der Erscheinung der Gottheit und Gefährtin verbindet. Mit unserem Geist bemühen wir uns zwar, die Energien zusammenzuhalten, aber wir müssen uns nicht mehr anstrengen, die Visualisation von Gottheit und Gefährtin weiterzuführen; diese sind einfach zugegen.

Erinnere dich daran, dass das Bild der Gottheit mit Gefährtin regelmäßig als Resultat der vorausgegangenen Phase der Übung entsteht. In der Phase von Prāṇayāma führt man zwei Meditationen durch: Die Erste ist die Vajra-Rezitation, und die Zweite ist die Vasen-Meditation, wobei der eigene Geist auf das Nabel-Cakra gerichtet ist. Bei der Einbehaltung meditiert man wie bei der Auflösung der vier Elemente – so zum Beispiel der Auflösung des Erd-Elements in das Wasser-Element.

Der erste Schritt der Phase der Einbehaltung besteht darin, sich auf den zuvor beschriebenen Punkt im Nabel-Cakra zu konzentrieren, um so die beiden Energien zusammenzufügen. Dabei hält man das Gewahrsein von der Gottheit und der Gefährtin bei. Als Nächstes verlegt man den Brennpunkt seiner Konzentration zum Herzen. Dies bedeutet, man zieht die Erscheinung der Gottheit mit Gefährtin sowie die vereinigten Energien auf die Höhe des Herzens. Ich gehe davon aus, dass in dieser Phase, wenn man sein Gewahrsein auf das Herz richtet, auch die Erscheinung der Gottheit mit Gefährtin dort auftritt.

Das Nabel-Cakra ist mit dem Erd-Element verbunden, und das Herz-Cakra wird mit dem Wasser-Element assoziiert. Während man den Fokus seiner Aufmerksamkeit verschiebt, tut man dies mit dem Gefühl, dass sich das Erd-Element in das Wasser-Element auflöst. Mit dem Gefühl, das Wasser-Element verflüchtige sich in das Feuer-Element, konzentriert man sich auf das Kehl-Cakra. Mit dem Gedanken, das Feuer-Element löse sich in das Wind-Element auf, verschiebt man den Brennpunkt seiner Achtsamkeit von der Kehle zur Stirn. Mit dem Gefühl, dass sich das Wind-Element in das Raum-Element verflüchtigt, wendet man seine Aufmerksamkeit von der Stirn weg zum Scheitel. Und mit dem Gedanken, das Raum-Element löse sich in das Element Bewusstsein auf, verschiebt man den Fokus seines Gewahrseins vom Scheitel zur Genitalregion.

Man meditiert nicht nur über die Vereinigung der zwei Arten von Energien (herabsteigende und Leben erhaltende), sondern auch über die Vereinigung des eigenen Geistes und der leeren Form von Gottheit und Gefährtin. Als Resultat erlangt man die Fähigkeit, sowohl die vier herabsteigenden Glückseligkeiten, als auch die vier aufsteigenden Glückseligkeiten hervorzubringen. Diese Praxis sollte in Verbindung mit Leerheit und Glückseligkeit durchgeführt werden. Dies bedeutet wahrscheinlich, dass man die vier herabsteigenden und vier aufsteigenden Glückseligkeiten mit Leerheit zusammenbringen sollte.

Während man die von der Kehle aus herabsteigenden Glückseligkeiten erfährt, kann, so heißt es, die angeborene Glückseligkeit erst dann entstehen, wenn der weiße Bodhicitta zur Spitze des Juwels des Vajra gelangt. Jedoch sind alle aufsteigenden Glückseligkeiten angeborene Glückseligkeiten. Man benutzt immer noch dieselben vier Begriffe, aber es handelt sich eigentlich bei allen um angeborene Glückseligkeit.

Es heißt, dass man in dieser Phase der Einbehaltung, bevor man mit der Vasen-Meditation beginnt, den folgenden Gedanken sehr intensiv fassen sollte: „Ich werde in der Gestalt von Kālacakra mit Gefährtin entstehen". Wenn man so vorgeht, erscheint, nachdem man die vier Glückseligkeiten (inklusive der aufsteigenden Glückseligkeiten) erfahren hat, die leere Form von Kālacakra mit Gefährtin extrem lebendig, und zwar in einer Art, die dem tatsächlichem Weisheits-Körper von Kālacakra mit Gefährtin ähnelt.

• Eine Untersuchung der Gültigen Erkenntnis bei der Einbehaltung

In diesem Prozess meditiert man über die Untrennbarkeit der beiden Arten von Energien. Leere Form und der meditative Zustand entstehen allein dadurch, dass man seinen Geist dorthin lenkt. Wenn es dazu kommt, hat man die Phase der Einbehaltung vollendet.

• Wie man die Grundlage läutert

Diese Praxis stabilisiert den Fluss der Energien durch den mittleren Kanal und läutert das Aggregat der Empfindung.

• Die vorläufigen und endgültigen Resultate der Einbehaltung
Der zeitweilige Nutzen der Einbehaltungs-Phase besteht darin, dass man nicht mehr von Māras und anderen Hindernissen beeinträchtigt werden kann. Alle Energien werden zu einer einzigen. Der endgültige Nutzen liegt darin, dass man den Zustand von Ratnasambhava erlangt. Mit der Vollendung von Prāṇayāma und Einbehaltung erzielt man die Vajra-Rede, welche auch „mittlere Tugend" heißt.

Vergegenwärtigung

Wir beschäftigen uns nun mit der „letztlichen Tugend" von Vergegenwärtigung und Samādhi.

• Die Etymologie von Vergegenwärtigung
Die fünfte Phase wird als „Vergegenwärtigung" bezeichnet, da sie eine Übereinstimmung mit der Nachahmung von leerer Form aufweist, welche in den ersten beiden Phasen des Zurückziehens und der meditativen Festigung vorkommt.

• Der Zeitpunkt für die Übung von Vergegenwärtigung
Sobald wir aufgrund der Meditation über die Untrennbarkeit der beiden Arten von Energien die vier Glückseligkeiten und die leeren Formen von Kālacakra und Gefährtin lebendig erfahren, beginnen wir mit der Phase der Vergegenwärtigung.

• Wie man Vergegenwärtigung praktiziert
In dieser Phase erscheinen die tatsächlichen Formen von Kālacakra und Gefährtin am Nabel-Cakra, und von ihnen gehen fünffarbige Lichtstrahlen in alle Richtungen aus.

Eine Person mit hoher Begabung erfährt die verschiedenen Glückseligkeiten mittels der vorausgegangenen Praktiken, bei denen man sich auf das Abbild der leeren Form der Gefährtin konzentriert. Die Erfahrung der Glückseligkeiten lässt die tatsächliche leere Form der Vater- und der Mutter-Gottheit entstehen. Eine Person mit mittelmäßigen Fähigkeiten muss mit einer Jñāna-Mudrā üben, die visualisiert wird. Die Übung einer Person mit geringen Fähigkeiten erfordert eine Karma-Mudrā, eine wirkliche Gefährtin. Der Praktizierende und die Gefährtin treten in die Vereinigung ein, und ihre Energien werden in der Vasen-Meditation miteinander verbunden. Indem man sich mit der Glückseligkeit, die durch das Schmelzen des Bodhicitta aufkommt, vertraut macht, kann die tatsächliche leere Form von Vater- und Mutter-Gottheit erscheinen, und an diesem Punkt entsteht die authentische leere Form.

Vom Beginn der Praxis der Vollendungsstufe bis zu der Phase der Einbehaltung erscheint ein Abbild der leeren Form der Gottheit mit Gefährtin, und man ist fähig, den göttlichen Stolz ohne Anstrengungen beizubehalten. Obwohl man diese Fähigkeiten besitzt, sendet die Erscheinung der Gottheit mit Gefährtin auf den anfänglichen Stufen keine, das Weltall erhellende Lichtstrahlen aus den Poren ihrer Körper aus. Bis einschließlich der Phase der Einbehaltung bringt die Konzentration auf die leere Form der Gefährtin nicht die höchste unwandelbare Glückseligkeit hervor. Aus diesem Grund werden die Formen in diesen früheren Stadien als „Abbild der leeren Form“ bezeichnet. Aber ab jenem Zeitpunkt, an dem die authentische leere Form der Gottheit und der Gefährtin entsteht, gehen unzählige Lichtstrahlen von den Poren ihrer Körper aus.

Im Kontext von Kālacakra spricht man von vielen Yoginis. Es gibt 360 Lebens-Göttinnen und vierundsechzig Yoginis der Rede. Zudem gibt es sechsunddreißig *Icchās* (tib. *'dod ma*) von Körper und Rede, welche weibliche Verkörperungen der Begierde sind. Zusätzlich gibt es Geist-Yoginis, wie die zehn Śaktīs und die fünf Gefährtinnen im Geist-Maṇḍala. Diese Yoginis werden in ihrer leeren Form in der Phase der Vergegenwärtigung verwirklicht. Indem man in Vereinigung mit irgendeiner von ihnen tritt, erfährt man unwandelbare Glückseligkeit. Sollte jedoch eine Person mit geringeren Fähigkeiten nicht im Stande sein, die verschiedenen Arten von Glückseligkeit mittels dieser dem Geist erscheinenden Wesen zu erzeugen, muss diese Person mit einer Karma-Mudrā praktizieren.

Sobald man mittels der eigenen Praxis unwandelbare Glückseligkeit hervorbringen kann, hat man die Phase der Vergegenwärtigung abgeschlossen und ist bereit, zur sechsten und letzten Phase von Samādhi überzugehen.

• Eine Untersuchung der Gültigen Erkenntnis bei der Vergegenwärtigung

Indem man sich direkt in Vereinigung mit einer Gefährtin der leeren Form begibt, schmilzt der erste Tropfen der Flüssigkeit und gelangt abwärts zur Spitze des Vajra, wo er festgehalten wird. Deshalb wird dies „Mahāmudrā, welches unwandelbare Glückseligkeit gewährt“ genannt.

Nach diesem ersten Tropfen, der aus der unmittelbaren Vereinigung mit Mahāmudrā stammt, stapelt man die 21.600 Tropfen von der Spitze des Juwels bis hinauf zum Scheitel übereinander. Diese 21.600 Energien werden geläutert, was bedeutet, dass sie sich verflüchtigen. Die 21.600 Glückseligkeiten sind vervollständigt, der Aspekt der materiellen Bausteine ist aufgebraucht, und man erlangt in manifester Weise den Regenbogen-Zustand von Kālacakra. Sobald dieses geschieht, befindet man sich in der Samādhi-Phase der Praxis.

• Wie die Grundlage geläutert wird
Die Phase der Vergegenwärtigung läutert das Aggregat der Unterscheidung und das Element Wasser.

• Die vorläufigen und endgültigen Resultate der Vergegenwärtigung
Der vorläufige Nutzen der Phase der Vergegenwärtigung liegt darin, dass man die tatsächliche Erscheinung der leeren Formen der Vater- und Mutter-Gottheiten erfährt. Fünffarbiges Licht strahlt aus den Poren dieser leeren Form aus. Das endgültige Resultat besteht darin, dass man den Zustand von Amitābha annimmt und von den Bodhisattvas gepriesen wird.

Tritt man in die Vereinigung mit der Gefährtin „mit Aspekten" ein, ermöglicht das, sich mit der Gefährtin „ohne Aspekte" zu vereinigen, was bedeutet, dass man in die meditative Versenkung eintritt, welche sich auf die Leerheit, die dem Leersein von dualistischen Erscheinungen gleichkommt, konzentriert.

Auf der Stufe der Einbehaltung hält man die herabsteigende Energie, die Leben erhaltende Energie, den Tropfen der Vierten Gelegenheit und die leere Form der Gottheit mit Gefährtin fest. Dann lodert die Tummo-Flamme aufwärts, lässt den weißen Bodhicitta schmelzen, der nun herabfließt und zu den vier Glückseligkeiten führt. Ist dies alles erst einmal geschehen, schreitet man weiter zur Phase der Vergegenwärtigung. An genau diesem Punkt des Überwechselns zur Phase der Vergegenwärtigung entsteht die tatsächliche leere Form der Gottheit mitsamt Gefährtin.

In dieser Vergegenwärtigungs-Phase vergegenwärtigt man sich das Abbild der leeren Form, welches in den ersten beiden Phasen von Zurückziehung und meditativer Festigung aufgetreten ist. Hier, in dieser Phase der Vergegenwärtigung, handelt es sich allerdings um die tatsächliche Form und nicht nur um ein Abbild, und so wird man den Vajra-Geist erlangen.

SAMĀDHI

Dsche Tsongkhapa sagt, dass es in diesem Kontext keine besondere Etymologie für die Bezeichnung der sechsten Phase, Samādhi, gibt. Sobald man – gestützt auf die Vereinigung der Gottheit mit der Gefährtin – unwandelbare Glückseligkeit am Nabel erfährt, beginnt man, von der Phase der Vergegenwärtigung zur Phase von Samādhi überzugehen. Die Phase des Samādhi erstreckt sich vom ersten Moment des Erlebens von unwandelbarer Glückseligkeit über den gesamten Prozess des Auftürmens von weißem Bodhicitta und des Erfahrens der 21.600 Glückseligkeiten bis zum Entstehen der direkten Gegenmittel gegen die subtilsten Hindernisse vor der Allwissenheit.

Die sechste Phase des Samādhi umfasst sowohl den gewöhnlichen Pfad als auch den Ārya-Pfad. Im anfänglichen Teil dieser Phase bist du immer noch ein gewöhnliches Wesen und kein Ārya.

Während der Phase des Samādhi wird der meditative Fokus vom Nabel-Cakra nach unten in die Genitalregion verlegt. Beim Auftürmen oder Aufeinanderstapeln der Tropfen befinden sich 3.600 Tropfen zwischen der Spitze des Juwels und der Basis der Genitalregion. Am Mittelpunkt des Juwels beträgt die Anzahl der übereinander gelagerten Tropfen 1.800. Dies entspricht dem so genannten „Grund der imaginären Handlungen" und auch den Bodhisattva-Pfaden der Ansammlung und der Vorbereitung. Man spricht hier vom „Grund der imaginären Handlungen", da die Person zu jener Zeit zwar ein Bodhisattva, jedoch kein Āryabodhisattva ist. Damit sind die Bodhisattva-Handlungen noch immer bloß imaginär, man stellt sich vor, die eigenen Handlungen wären hauptsächlich darauf gerichtet, die Belange der fühlenden Wesen zu erfüllen. Da zu dieser Zeit die Betonung auf der Übung der Motivation liegt, spricht man von „imaginär" oder „vorgestellt".

Die übrigen 1.800 Tropfen wirken als direkte Mittel gegen die entsprechenden karmischen Energien. Die Tropfen wirken den karmischen Energien entgegen, und im selben Moment erreicht man den so genannten Pfad der Befreiung.

Dies gleicht dem Erreichen des Pfads des Sehens im Pāramitāyāna, welcher zwei Abschnitte aufweist. Der erste Abschnitt wird „ununterbrochener Pfad" genannt und wirkt als direktes Mittel gegen die angenommenen Geistesplagen. Hat man dann diese angenommenen Geistesplagen vernichtet, erreicht man noch im selben Moment den Pfad der Befreiung. Das bedeutet nicht, dass man damit ein Arhat geworden ist, aber es heißt, dass man in den Pfad des Sehens eingetreten ist, wodurch man zu einem Ārya wird. Laut dem Cakrasaṃvara- und Guhyasamāja-System wird man gleichzeitig ein Ārya, welcher die Leerheit unmittelbar durch den angeborenen Geist erkennt, und ein Arhat, der sämtliche angenommenen und angeborenen Geistesplagen endgültig überwunden hat.

Gleichzeitig mit dem Aufeinanderstapeln der weißen Bodhicitta-Tropfen – von der Spitze des Juwels bis zur Basis der Genitalregion – verläuft ein umgekehrtes Untereinanderschichten des roten Bodhicitta, welches vom Scheitel bis zur Stirn reicht. Der Prozess des Aufeinanderstapelns setzt sich dann von der Basis der Genitalien bis zum Nabel hin fort, und in diesem Verlauf werden wiederum 3.600 Tropfen übereinander gelagert. Gleichzeitig damit tritt ein gegenläufiger Prozess des Untereinanderschichtens auf, bei dem 3.600 rote Tropfen von der Stirn bis zur Kehle untereinander gelagert werden.

Während der Anfangsphase erlangt man dadurch, dass sich die Tropfen von der Spitze des Juwels bis zur Basis stapeln, die ersten beiden Āryabodhisattva-Ebenen (skt. *bhūmi*). Durch das Aufeinandertürmen von der Basis der Genitalien bis hin zum Nabel-Cakra erlangt man die dritte und vierte Bodhisattva-Ebene. Obwohl man tatsächlich vier Ebenen erzielt hat, heißt es dennoch, dass man nur drei Ebenen erlangt hat.

Dieser Prozess setzt sich dann weiter fort: Von der Höhe des Nabels bis zum Herzen gibt es weitere 3.600 Tropfen; vom Herzen bis zur Kehle treten ebenfalls 3.600 Tropfen auf, von der Kehle bis zur Stirn weitere 3.600 Tropfen und von der Stirn bis zum Scheitel nochmal 3.600 Tropfen.

Gleichzeitig damit gibt es ein gegenläufiges Untereinanderstapeln von roten Bodhicitta-Tropfen von der Stirn zur Kehle, von der Kehle zum Herzen, vom Herzen zum Nabel, vom Nabel zu der Basis der Genitalien und schließlich von der Basis der Genitalien bis zur Spitze des Juwels.

In jeder dieser Phasen erlangt man zwei Bodhisattva-Ebenen, was eine Gesamtzahl von zwölf Ebenen ergibt.

Fünf Ereignisse treten gleichzeitig auf:

1. Das Aufschichten des ersten weißen Tropfens.
2. Das umgekehrte Stapeln des ersten roten Tropfens.

3. Das Erleben der ersten unwandelbaren Glückseligkeit.
4. Das Verlöschen der ersten von insgesamt 21.600 karmischen Energien.
5. Das Verlöschen des ersten von insgesamt 21.600 materiellen Elementen.

Wenn die materiellen Elemente aufgebraucht sind, wird der auslöschende Prozess immer tiefer. Man könnte das mit einem Schneemann vergleichen, der einen blauen Kern besitzt: die oberflächliche weiße Schicht wird dünner und dünner, bis schließlich nur noch das Blaue übrig bleibt. Während dieses beim Sechs-Phasen-Yoga auftretenden Prozesses bildet das äußere und innere transparente Element unseres Körpers (tib. *stong pa phyi gsal la nang gsal*) die Basis für unseren Weisheits-Körper, und es befindet sich im Kern unseren Körpers. Wenn es manifest wird, werden die materiellen Elemente, die sich an der Außenseite befinden, immer dünner. Diese materiellen Elemente lösen sich wie Trockeneis einfach auf. In ähnlicher Weise vergehen auch alle anderen materiellen Bestandteile des Körpers vollständig. Auch die materiellen Anteile der Tropfen, welche übereinander gelagert sind, erschöpfen sich. Was übrig bleibt, ist die bloße Form. Nun ist man in einem leeren Formkörper erstanden, einem Körper der Ursprünglichen Weisheit.

Es heißt, erst wenn die materiellen Elemente vollständig aufgebraucht seien, könne man die eigene leere Form aussenden. Wenn man meditiert, entsteht die eigenen leere Form, aber die materiellen Bestandteile der Tropfen sind noch nicht aufgelöst, so dass – verlässt man die Meditation – die eigene leere Form wieder vergeht.

Wenn sich alle karmischen Energien verflüchtigt haben, sind damit auch alle Hindernisse vor der Allwissenheit überwunden. Mit der Reinigung aller karmischen Energien und materiellen Elemente erlangt man die Vereinigung von Körper und Geist, die leere Form der Gottheit mit Gefährtin und unwandelbare Glückseligkeit. Man läutert damit das Form-Aggregat und das Erd-Element, welche beide eine sechsfache Untergliederung aufweisen. Man erlebt unwandelbare Glückseligkeit und erzielt den Zustand von Vairocana.

Der vorläufige Nutzen besteht darin, dass der subjektive Geist und seine Objekte eins werden. Der endgültige Nutzen ergibt sich daraus, dass man den Vajra der tatsächlichen Ursprünglichen Weisheit erlangt. In Bezug auf diesen Zustand besagt der Lobpreis:

Ich verneige mich vor dem glorreichen Kālacakra,
der die Natur von Leerheit und Mitgefühl besitzt,
der frei ist von Geburt oder Vernichtung innerhalb der Bereiche des Daseins,
und der die Verkörperung der Vereinigung von Gewahrsein und den Objekten des Gewahrseins ist.

Von da an gibt es keinen einzigen Moment, in dem dieses Wesen, der Buddha Kālacakra, sich nicht ganz dem Wohl der fühlenden Wesen widmet. Der Körper, die Rede und der Geist durchdringen den Raum. Selbst wenn wir Kālacakra in der Größe eines Sesamkornes begegnen sollten, würde es sich dennoch um den gesamten Körper, die vollständige Rede und den umfassenden Geist von Kālacakra handeln. Tatsächlich könnte man ihnen jederzeit begegnen.

Der Geist von Kālacakra mit Gefährtin besitzt dieselbe Natur wie die Leerheit, und es gibt nichts, das nicht von Leerheit durchdrungen wäre. Der Text spricht von aus dem Wasser „aufsteigenden Blasen", wobei impliziert wird, dass die aufsteigenden Blasen von derselben Natur sind wie das Wasser, aus dem sie hervorgehen. In vergleichbarer Weise kann Kālacakra überall angetroffen werden, da Kalacakra jede beliebige Form anzunehmen vermag.

Dies beschließt eine knapp gehaltene Erklärung der Erzeugungs- und der Vollendungsstufe der Kālacakra-Praxis.

Als ein Glück verheißendes Zeichen werde ich noch einmal den ersten Vers dieser Übung rezitieren:

Mit äußerst reinem [Vertrauen] nehme ich Zuflucht zum Buddha,
zum Meister, von dem ich die höchst erhabene Ermächtigung erhalten habe,
zum Dharma der untrennbaren Methode und Weisheit, das von ihm offenbart wurde,
und zu den zwei Arten der Saṅgha, die in [dem Dharma] verweilen.

20. Kapitel

Fragen und Antworten

F: Wohin gehört Kālacakra innerhalb der Dreiteilung von Vater-, Mutter- und nicht-dualem Tantra?
A: Nach Dsche Tsongkhapa gibt es keine Dreiteilung der Tantras: Es gibt nur Vater- und Mutter-Tantras und keine nicht-dualen Tantras. Der Unterschied zwischen Vater- und Mutter-Tantras wurde bereits erklärt. Alle Höchsten-Yoga-Tantras führen zur Verwirklichung sowohl des Körpers als auch des Geistes eines Buddha. Die verschiedenen Tantras haben jedoch unterschiedliche Schwerpunkte. Die Tantras, die mehr den Körper des Buddha betonen, heißen Vater-Tantras, die Tantras, die eher den Geist des Buddha hervorheben, Mutter-Tantras. Es gibt kein Tantra, das weder den einen noch den anderen Schwerpunkt hat. Alle Tantras betonen entweder den einen oder den anderen Aspekt, aber sie führen alle gleichermaßen zum Körper und zum Geist eines Buddha.

F: Auf welchem Text basiert diese Erklärung des Sechsfachen Kālacakra-Guru-Yoga? Auf dem Kommentar von Khedrub Dsche?
A: Zum Sechsfachen Kālacakra-Guru-Yoga, das von Seiner Heiligkeit dem Vierzehnten Dalai Lama verfasst und von Kyabdsche Ling Rinpotsche in Verse gesetzt wurde, gibt es keinen speziellen Kommentar. Ich habe die Schriften von Khedrub Dsche und Gyeltsab Dsche, das *Vimalaprabhā* und auch andere Texte hinzugezogen und dabei alles verwandt, was mir in Bezug auf die verschiedenen Passagen des Sādhana wichtig erschien.

F: Können Sie bitte etwas zu dem Punkt sagen, wo es heißt, dass man die Praxis sogar auf Kosten seines eigenen Lebens durchführen soll: „*Um alle fühlenden Wesen aus den Gefahren des leidhaften Daseins und des rein persönlichen Friedens zu befreien, werde ich von nun an bis die Buddhaschaft erlangt ist, die Geisteshaltung beibehalten, die wünscht, die vollkommene Erleuchtung zu erreichen, und werde sie nicht aufgeben, selbst wenn es mein Leben kosten sollte.*" Jedes Mal wenn ich zu diesem Vers komme, berührt mich der Ernst und die Tragweite dieser Aussage. Ich frage mich immer, welche Umstände einen wohl dazu bringen könnten, dieses Gelöbnis sogar auf Kosten seines Lebens beizubehalten.

A: Wir sollten klar stellen, was mit diesem Ausdruck „auf Kosten meines Lebens" gemeint ist. Wenn jemand gefragt würde „Was würdest du eher tun, den Erleuchtungsgeist aufgeben oder sterben?", dann wäre es angemessen, sich für Letzteres zu entscheiden. Es ist jedoch nicht sehr wahrscheinlich, dass jemand dir diese Frage stellen wird. Warum wird dann überhaupt davon gesprochen? Weil man vielleicht manchmal entmutigt ist und meint, dieses Gelübde nicht einhalten zu können. Diese Verse sollen uns aus dieser Lähmung herausreißen und unsere Motivation neu beleben. Denn würden wir unser altruistisches Streben nach Erleuchtung tatsächlich aufgeben, so wäre das Gelübde gebrochen, und wir fielen auf den Hīnayāna-Pfad zurück. Von unserem Gelöbnis abzulassen wäre also extrem unheilsam.

Es gilt bereits als unheilsam, sich von der Sorge um das Wohl auch nur eines einzigen Lebewesens abzuwenden. Da sich der Erleuchtungsgeist auf das Wohl sämtlicher Lebewesen im Daseinskreislauf richtet, wäre die Abkehr von dieser Motivation daher noch wesentlich unheilsamer. Wenn du also diesen Vers rezitierst, so betest du darum, dass du fähig sein mögest, dieses Gelöbnis selbst unter den extremsten Umständen einzuhalten.

F: Nachdem ich darüber meditiert habe, hatte ich den Gedanken, dieses *„selbst wenn es mein Leben kosten sollte"* darauf zu beziehen, dass ich das Leben aufgebe, das mit dem Erleuchtungsgeist unvereinbar ist.

A: Sehr gut! Seine Heiligkeit der Dalai Lama sagt, dass es nicht richtig ist, sein Leben in einen gewöhnlichen Teil, der weltlichen Zielen verschrieben ist, und einen Dharma-Teil aufzuspalten. Vielmehr sollten wir zusehen, wie wir die weltlichen Aspekte unseres Lebens transformieren und sie gänzlich in unsere spirituelle Praxis integrieren können.

F: Als die Chinesen in Tibet einfielen, wurden viele Tibeter dazu gezwungen, ihre buddhistischen Zufluchtsgelübde aufzugeben. Einige starben, manche brachten sich um, andere flohen. Ist es in einem solchen Fall legitim, seine Zuflucht zu Buddha, Dharma und Saṅgha verbal aufzugeben, ohne das im Geiste wirklich zu tun?

A: Es gab einmal zwei Lamas in Tibet. Einer davon war der berühmte Tutor von Dromo Geshe Rinpotsche (tib. *gro mo dge bshes rin po che*) und der andere ein Mönch, der Vorsänger des Unteren-Tantra-Kollegs in Lhasa war. Zu Letzterem sagten die chinesischen Kommunisten: „Bist du gewillt, deinen Respekt und deine Hingabe gegenüber dem Dalai Lama und Seinen beiden Tutoren aufzugeben?" Der Lama erwiderte „Das ist eine sehr schwere Frage. Ich muss darüber wirklich ernsthaft nachdenken. Gebt mir bitte sieben Tage Bedenkzeit."

Nachdem die sieben Tage um waren, trat der Lama wieder vor die Chinesen und sagte: „Das ist wirklich eine schwierige Frage. Wenn ihr mich nach den vortrefflichen Qualitäten Seiner Heiligkeit des Dalai Lama und Seiner beiden Tutoren fragen würdet, könnte ich monatelang darüber sprechen. Aber wenn ihr mich nach Ihren Fehlern fragt, so habe ich darüber gar nichts zu sagen. Es wäre jedoch wirklich nett, wenn ihr mich nicht töten würdet, denn ich habe ein bisschen Angst vorm Sterben. Aber wenn ihr mich tötet, dann werde ich einfach sterben. Ob ihr mich nun umbringt oder nicht – es ist sowieso nur eine Frage von zehn oder fünfzehn Jahren. Macht also was ihr wollt."

Während der sieben Tage, die er als Bedenkzeit für jene Frage erbeten hatte, traf er den Tutor von Dromo Geshe Rinpotsche, der zu ihm sagte: „Da wir in unseren Herzen nichts Falsches an Seiner Heiligkeit und Seinen beiden Tutoren finden können, ist es vielleicht nicht so wichtig, ob wir Ihnen nun auf verbaler Ebene abschwören oder nicht." Der Vorsänger antwortete, indem er voller Abscheu ausspuckte und sagte: „Du hast dein ganzes Leben damit verbracht, das Buddhadharma zu studieren, aber es scheint, als hättest du keinen Funken Weisheit."

Es ist schwer zu sagen, was man in solchen Situationen tun soll, in denen das eigene Leben bedroht ist. Was ist stärker, der Erleuchtungsgeist oder unsere Todesangst? Eigentlich ist die Sache ganz einfach. Es geht ja nur darum, *wann* wir sterben und nicht *ob* wir sterben. Darauf läuft es im Grunde hinaus.

Übrigens ließen die Chinesen den Vorsänger schließlich frei, wohingegen der Tutor von Dromo Geshe Rinpotsche furchtbar geschlagen, einem öffentlichen Verhör unterzogen und dann in ein Konzentrationslager gesteckt wurde.

So groß ist der Segen des Erleuchtungsgeistes, wenn man ihn in der Weise beibehalten kann, wie es der Vorsänger tat, dass die anderen einen zwar möglicherweise zu töten drohen, es aber letztlich doch nicht tun. Wenn die Chinesen androhten „Entweder gibst du das Dharma auf oder wir töten dich", und sie die Antwort bekamen „Ich will wirklich nicht sterben, aber macht ihr, was ihr tun müsst, ich gebe das Dharma nicht auf", ließen sie die Leute meistens laufen.

F: Erklären Sie bitte die Gefahren des Friedens in dem Ausdruck *„die Gefahren des leidhaften Daseins und des rein persönlichen Friedens."*
A: „Frieden" bezieht sich hier auf das Nirvāṇa, was ziemlich merkwürdig anmutet. Mañjuśrī unterwies einmal fünfhundert Schüler, die kurz vor der Arhatschaft standen. Zu diesem Zeitpunkt hätten sie, hätte man sie die Leerheit im Einklang mit der Mādhyamika-Sicht gelehrt, falsche Ansichten entwickelt. Mañjuśrī sah, dass sie entweder auf ihrem bisherigen Pfad weitergehen und Arhatschaft erlangen konnten oder dass sie in der Mādhyamika-Sicht der Leerheit unterrichtet und dadurch zu falschen Ansichten geführt werden könnten. Im Hinblick auf das Erreichen der vollkommenen Erleuchtung oder Buddhaschaft jedoch sah Mañjuśrī, dass ihr Weg zum Erwachen letztlich kürzer sein würde, wenn sie [zuerst] zu falschen Ansichten gelangten, und so gab er ihnen die Unterweisungen über die Leerheit [,die sie nicht verstanden und daher ablehnten]. Folglich entwickelten sie alle falsche Ansichten [,die nicht im Einklang mit den Lehren über die Leerheit standen,] und gaben das Dharma auf.

Die Schüler des Buddha, die merkten, was passiert war, waren darüber bestürzt. Sie berichteten dem Buddha, dass Mañjuśrī einen großen Fehler gemacht hätte, da er diese Menschen von ihrer unmittelbar bevorstehenden Arhatschaft abgebracht und dahin geführt hätte, falsche Ansichten zu entwickeln und das Dharma aufzugeben. Der Buddha antwortete, Mañjuśrī sei in Wirklichkeit sehr geschickt gewesen, da er erkannt hatte, dass sich dieses Vorgehen auf lange Sicht als direkterer Weg zur vollkommenen Erleuchtung erweisen würde.

In Wirklichkeit verhalf er den fünfhundert Schülern zu einem leichteren Weg zur vollkommenen Erleuchtung, wodurch jeder von ihnen schließlich in der Lage war, den fühlenden Wesen effektiv und uneingeschränkt zu dienen. Das hatte der Buddha im Sinn, als er Mañjuśrī lobte. Denn hätten sie Arhatschaft erlangt, hätten sie eine extrem lange Zeit im Nirvāṇa verbracht, aber sich am Ende dieses langen Samādhi doch daraus erheben müssen, um dem Mahāyāna-Pfad zu folgen. Nach solch einem langen Verweilen im Ruhezustand des Nirvāṇa ist es sehr schwierig, diesen aufzugeben und sich plötzlich auf die fühlenden Wesen zu beziehen. Man ist so gesättigt vom Frieden des Nirvāṇa, dass es einem sehr schwer fällt, irgendeine Form von wirklich herzlichem Mitgefühl für andere zu empfinden. Deshalb ist im Text sowohl von den Gefahren des Daseinskreislaufs als auch den Gefahren der Ruhe die Rede, denn auch diese Ruhe des Nirvāṇa kann das Erreichen der vollkommenen Erleuchtung verhindern.

Wer nicht schon vom Frieden des Nirvāṇa erfüllt ist und den Erleuchtungsgeist ganz frisch und unvoreingenommen entwickelt, braucht etwa drei „zahllose Zeitalter", um die Buddhaschaft auf dem Weg des Pāramitāyāna zu erlangen. Wenn man dagegen erst Arhatschaft erlangt hat und dann nach einem unermesslich langen Verweilen im Nirvāṇa daraus aufwacht, um dem Mahāyāna zu folgen, so dauert es sehr viel länger bis zur Buddhaschaft – viele viele „zahllose Äonen", nicht nur drei.

F: Erklären Sie bitte alle Kāyas des Buddha im Kontext des Vajrayāna und des Pāramitāyāna.
A: Die Darstellung der vier Kāyas oder der vier Körper des Buddha ist in beiden Systemen ungefähr gleich. Es ist uns Lebewesen im Daseinskreislauf nicht möglich, dem Jñānakāya (tib. *ye shes chos sku*) und dem Svabhāvakāya (tib. *ngo bo nyid sku*) zu begegnen; nur die Buddhas können sie wahrnehmen. Der Jñānakāya und der Svabhāvakāya bilden zusammen den Dharmakāya. Der Dharmakāya ist das Bewusstsein aller Buddhas. Die absolute, leere Natur dieses Gewahrseins wird Svabhāvakāya genannt – aufgrund der Reinheit seiner Natur, was nichts anderes bedeutet als die Abwesenheit einer inhärenten Natur. Der Svabhāvakāya trägt seine Bezeichnung also wegen seiner Freiheit von den zwei Arten zusätzlicher oder künstlich hinzugefügter Hindernisse zur Allwissenheit. Sie heißen „zusätzlich", weil sie nicht die eigentliche Natur des Geistes sind; sie sind lediglich Schleier, die entfernt werden können.

Die Form des Buddha, die einzig den Āryabodhisattvas erscheint, ist der sogenannte Sambhogakāya (tib. *longs spyod rdzogs pa'i sku*). Die Form, die den Wesen mit reinem Karma erscheint, wird Nirmāṇakāya (tib. *sprul sku*) genannt. Es heißt, dass alle vier Körper des Buddha von ein und derselben Natur sind.

F: Erklären Sie bitte die Einteilung der Kāyas in zwei, drei, vier oder fünf.
A: Die Einteilung in fünf Kayas geschieht im Hinblick auf die fünf Arten von Ursprünglicher Weisheit eines Buddha. Die vier Kāyas sind der Nirmāṇakāya, der Sambhogakāya, der Dharmakāya und der Svabhāvakāya. Schließt man den Svabhāvakāya in den Dharmakāya mit ein, dann spricht man von den drei Körpern: Nirmāṇakāya, Sambhogakāya und Dharmakāya.

Manchmal werden auch Körper, Rede und Geist eines Buddha auf die drei Kāyas eines Buddha bezogen. Außerdem gibt es eine Zweiteilung der Kāyas: in den Dharmakāya und den Rūpakāya, wobei letzterer den Nirmāṇakāya und den Sambhogakāya umfasst.

F: Erläutern Sie bitte die Einteilung in äußere, innere und geheime sowie in gewöhnliche und ungewöhnliche Opfergaben.
A: Die zehn inneren und die nächsten siebenunddreißig Opfergaben sind alle innere Opfergaben. Sie heißen „innere", weil sie Teil unseres eigenen Wesens sind. Sie sind nicht wie Blumen, die außerhalb unseres Körpers sind. Bei den inneren Gaben gibt es gewöhnliche und ungewöhnliche. Der Ausdruck „gewöhnlich" bedeutet dabei nicht, dass die Gaben ungehörig, banal oder alltäglich wären, sondern vielmehr, dass diese Gaben auch in anderen tantrischen Systemen vorkommen. Die Opfergaben, die einzig dem Kālacakra-System vorbehalten sind, heißen „ungewöhnlich" oder eben „nicht gemeinsam". Bei den äußeren Opfergaben sind die so genannten Gaben der Frucht und der großen Frucht nicht gemeinsam, denn diese sind nur dem Kālacakra eigen. Es gibt verschiedene innere Opfergaben: Manche findet man auch in anderen tantrischen Systemen, andere nur im Kālacakra.

F: Wer ist Vajravega?
A: Die zornvolle Form von Kālacakra heißt Vajravega; die friedvolle Form ist Kālacakra.

F: Wie kann Begierde nach den Bereichen der Form und der Formlosigkeit aufkommen?
A: Manche nicht-buddhistischen Meditierende streben nach einer Wiedergeburt in solchen Bereichen. Zum Beispiel könnte ein Lehrer die Vorzüge der verschiedenen Zustände in den formlosen Bereichen preisen, wie die Unendlichkeit von Raum und Bewusstsein oder den Zustand des Nichts, und dabei hervorheben, dass

man Hunderttausende von Jahren darin ruhen kann. Für einige Leute mag das sehr verlockend klingen, und sie strengen sich an, Samādhi zu erreichen, um dorthin zu gelangen. Aber auch wir haben Anlagen der Begierde nach diesen Bereichen der Form und Formlosigkeit.

F: Was ist der Unterschied zwischen Weisheit (skt. *prajñā*, tib. *shes rab*) und Ursprünglicher Weisheit (skt. *jñāna*, tib. *ye shes*)?
A: Dieser Unterschiede ist wichtig. „Weisheit" ist in „Ursprünglicher Weisheit" mit eingeschlossen, aber umgekehrt ist Ursprüngliche Weisheit nicht in Weisheit enthalten. Ursprüngliche Weisheit bezieht sich auf die Verwirklichung der Leerheit, wohingegen Weisheit alle Arten von Weisheit umfasst. In manchen Kontexten ist „Weisheit" besser mit „Intelligenz" [oder „Verstandeskraft"] zu übersetzen, die eben auch unter den Einfluss der Geistesgifte geraten können. In solchen Zusammenhängen ist Weisheit oder Intelligenz einfach die Fähigkeit des Geistes, klar zwischen den Phänomenen zu unterscheiden.

F: Es hieß, dass Intelligenz die Fähigkeit sei zu unterscheiden. Es erscheint mir paradox, dass wir in unserer Praxis danach streben, eine Art Weisheit zu erlangen, die die Leerheit erkennt, aber in dieser meditativen Versenkung nicht zwischen den Phänomenen unterscheiden können.
A: Auch wenn man eine nicht-begriffliche Erkenntnis der Leerheit hat, ist man ja immer noch auf ein bestimmtes Objekt ausgerichtet. Die Unterscheidungsfähigkeit, die die Phänomene zu differenzieren vermag, ist das Mittel zur Erkenntnis eben dieses speziellen Objekts. Sie trennt zwischen dem, was die Leerheit ist und was sie nicht ist, und fährt dann fort, diese wahrzunehmen.

F: Was ist die Natur des natürlich vorhandenen Geistes, der frei ist von begrifflichem Denken? Wenn er frei davon ist, die Dinge begrifflich zu erfassen, wie kann er dann Begrifflichkeit hervorbringen und die Erscheinung von objektiven und subjektiven Phänomenen ermöglichen?
A: Wir müssen hier unterscheiden zwischen der Art und Weise, wie etwas existiert, und dem, was daraus hervorgehen kann. Zum Beispiel ist der Himmel von seiner Natur her wolkenlos; aber die Wolken entstehen am Himmel. Ebenso wenig wie das Vorhandensein oder das Nicht-Vorhandensein von Wolken den Him-

melsraum irgendwie beeinträchtigt, wird auch der natürlich vorhandene Geist weder durch begriffliches Denken noch durch die Abwesenheit davon zunichte gemacht.

Oder eine andere Analogie: Am Tage, wenn die Sonne scheint, ist das Licht von Mond und Sternen – obwohl sie da sind – nicht zu sehen, weil es vom Sonnenlicht überstrahlt wird. Gleichermaßen ist der natürlich vorhandene Geist, sobald begriffliches Denken vorhanden ist, zwar da, aber nicht offenkundig, weil das begriffliche Denken ihn überlagert.

So wie mit dem Abnehmen des Sonnenlichts das Licht der Sterne und des Mondes immer deutlicher wird, bewirkt auch das Verschwinden des begrifflichen Denkens eine immer klarere Manifestation des natürlich vorhandenen Geistes.

F: Sind die fünf Buddhas, die fünf Gefährtinnen und so weiter in ihren gereinigten Aspekten wörtlich zu nehmen? Bestehen wir aus diesen Gottheiten? Welche Bedeutung sollen wir dem zumessen? Wenn sie sich verwandeln, sind sie dann als Aspekte des Geistes oder buchstäblich als Wesen in Sambhogakāya-Form zu sehen?
A: Es heißt, dass die gereinigten Aspekte der Aggregate und so weiter in Form dieser verschiedenen Gottheiten – etwa der fünf Buddhas und deren Gefährtinnen – erscheinen. Zum Beispiel entstehen in dem Maß, wie man sich im Laufe seiner Entwicklung auf dem Pfad von den fünf Geistesgiften reinigt, auch deren geläuterte Aspekte in Form der fünf Arten Ursprünglicher Weisheit. Ebenso wie die fünf Aggregate in ihrer gereinigten Form als fünf Buddhas erscheinen, treten auch die fünf Geistesgifte in ihrer gereinigten Form als fünf Arten Ursprünglicher Weisheit auf. Zum Beispiel heißt es, dass das Form-Aggregat in seinem gereinigten Aspekt als Vairocana erscheint. Dementsprechend offenbart sich auch Verblendung in ihrer gereinigten Form als Spiegelgleiche Weisheit.

Die Tantra-Praxis richtet sich nach bestimmten Eigenschaften der Schüler. Jemand, in dem Verblendung vorherrscht, wird den Schwerpunkt seiner Praxis auf Vairocana legen, und der Buddha wird ihm auch in Form von Vairocana erscheinen. Leidet der Schüler vornehmlich unter Stolz, so wird ihm der Buddha in Form von Ratnasambhava erscheinen. Vor einem Schüler, in dem die Begierde besonders heftig ist, tritt der Buddha in Gestalt von Amitābha auf. Dem, dessen stärkste negative Emotion Eifersucht oder Neid ist, wird der Buddha als Amogasiddhi erscheinen. Und ein

Schüler, der besonders stark unter der Macht von Wut und Ärger steht, wird den Buddha in Form von Akṣobhya sehen.

Die Tatsache, dass der Buddha in diesen verschiedenen Formen als Akṣobhya und so weiter erscheint, beruht auf den verschiedenen Fähigkeiten und Veranlagungen der Übenden. Ebenso wie Gold verschiedene Formen annehmen kann und dabei immer Gold bleibt, so wirkt von Seiten des Buddha allein die aus der Leerheit und Glückseligkeit hervorgehende Weisheit, welche um der Lebewesen willen diese verschiedenen Erscheinungsformen annimmt.

F: Sind die Tropfen nur Begriffskonstrukte oder reale physische Phänomene?
A: Die vier Tropfen existieren, ob man sie nun visualisiert oder nicht. Wie bereits erwähnt setzen sie sich aus dem roten und dem weißen Bodhicitta zusammen, welche physisch sind. Der weiße Bodhicitta ist ziemlich sicher mit dem Samen in Verbindung zu bringen, wenn nicht gar eindeutig damit zu identifizieren. Gleichermaßen kann man den roten Bodhicitta mit dem Blut assoziieren. In diesem Sinne sind sie physisch und existieren an den vier genannten Stellen.

F: Könnten Sie uns eine kurze Erklärung zur Bedeutung des Vajra-Körpers geben?
A: Das Sanskritwort für Körper ist Kāya, was „Aggregat", „Anhäufung" oder „Zusammengesetztes" bedeutet. Der Vajra-Körper heißt „Kāya", weil er in Abhängigkeit von der Vereinigung der beiden Ansammlungen von Verdienst und Weisheit entsteht.

Vajra bedeutet normalerweise „Diamant", und das, was man mit einem Diamanten verbindet, ist seine Fähigkeit, andere Dinge zu durchtrennen, aber selbst dabei nicht zu zerbrechen. Da der Vajra-Körper frei von den beiden Arten von Hindernissen zur Allwissenheit ist, ist er durch nichts zu bezwingen und gleicht daher einem Vajra.

Der Vajra-Körper ist der höchste Körper, der als Resultat des Gipfelpunktes der beiden Ansammlungen von Verdienst und Weisheit in Erscheinung tritt. Im Grunde ist der Vajra-Körper identisch mit dem Rūpakāya, der sowohl den Sambhogakāya als auch den Nirmāṇakāya umfasst.

F: Wird Ursprüngliche Weisheit als Vereinigung von Unwandelbarer Glückseligkeit und leerer Form definiert?

A: In diesem Kontext von Kālacakra ist die Ursprüngliche Weisheit zur Zeit des Resultats von der leeren Form nicht zu trennen. In weiter gefassten Zusammenhängen bezieht sich Ursprüngliche Weisheit auf die Verwirklichung der Leerheit, und da wäre es nicht richtig zu sagen, die Ursprüngliche Weisheit sei generell von derselben Natur wie leere Form. Im Kālacakra-System ist das jedoch zur Zeit des Resultats der Fall; hier ist das, was als nicht-duale Glückseligkeit und Leerheit bezeichnet wird, Ursprüngliche Weisheit. In unserer gegenwärtigen Praxis stellen wir uns die nicht-duale Glückseligkeit und Leerheit lediglich vor, aber das ist noch nicht die eigentliche ungeteilte Glückseligkeit und Leerheit.

F: Welche Beziehung besteht zwischen Leerheit und leerer Form?
A: Im Zusammenhang mit Kālacakra wird Leerheit als die „Mutter ohne Aspekt" bezeichnet, denn wenn wir eine direkte Wahrnehmung der Leerheit haben, erscheint sie uns ohne jeden Aspekt. Im Kontext des Kālacakra bezieht sich der Ausdruck „leere Form" auf Zustände, die augenscheinlich Form und Farbe haben, aber tatsächlich nicht materiell sind. Das ist der entscheidende Punkt – sie haben keine materielle Substanz. Da ist nur die bloße Erscheinung von Formen und Farben, wie bei einem Regenbogen. So gesehen ist bei der Zweiteilung von endgültiger und konventioneller Wahrheit die „Leerheit" eine endgültige Wahrheit und die „leere Form" eine konventionelle Wahrheit.

F: Gibt es eine Verbindung zwischen den vier höheren und den vier noch höheren Einweihungen sowie den vier Arten von Glückseligkeit?
A: Die Begriffe „Glückseligkeit", „höchste Glückseligkeit", „außergewöhnliche Glückseligkeit" und „natürliche Glückseligkeit" werden in der Kālacakra-Literatur nicht im üblichen Sinne verwendet, obwohl sie im Sādhana auftauchen. Im Kālacakra-System weichen die Erläuterungen zur Einweihung und zur Erzeugungsstufe etwas ab.

Bei der Initiation sinkt der weiße Bodhicitta vom Scheitelpunkt des Kopfes hinunter zur Stirn. Das wird mit Glückseligkeit in Verbindung gebracht. Bewegt er sich von der Stirn zum Herzen herab, wird das mit höchster Glückseligkeit assoziiert. Von außergewöhnlicher Glückseligkeit spricht man, wenn er vom Herzen zum Genital-Cakra fließt und von natürlicher Glückseligkeit, wenn er bis zur Spitze des Juwels beziehungsweise Geschlechtsorgans gelangt.

In allen anderen Tantras wird der Prozess anders dargestellt; selbst auf der Erzeugungsstufe innerhalb des Kālacakra ist das so: Nach diesem Sādhana erfährt man Glückseligkeit, wenn der weiße Bodhicitta von der Stirn zur Kehle herabsinkt; höchste Glückseligkeit, wenn er sich von der Kehle zum Herzen bewegt und außergewöhnliche Glückseligkeit, wenn er vom Herzen zum Nabel sinkt. Gelangt er vom Nabel-Cakra zum Genital-Cakra, was in diesem Fall der Spitze des Juwels entspricht, dann gilt das als natürliche Glückseligkeit.

F: Worin besteht nach diesem System die elfte und die zwölfte Bodhisattva-Ebene (skt. *bhūmi*)?
A: Im Pāramitāyāna gibt es zehn Āryabodhisattva-Ebenen oder Bhūmis, im Tantra hingegen elf [oder zwölf]. Die zehnte Bodhisattva-Ebene im Tantra heißt genauso wie die im Pāramitāyāna. Im Pāramitāyāna gilt man auf der zehnten Bodhisattva-Ebene noch als Āryabodhisattva und auf der elften als Buddha. Die elfte Ebene im Tantra wird „allgegenwärtiges Licht" genannt und die zwölfte „unvergleichliche Ebene".

Es gibt neun Grade von Hindernissen vor der Allwissenheit, von sehr groben bis zu subtilen. Davon besitzt der neunte, das heißt der allersubtilste Grad, wiederum zwei Aspekte, einen gröberen und einen subtileren. Der subtilere der beiden Aspekte von Hindernissen vor der Allwissenheit ist mittels des Pāramitāyāna nicht aufzulösen. Deshalb bezeichnet man die im Pāramitāyāna erlangte Buddhaschaft als „Ebene des allgegenwärtigen Lichts". Nach dem Tantra ist damit aber noch nicht der subtilere dieser beiden Aspekte aufgehoben. Mit anderen Worten: Dieser allersubtilste Schleier ist nur mit den Mitteln des Tantra aufzuheben. Durch das Beseitigen dieser letzten Verschleierungen erreicht man die zwölfte Ebene, die so genannte unvergleichliche Ebene und damit die Buddhaschaft. Die zwölfte Bhūmi wird im Zusammenhang mit der Vollendungsstufe erklärt.

Das Erfahren von jeweils 1.800 Momenten Unwandelbarer Glückseligkeit bringt jedes Mal eine neue Bodhisattva-Ebene hervor, da jede Reihe von 1.800 Glückseligkeitsmomenten ein direktes Gegenmittel gegen die Hindernisse bildet, die jeweils mit einer bestimmten Ebene verbunden sind. Mit jeden 1.800 solcher Momente erreicht man eine [höhere] Ebene. Teilt man 21.600 solcher Momente durch 1.800, kommt man auf zwölf. In anderen tantrischen Systemen ist von fünfzehn oder sechzehn Ebenen die

Rede. Das sind lediglich verschiedene Einteilungen desselben Prozesses spirituellen Erwachens.

F: Bei der Visualisierung des Hauptkanals heißt es manchmal, dass wir uns die gesamte obere Hälfte vom Nabel aufwärts grün vorstellen sollen, aber anderswo heißt es wieder, dass das nur für das Herz gilt. Warum?
A: Allgemein heißt es, dass der Zentralkanal vom Nabel an grün ist, aber bei der anfänglichen Formierung dieser Energien bildet das Herz den Mittelpunkt. Wie bei zwei Pflanzenranken ist der Abschnitt vom Herzen an aufwärts grün und der Abschnitt vom Herzen abwärts blau.

F: Bei den vier Interpretationen der Silbe *Haṃ* entspricht die zweite der Erzeugungsstufe; in diesem Zusammenhang verwiesen Sie auf die Bardo-Existenz. Wie ich verstanden habe, werden die Bardo-Wesen im Kālacakra-System gar nicht besprochen. Können Sie hierzu bitte etwas sagen?
A: Hier gibt es einen Bezug zu dem Prozess, bei dem das Bardo-Wesen geboren wird, aber wir sprechen nicht von einem direkten Mittel zur Läuterung des Bardo-Zustands. In anderen Sādhanas, dem von Yamāntaka zum Beispiel, verwandelt man den Sambhogakāya in den Pfad und führt eine gesonderte Visualisierung einer Gottheit durch, die mit der Bardo-Existenz zusammenhängt. In diesen Sādhanas gibt es einen Punkt, an dem man sich selbst entweder als Silbe oder als Gottheit hervorbringt. Dann erzeugt man den Stolz, dieser Samboghakāya zu sein, um diesen wiederum in den Bardo-Zustand zu übertragen. Diese gesonderte Stufe der Praxis kommt im Kālacakra nicht vor.

F: Bedeutet das dann eine geringere Reinigung?
A: Sie ist keinesfalls weniger wirkungsvoll. Beide führen zum Ziel. Je nach den Schülern ist mal das eine, mal das andere System besser geeignet. Zum Beispiel wäre für die Schüler, für die Guhyasamāja am besten passt, Kālacakra ungeeignet, wohingegen jenen, denen das Kālacakra-System am besten entspricht, die Meditationsformen im Cakrasaṃvara- und Guhyasamāja-System in diesem speziellen Abschnitt überflüssig erscheinen mögen.

F: Was ist der Unterschied zwischen dem Sādhana und dem Sechsfachen Guru-Yoga?

A: Es heißt „Sechsfaches Guru-Yoga", weil es alle Gelübde umfasst, die sechs Mal am Tag einzuhalten sind. Wenn wir es sechs Mal am Tag richtig durchführen, dann halten wir all diese Gelübde ein.

Diese Praxis kann auch insofern als Sādhana bezeichnet werden, da wir uns selbst als Gottheit mit Gefährtin sowie den acht Göttinnen hervorbringen. Zuerst nimmt man den Dharmakāya in den Pfad auf der Grundlage des Todes. Dann führt man den Nirmāṇakāya in den Pfad ein im Hinblick auf die Geburt und erzeugt sich als Gottheit mit Gefährtin. Zum Sādhana gehören außerdem die anderen Übungen wie das Aufstellen von Opfergaben und das Rezitieren von Mantras. Damit ein Sādhana vollständig ist, muss es ferner die anfängliche Stufe der Zufluchtnahme und der Erweckung des Erleuchtungsgeistes enthalten, zumindest eine kurze Visualisierung des Verdienstfeldes sowie das Guru-Yoga; abzuschließen ist es mit der Widmung des Verdienstes. Das Sechsfache Guru-Yoga schließt das alles mit ein.

F: Soll die Visualisierung in Stufen erfolgen? Visualisiert man zum Beispiel erst Kālacakra und dann Viśvamātā, wie sie ihn umarmt, oder nimmt man beides zugleich wahr?
A: Wenn man das Sādhana liest, erscheint natürlich alles nacheinander. Man kann nicht die ganze Visualisierung auf einmal beschreiben, sondern nur der Reihe nach: Zuerst werden die verschiedenen Elemente von Kālacakra hervorgebracht, dann die von Viśvamātā.

Hinsichtlich des eigentlichen Meditationsprozesses gibt es jedoch verschiedene Deutungen. Man kann die aufeinander aufbauende Methode wählen, aber Khedrub Dsche sagt, dass es auch sehr effektiv sei, Gottheit und Gefährtin gleichzeitig zu visualisieren – und das so intensiv und lebensecht wie möglich. Ihm zufolge soll man als Praxisanfänger versuchen, das Ganze auf Anhieb im Geist hervorzubringen und es dann klar und deutlich aufrechtzuerhalten. Sobald man darin eine gewisse Stabilität besitzt, kann man allmählich dazu übergehen, die Einzelheiten dazuzunehmen.

Bei der Übung der Erzeugungsstufe gehst du dann so vor, dass du zuerst eine allgemeine Visualisierung des Ganzen herstellst. Diese behältst du auf eine eher vage Art bei und betonst dann verstärkt die Gesichter beider Gottheiten sowie jeweils ein Paar Hände. Hiervon solltest du dir ein klares Bild verschaffen, während du die Umgebung ein bisschen verschwommener wahrnimmst.

Ist an diesem Punkt deine Vorstellung der Hände noch nicht so klar, versuche ein klares Bild der Gesichter herzustellen und begnüge dich damit. Wenn das Gesicht als Ganzes nicht deutlich erscheint, bemühe dich, die etwas nebelhafte Vorstellung des ganzen Gesichts zu halten. Erscheint dir dabei ein bestimmter Gesichtsteil leuchtender als andere, dann richte deine Aufmerksamkeit erst einmal darauf. Betone stets das, was deutlich vor dir auftaucht, und behalte es klar im Geist.

Wenn du das mit der Gottheit und ihrem Gefolge schaffst, dehnst du die Klarheit deiner Vision nach allen Seiten hin aus und beziehst immer mehr Gesichter und Arme darin ein, bis du schließlich das ganze Maṇḍala mit all den Gottheiten klar visualisieren kannst. Dem Text zufolge ist es – wenn man eine volle und authentische tantrische Initiation erhalten hat – möglich, innerhalb von sechs Monaten eine klare Vision des gesamten Maṇḍala zu bekommen. Das bedeutet, dass deine Vision des Maṇḍala mit allen Gottheiten und so weiter deinem geistigen Auge so lebensecht erscheint, als würdest du wirklich darauf blicken. Außerdem wirst du fähig, diese Visualisierung über vier Stunden lang zu halten.

F: Gibt es heutzutage jemanden, der dazu in der Lage ist?
A: Mag sein. Empfängt man die Initiation auf vollständige und authentische Weise trägt das bereits zur Beseitigung der subtilen Hindernisse und unheilsamen karmischen Prägungen im Geist bei. Auf dieser Grundlage wird die Klarheit des eigenen Geistes – sofern man gewissenhaft die Regeln und Gelübde befolgt – enorm gesteigert. Wenn man dazu in der Lage ist, scheint es durchaus möglich, in sechs Monaten eine klare Vision des Maṇḍala zu bekommen.

Ruft euch die verschiedenen Zeitalter in Erinnerung, das Zeitalter der Erfüllung, das Zeitalter des Konflikts und so fort. Im Zeitalter der Erfüllung erlangen die Leute sehr leicht die Verwirklichung – es heißt, dass im Zeitalter der Erfüllung das 100.000-malige Rezitieren des Mantra *Oṃ āḥ hūṃ ho haṃkṣamalavaraya hūṃ phaṭ* ausreicht, um den Geist zur vollständigen Kālacakra-Praxis zu befähigen.

Im Zeitalter des Konflikts – unserem gegenwärtigen Zeitalter – müssen wir das Mantra 400.000 Mal rezitieren, um uns für die Praxis zu qualifizieren oder die Reinigungsklausur vollständig zu durchlaufen. Offenbar war es im Zeitalter der Erfüllung möglich, in sechs Monaten eine solche Klarheit zu erlangen, für die wir heutzutage angesichts der so genannten vierfachen Degeneration etwa zwei Jahre brauchen. Noch einmal: Wenn Menschen wie wir vollständig und authentisch initiiert werden und wirklich aufmerksam die Regeln und Gelübde befolgen, besteht große Hoffnung, in zwei Jahren eine klare Vision des Maṇḍala zu bekommen. Wenn jemand hierfür karmische Veranlagungen besitzt, könnte es auch schneller geschehen. Manche Leute, die nie vorher meditiert haben, setzen sich zur Meditation hin und erfahren ganz leicht die Verwirklichung. Der Einfluss verborgener karmischer Veranlagungen ist hier unmöglich vorauszusagen.

F: Sehen wir diese Visualisierung genau gegenüber von uns?
A: Es handelt sich hier um eine Selbst-Erzeugung, also etwas, was sich in dir selbst vollzieht. Da ist nichts, was sich dir gegenüber befindet. Oder denke an die Spiegelung des Mondes, der im Wasser erscheint; vergleiche deinen Geist mit dem Wasser und die Visualisation mit dem Spiegelbild des Mondes. Ebenso wie die Spiegelung des Mondes im Wasser erscheint, erscheint die Widerspiegelung der Visualisierung in deinem Geist.

F: Ist eine richtige Visualisation wie ein festes oder eher wie ein transparentes Bild – gleich einem Regenbogen?
A: Es ist ein vollständig aus Licht bestehendes Gebilde – wie ein Hologramm. Du visualisierst nichts Festes. Mache dir bewusst, dass all dies von der Natur der Weisheit ist und diese Weisheit deine eigene Weisheit ist. Alles ist eine Emanation deines eigenen Geistes, und in Bezug auf jedes Detail im Maṇḍala entwickelst du göttlichen Stolz. Jedes davon ist als Abbild der Ursprünglichen Weisheit von Glückseligkeit und Leerheit zu sehen. Alle entstammen demselben Ursprung, und du identifizierst dich mit jedem einzelnen Aspekt.

F: Hat die verschiedene Anzahl der Speichen in den Cakra-Rädern irgendeine Bedeutung?
A: Die Radspeichen treten meistens als Vielfaches von vier auf. Normalerweise sind es acht. Symbolisch beziehen sich die acht Speichen auf die acht Zweige am Herz-Cakra.

F: Wenn man göttlichen Stolz und die reine Vision hervorbringt, erfolgt dann die Imagination aus der Sicht von Viśvamātā oder von Kālacakra?
A: Wo bist du jetzt? Bist du in dir oder außerhalb von dir?
Schüler: Ich bin jetzt in mir.
A: Dann gibt es dich also zwei Mal? Es ist wichtig festzustellen, wo du jetzt gerade bist. Bist du innerhalb deines Körpers oder außer-

halb deines Körpers? Um dir vorzustellen „Ich bin Kālacakra", musst du dir keine Gedanken über innen und außen machen. Du denkst einfach „Ich bin hier", ohne irgendwelche Unterscheidungen in Bezug auf innen oder außen vorzunehmen. Warum neigen wir immer dazu zu denken, dass wir hinter den Augäpfeln positioniert sind? Warum gibt es so eine beharrliche Tendenz, sogar beim Meditieren zu denken, dass wir da oben in unserem Kopf sind? – Weil der visuelle Sinn in unserer Erfahrung außerordentlich stark ist, und dieser sich im Kopf befindet. Für die Meditation ist diese Perspektive jedoch irrelevant.

Wenn du dich selbst während der Rezitationen unten im Nabel vorstellst, dann bist du auch genau dort. Tatsächlich entspricht diese tantrische Praxis genau der Realität, denn der subtile Geist durchdringt ja die gesamte Realität. Sogar bei gewöhnlichen Sinneserfahrungen, wenn wir so in der Welt herumschauen, gilt: Wo immer unser Geist ist, was immer er gerade feststellt, dahin geht er. Schaust du zum Beispiel auf einen Berg, dann schweift dein Geist dahin und ist mit dem Anblicken des Berges beschäftigt.

Betrachtet einmal die tatsächliche Beziehung zwischen dem Spiegel und den Reflexionen im Spiegel. Wir neigen dazu, im Geiste nach den Erscheinungen im Spiegel zu greifen, als hätten sie ein eigenes Wesen. Wir haben also die Tendenz, die Erscheinungen so zu sehen, als wären sie vom Spiegel getrennt, aber das ist keineswegs der Fall; die Spiegelungen sind vom Spiegel selbst nicht zu trennen.

F: Gibt es eine Wechselbeziehung zwischen karmischen Energien und den karmischen Gewohnheitsmustern?
A: Es besteht eine kausale Verbindung zwischen beiden: Die Gewohnheitsmuster fungieren als Ursache der karmischen Energien. Eine Energie kann keine bloße Veranlagung sein, und eine Veranlagung ist nicht unbedingt bereits irgendeine Form von Energie.

Im Gegensatz zur Kālacakra-Literatur sagen einige Kagyü- und Nyingma-Texte, dass die uns umgebenden Erscheinungen selbst gewohnheitsmäßige karmische Muster von Energie seien – und gleichzeitig Veranlagungen unseres Geistes. Der Grund hierfür ist, dass die Natur des Geistes selbst klar und transparent ist. Die Dinge, die in ihm entstehen, sind Erscheinungen seiner eigenen Gewohnheitsmuster.

Im Kontext des Tantra ist es richtig zu sagen, dass das, was dem Geist erscheint, gewohnheitsmäßige karmische Muster von Energie (tib. *rlung gi bag chags*) sind. Zum Beispiel sind Feuer, Wasser, Erde und Luft bestimmte Energieformen. Der Naturwissenschaft zufolge bestimmt die Temperatur irgendeiner Substanz, ob diese flüssig, fest oder gasförmig erscheint. Das entspricht genau dem buddhistischen Tantra. Nach diesem System verinnerlicht man, wenn man all die karmische Energie einzieht, das ganze Universum.

F: Nach dem Kālacakra-System werden durch die 21.600 Momente Unwandelbarer Glückseligkeit die 21.600 karmischen Energien aufgelöst. Bedeutet das, dass sie spurlos verschwinden?
A: Dem Prāsaṅgika-System zufolge ist Allwissenheit die Aufhebung der subtilen und allersubtilsten Geistesschleier. Es ist nicht so, dass sie sich einfach verflüchtigen würden und nichts übrig bliebe; vielmehr ist gerade ihr Verschwinden die Allwissenheit. Bezogen auf das Kālacakra-System ist die Auflösung der 21.600 karmischen Energien Kālacakra selbst. Das heißt also, dass diese Energien in die Buddhaschaft transformiert werden und ohne eine solche Sublimierung der 21.600 karmischen Energien Erleuchtung unmöglich ist.

F: Was bedeutet die Aussage, dass der Herr der Familie „die Scheitelpunkte der Hauptgottheit und ihres Gefolges kennzeichnet"?
A: „Den Scheitelpunkt kennzeichnen" wird manchmal auch mit dem Ausdruck „einen Siegelabdruck hinterlassen" umschrieben. Ein Siegelabdruck bedeutet in der Regel, dass ein Vertrag abgeschlossen wird, ein Bund, der unabänderlich oder eben besiegelt ist. Dieses Siegel der Unabänderlichkeit wird symbolisch durch Akṣobhya auf dem Scheitelpunkt der Hauptgottheit dargestellt sowie durch Vajrasattva auf den Scheitelpunkten der Gefährtin und der Śaktīs.

Entsinnt euch, dass die Schüler bei der Einweihung eine Blume werfen, wenn sie ins Maṇḍala eintreten. Die Stelle, auf welche die Blume im Maṇḍala fällt, weist darauf hin, in welcher Buddha-Familie man Erleuchtung erlangen wird, und das entspricht wiederum genau den Geistesplagen, die in einem besonders vorherrschen. Akṣobhya verkörpert die Überwindung der Geistesplage Hass. Wenn Akṣobhya auf der Scheitelkrone erscheint, erscheint er als unser Lehrer.

F: Falls man es schafft, irgendeines dieser Mantras zu visualisieren, macht es dann einen Unterschied, ob man sie in Sanskrit-, tibetischer oder lateinischer Schrift visualisiert?

A: Ich denke, da die Praxis selbst ja ins Deutsche übersetzt ist, wäre es auch gut, die Buchstaben in lateinischer Schrift zu visualisieren. Ihr rezitiert ja ohnehin die ganze Praxis auf Deutsch. Würdet ihr die ganze Praxis auf Sanskrit rezitieren, wäre es angemessener, Sanskrit-Buchstaben zu visualisieren. Als diese Praxis vom Sanskrit ins Tibetische übersetzt wurde, setzte sich ihr Segensstrom ungehindert fort, wohingegen sich der Segensstrom der Sanskrit-Rezitation schon vor langer Zeit verlor. Mit anderen Worten: Bei der Sanskrit-Tradition handelt es sich um keine lebendige Tradition.

F: Es war die Rede von Entsprechungen zwischen den Silben und verschiedenen Körperstellen wie Herz, Kehle, Stirn und Nabel, die unterschiedlichen Elementen zugeordnet werden. Sollen wir bei der Mantra-Rezitation versuchen, unsere Aufmerksamkeit auf diese Stellen zu richten?
A: Nein, ihr braucht euch beim Rezitieren nicht an diese Stellen und ihre Entsprechungen im Mantra zu erinnern.

F: Wie oft sollen wir das Mantra rezitieren?
A: Rezitiert das Mantra für die Hauptgottheit 100, 200, 300 oder 500 Mal und die anderen Mantras einundzwanzig Mal. Man kann damit beginnen, das erste Mantra 100 Mal zu rezitieren, und wenn man noch weiter rezitieren möchte, fährt man damit fort, die anderen Mantras einundzwanzig Mal zu wiederholen. Zum Schluss rezitiert man noch ein Mal das Vajrasattva-Mantra.

F: Welche Beziehung besteht zwischen Mitgefühl und Unwandelbarer Glückseligkeit?
A: Es heißt, wenn man in einem sehr hohen Grad Mitgefühl entwickelt hat, verwandle es sich in Unwandelbare Glückseligkeit. Das Sanskrit-Wort für Mitgefühl ist Karuṇa, was wörtlich „Glücks-Hemmer" bedeutet. Diese Etymologie kommt daher, dass man durch Mitgefühl vom Glück des friedlichen Ruhens im persönlichen Nirvāṇa abgehalten wird; indem man jedoch diese Art von Glück überwindet, erreicht man den Zustand Unwandelbarer Glückseligkeit.

F: Ich habe Probleme mit dem Gebrauch dieses Adjektivs „unwandelbar", denn ich dachte, dass es absolut nichts gibt, was permanent und nicht in einem ständigen Fluss ist.

A: Unwandelbare Glückseligkeit entsteht aufgrund des Aufstapelns des weißen Bodhicitta. Da der weiße Bodhicitta nicht ausgeschieden, sondern vielmehr akkumuliert wird, ist die Basis einer solchen Glückseligkeit der Bodhicitta, der sich nicht bewegt. Deshalb wird sie „unbeweglich" oder „unwandelbar" genannt. Das heißt nicht, dass sie nicht zusammengesetzt oder gänzlich ohne irgendeine Art von Wandel wäre.

F: Erklären Sie bitte den Vers, der anfängt mit: *„Nicht einmal im Traum werde ich die feinsten …"*.
A: Es gibt zwei Arten moralischer Grenzen, die wir nicht überschreiten sollten: Zum einen sind das die natürlichen, unheilsamen Taten, die zu negativem Karma führen, ob wir nun entsprechende Gelübde abgelegt haben oder nicht. Wenn du jemanden tötest, ist das ein Vergehen, egal ob du ein bestimmtes Gelübde abgelegt hast oder nicht. Andererseits gibt es auch Fehltritte aufgrund der Verletzung buddhistischer Regeln. Wenn ein Mönch jemanden tötet, ist das sowohl eine so genannte natürliche Missetat als auch eine Überschreitung seiner Mönchsregeln. Man spricht hier von zwei Arten moralischer Überschreitungen, allgemeine natürliche und geschaffene. Natürliche Übertretungen betreffen jedermann, die geschaffenen dagegen nur die Menschen, die Pratimokṣa-, Bodhisattva- oder tantrische Gelübde auf sich genommen haben. Trinkt man zum Beispiel Alkohol und hat kein Gelöbnis abgelegt, so etwas nicht zu trinken, so ist das kein Fehler, da es sich hierbei um keine natürliche moralische Übertretung handelt.

F: Besteht eine haargenaue Entsprechung zwischen den 21.600 Atemzügen und der Anzahl der Energien, die am Tage durchschnittlich alle vier Sekunden pro Atemzug zirkulieren? Offensichtlich bezieht man sich hier auf einen normal gearteten Atem, aber was ist, wenn wir joggen oder schneller atmen?
A: Es gibt eine solche Deckungsgleichheit zwischen den Atemzügen und der Zirkulation der Vitalenergien. Die Anzahl von 21.600 Atemzügen oder Energie-Zirkulationen pro Tag gilt für eine durchschnittliche Person von guter Gesundheit.

Sicher besteht ein Unterschied zwischen einer Person, die Körperübungen macht und schnell atmet, und einer Person, die krank im Bett liegt und langsam atmet. Wenn du mehr Atemzüge am Tag machst, was zweifellos möglich ist, heißt das, dass täglich mehr von diesen Energien durch dich hindurch fließen, und das kann dein Leben verkürzen. Atmest du dagegen langsamer, so kann das dein Leben verlängern. Das ist der Grund, weshalb man zum Beispiel die Vasen-Atmung durchführt, welche normalerweise den Atem verlangsamt. Wie es heißt, ist Langlebigkeit einer ihrer Effekte.

Mit den ersten Anzeichen des Todes beginnt dann die Anzahl der Atemzüge pro Tag allmählich abzunehmen. Einige Kanäle fangen an auszutrocknen, so dass die Energien nicht mehr hindurchfließen können.

F: Ist der Lauf der Vitalenergien ein geschlossenes System? So wie ich es verstehe, atmen wir entweder durch das rechte oder das linke Nasenloch ein, was dem rechten beziehungsweise linken Kanal entspricht. Diese Energien gehen dann zum Nabel-Cakra hinunter, von wo aus sie sich verzweigen und sich in unterschiedlichen Ausmaßen in den Nebenkanälen verteilen. Gehen sie dann an einem bestimmten Punkt in den Körper über oder fließen sie denselben Weg entlang zurück? Erfolgt dies zum Beispiel analog zum Blutkreislauf?
A: Ich habe das sorgfältig nachgeprüft, aber es geht aus den Texten nicht eindeutig hervor, ob die Vitalenergien nach ihrer Verzweigung nun in die Hauptkanäle zurückfließen oder nicht. Die Vitalenergien treten jedenfalls während des Atmungsvorgangs auch durch die Körperporen ein und aus.

Es gibt auch die so genannte Lebensenergie (tib. *srog gi rlung*), die die Länge unseres Lebens bestimmt und direkt mit dem Atem verbunden ist. Die anderen Formen von Energie fließen ebenfalls mit dem Atem, aber sie durchdringen den ganzen Körper. Es ist nicht klar, ob dies ein rein zyklischer Prozess ist oder nicht.

Außerdem bestehen wechselseitige Verbindungen zwischen den Energien, die durch dieses ganze Geflecht um das Herz- und Nabel-Cakra hindurch fließen. Wie diese nun mit dem groben Atmungsprozess durch die Nasenlöcher in Verbindung stehen, ist in der Kālacakra-Literatur nicht klar ersichtlich.

F: Warum ist es notwendig, auf der rechten Seite anzufangen, wo doch die Erdenergie ebenso auf der linken Seite fließt?
A: Es ist richtig, dass die Energien der fünf Elemente alle auch durch den linken Kanal laufen, aber sie tun das in einer genau entgegengesetzten Reihenfolge. Auf der rechten Seite ist die Reihenfolge Erde, Wasser, Feuer, Luft und Raum und auf der linken Seite

Raum, Luft, Feuer, Wasser und Erde. Die Erde kommt zuletzt, und es ist besser, dann einzusetzen, wenn sie aufsteigt. Die Sitzung sollte genau dann anfangen, wenn diese Erdenergie durch das rechte Nasenloch zu fließen beginnt. Es gibt sechs solcher Gelegenheiten am Tag.

F: Welcher Grundtext liegt dieser Darstellung der Vollendungsstufe zugrunde?
A: Ich berufe mich auf die Notizen zu Dsche Tsongkhapas Belehrungen über das Sechs-Phasen-Yoga, aber es ist nicht sicher, wer sie niedergeschrieben hat.

F: Soll ich als Frau meine Aufmerksamkeit auf Kālacakra oder auf seine Gefährtin richten?
A: Ungeachtet deines Geschlechts bringst du dich als Kālacakra hervor, der männlich ist. Bevor du das tust, löst du deine gewöhnliche Form und Geschlechtszugehörigkeit in Leerheit auf und visualisiert dich ohne Rücksicht auf dein Geschlecht als Kālacakra mit seiner Gefährtin Viśvamātā. Ferner erzeugst du den göttlichen Stolz, sowohl Kālacakra als auch seine Gefährtin in Einem vereint zu sein – also nicht den Stolz, Kālacakra zu sein, der eine Gefährtin hat.

F: Ist der Kālacakra auf dem Scheitelpunkt so groß wie ein Sesamkörnchen?
A: Das geht aus der Kālacakra-Literatur nicht eindeutig hervor, aber allgemein heißt es, dass der Durchmesser des Hauptkanals dem eines Weizenstrohhalms entspricht, also etwa einem Achtel Zoll beziehungsweise 0,3 cm. Das ist die Größe des Hauptkanals, und darin visualisierst du Kālacakra mit seiner Gefährtin. Allgemein gilt: Je kleiner die Visualisierung desto machtvoller ist sie auch.

F: Nachdem man die Praxis der Vollendungsstufe durchgeführt und die Widmung ausgesprochen hat, visualisiert man sich dann noch weiterhin als Kālacakra mit einem Gesicht und zwei Händen sowie mit Gefährtin, während man seinen Alltagsbeschäftigungen nachgeht?
A: Ja, es ist ganz ausgezeichnet, diese Identifikation mit Kālacakra samt Gefährtin in der einfachen Form mit einem Gesicht und zwei Händen im Alltag beizubehalten. Und wie gesagt, stelle dir dabei

alles um dich herum als göttlichen Palast vor. Identifiziere dich immer wieder aufs Neue mit Kālacakra; wenn du andere Wesen triffst, betrachte sie als Kālacakra mit Gefährtin und erinnere dich immer wieder daran, auch deine gesamte unbelebte Umgebung als Palast von Kālacakra anzusehen.

Stelle dir ferner deine Nahrung als göttlichen Nektar vor, von der Natur der Ursprünglichen Weisheit, und stelle dir auch vor, deine Kleidung bestehe aus dieser Weisheitsnatur. Durch diese Übungen entwickelst du die so genannte reine Sicht, die sehr wirkungsvoll für die Ansammlung von Verdienst ist.

Ist deine Vergegenwärtigung und Selbstbeobachtung schon etwas stabiler, ist es auch gut, all deine Äußerungen als Mantras und all deine Körperbewegungen als Mudrās und Tanzbewegungen der Gottheit zu sehen. Das ist ebenfalls ein sehr machtvolles Mittel, um Verdienst zu sammeln.

F: Was ist der Unterschied zwischen dem leeren Formkörper und dem Illusionskörper?
A: Sie werden auf unterschiedliche Weisen erlangt. Um den Illusionskörper zu bekommen, arbeitest du mit der äußerst subtilen Energie. Die leere Form wird nicht aus der äußerst subtilen Energie heraus geschaffen. Vielmehr ist sie eine ganz neu kreierte Form.

Entscheidend hierbei ist, dass die eigenen Energien alle materiell sind, solange man noch ein Übender ist. Das trifft auch auf die äußerst subtilen Energien zu, was bedeutet, dass sie aus Teilchen bestehen. Erzeugt man leere Form, ist diese etwas Nicht-Materielles. Sie ist Form, aber insofern nicht materiell, als dass sie sich nicht aus Atomen oder materiellen Teilchen zusammensetzt. In diesem Sinne ist sie eine ganz neue Form und gilt als bloße Erscheinung des Geistes.

Erinnere dich daran, dass der Stirn-Tropfen zwei Arten von Phänomenen bewirken kann: einerseits die unreine, andererseits die reine Erscheinung von Objekten. Durch die Ausübung dieser Praxis stoppt man das ständige Hervorbringen unreiner Erscheinungen und ruft dadurch reine Erscheinungen hervor. Der bloße Aspekt der Erscheinung eines Objekts ist leere Form. Um es noch einmal zu betonen: Leere Form ist keine Form im gewöhnlichen Sinne. Sie ist nicht materiell. Nach der buddhistischen Psychologie gibt es drei Arten von zusammengesetzten Phänomenen: bewusstseinshafte Phänomene, materielle Phänomene und abstrakte Phänomene. Leere Form würde wahrscheinlich in diese dritte Kategorie der zusammengesetzten Phänomene passen, die weder Bewusstsein noch materielle Form sind.

Es könnte nützlich sein, diese Dinge in Bezug zur Untrennbarkeit von Vajra-Körper, Vajra-Sprache und Vajra-Geist zu setzen. Diese werden im Kālacakra-System deutlicher miteinander verbunden als im Cakrasaṃvara- und Guhyasamāja-System.

F: Es heißt, der äußerst subtile Geist befinde sich im Tropfen des Herzzentrums und andererseits, dass er alles Existierende durchdringe. Wie sind diese beiden Behauptungen vereinbar?
A: Bei der Empfängnis, wenn das Bewusstsein in die Vereinigung der elterlichen roten und weißen Zeugungssubstanzen eintritt, vollzieht sich die Verbindung der drei dort, wo sich das Herz des Embryos bilden wird. Und beim Sterbeprozess manifestiert sich der natürlich vorhandene Geist genau in dem Moment, wenn sich der Energie-Geist vollständig in den unzerstörbaren Tropfen auflöst. Man kann folglich sagen, der äußerst subtile oder natürlich vorhandene Geist habe seinen Sitz im unzerstörbaren Tropfen, weil er genau dann in Erscheinung tritt, wenn der Energie-Geist mit dem Tropfen im Herzen verschmilzt.

Wie der natürlich vorhandene Geist alles Existierende durchdringt, gilt als unfassbar und unbeschreiblich. Dieser äußerst subtile, natürlich vorhandene Geist ist von derselben Natur wie die Leerheit der Realität. Und diese Leerheit der Realität durchdringt alles, was existiert, das heißt, alles hat die Leerheit als endgültige Natur. Der natürlich vorhandene Geist ist also von derselben Natur wie die Leerheit der Realität, und die Leerheit der Realität durchdringt alles Existierende. Daraus folgt, dass es nichts gibt, was nicht vom natürlich vorhandenen Geist durchdrungen wäre.

Diese Wirklichkeit kann begrifflich nicht erfasst und verbal nicht ausgedrückt werden, aber sie kann in der eigenen Erfahrung erlebt werden. Wenn sich der natürlich angeborene Geist manifestiert, kann man weder von Existenz noch von Nicht-Existenz sprechen, denn es ist in Worten nicht auszudrücken. Genauso wenig ist es zum Beispiel möglich, von der Mitte des Raumes zu sprechen, und doch durchdringt der Raum alles Stoffliche. Oft wird der Ausdruck „natürlich vorhandener Geist" synonym verwandt mit „Leerheit", „eigentliche Wirklichkeit" (skt. *dharmatā*, tib. *chos nyid*) und „absolute Natur der Wirklichkeit" (skt. *dharmadhātu*, tib. *chos kyi dbyings*). Etwas, was dem Geist bloß erscheint, heißt

Leerheit. Daher sagte Khedrup Norzang Gyatso, alles Existente sei zusammengesetzt. Der buddhistischen Philosophie zufolge ist das eine ungeheuerliche Behauptung. Aber was er meinte, war, dass alles – einschließlich des Raumes selbst – aus bloßen Erscheinungen für den Geist besteht.

F: Sie haben uns nahe gelegt, den ganzen Tag über göttlichen Stolz zu bewahren, so dass wir uns, wenn wir mit unserer Praxis des Sechsfachen Guru-Yoga beginnen, bereits als Kālacakra visualisieren. An einer Stelle im Text heißt es jedoch, ich solle mir vorstellen, der Guru löse sich in mich auf und ich würde von derselben Natur wie er. Bedeutet das, dass der Guru und ich an diesem Punkt beide Kālacakra sind und wir zu einer Natur werden? Oder sollte ich diese Praxis mit dem gewöhnlichen Gefühl meiner Identität beginnen?
A: Es ist gut, den göttlichen Stolz zwischen den Sitzungen aufrechtzuerhalten, und an der Stelle im Sādhana, an der der Guru, also Kālacakra, sich in dir auflöst, dir vorzustellen, dass du von derselben Natur wie Kālacakra bist. Das geschieht nur auf der resultierenden Stufe, wenn du die 21.600 Momente Unwandelbarer Glückseligkeit durchlaufen hast und vollkommen erwacht bist. Aus diesem Grund nennt man das Tantra auch „das Hineinnehmen des Resultats in den Pfad". Man integriert oder nimmt das erwünschte Resultat mittels der Vorstellung in den Pfad hinein.

F: Die Opfergaben sind sehr umfangreich. Wie können wir uns als Praxisanfänger all das vorstellen?
A: Indem ihr erst einmal nicht versucht, alles ganz klar in allen Einzelheiten und an der richtigen Stelle zu visualisieren. Stellt euch einfach nur ganz allgemein vor, dass ihr alle diese Dinge darbringt, und verfeinert eure Praxis in dem Maß, wie euer Verständnis und eure Erfahrung anwächst. Schließlich werdet ihr in der Lage sein, die Gaben des Samantabhadra darzubringen, bei denen der ganze Raum vollständig mit allen möglichen Arten ausgefallener Gaben angefüllt ist. Als Anfänger können wir uns die Opfergaben, die von Samantabhadra dargebracht werden nicht einmal vorstellen.

F: Wenn beim Aufschichten des weißen Bodhicitta sexuelle Begierde aufkommt, soll man sie dann steigern, unterdrücken oder ignorieren?
A: Es gibt hier zwei Arten geistiger Prozesse: einerseits die Begierde nach gewöhnlichem sexuellen Verkehr, andererseits einfach

sexuelle Glückseligkeit. Letzteres solltest du mit der Verwirklichung der Leerheit verbinden. Begierde nach bloßem Geschlechtsverkehr stört den eigenen Frieden – im Gegensatz zur sexuellen Glückseligkeit an sich, die sowohl physisch als auch mental sein kann. Diese Glückseligkeit ist mit der Meditation über die Leerheit zu vereinen. Sexuelle Begierde sollte weder blockiert noch gesteigert werden. Meditiere einfach über die Leerheit. Wenn sehr starke Lust aufkommt, ist es ohnehin unwahrscheinlich, dass es einem gelingt, weiterhin die Visualisation beizubehalten. Falls jedoch sexuelle Glückseligkeit entsteht, trübt das die Visualisation wahrscheinlich nicht, sondern macht sie eher noch klarer.

F: Wie meditiert man über die Leerheit, wenn Glückseligkeit entsteht?
A: Falls du bereits ein wenig mit der Meditation über die Leerheit vertraut bist, vergegenwärtigst du dir deine früheren Erfahrungen und verweilst in diesem nicht-begrifflichen Zustand. Wenn Glückseligkeit auftritt, solltest du keine Untersuchungen oder Analysen über die Natur der Leerheit beginnen. Fängst du nämlich damit an, wird dies deinen analytischen Geist in Gang setzen, was wiederum die Energien stören und die ganze Erfahrung zunichte machen würde.

F: Wie unterscheidet sich die sechste Vollkommenheit der Weisheit nach dem Pāramitāyāna von der zehnten Vollkommenheit der Ursprünglichen Weisheit im *Kālacakra-Tantra*?
A: Generell ist die Entwicklung der Vollkommenheiten nur möglich, wenn die eigene Praxis vom Erleuchtungsgeist getragen ist.

Die Vollkommenheit der Ursprünglichen Weisheit bezieht sich auf die Vollkommenheit dieser Weisheit auf der Ebene der Buddhaschaft, insbesondere die Erkenntnis der Leerheit durch einen Buddha. Dagegen bezieht sich die Vollkommenheit der Weisheit im Pāramitāyāna hauptsächlich auf die Erkenntnis der Leerheit durch einen Bodhisattva, der von der Motivation des Erleuchtungsgeists durchdrungen ist.

Im Kontext des Kālacakra ist die Vollkommenheit der Ursprünglichen Weisheit etwas, was durch begriffliche Vorstellungen nicht zu überwältigen ist. Sie verfügt über alle Aspekte der Sprache eines Buddha, was beinhaltet, dass sie selbst von der Zeit nicht überwältigt werden kann; das heißt, sie transzendiert auch die drei Zeiten Vergangenheit, Gegenwart und Zukunft. Schließlich ist die zehnte Vollkommenheit der Ursprünglichen Weisheit eins mit Kālacakra selbst, wohingegen die sechste Vollkommenheit der Weisheit bereits auf der Erzeugungsstufe auftritt.

F: Bezieht sich die Aussage, dass das Tantra innerhalb einer Lebensspanne zur Erleuchtung führen kann, gleichermaßen auf Männer und Frauen?
A: Da besteht kein Unterschied. Für geeignete Praktizierende macht das Geschlecht keinen Unterschied.

F: Gibt es eine besondere Zeit im Jahr, zu der die Selbst-Einweihung durchgeführt werden sollte?
A: Die Selbst-Einweihung wird im dritten tibetischen Monat vollzogen, weil der fünfzehnte Tag des dritten tibetischen Monats, ein Vollmondtag, an den Tag erinnert, an dem der Buddha das *Kālacakra-Tantra* gab. Sie umfasst eine Zeitspanne von sieben bis acht Tagen, wobei der fünfzehnte in der Mitte liegt. Kālacakra-Praktizierende führen diese Selbst-Einweihung vom elften bis zum achtzehnten des dritten tibetischen Monats durch.

Widmungsgebet

Durch die Macht der vereinten Gebete zur Widmung der Tugenden
der fühlenden Wesen hier und überall in den Weiten des Raumes
sowie sämtlicher *Jinas* und *Jinaputras* der drei Zeiten
mögen die Lehren der Jinas – diese Quelle von Vorzügen und Freude – blühen und vor Niedergang bewahrt werden.

Mögen diejenigen, welche die Lehren aufrechterhalten, ein langes Leben genießen,
mögen ihre Tugenden sich in alle Richtungen verbreiten,
und möge insbesondere das Leben des Beschützers des Schneelandes Tibet unerschütterlich fest bestehen bleiben.
Mögen sich seine Gedanken auf die Wesen in Tibet richten,
und sich zu allen Nationen dieser Welt hin ausbreiten.

Mögen alle drei Bereiche des Saṃsāra vollkommen leer werden,
und mögen wir rasch spirituelle Erleuchtung erlangen,
in der sowohl unsere eigenen Wünsche als auch die der anderen endgültige Erfüllung finden.

Möge mein Gebet sich bis in die fernsten Bereiche des Raumes erstrecken
und alle Formen von fühlenden Wesen erreichen
sowie über sämtliches Karma und alle Leidenschaften erhaben sein.

Gleich den mächtigen Elementen wie die Erde
und so beständig wie der Raum selbst -
möge ich zu einer Quelle der Unterstützung
für die unzähligen fühlenden Wesen werden.
Solange die Lebewesen in den Bereichen,
die den gesamten Raum erfüllen,

nicht sämtlich Nirvāṇa erlangt haben,
möge ich ihnen Nahrung geben.

Durch die Segenskräfte der Jinas und Jinaputras
und durch die Macht der unfehlbares Abhängigen Entstehens der leeren Erscheinungen
sowie durch die Kraft meiner reinen selbstlosen Gesinnung
mögen all diese Gebete in Erfüllung geben!

Möge das Tugendhafte und das Gute sich ausbreiten!

Eine Erklärung des Kālacakra Guru-Yoga, das mit Sechs Sitzungen verbunden ist

VON SEINER HEILIGKEIT DEM 14. DALAI LAMA
in Verse gefasst von Kyabdsche Ling Rinpotsche
(Aus dem Tibetischen übersetzt von Jürgen Manshardt)

Namo Guru Śrī Kālacakrāya
Nachdem ich mich vor dem ursprünglichen Buddha,
der Vereinigung des Vajra der großen Glückseligkeit und dem aspektlosen Mahamudra, verneigt habe, werde ich hier erläutern, wie das äußerst tiefgründige Guru-Yoga mit den Sechs Übungsphasen praktiziert wird.

Mit äußerst reinem [Vertrauen] nehme ich Zuflucht zum Buddha,
zum Meister, von dem ich die höchst erhabene Ermächtigung erhalten habe,
zum Dharma der untrennbaren Methode und Weisheit, das von ihm offenbart wurde,
und zu den zwei Arten der Saṅgha, die in [dem Dharma] verweilen.

Von nun an bis zur Erleuchtung
werde ich den Erleuchtungsgeist entwickeln
und den reinen Entschluss.
Ebenso werde ich das Greifen nach *Ich* und *Mein* aufgeben.
(Rezitiere dies 3 x)

Ich werde liebende Güte verinnerlichen, die wünscht, dass alle fühlenden Wesen Glück besitzen mögen.
Ich werde Mitgefühl verinnerlichen, das wünscht, sie mögen frei sein von Leiden.
Ich werde Mitfreude verinnerlichen, die wünscht, sie mögen für immer in Freude verweilen.

Und ich werde den Gleichmut der Unparteilichkeit verinnerlichen. (*Rezitiere dies 3 x*)

Um alle fühlenden Wesen aus den Gefahren
des [leidhaften] Daseins und des [rein persönlichen] Friedens zu befreien,
werde ich von nun an bis die Buddhaschaft erlangt ist,
die Geisteshaltung beibehalten, die wünscht,
die vollkommene Erleuchtung zu erreichen,
und werde sie nicht aufgeben,
selbst wenn es mein Leben kosten sollte.

Gurus, Jinas[1] und Jinaputras[2],
bitte schenkt mir eure Aufmerksamkeit.
So wie die Sugatas[3] der Vergangenheit
den Erleuchtungsgeist entfaltet haben
und die Übungen der Bodhisattvas nacheinander durchlaufen haben,
so werde auch ich zum Wohl der fühlenden Wesen
den Erleuchtungsgeist entwickeln
und stufenweise in die Praktiken der Bodhisattvas eintreten.
(*Rezitiere dies 3 x*)

Nun ist mein Leben wertvoll geworden.
Die menschliche Existenz ist trefflich erlangt.
Heute bin ich in die Familie der Buddhas geboren
und zu einem Kind der Buddhas geworden.

Was immer auch von nun an geschehen mag,
ich werde mich in Handlungen befleißigen,
die mit dieser Familie im Einklang stehen.
Und ich werde diese edle und makellose Familie nicht beflecken.

In der Sphäre des Mahāmudrā des Klaren Lichts,
frei von konzeptuellen Fabrikationen,
auf dem weitem Pfad der unsterblichen Gottheiten im Raum vor mir
entfaltet sich ein Ozean von Opfergabenwolken des Samantabhadra,
so strahlend wie Regenbögen.
In der Mitte, auf einem Juwelenthron,
der von acht Löwen gehalten wird,
liegt eine liebliche Lotusblume mit eintausend Blütenblättern.

Auf dieser befinden sich Scheiben von Mond, Sonne sowie Rāhu und Kālāgni,
und auf ihnen [verweilt] der mitfühlende Guru.

Er ist ununterscheidbar von Bhagavan Kālacakra,
in dem all die unzähligen Scharen der Zuflucht vereint sind.
Vom funkelnden Glanz von Saphiren erfüllt und vom Glanz der Glorie erstrahlend,
besitzt er ein Haupt und zwei Hände,
mit denen er Vajra und Glocke hält.

Als Symbol für den außergewöhnlichen Pfad der Vereinigung von Methode und Weisheit
befindet er sich in Vereinigung mit Vīsvamātā,
welche die Farbe von Kampfer besitzt
und ein gekrümmtes Messer und eine Schädelschale hält.

Sein rechtes, rotes Bein ist ausgestreckt.
Sein linkes, weißes Bein ist angezogen.
Er vollführt auf hundertfältige Weise einen Tanz auf Māra und Rudra.
Ihre Körper sind mit wundersamen Ornamenten geschmückt
- wie die Weiten des Raumes,
die durch die Konstellationen der [Sterne] so bezaubernd wirken –
und stehen [aufrecht] inmitten der Strahlenpracht von fünffachem, reinem Licht.
Die drei Orte ihrer Körper sind mit leuchtenden Silben geziert,
welche die göttliche Natur der drei Vajras besitzen.

Von der Keimsilbe in ihren Herzen gehen Furcht erregende Vajravegas aus,
die vielfältige Waffen tragen und zudem die Schar der Beschützer,
welche in den unzähligen Bereichen verweilen, herbeiziehen.
Diese werden von einem Geschmack mit den Samayasattvas[4]
und wandeln sich dadurch zu den erhabenen Wesen,
welche alle Zufluchtsobjekte umfassen.

Preis und Ehre dem Guru,
in dem die drei Verkörperungen untrennbar vereint sind:
Der Dharmakāya der großen Glückseligkeit,
seit Urbeginn frei von konzeptuellen Fabrikationen;

der Sambhogakāya, versehen mit der fünffältigen Selbsterhellung der Ursprünglichen Weisheit;
und dem Tanz der Nirmāṇakāyas in den Ozeanen von Bereichen der fühlenden Wesen.

Ich opfere mit einer Sicht frei von den drei Sphären[5],
ohne Anhaftung oder ein Gefühl des Verlustes,
zur Freude des mitfühlenden Guru,
dem höchst erhabenen Feld für Verdienste,
wogende Wolken voller äußerer, innerer und geheimer Gaben,
die tatsächlich aufgestellt sind
und die sich aus dem Spiel des Samādhi formen.

Sechs Paare von wunderschön geschmückten, Glückseligkeit verleihenden Göttinnen,
deren Lotus-Hände von den jeweiligen Opfersubstanzen geziert sind,
sowie gewöhnliche und außergewöhnliche Gaben,
zusammen mit meinem Körper, meinem Besitz und den Anhäufungen von Tugenden bringe ich dar.

Körper, Rede und Geist von mir und den anderen,
zusammen mit unserem Besitz und unseren Tugenden
– angesammelt in den drei Zeiten -
sowie das vortreffliche, kostbare Maṇḍala
mit einer Fülle von Samantabhadra-Opfergaben,
lasse ich in meinem Geist erstehen und bringe dies dem Guru,
der erwählten Meditationsgottheit und den Drei Juwelen dar.
Bitte, nehmt diese Gaben aus Mitgefühl an
und gewährt mir Eure verwandelnden Segenskräfte.
Guru idaṃ ratnaṃ maṇḍalakaṃ niryātayāmi

Seit anfangslosen Zeiten ist das ungezähmte Pferd meines Geistes
vom Bier der drei Gifte und der Nachlässigkeit berauscht
und so habe ich Unheilsames und Übertretungen begangen und andere dazu angestiftet.
Insbesondere habe ich den Geist des Meisters behelligt,
seine Anweisungen nicht befolgt und anderes mehr.
Ich habe den allgemeinen und den besonderen Gelübden der fünf Buddha-Familien zuwider gehandelt
und habe die fünfundzwanzig speziellen und andere ethische Regeln nicht richtig gewahrt.

Jede meiner fehlerhaften Taten lege ich mit großem Bedauern offen,
und gelobe mit fester Entschlossenheit, mich ihrer in Zukunft zu enthalten.

Ich erfreue mich an den Ozeanen der von mir und anderen durchgeführten trefflichen Handlungen,
welche Tausende von Bläschen angenehmer Wirkungen hervorbringen.
Bitte lasse im Einklang mit den Interessen und Einstellungen der minder-, mittel- und höchstbegabten Schüler den Regen des Dharma der drei Fahrzeuge herniedergehen.
Mögen die grobstofflich [erscheinenden] Formkörper [der Buddhas] über Hunderte von Zeitaltern vor dem Angesicht der Kurzsichtigen auftreten,
ohne zunichte zu werden oder sich zu wandeln.
Ich widme meine Ansammlung von Tugenden, damit sie zur Ursache dafür werden,
geschwind den Zustand der Vereinigung von Kālacakra zu erlangen.

Von nun an bis zur Erleuchtung
werde ich den Erleuchtungsgeist entwickeln
und den reinen Entschluss.
Ebenso werde ich das Greifen nach *Ich* und *Mein* aufgeben.

Um die drei Ansammlungen[6] zu verwirklichen,
werde ich Freigebigkeit, ethische Disziplin, Geduld, freudige Tatkraft, meditative Festigung, Weisheit, Methode, Wunschgebete, Kraft und Ursprüngliche Weisheit praktizieren.

Ich werde liebende Güte verinnerlichen, die wünscht, dass alle fühlenden Wesen Glück erfahren mögen.
Ich werde Mitgefühl verinnerlichen, das wünscht, sie mögen frei sein von Leiden.
Ich werde Mitfreude verinnerlichen, die wünscht, sie mögen für immer in Freude verweilen.
Und ich werde den Gleichmut der Unparteilichkeit verinnerlichen.

Ich werde Schüler durch meine Freigebigkeit anziehen,
angenehme Gespräche mit ihnen führen.

Ihnen mein sinnvolles Verhalten zeigen,
und ihnen wertvolle Anweisungen geben,
die ihren Bedürfnissen entsprechen.

Ich werde die zehn unheilsamen Handlungen aufgeben:
die drei körperlichen Handlungen,
die vier sprachlichen Handlungen
und die drei geistigen Handlungen.

Ich werde die fünf Hindernisse überwinden,
welche die drei Schulungen[7] beeinträchtigen:
Reue, Dumpfheit, Schläfrigkeit,
Erregung und Zweifel.

Ich werde die vier Geistesplagen aufgeben,
welche die Wurzel des leidhaften Daseins sind:
Anhaftende Begierde, Hass,
Verblendung und Stolz.

Ich werde die vier Befleckungen aufgeben,
welche die Ursache für das Saṃsāra bilden:

Die Befleckung der anhaftenden Begierde,
die Befleckung des Daseins,
die Befleckung der Unwissenheit
und die Befleckung der falschen Ansichten.

Ich werde mittels der vier Tore zur Befreiung
die vollendete Erleuchtung erlangen:
Leerheit, Merkmalslosigkeit,
Begierdelosigkeit und Nicht-Aktivität.

Ich bete zum mitfühlenden Meister,
der Vereinigung aller drei Zufluchtsobjekte,
der – wenn man sich auf ihn stützt –
das hervorragendste Wunsch erfüllende Juwel ist,
die Quelle alles Heilsamen und Vortrefflichen
innerhalb des Saṃsāra und des Friedens des Nirvāṇa.
Dich bitte ich, wandle meinen Geistesstrom durch deine Segenskraft!
Oṃ āḥ guru vajradhara mañjuśrī vagindra sumati jñāna śasanadhara samudra śrībhadra sarva siddhi hūṃ hūṃ

Guru Kālacakra,
bitte verleihe mir die vollständigen Ermächtigungen.
Wandle mich durch deine Segenskraft,
so dass ich die vier Arten von Hindernissen beseitigen
und die vier Körper [eines Buddha] erlangen möge.
(*Rezitiere dies 3 x*)

Vom Herzen Kālacakras gehen Sugatas in ihrem Vater- und Mutter-Aspekt aus,
und ebenso der Kreis des Maṇḍala.
Die Initiationsgottheiten verleihen die Ermächtigungen
von Wasser, Krone, Kronenbändern, Vajra und Glocke, Lebensführung, Namen und Erlaubnis.

Gleichfalls gewähren sie die zwei Gruppen von höheren und noch höheren Einweihungen,
wie auch die höchste Ermächtigung eines Vajra-Meisters.
Dadurch werden die Vitalenergien und Kanäle des Körpers gefügig,
und ich werde ermächtigt, die beiden Stufen zu entwickeln.

Mir wird das Glück zuteil, in diesem Leben
den siebenfachen erhabenen Zustand von Kālacakra zu verwirklichen,
in dem die 21.600 karmischen Vitalenergien
und alle materiellen Bestandteile des Körpers zur Auflösung gelangen.

Mit von Herzen kommender Ehrfurcht bete ich zu Dir,
erhabener Guru Vajradhara, Verkörperung all der Myriaden Zufluchtsobjekte,
bitte wandle mein Geisteskontinuum durch Deine Segenskraft!

Kraft dieses inständigen und flehentlichen Gebets
kommt mein Haupt-Guru, der erhabene Kālacakra,
auf einzigartige Weise auf die Kopferhöhung meines Scheitels
und löst sich freudig auf, um eins mit mir zu werden.

Alle Phänomene – Ursachen, Wirkungen, Natur und Handlungen –
sind ursprünglich leer von inhärenter Natur,
Illusionen und Träumen gleich.

Wie eine aufsteigende Blase erscheint aus der Sphäre der Leerheit
der Mond, die Sonne, Rāhu und Kālāgni
in der Mitte einer blühenden Lotusblume.

Über ihnen befinden sich der Mond und die Sonne,
von der Natur der weißen und roten Elemente,
geschmückt mit der Girlande der Vokale und Konsonanten,
von der Natur der Merkmale und Symbole eines Buddha.

Im Zentrum befinden sich die Silben der Vitalenergie und des Geistes *Hūṃ* und *Hi*,
die in der Silbe *Hūṃ* vereint werden.
Aus dieser wandele ich mich selbst zu Kālacakra.

Vom Funkeln von Saphiren erfüllt und vom Glanz der Glorie erstrahlend,
besitze ich vier Häupter und vierundzwanzig Hände.
Die ersten beiden umarmen meine Gefährtin und halten Vajra und Glocke,
welche den Vajra der höchsten unwandelbaren Glückseligkeit symbolisieren,
sowie die Wirklichkeit der Leerheit einer Natur,
frei von konzeptuellen Fabrikationen.

Die verbleibenden rechten und linken Lotushände sind mit Handsymbolen wie einem Schwert und einem Schild geziert.
Mein rechtes, rotes Bein ist ausgestreckt,
mein weißes, linkes Bein gebeugt,
auf hundert Arten tanze ich auf Māra und Rudra.

Mein Körper ist mit einer Vielzahl von Ornamenten geschmückt
- wie die Weiten des Raumes, die durch die Konstellationen der [Sterne] so bezaubernd wirken -
steht er inmitten der Strahlenpracht von fünffachem, reinem Licht.

Vīsvamātā ist dem Herrn zugewandt,
sie besitzt die Farbe von Kampfer, vier Gesichter und acht Hände,
in denen sie verschiedene Symbole wie etwa ein gekrümmtes Messer und eine Schädelschale hält.
Mit ihrem linken Bein ausgestreckt umarmt sie den Herrn.

Umgeben von den acht Śaktīs, die sich auf den Glück verheißenden Blütenblätter-Kissen in jeder der Haupt- und Nebenrichtungen befinden,
senden die Hauptgottheiten von ihren Herzen äußerst Furcht erregende Vajravegas aus,
die verschiedene Waffen tragen und eine Schar von Beschützern herbeiziehen,
die in den unzähligen Bereichen verweilen.
Diese werden von einem Geschmack mit den Samayasattvas.

Die ermächtigenden Gottheiten gewähren die Einweihung,
und der Herr der Familie kennzeichnet die Scheitel der Häupter der Hauptgottheit und der gesamten Begleitung.

Die Keimsilben am Herzen der Hauptgottheit und der Begleitung sind jeweils von ihren entsprechenden Mantra-Girlanden umgeben.
Von diesen gehen die Scharen der Maṇḍala-Gottheiten aus,
welche zum Wohle der Lebewesen wirken.
Danach kehren sie zurück und verschmelzen mit der Keimsilbe im Herzen.

Oṃ āḥ hūṃ ho haṃkṣamalavaraya hūṃ phaṭ
Oṃ phreṃ vīsvamātā hūṃ hūṃ phaṭ
Oṃ dāna pāramitā hūṃ hūṃ phaṭ
Oṃ jñāna pāramitā hūṃ hūṃ phaṭ
Oṃ kṣānti pāramitā hūṃ hūṃ phaṭ
Oṃ vīrya pāramitā hūṃ hūṃ phaṭ
Oṃ dhyāna pāramitā hūṃ hūṃ phaṭ
Oṃ prajñā pāramitā hūṃ hūṃ phaṭ
Oṃ upāya pāramitā hūṃ hūṃ phaṭ
Oṃ praṇidhāna pāramitā hūṃ hūṃ phaṭ
Oṃ bala pāramitā hūṃ hūṃ phaṭ
Oṃ jala pāramitā hūṃ hūṃ phaṭ

Oṃ vajrasattva samayam anupālaya vajrasattva tvenopatiṣṭha dṛḍho me bhava sutoṣyo me bhava supoṣyo me bhava anurakto me bhava sarva siddhiṃ me prayaccha sarva karmeṣu ca me cittaṃ śrīyam kuru hūṃ ha ha ha ha hoḥ bhagavan sarvatathāgata vajra mā me muñca vajri bhava mahāsamaya sattva āḥ hūṃ phaṭ

Vom Herzen werden die Opfergöttinnen ausgesandt, welche die Gaben darbringen:
Oṃ śrī kālacakra saparivāra arghaṃ pracītccha namaḥ
Oṃ śrī kālacakra saparivāra pādyaṃ pracītccha namaḥ
Oṃ śrī kālacakra saparivāra prokṣaṇaṃ pracītccha namaḥ
Oṃ śrī kālacakra saparivāra aṃcamanaṃ pracītccha namaḥ
Oṃ śrī kālacakra saparivāra puṣpe pracītccha namaḥ
Oṃ śrī kālacakra saparivāra dhūpe pracītccha namaḥ
Oṃ śrī kālacakra saparivāra āloke pracītccha namaḥ
Oṃ śrī kālacakra saparivāra gandhe pracītccha namaḥ
Oṃ śrī kālacakra saparivāra naividya pracītccha namaḥ
Oṃ śrī kālacakra saparivāra śabda pracītccha namaḥ
Oṃ śrī kālacakra saparivāra arghaṃ pracītccha namaḥ
Oṃ śrī kālacakra maṇḍala saparivāribhyaḥ namaḥ

Ich verneige mich vor dem glorreichen Kālacakra,
dessen Natur Leerheit und Mitgefühl ist,
der frei ist von Geburt oder Vernichtung innerhalb der Daseinsbereiche,
der Verkörperung der Vereinigung von Gewahrsein und den Objekten des Gewahrseins.

Ich beuge mich vor Kālacakra,
dessen Verkörperung aus dem Unwandelbaren geboren wurde,
obwohl selbst die Verbindung von *Āli* und *Kāli*
als auch Silben wie *Huṃ* und *Phaṭ* aufgegeben wurden.

Ich verneige mich vor Mahāmudrā,
welche die Realität der subtilen und groben Partikeln überschreitet
und die Natur einer magischen Erscheinung besitzt
sowie alle höchst erhabenen Qualitäten in sich trägt.

Verehrung der Vīsvamātā,
der Mutter aller Buddhas,
welche Geburt und Vernichtung überwunden hat,
und welche die Taten des Samantabhadra vollführt.

Die Śaktīs mitsamt ihren Unterlagen schmelzen zu Licht und lösen sich in mich auf.
Ich selbst schmelze ebenfalls zu Licht,

und aus der Natur der nicht objektbezogenen Leerheit
verwandle ich mich wieder in den Aspekt des großen Kālacakra
mit einem Gesicht und zwei Händen.

Zum Wohle aller mütterlichen Wesen werde ich von nun an und ohne Bedauern
meinen Körper und ebenso meine Güter und alle Anhäufungen von heilsamen Tugenden,
die ich während den drei Zeiten [angehäuft] habe, darbieten.

Nicht einmal im Traum werde ich die feinsten Schulungen der einwandfreien Gelübde zur eigenen Befreiung,
der Gelübde der Bodhisattvas und der Gelübde des Vajrayāna übertreten,
und werde entsprechend der Anweisungen des Siegers praktizieren.

Ich werde das gesamte edle Dharma der Schriften und der Erkenntnisse,
das in den drei Fahrzeugen und den vier Tantra-Klassen zusammengefasst ist, bewahren,
so wie es vom Sieger beabsichtigt ist.
Und ich werde mit angemessenen Methoden die fühlenden Wesen vollständig befreien.

Genauso wie Surya und die Familie der Weisen
das höchste Wissen der Ursprünglichen Weisheit mittels [des Tantra] erlangt haben,
mögen auch die Lebewesen,
die sich in den drei Arten von Dasein befinden,
durch die Güte von Kālacakra das Gleiche erfahren.

Genauso wie mein Vajra des Geistes auf der ganzen Erde verweilt,
um der Befreiung der Wesen dienlich zu sein,
mögen auch sämtliche fühlende Wesen durch die Macht von Kālacakra
in den drei reinen Daseinsformen verweilen.

Mögen jene Wesen, die durch schlechten Umgang stets in der Dunkelheit der Unwahrheit umherirren und degenerierten Pfaden [folgen],

diesen [rechten] Pfad erlangen
und ohne Aufschub das Heim des juwelengleichen Vajra erreichen.

Durch die Kraft der reinen Tugend, die sich daraus ergeben hat,
möge ich durch den Einfluss von Vajradhara
zur Vollendung der Stufen des zweistufigen Pfades gelangen,
ohne jemals in irgendeinem meiner Leben die ethische Disziplin zu übertreten.

Kurzum: Möge ich durch die Ansammlung umfangreicher reiner Tugenden
dieser Art schnell in Śambhala geboren werden,
dem Juwelen-Schatzhaus,
und möge ich die Stufen des Pfades des Höchsten-Yoga-Tantra vollenden.

Möge ich mich in all meinen Leben an der Pracht des Dharma erfreuen,
ohne jemals von authentischen Meistern getrennt zu sein.
Und möge ich, indem ich die Tugenden der Stufen und Pfade vervollkommne,
geschwind den Zustand von Vajradhara erlangen.

---

1. Ein Beiname der Buddhas, der wörtlich die „Sieger" oder „Siegreichen" bedeutet.
2. Ein Beiname der Bodhisattvas, der wörtlich die „Söhne der Sieger" bedeutet.
3. Ein Beiname der Buddhas, der wörtlich „Jene, die in die Glückseligkeit eingegangen sind" bedeutet.
4. Wörtlich: „Gelübde-Wesen". Es handelt sich um die erhabenen Wesen, die ursprünglich visualisiert wurden und in welche die Jñanasattvas oder „Wesen der Ursprünglichen Weisheit" eingehen und verschmelzen.
5. Dies bezieht sich auf die [vermeintlich] inhärente Existenz des Handelnden, der Handlung und dem Objekt der Handlung.
6. Heilsame Potenziale oder Verdienste, ethische Disziplin und Ursprüngliche Weisheit.
7. Dies sind die Schulungen von ethischer Disziplin, Samādhi und Weisheit.

Übersichtstafeln

1.) Unterschiede zwischen dem Kālacakra und anderen tantrischen Systemen (Kapitel 3)
2.) Die Wasser-Initiation (Kapitel 8)
3.) Die Kronen-Initiation (Kapitel 8)
4.) Die Kronenband-Initiation (Kapitel 8)
5.) Die Initiation von Vajra und Glocke (Kapitel 8)
6.) Die Initiation der Lebensführung (Kapitel 8)
7.) Die Namens-Initiation (Kapitel 8)
8.) Die Erlaubnis-Initiation (Kapitel 8)
9.) Zusammenfassung der Sieben Selbst-Initiationen eines Kindes (Kapitel 8)
10.) Die Selbst-Erzeugung als Kālacakra (Kapitel 11)
11.) Die zehn Nāgas (Kapitel 13)

Die Angaben in den Tafeln 2-10 sind den Belehrungen von Gen Lamrimpa entnommen und durch Angaben aus *Kalachakra Tantra: Rite of Initiation* von Tenzin Gyatso, dem Vierzehnten Dalai Lama (Boston: Wisdom, 1989) ergänzt.

TAFEL 1: UNTERSCHIEDE ZWISCHEN DEM KĀLACAKRA UND ANDEREN TANTRISCHEN SYSTEMEN

Bezeichnung	*im Kālacakra*	*in anderen Tantras*
Vereinigung von Körper und Geist	Körper: Leere Form Geist: Unwandelbarer Geist*	Körper: Illusionskörper Geist: Höchste Glückseligkeit/Ursprüngliche Weisheit
Vereinigung der zwei Wahrheiten	konventionelle: leere Form endgültige: Unwandelbare Glückseligkeit	konventionelle: Körper endgültige: Geist
Vereinigung von Weisheit und Methode	Methode: Unwandelbare Glückseligkeit Weisheit: leere Form	Methode: Illusionskörper Weisheit: Geist

*Bei der Vereinigung von Körper und Geist basiert sowohl im Kālacakra als auch im Guhyasamāja der Geist auf der subtilen ursprünglichen Energie.

TAFEL 2: DIE WASSER-INITIATION (KAPITEL 8)

Ausrichtung	*Keimsilbe*	*Symbol*	*Gefährtin*	*Tathāgata*	*Gesichter*
Südosten	*i*	Schwert	Tārā, schwarz	Vairocana	3: schwarz, rot, weiß
Südwesten	*r*	Juwel	Paṇḍārī, rot	Amitābha	3: rot, weiß, schwarz
Nordosten	*u*	Lotus	Māmaki, weiß	Ratnasambhava	3: weiß, schwarz, rot
Nordwesten	*l*	Rad,	Locanā, gelb	Amoghasiddhi	3: gelb, weiß, schwarz
	a	Vajra	Vajradhātvīśvarī, grün	Vajrasattva	3: grün, rot, weiß,

Die vier Gefährtinnen residieren zusammen mit ihren Gefährten im Maṇḍala des ursprünglichen Weisheitsbewusstseins in ihren jeweiligen Zwischenrichtungen. Vajradhātvīśvarī residiert zusammen mit Viśvamātā, tritt aber gesondert heraus, um die Initiation zu erteilen.

Die Gefährtinnen und die Tathṣgatas besitzen jeweils drei Augen. Sie nehmen die Meditationshaltung ein, wobei sie ihre jeweiligen Gefährten umarmen. Die Gefährtinnen sind der Hauptgottheit Kālacakra zugewandt; die männlichen Gottheiten wenden der Hauptgottheit ihren Rücken zu.

Das Maṇḍala des ursprünglichen Bewusstseins ist von rechteckiger Form und von einer Balustrade grüner Vajras umgeben. An jeder der vier Ecken befindet sich eine schwarze Säule.

Hände	*Element*	*Chakra*	*Siegel*
6: r: Schwert, geschwungenes Messer, Dreizack l: Schild, Schädel, Khaṭvāṅga	Luft	Nabel	Amoghasiddhi
6: r: Dreier-Pfeil, Vajra-Haken Ḍāmaru l: Bogen, Vajra-Schlinge, Juwel mit 9 Facetten	Feuer	Stirn	Ratnasambhava
6: r: Holzhammer, Speer, Dreizack l: weißer achtblättriger Lotus, Spiegel, Mālā	Wasser	Kehle	Amitābha
6: r: Rad, Stab, zornvoller Vajra l: Muschel, Vajra-Kette, Glocke	Erde	Herz	Vairocana
6: r: Vajra, geschwungenes Messer, Axt l: Vajra und Glocke, Schädel, Brahma-Kopf	Raum	Scheitel- punkt	Akṣobhya

TAFEL 3: DIE KRONEN-INITIATION (KAPITEL 8)

Ausrichtung	*Silbe*	*Krone*	*Symbol*	*Gefährtin*	*Tathsgata*
Osten	*i*	blau	Schwert	Amoghasiddhi, schwarz	Locanā, gelb
Süden	*ṛ*	rot	Juwel	Ratnasambhava, rot	Māmaki, weiß
Norden	*u*	weiß	Lotus	Amitābha, weiß	Paṇḍārī, rot
Westen	*ḷ*	gelb	Rad	Vairocana, gelb	Tārā, schwarz
	a	grün	Vajra	Aksṣobhya, grün	Prajñāpāramitā, blau

Die vier Tathāgatas residieren zusammen mit ihren Gefährtinnen im Maṇḍala des ursprünglichen Weisheitsbewusstseins, jeweils in den vier Himmelsrichtungen. Akṣobhya residiert zusammen mit Kālacakra, tritt aber gesondert heraus, um die Initiation zu erteilen. Die Tathāgatas und die Gefährtinnen besitzen jeweils drei Augen. Sie sind in Meditationshaltung, wobei sie ihre jeweiligen Gefährten umarmen. Die Tathāgatas sind der Hauptgottheit Kālacakra zugewandt; ihre Gefährtinnen wenden der Hauptgottheit den Rücken zu.

Das Maṇḍala des ursprünglichen Bewusstseins ist von rechteckiger Form und von einer Balustrade grüner Vajras umgeben. An jeder der vier Ecken befindet sich eine schwarze Säule.

Gesichter	*Hände*	*Skandhas*	*Chakra*	*Siegel*
3: schwarz, rot, weiß	6: r: Schwert, geschwungenes Messer, Dreizack Schild, Schädelschale, Khaṭvāṅga	zusammen-gesetzte Faktoren	Herz	Amoghasiddhi
3: rot, weiß, schwarz	6: r: Dreier-Pfeil, Vajra-Haken, Ḍāmaru l: Bogen, Vajra-Schlinge, Juwel mit 9 Facetten	Empfindung	Kehle	Ratnasambhava
3: weiß, schwarz, rot	6: r: Holzhammer, Speer, Dreizack l: achtblättriger Lotus, Rad, Mālā	Wahrnehmung	Stirn	Amitābha
3: gelb, schwarz, weiß	6: r: Rad, Keule, zornvoller Vajra l: Muschel, Vajra-Kette, Glocke	Form	Nabel	Vairocana
3: grün, rot, weiß	6: r: Vajra, geschwungenes Messer, Axt l: Vajra und Glocke, Schädel, Brahma-Kopf	Bewusstsein	Scheitel	Vajrasattva

Tafel 4: Die Kronenband-Initiation (Kapitel 8)/ erster Teil: die vier Haupthimmelsric

Ausrichtung	*Keimsilbe*	*Symbol*	*Śakti*	*Gesichter*
Osten	*a*	Kessel mit Räucher-werk	Kṛṣṇadīptā, schwarzer Umhang *(tib. nag mo 'bar ma)*	4: schwarz, rot, gelb, weiß
Süden	*āḥ*	Butterlampe	Raktadīptā, roter Umhang *(tib. dmar mo 'bar ma)*	4: rot, gelb, weiß, blau
Norden	*aṃ*	Speisen	Śvetādīptā, weißer Umhang *(tib. dkar mo 'bar ma)* rot, gelb	4: weiß, schwarz,
Westen	*ā*	Muschel	Pītādīptā gelber Umhang *(tib. ser mo 'bar ma)*	4: gelb, weiß, blau, rot

Die Initiation wird durch die zehn Śaktīs übertragen, die im Maṇḍala der großen Glückseligkeit auf den acht Lotusblättern in den jeweiligen Haupt- und Zwischenhimmelsrichtungen residieren.

Die Śaktīs haben drei Augen, fünf Mudrās und auf dem Scheitel Vajrasattva. Sie verweilen in der Haltung der Gleichheit. Die Śaktīs werden auch als die zehn Pāramitās oder zehn Vollkommenheiten bezeichnet.

Hände	*Band*	*Energie*	*Pāramitā*
8: r: Räucherwerkbehälter, Sandelholz und Safran, Kampfer, Moschus l: Glocke, Lotus, Himmelsbaum, Blumengirlande	schwarz	Feuer begleitend	Dhyāna
8: r: Butterlampe, Juwelenhalsband, Krone, Armbänder l: Gewänder, Gürtel, Ohrringe, Fußreifen	rot	aufsteigend	Upāya
8: r: Gefäße für Milch, Wasser, kostbare Medizin, Bier l: Gefäße für Nektar, Siddhi-Geschmack, Arura-Frucht, Speisen	weiß	durchdringend	Pranidhana
8: r: Muschel, Flöte, Juwel, Ḍāmaru l: Gitarre, Trommel, Gong, Trompete	gelb	Nāga	Bala

Fortsetzung nächste Seite

TAFEL 4: DIE KRONENBAND-INITIATION (KAPITEL 8)/ ZWEITER TEIL: DIE VIER ZWISCHENRICHTUNGEN S

Ausrichtung	*Keimsilbe*	*Symbol*	*Śakti*	*Gesichter*
Südosten	*ha*	schwarzer Yakschwanz- Fächer	Dhūmā, schwarze Fächerdame *(tib. du ba ma)*	4: schwarz, rot, gelb, weiß
Südwesten	*haḥ*	roter Yakschwanz-Fächer	Marīci, rote Fächerdame *(tib. smig sgyu ma)*	4: rot, gelb, weiß, blau
Nordosten	*haṃ*	weißer Yakschwanz-Fächer	Khagamanā, weiße Fächerdame *(tib. mkha' snang ma)*	4: weiß, schwarz, rot, gelb
Nordwesten	*hā*	gelber Yakschwanz-Fächer	Pradīpā, gelbe Fächerdame *(tib. mar me ma)*	4: gelb, weiß, blau, rot
Die beiden übrigen Śaktis bzw. Gefährtinnen				
	ho		Vajradhātvīśvarī, grün	3: grün, rot, weiß
	phreṃ		Viśvamātā, blau	3: blau, weiß, rot

TAFEL 5: DIE INITIATION VON VAJRA UND GLOCKE (KAPITEL 8)

Position	*Keimsilbe*	*Symbol*	*Gottheit*	*Farbe*
Spitze des	*hūṃ*	Vajra	Kālacakra	blau
Maṇḍala	*phreṃ*	Glocke	Viśvamātā	safranfarben

Hände	*Band*	*Energie*	*Pāramitā*
8: alle mit schwarzen Yakschwanz-Fächern	schwarz	Schildkröte	Dāna
8: alle mit roten Yakschwanz-Fächern	rot	Eidechse	Śīla
8: alle mit weißen Yakschwanz-Fächern	weiß	Devadatta	Kṣānti
8: alle mit gelben Yakschwanz-Fächern	gelb	Dhanaṃjaya	Virya
6: r: Vajra, geschwungenes Messer, Axt l: Vajra-Glocke, Schädel, Brahma-Kopf	blau	Leben erhaltend	Jñāna
6: r: Vajra, Glocke, Axt l: Glocke, Schädel, Brahma-Kopf	grün	absteigend	Prajñā

Gesicht	*Hände*	*reinigt*	*Siegel*
1	2: mit Vajra und Glocke	rechten Kanal	Akṣobhya
1	2: mit geschwungenem Messer und Schädelschale	linken Kanal	Vajrasattva

Tafel 6: Die Initiation in die Haltung (Kapitel 8)/ Teil I: Die vier Himmelsrichtungen

Position	*Keimsilbe*	*Symbol*	*Bodhisattva*	*Gefährte/in*
Rechte Torseite				
Osten	*e*	Schwert	Ākāśagarbha, schwarz	Gandhavajrā, gelb
Süden	*ar*	Juwel	Kṣitigarbha, rot	Rūpavajrā, weiß
Norden	o	Lotus	Avalokiteśvara, weiß	Rasavajrā, rot
Westen	*al*	Rad	Viṣkambhī, schwarz	Sparśavajrā gelb
Linke Torseite				
Osten	*am*	Vajra	Samantabhadra, blau	Dharmadhātuvajrā, grün
Süden̂	*a*	Vajra	Vajrapāṇi, grün	Śabdavajrā, blau
Norden	*ah*	Vajra	Śabdavajrā, blau	Vajrapāṇi, grün
Westen	*a*	Vajra	Dharmadhātuvajrā, grün	Samantabhadra, blau

Die Initiation wird durch die sechs männlichen und die sechs weiblichen Bodhisattvas verliehen, jeweils im dualen Aspekt, was zwölf Paare ergibt.
Sie verweilen im Maṇḍala des Geistes, jeweils an den linken und rechten Torseiten sowie in den vier Ecken.

Gesichter	*Hände*	*Siegel*	*reinigt*
3: schwarz, rot, weiß	6: r: Schwert, geschwungenes Messer, Dreizack l: Schild, Schädel, Khaṭvāṅga	Amoghasiddhi	Geruchssinn
3: rot, weiß, schwarz	6: r: Dreier-Pfeil, Vajra-Haken, Ḍāmaru l: Bogen, Vajra-Schlinge, Juwel	Ratnasambhava	visueller Sinn
3: weiß, schwarz, rot	6: r: Holzhammer, Speer, Dreizack l: hundertblättriger Lotus, Spiegel, Mālā	Amitābha	Geschmackssinn
3: gelb, weiß, schwarz	6: r: Rad, Stab, zornvoller Vajra l: Muschel, Vajra-Kette, Glocke	Vairocana	Tastsinn
3: blau, rot, weiß	6: r: Vajra, geschwungenes Messer, Axt l: Glocke, Schädel, Brahma-Kopf	Akṣobhya	geistige Wahrnehmungsfähigkeit
3: grün, rot, weiß	6: r: Vajra, geschwungenes Messer, Axt l: Glocke, Schädel, Brahma-Kopf	Vajrasattva	Gehörsinn
3: blau, rot, weiß	6: r: Vajra, geschwungenes Messer, Axt l: Glocke, Schädel, Brahma-Kopf	Akṣobhya	Klang
3: grün, rot, weiß	6: r: Vajra, geschwungenes Messer, Axt l: Glocke, Schädel, Brahma-Kopf	Vajrasattva	geistige Objekte

Fortsetzung nächste Seite

TAFEL 6: DIE INITIATION IN DIE HALTUNG (KAPITEL 8)/ TEIL II : DIE VIER ECKEN BEZIEHUNGSWEISE N

Position	*Keimsilbe*	*Symbol*	*Bodhisattva*	*Gefährtin*
Ecke im Südosten	*ai*	Schwert	Sparśavajrā, gelb	Viṣkambhī, schwarz
Südwesten	*ar*	Juwel	Rasavajrā, rot	Avalokiteśvara, weiß
Nordosten	*au*	Lotus	Rūpavjrā, weiß,	Kṣitigarbha rot
Nordwesten	*al*	Rad	Gandhavajrā, gelb	Ākāśagarbha, schwarz

Gesichter	Hände	Siegel	reinigt
3: schwarz, rot, weiß	6: r: Schwert, geschwungenes Messer, Dreizack l: Schild, Schädel, Khaṭvāṅga	Amoghasiddhi	Tastobjekte
3: rot, weiß, schwarz	6: r: Dreier-Pfeil, Vajra-Haken, Ḍāmaru l: Bogen, Vajra-Schlinge, Juwel mit 9 Facetten	Ratnasambhava	Geschmacks-objekte
3: weiß, schwarz, rot	6: r: Holzhammer, Speer, Dreizack l: hundertblättriger Lotus, Spiegel, Mālā	Amitābha	visuelle Formen
3: gelb, weiß, schwarz	6: r: Rad, Stab, zornvoller Vajra l: Muschel, Vajra-Kette, Glocke	Vairocana	Gerüche

Tafel 7: Die Namens-Initiation (Kapitel 8)

Position	*Silbe*	*Symbol*	*Zornvolle Gottheit*	*Gefährtin*
Osten	*ya*	Schwert	Vighnāntaka, schwarz	Stambhani, gelb
	la	Rad		Stambhani, gelb
Süden	*ra*	Juwel	Prajñāntaka, rot	Māninī, weiß
	vā	Lotus		Māninī, weiß
Norden	*va*	Lotus	Padmāntaka, weiß	Ḍombinī, rot
	rā	Juwel		Ḍombinī, rot

Die Initiation wird durch die sechs männlichen und die sechs weiblichen zornvollen Gottheiten (skt. *krodhas,* tib. *khro bo* [Aussprache: tro-wo] bzw. *khro mo* [Aussprache: tro-mo]) verliehen, also sechs Paaren. Vier Gottheiten mit ihren Gefährtinnen residieren in den Torgängen des Maṇḍala des Geistes; eine Gottheit mit Gefährtin über dem Osttor des Geist-Maṇḍala und eine Gottheit mit Gefährtin residiert im Körper-Maṇḍala.

Gesichter	*Hände*	*Siegel*	*reinigt*
3: schwarz, rot, weiß	6: r: Wort, geschwungenes Messer, Dreizack l: Schild, Schädel, Khaṭvāṅga	Amoghasiddhi	Mund
3: gelb, weiß schwarz	6: r: Rad, Stab, zornvoller Vajra l: Muschel, Vajra-Kette, Glocke	Vairocana	Sprechen
3: rot, weiß, schwarz	6: r: Dreier-Pfeil, Vajra-Haken, Ḍāmaru l: Bogen, Vajra-Schlinge, Juwel mit 9 Facetten	Ratnasambhava	Arme
3: weiß, schwarz, rot	6: r: Holzhammer, Speer, Dreizack l: hundertblättriger Lotus, Spiegel, Mālā	Amitābha	Greifen
3: weiß, schwarz, rot	6: r: Holzhammer, Speer, Dreizack l: hundertblättriger Lotus, Spiegel, Mālā	Amitābha	Beine
3: rot, weiß, schwarz	6: r: Dreier-Pfeil, Vajra-Haken, Ḍāmaru	Ratnasambhava	Gehen

Fortsetzung nächste Seite

TAFEL 7: DIE NAMENS-INITIATION (KAPITEL 8)

Position	*Silbe*	*Symbol*	*Zornvolle Gottheit*	*Gefährtin*
Westen	*la*	Rad	Yamāntaka, gelb	Ativīryā, schwarz
	yṣ	Schwert		Ativīryā, schwarz
Über dem Osttor	*ha*	Vajra	Uṣṇīṣacakravārtin, grün	Atinīlā blau
	haḥ	Vajra		Atinīlā blau
Körper-Maṅḍala	*ham*	Vajra	Sumbharāja, blau	Raudrākṣī, grün
	hā	Vajra		Raudrākṣī, grün

TAFEL 8: DIE ERLAUBNIS-INITIATION (KAPITEL 8)

Keimsilbe	*Symbol*	*Gottheit*	*Gefährtin*
haṃ	Vajra	Vajrasattva, blau	Vajradhātvīśvarī
kṣa	Vajra	Prajñāpāramitā, blau	Akṣobhya

Die Initiation wird durch Vajrasattva und Prajñāpāramitā verliehen, die im Maṇḍala der großen Glückseligkeit residieren. Im Maṇḍala thront Vajrasattva auf dem Kopf von Kālacakra, und Prajñāpāramitā ist mit der Gefährtin des Kālacakra, Viśvamātā, verschmolzen.

Gesichter	*Hände*	*Siegel*	*reinigt*
3: gelb, weiß, schwarz	6: r: Rad, Stab, zornvoller Vajra l: Muschel, Vajra-Kette, Glocke	Vairocana	After
3: blau, rot, weiß	6: r: Schwert, geschwungenes Messer, Axt l: Schild, Schädel, weißer Khaṭvāṅga	Amogha- siddhi	Ausscheidung von Exkrementen
3: grün, rot, weiß	6: r: Vajra, geschwungenes Messer, Axt l: Glocke, Schädel, Brahma-Kopf	Vajrasattva	Urinkanal
3: blau, rot, weiß	6: r: Vajra, geschwungenes Messer, Axt l: Glocke, Schädel, Brahma-Kopf	Akṣobhya	Urinieren
3: blau, rot, weiß	6: r: Vajra, geschwungenes Messer, Axt l: Glocke, Schädel, Brahma-Kopf	Akṣobhya	höchste Fähigkeit
3: grün, rot, weiß	6: r: Vajra, geschwungenes Messer, Axt l: Vajra und Glocke, Schädel, Brahma-Kopf	Vajrasattva	Samenerguss

Siegel	*reinigt*
Akṣobhya	Skandha der Ursprünglichen Weisheit
Akṣobhya	Element Bewusstsein

Tafel 9: Zusammenfassung der sieben Selbst-Initiationen eines Kindes (Kapitel 8)

Initiation	*Ausrichtung*	*Maṇḍala*	*Gottheiten*	*Zubehör*
Wasser	weiß, Gesicht nach Norden	Maṇḍala des Ursprünglichen Bewusstseins	5 Gefährtinnen mit Gottheiten	Vase
Kronen-band			5 Tathāgatas	Kronen
Kronen band	rot, Gesicht nach Norden	Maṇḍala der der großen Glückseligkeit	10 Śaktis	seidenes Band
Vajra und Glocke			Kālacakra Viśvamātā	Vajra und Glocke

Reinigung	*reinigt*	*verursacht*
fünf Elemente:	Tropfen an der Stirn,	Vajra-Körper
1.) Erde,	Wachzustand	
2.) Wasser,		
3.) Feuer,		
4.) Wind,		
5.) Raum		
fünf Skandhas:		
6.) Form,		
7.) Empfindung,		
8.) Wahrnehmung,		
9.) zusammengesetzte Faktoren,		
10.) Bewusstsein		
zehn Energien:	Tropfen an der Kehle,	Vajra-Rede
12.)Feuer begleitende,	Traumzustand	
12.) aufsteigende,		
13.) durchdringende,		
14.) Leben erhaltende,		
15.) absteigende,		
16.) Nāga,		
17.) Schildkröte,		
18.) Eidechse,		
19.) Devadatta,		
20.) Dhanaṃjaya		
zwei Nebenkanäle:		
21.) linker Kanal,		
22.) rechter Kanal.		

Fortsetzung nächste Seite

Tafel 9: Zusammenfassung der sieben Selbst-Initiationen eines Kindes (Kapitel 8)

Initiation	*Ausrichtung*	*Maṇḍala*	*Gottheiten*	*Zubehör*
Verhalten	Schwarz, Gesicht nach Osten	Geist-Maṇḍala	6 männliche und 6 weibliche Bodhisattvas	Daumen-ring
Name			6 männliche und 6 weibliche Krodhas	Arm- und Fußbänder
Erlaubnis	gelb, Gesicht nach Westen	Maṇḍala der großen Glückseligkeit	Vajrasattva Prajñāpāramitā	Hand-symbole oder Mudrās

Reinigung	*reinigt*	*verursacht*
sechs Sinnesquellen: Subjekt/Objekt 23.) Auge/Sichtbares, 24.) Ohr/Klang, 25.) Nase/ Geruch,	Tropfen am Herzen, Tiefschlafzustand	Vajra-Geist
26.) Zunge/Geschmack, 27.) Körper/Berührung, 28 .) geistige Wahrnehmung/ mentale Objekte. **sechs Handlungsgrundlagen/ Fähigkeiten:** 29.) Mund/Sprechen, 30.) Arme/Greifen, 31.) Beine/Gehen, 32.) After/Ausscheidung von Exkrementen, 33.) Urinkanal/ Urinieren, 34.) höchster Bereich/Ejakulation.		
zwei Weisheitsfaktoren 35.) Skandha der Ursprünglichen Weisheit, 36.) Element Bewusstsein	Tropfen am Nabel, vierte Gelegenheit	Vajragleiche Ursprüngliche Weisheit

Kālacakra

Entsteht aus der Silbe *Haṃ*

Blaue Farbe

4 Gesichter	schwarz, rot, gelb, weiß. Alle Gesichter haben 3 Augen.

5-seitige Krone aus geflochtenem Haar

Auf dem Haupt befindet sich eine Krone aus geflochtenem Haar und darauf ein 8-speichiges Rad, wobei die Haarflechten durch die Speichen hindurch reichen. In der Mitte des Rades thront Akṣobhya. Fünf der 8 Speichen zeigen nach vorne und zu den Seiten. An den Enden dieser 5 Speichen sind Abplattungen. Auf der Krone aus geflochtenem Haar ist ein bunter, gekreuzter und aufrecht stehender Vajra mit 4 Stegen.

6 Mudrās:	Vajra-Ohrringe, Vajra-Armbänder, Arm- und Fußreifen, Vajra-Brust-Ornament, Vajra-Gürtel, Vajra-Schal, Vajra-Gebetskette, Fingerabzeichen
3 Kehlen:	die mittlere schwarz, rechts rot, links weiß
6 Schultern:	die zwei vorderen blau, die beiden mittleren gelb, die beiden rückwärtigen weiß
12 Armansätze:	die beiden ersten schwarz, die beiden mittleren rot, die zwei hinteren weiß
24 Arme:	von unten: die ersten acht schwarz, die nächsten acht rot, die dritten acht weiß
24 Hände:	die Außenseiten der Daumen gelb, der Zeigefinger weiß, der Mittelfinger rot, der Ringfinger schwarz, der kleine Finger grün; die Innenseiten der unteren Gelenke schwarz, der mittleren rot, der letzten weiß. Geschmückt mit Ringen und Licht ausstrahlend.

Ornamente in den Händen (von unten):

8 blaue Hände:	r: Vajra, Schwert, Dreizack, geschwungenes Messer
	l: Glocke, Schild, Khatvānga, Schädelschale mit Blut gefüllt
8 rote Hände:	r: 3 Feuerpfeile, Vajra-Haken, ertönende Ḍāmaru, Hammer
	l: Bogen, Lasso, Juwel, weißer Lotus
8 weiße Hände:	r: Rad, Speer, Keule, Axt
	l: Muschel, Spiegel, Vajra-Kette, Brahma-Kopf mit 4 Gesichtern

Rechtes rotes Bein ausgestreckt

Linkes weißes Bein leicht gebeugt

Rechter Fuß über Māra, rote Gottheit der Begierde, ein Gesicht,
4 Hände mit 5 blütengleichen Pfeilen, Bogen, Lasso, Eisenhaken

Linker Fuß über Rudra, weiß, ein Gesicht, 3 Augen,
4 Hände mit Dreizack, Dāmaru, Schädelschale, Khaṭvāṅga

Gefährtinnen von Māra und Rudra: Priyā und Madhyamā, die sich mit gesenkten Köpfen an den Fersen von Kālacakra festhalten.

Viśvamātā

Erhebt sich aus der Silbe *Phreṃ*	
Safranfarben	
4 Gesichter:	gelb, weiß, blau, rot. Alle haben 3 Augen.
Krone mit Vajrasattva	
5 Arten von Mudrās (Ornamente)	
8 Hände:	r: geschwungenes Messer, Haken, Dāmaru, Gebetskette
	l: Schädelschale, Lasso, weißer achtblättriger Lotus, Juwel

In Vereinigung mit Kālacakra

Akṣobhya:	grün
Gefährtin:	Prajñāpāramitā
3 Gesichter:	grün, rot, weiß
6 Hände:	r: Vajra, geschwungenes Messer, Axt
	l: Vajra-Glocke, Schädel, Brahma-Kopf
Vajrasattva:	blau
Gefährtin:	Dharmadhātuvajrā
3 Gesichter:	blau, rot, weiß
6 Hände:	r: Vajra, geschwungenes Messer, Axt
	l: Vajra-Glocke, Schädel, Brahma-Kopf

In Vereinigung mit Viśvamātā

Vajradhātvisvari:	grün
Gefährte:	Vajrasattva
3 Gesichter:	grün, rot, weiß
6 Hände:	r: Vajra, geschwungenes Messer, Axt
	l: Glocke, Schädel, Brahma-Kopf
Prajñāpāramitā:	blau
Gefährte:	Akṣobhya
3 Gesichter:	blau, rot, weiß
6 Hände:	r: Vajra, geschwungenes Messer, Axt
	l: Glocke, Schädel, Brahma-Kopf

Glossar

(Skt. = Sanskrit; tib. = Tibetisch)

Acht Siddhis; acht übernatürliche Fähigkeiten: Diese werden auch *acht Kräfte eines Buddha* genannt: (1) der Körper eines Buddha; (2) die Rede eines Buddha; (3) der Geist eines Buddha; (4) die magischen Kräfte; (5) Meisterung der drei Zeiten, des Nirvāṇa und des Saṃsāra; (6) alles erfüllende Kräfte, welche die Bedürfnisse der Wesen befriedigen; (7) Kraft der guten Qualitäten; (8) Kraft der Handlungen.

Acht weltliche Einstellungen: Diese werden auch als „acht weltliche Dharmas“ bezeichnet. Es handelt sich um Einstellungen, die sich am Folgenden orientieren: (1) Vergnügen, das sich daraus ergibt, dass man etwas erlangt; (2) Unzufriedenheit darüber, dass man etwas Gewünschtes nicht erlangt; (3) Glück, das durch weltliches Vergnügen entsteht; (4) Betrübnis, die durch ein Mangel an Vergnügen aufkommt; (5) Freude, die entsteht, weil man gelobt wird; (6) Unbefriedigtsein, das daraus erwächst, dass man missachtet oder herabgesetzt wird; (7) Glück, das entsteht, wenn man angenehme Worte über Verwandte, Freunde etc. hört; (8) Unzufriedenheit, die aufkommt, wenn man Unangenehmes hört.

Aggregat: siehe *Fünf Aggregate*

Ārya (skt.): Dieser Begriff wird mit *Heiliger* oder *heiliges Wesen* übersetzt und bezieht sich auf eine Person, die die Leerheit unmittelbar erkannt hat. Es gibt vier Arten von Heiligen: (1) die Hörer-Heiligen und (2) die Alleinverwirklicher-Heiligen (skt. *pratyekabuddha*) der Hīnayāna-Linie sowie die (3) Bodhisattva-Heiligen und (4) Buddha-Heiligen der Mahāyāna-Linie. In jedem Fall wird man erst zu einem Heiligen, nachdem man eine direkte Einsicht in die Leerheit entwickelt hat. In diesem Sinne werden alle Heiligen aus der Leerheit und der Weisheit, welche die Leerheit erkennt, geboren. Siehe: *Von Tibet nach New York,* B. Alan Wallace (München, Diamant, 1994).

Bhaga (skt.): die Gebärmutter [spezieller: das weibliche Sexualorgan].

Bodhicitta (skt.), (tib. *byang chub kyi sems*): Hier als „Erleuchtungsgeist" übersetzt. Endgültiger oder absoluter Bodhicitta ist die Vereinigung von Leerheit und Mitgefühl, die essentielle Natur des Erleuchtungsgeistes. Konventioneller Erleuchtungsgeist ist die mitfühlende Güte, die aus einem Einblick in den absoluten Bodhicitta entsteht und dazu inspiriert, sich darin zu üben, zum Wohle der anderen zu wirken. [Anders ausgedrückt: Konventioneller Bodhicitta ist das altruistische Streben nach höchster Erleuchtung, um allen Lebewesen dienlich sein und sie zu zeitweiligem Glück und auch zur endgültigen Befreiung und höchsten Erleuchtung führen zu können (Anm. d. dt. Übersetzers)]. Im Tantra bezieht sich Bodhicitta auch auf die subtilen flüssigen Energien oder Tropfen (skt. *bindu*, tib. *thig le*), welche in den Kanälen oder feinstofflichen Energiebahnen des Körpers auftreten.

Bodhisattva (skt.): Jemand, in dem der Erleuchtungsgeist (skt. *bodhicitta*) mühelos entsteht.

Entsagung (skt. *niḥsaraṇa*, tib. *nges 'byung*): Es ist die Geisteshaltung, die wünscht, von den Leiden des Daseinskreislaufs und den Ursachen der Leiden erlöst zu sein, und welche die Befreiung anstrebt.

Fünf Aggregate (skt. *skandha,* tib. *phung po*): Die Bestandteile der psychophysischen Persönlichkeit, auf welche die Wesen gemeinhin ihre falsche Vorstellung von einem vermeintlich inhärenten Ich und Selbst projizieren. Diese Fünf sind: (1) Form; (2) Empfindung; (3) Unterscheidung; (4) Gestaltende Faktoren oder mentale Bildekräfte und (5) primäres Bewusstsein.

Großes Mitgefühl (skt. *mahā karuṇa*; tib. *snying rje chen po*): Die Wurzel für die Mahāyāna- und Vajrayāna-Pfade. Es lässt den intensiven Wunsch entstehen, die Wesen aus den Leiden zu befreien, und basiert auf der Erkenntnis der Ich-Losigkeit aller Lebewesen und ihrer Verbundenheit in gegenseitiger Abhängigkeit. Das Große Mitgefühl zieht spontanes Handeln nach sich, das bezweckt, die

Leiden der Wesen aufzulösen und sie zum höchsten spirituellen Erwachen zu führen.

Hīnayāna und *Mahāyāna* (skt.): Diese Begriffe werden von Robert Thurman als „Individuelles Fahrzeug" und „Universales Fahrzeug" übersetzt.

Hindernisse durch Leidenschaften (skt. *kleśavaraṇa*, tib. *nyon sgrib)*: Hindernisse vor der Befreiung aus dem Daseinskreislauf.

Hindernisse vor der Allwissenheit (skt. *jñeyāvaraṇa*, tib. *shes sgrib*): Erkenntnismäßige Hindernisse. [Subtile Schleier im Bewusstsein, die verhindern, dass man den allwissenden Geist eines Buddha erlangt.]

Kleśa (skt; tib. *nyon mongs*): Mentale Verzerrungen, Leidenschaften oder Geistesplagen. Oft auch als „leidverursachende Emotionen" übersetzt.

Maṇḍala (skt.): Im Tibetischen *dkyil 'khor*. Die gereinigte Umgebung einer tantrischen Gottheit beziehungsweise entsprechende Darstellung davon als Diagramm oder Bildnis.

Mudrā (skt.): Dieser Begriff kann als „Siegel" übersetzt werden. Mudrā bezieht sich einerseits auf eine Gefährtin [in der tantrischen Praxis] oder andererseits auf rituelle Handgesten. Mudrā kann sich aber auch auf die Ornamente einer Gottheit beziehen.

Samādhi (skt.): Auf Tibetisch *ting nge 'dzin*. Wörtlich heißt Samādhi geistige Festigung. Es handelt sich um einen Zustand tiefer meditativer Versenkung eines Yogi oder einer Yogini, der beziehungsweise die „einspitzige" Konzentration erlangt hat. Dies beinhaltet die Fähigkeit, sich ohne Anstrengung und solange man möchte auf ein Meditationsobjekt ausrichten zu können.

Śamatha (skt.): Auf Tibetisch *zhi gnas*. Andere Bezeichnungen wären „Meditative Ruhe", „Geistige Ruhe" oder „Ruhiges Verweilen". Eine Form von Meditation, die einen stabilen Geist hervorbringt, der sich einspitzig auf Leerheit oder irgendein anderes Objekt konzentrieren kann. Siehe dazu: *Calming the Mind*, Gen Lamrimpa (Ithaca, N.Y.: Snow Lion, 1995).

Sechs Vollkommenheiten: Diese sind: (1) Freigebigkeit; (2) ethische Disziplin; (3) Geduld; (4) freudige Tatkraft; (5) Konzentration; (6) Weisheit. Im Tantra gibt es zehn Vollkommenheiten. Dabei werden den zuvor genannten folgende hinzugefügt: (7) Methode; (8) Wunschgebete; (9) Kraft und (10) Ursprüngliche Weisheit.

Sieben Zweige (tib. *yan lag bdun pa*): Wird auch „siebengliedrige Puja" genannt: (1) Verneigungen (tib. *phyag 'tshal ba*); (2) Darbringen von Opfergaben (tib. *mchod pa*); (3) Offenlegung [und Bereinigung des Unheilsamen] (tib. *bshags pa*); (4) Erfreuen am Heilsamen (tib. *rjes su yi rang*); (5) Ersuchen (tib. *bskul ba*); (6) Bitten (tib. *gsol ba 'debs*); (7) Widmung (tib. *bsngo ba*).

Śrāvakayāna (skt.): Der Pfad [beziehungsweise das spirituelle Fahrzeug oder System] eines so genannten Hörers.

Stromeintreter: Eine der vier Stufen des Śrāvakayāna oder des Pfades eines Hörers. Die vier Stufen sind: (1) Stromeintreter; (2) Einmal-Wiederkehrer; (3) Nicht-Wiederkehrer und (4) Arhat [oder Feindzerstörer, der die Feinde der Leidenschaften überwunden und dadurch sein persönliches Nirvāṇa erlangt hat].

Tathāgata (skt.): Dieser Terminus bedeutet „Jener, der in die Soheit eingegangen ist" und bezeichnet damit jemanden, der eins mit der Essenz dessen, was ist, geworden ist.

Torma (tib. *gtor ma*): Eine Art religiöser Opfergabe.

Tummo (tib. *gtum mo*): Wörtlich „Wilde"; auch „inneres Feuer" genannt. Dieser Begriff bezieht sich auf eine tantrische Meditationspraxis der Vollendungsstufe, die dazu dient, die vitalen Energien in den mittleren Kanal einzubringen. (Siehe dazu: *Inneres Feuer*, Lama Thubten Yeshe, Diamant Verlag 1999).

Vairocana-Haltung: Die sieben Glieder der Vairocana-Haltung sind folgende: (1) Lotus-Haltung oder halbe Lotus-Sitzhaltung; (2) die rechte Hand ist auf die linke gelegt, wobei sich die Daumen auf der Höhe des Nabels berühren; (3) die Arme werden bogenförmig gebeugt; (4) der Rücken ist gerade, um so die Energiekanäle ebenfalls gerade auszurichten; (5) der Kopf ist leicht nach vorne geneigt; (6) die Zungenspitze berührt den Gaumen, um den Speichelfluss zu hemmen und um Durst zu verhindern; (7) die Augen sind nach unten gerichtet, so als würden sie auf einen Punkt schauen, der sich etwa 30 Zentimeter vor den Knien befindet.

Vier Arten erleuchteter Handlungen (tib. *'phrin las bzhi*): (1) befriedende Handlungen; (2) vermehrende Handlungen; (3) bemächtigende Handlungen; (4) zornvoll erscheinende/machtvolle Handlungen.

Vier Kräfte der Bereinigung: Auch als „vier Gegenmittel" bezeichnet: (1) Offenlegung oder die Kraft der Stütze; (2) die Kraft der Reue oder des Bedauerns; (3) die Kraft des Verwerfens [des begangenen Unheilsamen]; (4) die Kraft der Gegenmittel oder der Läuterung. Die Bereinigung erfordert: (a) die Rezitation des Einhundert-Silben-Mantra; (b) Verneigungen; (c) die Meditation über die Leerheit und (d) die Meditation über das Mitgefühl.

Vier Mittel, um Schüler um sich zu scharen: (1) den Schülern geben, was sie benötigen; (2) angenehm zureden; (3) für ihr Wohl arbeiten; (4) in Worten und Taten übereinstimmen.

Vier Übertretungen: (1) einen Menschen töten; (2) Stehlen; (3) sexuelles Fehlverhalten; (4) Lügen.

Zehn Energien: (1) Leben erhaltende Energie; (2) absteigende Energie; (3) Feuer-begleitende Energie; (4) Schildkröten-Energie; (5) aufsteigende Energie; (6) Eidechsen-Energie; (7) durchdringende Energie; (8) Devadatta- oder Gabe-der-Götter-Energie; (9) Nāga-Energie und (10) Dhanaṃjaya- oder Sieg-über-den-Reichtum-Energie.

Zehn unheilsame Handlungen: (1) Töten; (2) sexuelles Fehlverhalten; (3) Diebstahl; (4) Lüge; (5) verletzende Rede; (6) Zwietracht-Säen; (7) sinnloses Geschwätz; (8) Übelwollen; (9) Habgier und (10) falsche Ansichten. Die zehn heilsamen Handlungen bedeuten, sich dieser aufgeführten zerstörerischen Taten zu enthalten.

Zwölf Glieder des Abhängigen Entstehens: (1) Unwissenheit; (2) Karma; (3) Bewusstsein; (4) Name und Form; (5) Sechs Sinnesquellen; (6) Kontakt; (7) Empfindung; (8) Begierde; (9) Greifen; (10) Werden; (11) Wiedergeburt; (12) Tod mit Altern und ohne Altern.

Anmerkungen

1 In deutschen Übersetzungen oft auch als „Geistige Ruhe“ oder „Ruhiges Verweilen“ bezeichnet. (Anm. d. dt. Übersetzers)

2 In diesem Buch bezieht sich der Begriff *Kālacakra Tantra* auf die Kalacakra-Literatur wie insbesondere das *Kālacakra Mūlatantra* oder *Wurzel-Tantra* (auch bekannt als *Paramādibuddha*), welches König Sucandra von Śambhala durch Buddha Śākyamuni in seiner Manifestation als die Gottheit Kālacakra empfing. Zur Kālacakra- Literatur gehören weiterhin das *Kālacakra Laghutantra* oder *Zusammengefasstes Tantra*, das von Yaśas Mañjuśri, dem ersten der einundzwanzig Kalkī-Könige von Śambhala verfasst wurde, sowie das *Vimalaprabhā* oder *Makelloses Licht*, ein Kommentar zum *Zusammengefassten Tantra*, der von Yaśas Mañjuśrīs Sohn stammt.

3 Eine detaillierte Erklärung der Vajrasattva-Praxis ist z.B. in „*Vajrasattva. Heilung und Transformation im tibetischen Buddhismus*“ von Lama Thubten Yeshe zu finden (Diamant 2000). Vgl. auch „Auf dem Weg zur geistigen Freude“ von Geshe Rabten (dharma edition, Hamburg, 1994).

4 Der Unterschied zwischen leerem Formkörper und Illusionskörper wird bei den Fragen und Antworten im 20. Kapitel erklärt.

5 Vgl. hierzu in Kapitel acht die Erklärung der vierten Initiation, der Namens-Initiation (Anm. d. dt. Übersetzers).

6 Im tibetischen Kalender variiert die Anzahl der Tage von Jahr zu Jahr; 360 Tage sind nur ein Durchschnitt.

7 *Mudrā* bedeutet auf Sanskrit „Siegel“, kann sich aber auch auf rituelle Handbewegungen oder Gefährtinnen beziehen.

8 Mit „Bodhicitta“ sind hier die subtilen Energien oder auch „Tropfen“ bzw. *Bindus* (skt. *bindu*, tib. *thig le*) gemeint.

9 Die neunzehn Gelübde der fünf Arten von Buddhas werden im Zweig der Bereinigung innerhalb der Sieben Zweige (5. Kapitel) beschrieben.

10 Oft auch als „Außergewöhnliche Geisteshaltung“ bezeichnet. (Anm. des dt. Übersetzers)

11 Diese gesamte Praxis wird als „Gleichsetzen und Austausch von Ich und anderen“ bezeichnet (Anm. des dt. Übersetzers).

12 “Wahrhafte Existenz“ wird von der Prāsangika-Madhyamaka-Philosophie als gleichbedeutend mit „inhärenter“ oder „unabhängiger Existenz“ erachtet. Eine solche Bestehensweise gilt als unmöglich, da sie der Wirklichkeit des abhängigen und bedingten Bestehens diametral entgegengesetzt wäre. (Anmerkung des dt. Übersetzers).

13 Siehe dazu Teil II in: Dalai Lama, *Der Schlüssel zum Mittleren Weg – Weisheit und Methode im tibetischen Buddhismus,* dharma edition, Hamburg 1991. (Anmerkung des dt. Übersetzers)

14 Um das Verständnis der vier untugendhaften und der vier tugendhaften Handlungen zu erleichtern, wird jede der untugendhaften Taten zusammen mit der entsprechenden tugendhaften Handlung erklärt. Traditionsgemäß werden bei diesen Belehrungen die vier untugendhaften Handlungen zuerst erläutert, um dann durch die Darstellung der vier tugendhaften Taten ergänzt zu werden.

15 Das heißt, man ist nicht mehr gewillt, das Wohl einer oder mehrerer spezieller Personen durch die Erlangung der Buddhaschaft zu fördern. (Anmerkung des dt. Übersetzers)

16 Siehe dazu: Geshe Thubten Ngawang, *Die Regeln des Bodhisattva-Gelübdes,* dharma edition, Hamburg 1998. (Anmerkung des dt. Übersetzers)

17 Zur näheren Beschreibung von Vajravega siehe 13. Kapitel.

18 “In Bezug auf die Basis“ bedeutet die Praktizierenden des Dharma.

19 Dies sind alle Phänomene, die mit dem so genannten geistigen Hauptbewusstsein erfasst werden können. (Anmerkung des dt. Übersetzers)

20 Das tibetische Wort *byin rlabs* (*dschin lab* gesprochen) wird meist als Segen, hier jedoch meist als verwandelnde Segenskraft übersetzt. Es besitzt zwei Silben: *byin* bezieht sich auf Kraft oder Befähigung, und *rlabs* bezieht sich auf transformieren oder verwandeln. Gemeint ist, dass man zu etwas befähigt wird, was einem ansonsten verschlossen geblieben wäre. Es wird einem eine besondere Kraft oder Erkenntnis verliehen, die einem beispielsweise dazu befähigt, besonders schnelle Fortschritte auf dem spirituellen Pfad zu vollziehen. (Anmerkung des dt. Übersetzers)

21 Der tibetische Ausdruck *zag pa* wird als Befleckung, Verunreinigung oder Makel übersetzt. Wörtlich bedeutet er „Niedergang“.

Damit ist gemeint, dass man in niedere Existenzbereiche fällt und im Daseinskreislauf umhertreibt, weil man selbst – bzw. der eigene Geistesstrom – mit Befleckungen versehen ist.

22 Lama Thubten Yeshe beschreibt die Tropfen oder Bindus als rote beziehungsweise weiße subtile flüssige Energie, die überall in den Körperkanälen vorkommt. Die Tropfen treten in den Kanälen immer zusammen auf, außer im Nabel-Cakra, in dem die weiblichen roten Tropfen dominieren, und im Kronen-Cakra, in dem die männlichen weißen Tropfen vorherrschend sind. In den Tantras werden die Tropfen auch als „mondgleicher Bodhicitta" (tib. *kun da lta bu byang sems*) oder einfach als „Bodhicitta" (tib. *byang sems*) bezeichnet. (Lama Thubten Yeshe, *Inneres Feuer*, Diamant 1999)

23 Der dt. Übersetzer vermutet, dass hier ein Fehler vorliegt und es sich um Vajradhātviśvari und Vajrasattva handeln muss.

24 Eine genauere Beschreibung eines *Khaṭvāṅga* ist bei der Aufzählung der Symbole in den Händen von Kalacakra im II. Kapitel zu finden. Auch im Tibetischen benutzt man das Sanskrit-Wort *Khaṭvāṅga*. Hierzu ein Zitat von Chandra Das: „tantrischer Stab mit drei Schädeln übereinander an der Spitze, wobei der unterste auf einer Art Untersetzer oder Schale ruht. Er wurde ursprünglich durch Padma Sambhava nach Tibet gebracht." (Nach dem Tibetan-English Dictionary, Delhi, 1955).

25 Die eigentliche Essenz jeder dieser Initiationen ist das Sich-Bewusst-Werden des Klaren Lichts oder äußerst subtilen, natürlich angeborenen Geistes in einem, der normalerweise nur im Tiefschlaf, beim Orgasmus oder während des Sterbens manifest wird. (Anm. d. dt. Übersetzers)

26 Die tibetischen Entsprechungen für „subjektiv" und „objektiv" sind normalerweise die Ausdrücke *yul*, wörtlich „Ort, Gegenstand, Bezugspunkt" sowie *yul can*, wörtlich „mit einem Bezugspunkt bzw. Objekt versehen". An dieser Textstelle jedoch steht *gzungs*, was „Erfasstes" und *'dzin*, was „Erfassendes bzw. Erfassender oder Erfassende" bedeutet. Daher wird hier „das Erfasste" mit „objektiv" übersetzt und „das Erfassende" mit „subjektiv".

27 Die Erzeugung mittels der fünf Reinigungen wird in Kapitel elf, im Abschnitt über den Geburtsprozess sowie über die Erzeugung der Gefährtin und der acht Śaktīs erklärt.

28 Das tibetische Wort für Transformation, *gnas 'gyur*, bedeutet wörtlich Wechsel, eine Veränderung von Ort und Zustand, vergleichbar mit der Transformation eines Samens in einen Spross.

[29] Hiermit sind selbstverständlich die Kanäle, in denen sich ein Energie-Wechsel vollzieht, gemeint. (Anmerkung des dt. Übersetzers)

[30] Diese sechsteilige Darstellung wird allerdings nicht auf die Phase von Samādhi angewendet.

Bibliografie

„P.," steht für „Peking edition", die von Daisetz T. Suzuki herausgegeben wurde: *The Tibetan Tripitaka: Peking Edition* (Tokyo-Kyoto: Tibetan Tripitaka Research Foundation, 1961).

"Toh.;" steht für „Tohoku catalog" für die *sde dge* Ausgabe und bezieht sich auf Hakuju Ui (Hrsg.), *Complete Catalogue of the Tibetan Buddhist Canons* (Sendai, Japan: Tohoku Imperial University, 1934).

Sūtras und Tantras

Kālacakra-Wurzel-Tantra (Mūlatantra)
(nicht vorhanden)

Zusammengefasstes Kālacakra-Tantra (Laghutantra)
paramādhibuddhoddhṛta-śrīkālacakra-nāma-tantra-rāja
mchog gi dang po'i sangs rgyas las phyung ba rgyud kyi rgyal pa dpal dus kyi 'khor lo
P.4; Toh. 362
Sanskrit Ausgabe: Kālacakra-Tantra And Other Texts, 2 vols. Edited by Raghu Vira und Lokesh Chandra (New Delhi: International Academy of Indian Culture, 1966).

Cakrasaṃvara Tantra
śrī-cakrasaṃvara-tantra-rajadhutaśmaśānālamkāra-nāma
dpal 'khor lo sdom pa'i rgyud kyi rgyal po dur khrod kyi rgyan rmad du 'byung ba
P. 57; Toh. 413
Engl. Übersetzung von Kazi Dawa-Samdup in: *Shrichakrasambhara Tantra, a Buddhist Tantra*, London: Luzac; Calcutta: Thacker, Sprink, 1919)

Guhyasamāja Tantra
sarvatathāgata-kāyavākcittarahasya-guhyasamāja-nāma-mahākalparājā
de bzhin gshegs pa thams cad kyi sku gsung thugs kyi gsang chen gsang ba 'dus pa zhes bya ba brtag pa'i rgyal po chen po
P. 81; Toh. 442

Samputa Tantra
Samputa-nāma-mahātantra
yang dag par sbyor ba zhes bya ba'i rgyud chen po
P. 26; Toh. 381

Herz Sūtra
prajñā-pāramitā-hṛdayā-nāma-sūtra
shes rab gyi pha rol tu phyin pa'i snying po'i mdo
P. 160; Toh. 21/531
(aus dem Tibetischen übersetzt von Jürgen Manshardt in: Geshe Rabten: *Essenz der Weisheit, Ein Kommentar zum Herzsūtra,* dharma edition, Hamburg 1990)

Allgemeine Bereinigung (spyi bshags)
byang chub ltung bshags dang spyi bshags sogs bzhugs so
Im Auszug aus:
triskandhaka-sūtra
phung po gsum pa'i mdo
P. 950; Toh. 284
(aus dem Tibetischen übersetzt von Jürgen Manshardt in: Dalai Lama: *Gesang der inneren Erfahrung. Die Stufen auf dem Pfad zur Erleuchtung,* dharma edition, Hamburg 1993) [S. 252]

Sanskrit- und tibetische Kommentare und andere Werke

Aśvaghoṣa
Fünfzig Strophen über den Guru
gurupañcaśīkā
bla ma lnga bcu pa
P. 4544; Toh. 3721
Engl. Übersetzung vom Translation Bureau of the Library of Tibetan Works & Archives in: *Fifty Verses of Guru-Devotion,* Dharamsala: Library of Tibetan Works & Archives, 1976)

Kulika Puṇḍarīka
Makelloses Licht (Vimalaprabhā) Kommentar
vimālaprabhā-nāma-mūla-tantrānusāriṇī-dvādaśasāhasrikā-laghu-kālacakra-tantra-rāja-ṭikā
bsdus pa'i rgyud kyi rgyal po dus kyi 'khor lo'i 'grel bshad rtsa ba'i rgyud kyi rjes su 'jug pa stong phrag bcu gnyis pa dri ma med pa'i od ces bya ba
P. 2064; Toh. 1347

Nāgārjuna
Brief an einen Freund
suhṛllekha
bshes pa'i spring yig
P. 5682; Toh. 4182
Engl. Übersetzung von Geshe Lobsang Tharchin und A.B. Engle mit einem Kommentar von Ven. Rendawa, Zhon-nu Lo-dro: *Nagarjuna's Letter*, Dharamsala: Library of Tibetan Works & Archives, 1979

Śāntideva
Eintritt in das Leben zur Erleuchtung
bodhi[sattva]caryāvatāra
byang chub sems dpa'i spyod pa la 'jug pa
P. 5272; Toh. 3871
(Dt. Übersetzung von Ernst Steinkellner in: *Śāntideva, Eintritt in das Leben zur Erleuchtung*, Düsseldorf, Köln: Eugen Diederichs Verlag, 1981)

Tenzin Gyatso, der 14. Dalai Lama, und Thub-bstan-lung rtogs-rnam-rgyal-'phrin-las (Gling Rinpoche)
Kalacakra Six-Session Guru Yoga, Dharmasala, 1977
thun drug dang 'brel ba'i dus 'khor bla ma'i rnal 'byor nag 'gros su mdzad pa

Tsongkhapa
Grundlage aller guten Vortrefflichkeiten
yon tan gzhir gyur ma
Toh. 5275(1)/6995
(aus dem Tibetischen übersetzt von Jürgen Manshardt in: Dalai Lama: *Gesang der inneren Erfahrung. Die Stufen auf dem Pfad zur Erleuchtung*, dharma edition, Hamburg 1993) [S. 259]

Englische und deutsche Titel

Andersen, Jensine, *Kalachakra: Textual and Ritual Perspectives* (Ph.D. dissertation, Harvard University, 1997)

Berzin, Alexander: *Kalachakra and Other Six-Session Yoga Texts* (Ithaca, N.Y.: Snow Lion, 1998)

Berzin, Alexander: *Taking the Kalachakra Initiation* (Ithaca, N.Y.: Snow Lion, 1997)

Bryant, Barry: *The Wheel of Time Sand Maṇḍala: Visual Scripture of Tibetan Buddhism* (San Francisco: Harper, 1992)

Grönbold, Günter: *The Yoga of Six Limbs: An Introduction to the History of Ṣaḍaṅgayoga.* Aus dem Deutschen übersetzt von Robert L. Hütwohl (Santa Fe, NM: Spirit of the Sun Publications, 1996)

Mullin, Glenn H.: *The Practice of Kālacakra* (Ithaca, N.Y.: Snow Lion, 1991)

Newman, John R.: *The Outer Wheel of Time: Vajrayāna Cosmology in the Kālacakra Tantra* (Ph.D. dissertation, University of Wisconsin-Madison, 1987)

Ngawang Dhargyey: *Kālacakra Tantra.* Translated by B. Alan Wallace, edited by Ivanka Vana Jakic (Dharamsala: Library of Tibetan Works and Archives, 1985)

Sopa, Geshe Lhundup, Roger Jackson, and John Newman: *The Wheel of Time: The Kālacakra in Context* (Ithaca, N.Y.: Snow Lion, 1985)

Tenzin Gyatso, der 14. Dalai Lama: *Die Lehren des tibetischen Buddhismus* (Hoffmann & Campe, Hamburg, 1998)

Tenzin Gyatso, the Fourteenth Dalai Lama: *Kalachakra Tantra: Rite of Initiation.* Translated and edited by Jeffrey Hopkins, 2nd ed. (Boston: Wisdom, 1989)

Wallace, Vesna A.: *The Inner Kālacakratantra: A Buddhist Tantric View of the Individual* (P.h.D. dissertation, University of California-Berkeley, 1995)

Yeshe, Lama Thubten: *Wege zur Glückseligkeit. Einführung in Tantra* (Diamant Verlag, München 1998)

Der Diamant Verlag

Ist Mitglied in der Stiftung zur Erhaltung der Mahayana-Tradition (FPMT), einem Zusammenschluss von etwa 120 Meditations-, Studien- und Klausurzentren rund um den Erdball, die unter der Leitung von Lama Thubten Zopa Rinpoche stehen.

Falls Sie Interesse an den Lehren von Lama Thubten Yeshe und Lama Thubten Zopa Rinpoche haben, können Sie sich an eines der FPMT-Zentren wenden. Im deutschsprachigen Raum gibt es folgende Zentren:

Aryatara Institut
Barerstr. 70/Rgb.
D-80799 München
www.aryatara.de

Meditationshaus Kushi Ling
Laghel di sopra 19
I-38062 Arco/Tn.
www.kushi-ling.com

Weitere Titel aus dem Verlagsprogramm

Alexander Berzin, **Den Alltag meistern wie ein Buddha.** 320 S., Euro 20

Dalai Lama, **Ein menschlicher Weg zum Weltfrieden.** 24 S., Euro 6,50

Dalai Lama, **Der Stufenweg zu Klarheit, Güte und Weisheit.** 240 S., Euro 18

Lama Yeshe, **Die Grüne Tara, Weibliche Weisheit.** 212 S., Euro 17

Lama Yeshe, **Inneres Feuer, Eine Meditationsübung aus den Sechs Yogas von Naropa.** 286 S., Euro 17

Lama Yeshe, Lama Zopa u.a., **Heilung, Tibetische Lehren und Übungen.** 150.S., Euro 15

Lama Yeshe, **Vajrasattva, Heilung und Transformation im tibetischen Tantra.** 392 S., Euro 20

Yeshe, **Wege zur Glückseligkeit, Einführung in Tantra.** 220 S., Euro 17

Lama Zopa Rinpoche, **Herzensrat eines tibetischen Meisters.** 192 S., Euro 17

Lama Zopa Rinpoche, **Mitgefühl, Heilkraft für Geist und Körper.** 300 S., Euro 20

Lama Zopa Rinpoche, **Probleme umwandeln.** 116 S., Euro 15

Klemens Ludwig (Hrsg.), **Perspektiven für Tibet.** 164 Seiten, Euro 10

Landaw John, Weber Andy, **Bilder des Erwachens, Tibetische Kunst als innere Erfahrung.** 316 S., 32 Farbabbildungen, 10 Zeichnungen, Euro 24

Mackenzie, Vicki, **Die Wiedergeburt, Ein tibetischer Lama kehrt zurück.** 240 S., Euro 12,50

Mackenzie, Vicki, **Im Westen wiedergeboren.** 250 S., Euro 17

McDonald Kathleen**, Wege zur Meditation, Eine praktische Anleitung.** 256 S., Euro 17

Pabongka Rinpoche, **Befreiung in unseren Händen, Band 1.** 704 S., Euro 34

Pabongka Rinpoche, **Befreiung in unseren Händen, Band 2.** 360 S., Euro 27

Prinz Siddharta, das Leben des Buddha, Jonathan Landaw, mit 62 Farbaquarellen. 150 S., Euro 23

Wallace Alan, **Von Tibet nach New York.** 232 S., Euro 18

Auslieferung: Herold Verlagsauslieferung,
Kolpingring 4, 82041 Oberhaching/München